国家出版基金项目
NATIONAL PUBLICATION FOUNDATION

刘大年全集

时人评论与研究

（附卷）

十六

長江出版傳媒
湖北人民出版社

编者说明

本卷收录了自1995年刘大年先生80华诞至2015年诞辰100周年纪念期间，其同事、亲友、研究者等所写的部分评论与研究文章，以及部分相关纪念活动报道文章，编辑体例由本书主编张海鹏先生确定。除日本学人岸本美绪和久保田文次的文章未见在国内公开发表外，其余文章均在国内报刊公开发表过。全卷分七个部分，前五部分依次为纪念刘大年先生80华诞、逝世、逝世周年、《刘大年来往书信选》出版、诞辰100周年等活动的文章，第六部分为介绍刘大年先生生平或怀念与刘大年先生交往的文章，第七部分为研究刘大年先生学术工作的文章。每一部分的文章均按发表时排版的先后或发表时间排序。这些文章对于全面了解刘大年先生的人生经历、为人处世和弘扬刘大年先生的史学思想等具有重要的价值，因而作为附卷辑为一册。

本卷由曲阜师范大学历史文化学院教授黄仁国负责编辑整理。

目　录

一、《近代史研究》祝贺刘大年八十华诞专刊

二、刘大年逝世报道和纪念文章

三、《近代史研究》刘大年逝世周年纪念专刊

四、《刘大年来往书信选》出版座谈会发言

五、《近代史研究》刘大年诞辰100周年纪念专刊

六、生平介绍

七、学术研究

一、《近代史研究》祝贺刘大年八十华诞专刊

（《近代史研究》1995 年第 5 期）

【《近代史研究》编者按】为祝贺中国社会科学院近代史研究所创始人之一、名誉所长刘大年同志八十华诞，1995 年 7 月 25 日，中国史学会和中国社会科学院近代史研究所在北京联合举行座谈会。座谈会由近代史所副所长耿云志主持，近代史所所长张海鹏首先致词，中国社会科学院副院长汝信、中国史学会会长戴逸和知名学者龚书铎、余绳武、金冲及、王庆成、张椿年、王汝丰及大年同志的学生相继发了言，胡绳同志请人代致祝贺，白寿彝、李侃、蔡美彪做了书面发言。有首都社会科学界领导同志和专家学者郁文、于光远、逄先知、白介夫、丁伟志、何理、郑惠、林甘泉、李学勤、廖学盛、任式楠、齐世荣、汪敬虞、吴承明、宋德金、孙思白、丁守和以及史学工作者 120 余人出席座谈会。

刘大年同志是我国杰出的马克思主义史学家，他和范文澜同志等一起，大力提倡用马克思主义研究中国历史，他的著作有很高的学术水平，是中国史学界的宝贵财富。刘大年同志是新中国史学界第一代领导人之一，他为组织和筹划新中国历史学科的建设，付出了大量精力，做出了很大贡献。为表达对刘大年同志的敬意，本刊特选刊座谈会部分发言。

在祝贺刘大年同志八十华诞座谈会上的致词①

张海鹏

今年8月1日②，是中国社会科学院近代史研究所名誉所长刘大年同志诞生八十周年的日子。中国史学会和中国社会科学院近代史研究所联合举办座谈会，祝贺大年同志八十华诞。承蒙各位出席，谨表示衷心感谢！

刘大年同志是湖南华容人，1936年肄业于长沙国学专修学校，从此奠定了他深厚的国学根基。1938年他受老革命家徐特立、老共产党人王凌波指点，赴陕北抗日军政大学学习，同年加入中国共产党。1939年抗大毕业后，曾长期在冀西和冀南抗日根据地工作，先后任冀西专区行政干部学校教导主任，晋冀鲁豫边区政府冀南行署宣传科长、教育科长，冀南抗战学院、政治学校教员，北方大学工学院副主任，北方大学、华北大学历史研究室副主任，华北大学四部（研究部）领导成员。1950年中国科学院建立，他担任中共中国科学院党组成员、科学院编译局副局长、中国科学院学术秘书、《科学通报》主编、近代史研究所副所长、中国科学院哲学社会科学部学部委员、中国科学院哲学社会科学规划办公室主任，1958年后实际主持近代史研究所工作。“文化大革命”中他被作为“走资派”批判。1978年恢复工作后，任中国社会科学院近代史研究所所长，社科院研究生院教授、博士生导师。1980年中国史学会重建，他当选为第二、第三届史学会主席团成员、执行主席。他还是孙中山研究学会副会长、中国抗日战争史学会会长。从1964年起，他开始担任全国人大代表，此后担任第四至第七届全国人大常委，第六、七届全国人大教科文卫委员会委员。

刘大年同志从事历史研究工作，起于1947年。那一年，他在解放区艰苦搜集中美关系史料，开始撰写《美国侵华简史》。在此以前，在抗战时期，他多次在一些院校讲授社会发展史、中国革命史。他是学“国学”出身的，曾

---

① 原载《近代史研究》1995年第5期，第2—6页。——编者注

② 刘大年实际生日是8月8日，但他把进入抗日军政大学学习、参加八路军视为自己人生的新的起点，此后长期以8月1日为自己的生日。——编者注

经把“国学”看作是根本学问，看作是立国根本。到陕北读了《共产党宣言》和其他马克思主义的有关政治经济学、哲学、历史学读物后，便确立起马克思主义的思想基础和献身革命的人生道路，而往昔盲目崇拜孔学的观念，便不知不觉烟消云散了。这不仅确定了他的人生道路，也确定了他此后从事历史学研究工作的基本方向。

1949 年 8—10 月，《人民日报》连载了刘大年的《美国侵华简史》，同年又出了单行本。该书经过增补，以《美国侵华史》为书名，由人民出版社在 1951 年、1954 年一版再版，同时在苏联、朝鲜、捷克斯洛伐克、民主德国相继出版译本。此书在 50 年代产生了相当的影响，它是作者开始研究中国近代史的标志，也奠定了他在新中国建立之初在近代史学界的地位。作者曾在 1953 年访苏，获悉苏方准备授予《美国侵华史》斯大林奖金，因斯大林去世而作罢。1955 年，刘大年又与丁名楠、余绳武合作编著出版了《台湾历史概述》，为配合那时的现实斗争起到了积极作用。此书后来被授予中国科学院学术奖金。

此后，刘大年同志除发表一系列学术论文外，还先后出版了《中国近代史诸问题》（再版时改名为《中国近代史问题》）、《赤门谈史录》、《刘大年史学论文选集》等著作，主持编写了《中国史稿》第四册，《中国近代史稿》一、二、三册，主编了《范文澜历史论文选集》《孙中山书信手迹选》等书。近几年，大年同志致力于近代经学史的研究和抗日战争史研究的提倡和指导，近代经学史已有近 10 万字的稿子，而他主持编写的新的一本抗战史书《中国复兴枢纽》也已交付出版。前年，俄罗斯科学院远东研究所还出版了他的论文选集。

刘大年认为，研究中国近现代史的重要意义，在于认识历史如何规定了中国社会发展的前途。由此，他不仅重视中国近代史的研究，也重视历史学理论问题的研究。关于历史学理论研究，他始终主张要以马克思主义为指导，主张以社会阶级、阶级斗争作为历史研究的对象，由此探寻历史运动本身的规律。他发表的《论康熙》《回答日本历史学者的问题》《历史前进的动力问题》，都曾引起相当的争论和评论。历史学理论方面，关于史学研究的哲学指导思想问题、关于历史研究的对象问题、关于历史前进的动力问题、关于历史发展的规律问题，他都专门写过文章，提出自己的看法，引起学术界的关注和重视。

刘大年在中国科学院工作期间，不仅同社会科学家建立了广泛的联系，而且同自然科学家建立了广泛的联系。在郭沫若院长的领导下，在中国科学院的建设、知识分子思想改造运动、科研规划的拟订方面，他都贡献了心力。在历史学科的建设方面，他直接参与筹划。为了进一步推动新中国的历史研究工作，1953年秋天，中共中央设立了历史问题研究委员会，中宣部提名由陈伯达、郭沫若、范文澜、吴玉章、胡绳、杜国庠、吕振羽、翦伯赞、侯外庐、刘大年、尹达等11人组成，毛泽东批准了这个名单。在这个委员会指导下，中国科学院筹备成立历史研究所第一、二所（近代史所改称第三所），筹办《历史研究》杂志，筹备哲学社会科学部，制定12年科学发展远景规划，他始终是参与者或日常事务的主持者。侯外庐、顾颉刚二位的调京，都是他直接经手。

尽管那个时候政治运动多，行政工作很忙，大年同志仍然克服一切困难，在中国近代史的研究方面，不断追求、奋斗，常有研究论文发表。那时流行的中国近代史书，包括范文澜同志的《中国近代史》，一般偏重于政治史，偏重于政治事件。大年同志为改变这种局面作出了努力。在他看来，1840年至1919年近代中国80年历史，明显地表现为鸦片战争至太平天国失败、1861年至戊戌变法与义和团运动失败、1901年至五四运动三个不同时期。在这几个时期里，帝国主义的侵略，中国社会各阶级的相互关系，它们之间的矛盾斗争各有特点。其中，社会经济状况、阶级斗争、意识形态是统一在同一个社会发展体中。因此，新的著作要求根据历史演变的时间顺序讲述历史事件：不只讲政治事件，也要讲经济基础、意识形态、文化发展；不只讲汉族地区的历史，也要讲国内各民族在斗争中与全国的联系和相互关系。郭沫若主编，实际上是刘大年主持的《中国史稿》第四册，就是按这个思路写出的。这本书虽然不足20万字，却给中国近代史画出了一个新的轮廓，搭起了一个新架子，有些地方作出了较从前更有说服力的概括。这本书出版后，作为高等学校的指定教材，一再印刷，在中国近代史学科的建设中起了重要作用。这一点直到80年代，仍为学者们所称道。以后的《中国近代史稿》，大体上采用了那个框架，只是在史料方面大为充实了。

还在“文革”前，刘大年同志作为中国历史学家，或者参加代表团，或者率领代表团访问过苏联、民主德国、巴基斯坦、日本，中国社会科学院建立以后，又到日本讲学，率领中国历史学家代表团参加在联邦德国举行的世界历史学家代表大会，为中国历史学界，也为近代史所的对外学术交流起到了铺路的作用。苏联的齐赫文斯基，民主德国的贝喜发，日本的贝冢茂树、井上清、卫藤沈吉等都成了中国史学界的好朋友。1979 年后国内召开的中国近代史方面若干重要的国际学术讨论会，大年同志都是发起者、主持者。如 1979 年南京的太平天国史国际讨论会、1981 年武昌的辛亥革命 70 周年国际讨论会、1986 年在广州和翠亨村召开的孙中山研究国际讨论会、1990 年在北京召开的近代中国与世界国际讨论会、1991 年在沈阳召开的九一八事变 60 周年国际讨论会和在武昌召开的辛亥革命 80 周年国际讨论会、1993 年在北京召开的近百年中日关系史国际讨论会等。这些会议，对促进国内外学术界对中国近代史研究的交流起到了积极作用。另外，他还作为全国人大常委多次出访外国，为促进中外人民之间的友好交流做出了贡献。

在刘大年同志 80 诞辰到来之际，今天工作在近代史所的后辈学者，对大年同志在中国近代史研究领域的开拓表示由衷的敬意，对范文澜、刘大年、余绳武、王庆成等近代史所历任所长对近代史所作出的贡献表示感谢。我们一定要继承范文澜、刘大年等老一辈领导人在本所奠定的优良学风，并且发扬光大，使我们的研究工作在新的历史条件下迈上一个新的台阶。在此，我谨代表本所年轻一代研究者和全所同志祝贺刘大年同志生日愉快，祝他健康长寿！

刘大年同志与中国历史研究①

戴　逸

刘大年同志是我国杰出的马克思主义历史学家，也是中国史学会的创始人和领导人。长期以来，他在致力于马克思主义史学研究的同时，组织和领导了历史学界的活动，对新中国历史科学的发展做出了重大贡献。大年同志是抗日战争初期参加革命的，长期协助范老的工作，既是老一辈历史学家中较年轻的一位，又是知名历史学家中比较早接受马列主义的。他经历过革命战争的锻炼和考验，是一位有深湛理论修养，又有实际工作经验的历史学家。

我和大年同志虽然没有在一个单位工作过，但认识得比较早，在50年代初期就认识，就常常读他的著作；后来又在中国史学会一起工作，在他的领导下做一些事情。对大年同志的道德文章，我是非常景仰的，他在很多方面值得我们学习。这里，我谈几点大年同志给我的深刻印象。

第一点是坚持马克思主义。大年同志一生服膺、信仰、宣传马列主义，坚持科学的历史观。对于这一点，读他的文章，听他的讲话，可以清楚地体会到。大年同志并不专搞历史理论，但几十年来，特别是粉碎“四人帮”以后，他写了很多关于历史理论的文章，涉及历史研究的指导思想和对象问题、历史科学的任务问题和意义问题、人民群众与领袖的关系和作用问题，以及历史发展的动力问题，等等。我感觉到，他在这方面下的功夫是很大的，阐发的一些理论相当透彻，并且有明确的针对性，表现了他在理论方面的成熟，也表现了一位历史学家的远见卓识。当然，大年同志还有很多其他文章，像《论康熙》《中国近代史研究中的几个问题》，都讲了许多创新的意见。《论康熙》这篇文章，一直是我们研究清史的人经常阅读的。这些都是大年同志留给我们历史学界的宝贵财富。

第二点是坚持爱国主义。中国近代爱国主义的一个鲜明特点就是反对帝

---

① 原载《近代史研究》1995年第5期，第6—9页。——编者注

国主义侵略，大年同志早年就研究美国对中国的侵略，写下了他的成名作《美国侵华史》。在当时刚刚解放的环境中，对于揭露美国的侵略面貌，澄清当时存在的一些糊涂观念，发扬爱国主义，进行爱国主义教育，起了很大的作用。近年来，大年同志集中研究抗日战争问题，写了很多文章，组织、推动了全国抗战史研究。可能由于大年同志本人在青年时代参加过抗日游击战争，所以具有鲜明的、强烈的反侵略思想感情。他曾说，现在的青少年对抗日战争不大了解，历史教训逐渐淡忘了，所以他要用自己的余生研究抗日战争历史，把这段历史告诉子孙后代，唤起大家的爱国主义觉悟。他在这方面做的工作也是大量的。我记得好像是1987年，抗日战争爆发50周年，他率领中国历史学家代表团去日本，讨论抗日战争中的一些问题，努力和日本几派历史学家达成了对抗日战争的正确共识。这样，大年同志通过推动国际学术交流，促进了抗战史研究。大年同志还和其他同志一起，组织抗日战争史学会，出版抗日战争研究刊物。在他的领导和推动下，抗日战争的研究发展很快，确实很可喜，跨上了一个新台阶，可以说已成为我国史学园地中的一个很繁荣的分支。今年是抗战胜利50周年，我们要出版好几套抗战史丛书，也发表了很多有质量的论文，其中就有大年同志的一份功劳。

第三点是大年同志一贯关心历史学的发展。大年同志作为中国史学会的创始人和领导人，作为第二、三届的主席团成员、执行主席，积极关心和推动历史学科的建设和发展。1956年搞社会科学规划时，大年同志就是这方面的负责人。我记得当时开规划会议，搞12年规划，他忙了很长时间。1958年他组织和筹备了戊戌变法60年的学术讨论会，在当时是很盛大的集会，章士钊、康同璧好像都参加了。1961年他组织和筹备了辛亥革命50周年学术讨论会，这也是一次规模比较大的会，在武汉召开的，吴老、范老、翦老等很多史学界前辈都去了。1964年他又组织和筹备了全国的近代史学术讨论会。这些都是大年同志实际主持的。在“文革”前，这样全国性的学术活动非常少，在大年同志的努力推动之下，开了几次很有质量，也很有影响的学术会议。今天很多近代史方面的知名专家都是在这几次学术会议上脱颖而出的。

在频繁的学术活动中，大年同志高瞻远瞩，常常能提出一些新的思路、新的建议，来促进学术活动，来解决学术活动中的一些困难。例如，1979年南京召开太平天国国际学术讨论会，这是粉碎“四人帮”以后中国社会科学界第一次召开国际会议。当时我们大家都没有经验，这个会能不能开好，怎么开法，都心中无数。大年同志在这方面跟我们谈了几次，后来他又亲自到南京，找负责这次会议的我和李侃，我们汇报情况以后，他对我们当时碰到的一些问题做了很具体的指导。我觉得他的意见都非常中肯，特别是如何在学术交流中对待国际朋友，如何在国际上进行学术交流，他的意见对当时开好那个会，以及以后开好国际学术会议，都有重要指导意义。又比如，1981年在武汉召开的辛亥革命70周年国际讨论会，也是很大、很重要的会议。当时要求参加的人非常多，提供的论文就有184篇。怎么办？如果把他们都邀请来，加上外国人，就有二三百人，当然不可能。怎么个邀请法，我们都没有经验。大年同志提出组织一个论文评选委员会，按照论文的质量来邀请。当然评选委员会的决定不一定完全正确，但这至少有了一个邀请的依据。经过评选，入选论文73篇，只占总数不到40%，其中50岁以下的作者占60%，40岁以下的占25%，中青年比较多，其中有两位是中学教师，还有一位只有23岁，是本科学生。这种评选办法既保证了会议顺利召开，不至于人太多，同时也保证了会议质量，能够选拔一些比较优秀的中青年史学工作者。大年同志的这个意见我觉得非常重要，这个办法以后一直采用，好多会议都用评选的办法。如果用指名邀请的办法，由于没有别的标准，就只能按照年龄、资历、名望，就会使许多中青年历史学者不能参加这类重要学术会议，至少比例没那么高。又如，大年同志多次强调，学术会议的质量不在于人和论文很多，而是在于论文的质量，紧抓论文写作和评审工作。而且，他很重视对研究情况的述评，要求每次会议，像前面谈到的辛亥革命讨论会那样的会议，都要对研究成果做一番检阅，在已有成果的基础上扎扎实实地前进。这些意见和建议对于促进历史学科的发展都是很重要的。

总之，几十年来，大年同志无论在研究工作中，还是在组织和领导史学界的活动中，都付出了大量精力，成绩很大，贡献很大。大年同志确实是新中国优秀的马克思主义史学家和新中国史学界第一代领导人。今天庆祝他的80岁生日，我代表中国史学会向大年同志致以热烈的祝贺和衷心的感谢，感谢他在学术研究中富有创造性的研究成果，也感谢他对中国历史学发展做出的巨大贡献。

最后，祝贺大年同志健康、愉快、长寿。

祝贺刘大年同志八十华诞 ①

汝　信

刘大年同志多年来做了大量工作，我认为主要有两方面的贡献。第一，他在马克思主义史学研究方面做出了重大贡献，而且这种贡献不限于史学的领域，可以说凡是研究社会科学的人都受到非常深的影响。我自己虽不是研究史学的，可是从50年代以来就非常注意读大年同志的著作，得益颇多。像《美国侵华史》《中国近代史诸问题》都产生了非常重大的社会影响，对我们社会科学的发展起了重要作用。

第二，大年同志通过长期辛勤的工作，促进了我们社会科学的繁荣。在这方面我个人有点感受。我与大年同志虽然接触不多，但接触得很早。50年代，我在中国科学院院部工作，与各个学部有一些工作上的接触和联系。当时负责哲学社会科学部的是潘老（梓年），但大量实际工作是由大年同志承担的。特别是搞社会科学规划期间，大年同志做了许多组织方面的工作。我当时作为院部的一个年轻的普通工作人员，在与大年同志接触时，他给了我两个深刻印象，一个是对工作极其负责，另外一个是非常平易近人，我们这些普通工作人员找他，请教一些事情，他都是非常认真地接待，谈他的意见。大年同志既是老学部的元老，又是中国社会科学院的元老，多少年来，为推动社会科学的发展打下了基础。近年来，大年同志还直接推动了对抗日战争史的研究。为加强这方面的研究，大年同志给院里写信，提出建议和意见，后来又专门找了乔木同志。整个事情的筹划，从怎么开展抗日战争史的研究，怎么组织，怎么出刊物，到申请经费，都凝聚着大年同志的心血。今年是抗战胜利50周年，现在回顾起来，这几年抗日战争史研究工作能够得以开展，我感到确实应首先归功于大年同志的积极推动。

最后，祝大年同志健康长寿。

---

① 原载《近代史研究》1995年第5期，第9—10页。——编者注

刘大年同志与孙中山研究学会①

金冲及

刘大年同志是用马克思主义研究中国近代史的开拓者之一。我自己回想起来，喜欢近代史大概是在高中时候，那是抗战胜利时。当时印象最深的是陈恭禄的《中国近代史》和李剑农的《最近三十年中国政治史》，这两本书都不错，但都不是马克思主义的。后来到了大学里边，那还是解放以前，看到了两本书，印象非常深，一本是范老的《中国近代史》，另一本是胡绳同志的《帝国主义与中国政治》。这两本书读了以后，对于中国近代的历史究竟是怎么一回事，令人耳目一新，好像对一切问题有了新的认识。建国前夜，又读到黎澍同志的《袁世凯与中华民国》（即后来的《辛亥革命前后的中国政治》）和大年同志的《美国侵华史》。我从 1953 年开始在复旦大学教中国近代史，当时除史料外，主要依据就是这几本书。尽管今天也许觉得那些书有粗略、研究不够的地方，但说实在的，大家都是以它们为出发点，在其基础上继续前进。没有这批开拓者就没有后来者。前面谈的这种感受，大概我们这样年龄的人都有。

大年同志是国内外著名史学家，他的著作，他的文章，不但以马克思主义为指导，而且知识面非常广。他讲康熙，就与路易十四、彼得大帝相比较。他写辛亥革命与反满问题，一上来就先讲资产阶级革命有法国、美国式的，有普鲁士式的，然后再讲到中国资产阶级革命的特点，以这样的视野看问题，今天来讲还并不那么多。而且，大年同志的文字也很优美。比如他讲到抗日战争对中国国内阶级关系所产生的影响时说，像地壳变化会引起自然界生态变化一样，抗日战争所产生的效应可能比大地震还厉害，引起了方方面面的变化。

大年同志是新中国成立以来史学工作的重要领导人和组织者。由于我很

---

① 原载《近代史研究》1995 年第 5 期，第 10—13 页。——编者注

长时期在上海工作，同他接触很少，所以在这方面我只想讲一件事，就是孙中山研究学会。1982 年提出建立这个学会后，大年同志十分重视，花了很大力量。我记得当时他对我讲，成立这个会的意义有两点，一个是对研究中国近代史的意义，另一个是建立和加强与台湾学术界联系、交流方面的意义。当时海峡两岸学术界可以说是没有什么往来的。

1984 年学会成立后决定做的第一件事，是在 1986 年举行孙中山国际学术讨论会。当时理事会讨论以什么作为会议主题，大家七嘴八舌谈了一个多钟点，也没谈出结果来。这时大年同志提出，先开一个孙中山研究述评的讨论会，拟出三四十个题目，包括孙中山研究的方方面面，每一个题目都请那方面研究最有权威的专家，包括国内和海外的，请他写一篇论文，并提出进一步研究的建议，这样的话，主题就容易确定了。于是 1985 年在河北涿县开了一次孙中山研究述评的国际讨论会，除大陆学者外，还有很多参加者来自境外，像民主德国、联邦德国、澳大利亚、美国和中国香港地区。大年同志说，这是个调查研究和集思广益的会。这个会要解决两个问题：一是请大家总结过去的研究状况，都取得了哪些成绩；另一个是提出目前的薄弱环节，今后的工作应该怎么做。会议规模虽然不很大，只有 50 多个人，但提出和讨论了 40 多个题目。会开了 5 天，最后确定了 1986 年讨论的主题：孙中山和他的时代。大家普遍感觉，这次会比以往就事论事的关于孙中山的研讨会提高了一步；而所确定的 1986 年会的主题，今天来看，这是个很好的题目。会议主题确定以后，大年同志说，现在主要应抓论文，你们要以 90% 以上的精力抓论文，秉公办事，严格择优录取，不看名气关系，看质量。他还说，会议成功不成功，人家不看招待得怎样，而是看论文怎样。当时抓论文分成两个方面。一方面，哪些是孙中山研究必须有的题目，专门约稿。另一方面，广泛征集论文，然后请国内各方面专家组成评议组，进行评选。有的大学校长、博士生导师都落选了，也有很年轻的学者入选，最年轻的才 24 岁。有父子两位，父亲是当地头面人物，落选了，儿子是研究生，入选了。最后选出 100 篇，大体上确实比以往孙中山研究水平有所提高。这件事做完了，就开大会，大年同志于是又抓会务。他年龄大了，不可能事必躬亲，但要紧的事他抓得非常细。比如，参加会的有那么多海内外著名专家，还有许多当地党政领导干部，让谁坐台上？大年同志说，会议主持者坐台上，该谁发言谁上来，其他人都坐台下，胡绳同志不主持会议也坐台下。这样一来，谁也没有话说。会议期间，他分两次专门招待海外学者，听取他们的意见，注意海内外学者的交流。这对国际学术交流工作确实能起到很大作用。另外，大年同志还编了一部《孙中山书信手迹选》，他住在医院里，一篇一篇看稿子。

这些不多讲了。通过前面说的，我有一个体会，就是做好学术工作的组织和领导是非常困难的，需要有两方面的条件。一方面，要懂得业务，自己是那个领域的专家；另一方面，又有组织领导能力。对大年同志学术水平，好几位同志都谈到了，我不来做更多评价。我想，从刚才讲的可以看出他工作中的几个特点：一个是他做事的目的性非常明确。办孙中山研究学会为了解决什么问题，开述评会、研讨会要达到什么目的，甚至编《孙中山书信手迹选》，他也规定要能够为研究工作提供新的、有价值的材料。都有一个明确目的，达到目的就成功，未达到就不成功。所以不管做什么事，经他一谈，心里就亮堂，对于为什么要干这件事很明确。第二，他抓工作有重点。开学术讨论会，先抓主题，完了后抓论文，论文有了最后抓会务；一个环节接一个环节，每一个时期抓一个重点，这样工作就能很顺利地推进。第三，关键事情他抓得非常细，自己动手，这样一种作风是非常需要的。今天，在我们社会科学领域里边，做学术领导和组织工作，能像大年同志那样，能够做得那样好的，还真是不多见。而他所倡导的许多方法，直到今天我们还在受益，常常还是按照这些方法来做的。

今天我就讲这么一点，并祝大年同志健康长寿。

刘大年同志与近代史所①

余绳武

日前张海鹏同志打电话来，建议我今天谈谈大年同志与近代史所的关系。我到所较早，自己觉得义不容辞；其实我对这方面的情况了解很少，因为80年代以前我是一名普通科研人员，与大年同志接触不多。这里，我只能介绍一些零星情况，事隔多年，记忆不一定准确。

大年同志是“三八式”干部，既有丰富阅历，又有理论修养。早在解放战争时期，他就与范老建立了密切的工作关系，范老先后任北方大学校长兼历史研究室主任和华北大学副校长兼历史研究室主任，大年是副主任，深受范老器重。这个历史研究室实际上就是近代史所的前身。建国初期，范老奉命筹建近代史所，大年同志参与筹备，是建所元勋之一。此后他一度担任中国科学院编译局副局长等职，但仍以近代史所为家。范老年过六旬后，希望尽可能减轻行政工作负担，以便专心写书。这一要求得到上级同意，于是从50年代中期起，大年同志以副所长名义挑起主持全所日常工作的重担。1960年黎澍同志到所，分管部分科研工作，大部分所务仍由大年同志负责。十年动乱期间，近代史所陷入瘫痪状态，大年、黎澍和李新等老同志都靠边站，范老也于1969年病逝。“文革”结束后，大年同志出任所长，较快地恢复了所内工作秩序；随着我国社会主义现代化建设的全面展开，近代史所开始呈现出欣欣向荣的新气象。1982年大年同志担任名誉所长。此后我一度负责所务，多次得到大年同志的鼓励和支持。几十年来，他为近代史所倾注许多心血，做出了重要贡献。

大年同志的学术观点和办所方针对近代史所科研工作影响很大，主要有三点：

1．大年同志认为，无论自然科学还是社会科学的研究都离不开一定的指

---

① 原载《近代史研究》1995年第5期，第13—16页。——编者注

导思想；马克思主义第一次把历史研究真正建立在科学的基础上，因此研究中国近代史必须以马克思主义为指导。他经常号召研究人员加强理论学习，并指出，占有史料是研究历史的前提条件，而不是研究的完成；我们应当在正确理论的指导下对史料进行深入分析，透过表面现象揭示历史的本质的东西，努力探寻历史运动规律。这些观点对所内外颇有影响。

2. 大年同志主张历史研究需要与现实生活相联系。他说："历史如果与人们的生活、斗争无关，那它早就不为人所注意，以至早就不成其为一门学问而存在于世了。"他本人的全部著作从选题到内容都具有紧密联系现实的特点，尤以早年所写的《美国侵华史》最为突出。这本书站在爱国主义立场，详述美国对华侵略的历史，文笔犀利，有很强的感染力。当时正值美国不断威胁新中国的独立和安全，中国人民奋起开展"抗美援朝，保家卫国"的伟大斗争之际，此书出版后受到全国各界重视，发行量达若干万册，并有俄、德、朝、捷等多种文字的译本，充分显示近代史研究的现实意义。近几年来，国内外有人对侵华史一类著作持全面否定态度，认为西方列强自鸦片战争以来主要起了推动中国进步的积极作用。按照这种逻辑，势必进一步得出近代中国人民反帝斗争全盘皆错的结论。这种观点是难于使人接受的。大年同志关于近代史研究要联系现实生活的思想，对全所的科研方向有重要影响。几十年来，所内许多研究项目都清楚地反映这一思想，科研工作联系现实已成为近代史所的一个传统。

3. 大年同志主张集体写书，通过这种方式出人才，出成果。80年代以前，所内比较重要的研究项目都采用集体方式，个人写书十分罕见。应该承认，那些年所内科研成果的数量较少。这主要是因为各种政治运动接连不断，再加上十年动乱，搞科研的时间太少，而不应归咎于集体写书。事实上，规模较大的项目通常都要依靠集体力量才能完成，而一个研究所如果没有若干部具有代表性的大书，总是一件憾事。因此，我认为大年同志集体写大书的主张，今后仍值得重视。当然，集体工作的组织形式有待改进，同时需要在职称评定上对参加集体项目的人员给予鼓励，只要做到这些，大家就会勇于承担集体任务。

以上是我对大年学术观点和办所方针的一些粗浅认识，如有错误，请大家纠正。

最后我想谈谈大年同志的生活作风。他前后在所内住了约30年，一向俭省朴素，律己甚严，给人留下了很深的印象。50 年代他长期住在所内东山八角亭（现已拆除），冬天生一个小煤炉，室内除了书桌和木板床外几乎别无长物。当时全所只有一辆汽车，未见大年坐过。一次我去北大，与大年同志不期而遇，看见他坐的是一辆外单位的旧敞篷吉普。1985 年大年率团去斯图加特开会，为了给国家节省外汇，住在一个乡村小客栈中，室内既无电视，也没有卫生设备，进城开会坐公共汽车。大年因旅途劳顿，到了国外就生病，自己掏钱买药吃，以致囊空如洗，回国途中想买支圆珠笔也感到拮据。在五六十年代，绝大多数领导干部都能保持艰苦朴素的作风，大年同志就是他们当中的一位，至今不改老干部本色。如果今天全国各级干部都具有这样的素质，我们的事业一定无往不胜。

刘大年同志推动中国近代史研究二三事①

王庆成

刘大年同志是近代史研究所的创始人之一，也是当今中国史学界的前辈学者。他长期担任近代史研究所和史学界的领导工作，对推动中国近代史研究的发展，起了重大的作用。我认识刘大年同志虽已多年，但接触的机会较少。我对大年同志的最初印象还是从别人那里得到的。60年代初，我在哲学社会科学部领导的《新建设》月刊编辑部工作，正组织进行关于阶级观点和历史主义问题的讨论。对于这一重要的理论问题，编辑部究应如何把握，心中无数。主编交代我去拜访刘大年同志，向他请教，特别对我说，大年水平高，头脑清楚。我记忆中这次拜访似未实行，但主编对大年同志的评价一直在我脑子中留下了深刻的印象。

1978年我调到近代史研究所工作。那时，近代史所已设立民国史组，连同原有的政治史、中外关系史成为近代史研究所的主要研究单位。80年代以前，不仅是近代史研究所，而且几乎是整个近代史学界，研究的重点是政治史、政治斗争和政治事件，民国史、中外关系史都侧重于研究政治方面。刘大年在"文革"前发表的论文结集《中国近代史诸问题》，绝大部分也都有关政治史研究的理论、方法等问题。但到80年代初，他对中国近代史研究范围的看法，似乎有了重大的发展。1981年《中国历史学年鉴》发表他的专论《中国近代史研究从何处突破》，提出要狠抓中国近代经济史以提高整个中国近代史研究水平的问题，从中国近代经济史研究的薄弱、繁难和重要性等方面一一说明加强近代经济史的必要。这篇文章的某些提法，有些同志有不同意见，但其基本主张，无疑是正确的。当时，他的这一主张除了提倡于社会以外，还在所内组织落实，正式成立经济史研究室。我们从80年代以来除了政治史研究的发展、进步以外，经济史、社会史、思想、文化史等都日渐繁荣，

---

① 原载《近代史研究》1995年第5期，第16—18页。——编者注

就可以知道刘大年的主张是如何地推动、顺应中国近代史研究的潮流了。

近十几年来，中国史学界对孙中山的研究有了蓬勃而又深入的开展。这与刘大年的推动也是分不开的。刘大年对孙中山研究一向比较关注，在60年代初就对孙中山领导的辛亥革命中反满色彩与革命性质的关系问题进行专门的分析，在“四人帮”对孙中山的贬抑和歪曲以后，他在80年代发表《孙中山——伟大的爱国主义者与民主主义者》《孙中山与中华民国》等论文，论证孙中山事业的历史地位与阶级性质。80年代中期成立孙中山研究学会，他是这个学会的主要领导人之一。学会的活动我不知其详，但从它所举办的国际学术会议及其论文集来看，如1985年召开的孙中山研究述评国际学术讨论会及其论文集《回顾与展望——国内外孙中山研究述评》，1986年召开的孙中山研究国际学术讨论会及其论文集《孙中山和他的时代》，以及与此同时和稍后涌现的许多学术论著和档案史料专集，都可以看出孙中山研究的巨大进步和它在中国近代史研究诸领域中的领袖群伦地位。

刘大年同志近几年又致力于推动抗日战争史研究。抗日战争，是中国历史上最悲壮伟大的一页。它的胜利开辟了中华人民共和国成立的道路，实现了中国历史翻天覆地的转折。多年来我们有许多纪念抗日战争、驳斥日本一些人美化侵略战争的活动。但学术界开始规划大规模、有系统地研究抗日战争，包括搜集整理史料、出版专业刊物和进行全面研究，却还是最近几年由刘大年同志担任会长的抗日战争史学会成立以后的事。刘大年在1987年撰写《抗日战争与中国历史》一文，论述抗日战争使“中华民族由衰败到重新振起”的历史地位，1989年他在《卢沟桥事变50周年中日学术讨论会文集》的序言中又指出“抗日战争的内容格外丰富，在中国近代历史上占有特殊重要性”。鉴于关于抗日战争史的“系统著作仍感寥寥无几”，他建议“集中力量写出一部比现有水平再高一些的抗日战争史的著作，同时编一部基本的资料书”。我相信，抗日战争史研究将日益成为中国近代史研究的“显学”，刘大年同志的建议也一定会在不远的将来实现。

今年8月是刘大年同志八十大寿。古书上称八十为“耄”，并有“耄期倦于勤”之说。但刘大年同志宝刀不老，至今仍在中国史学界发挥着重要的领导作用。祝愿他健康长寿，为中国史学的发展做出更大的贡献！

中国史学界的骄傲①

张椿年

大年同志是我国杰出的马克思主义历史学家，在国内外有重大影响。俄罗斯、日本和其他一些国家中研究中国近代史的学者十分注重大年同志的编著。1986年，我陪同大年同志参加在莫斯科举行的纪念孙中山诞生一百二十周年国际学术讨论会，不少俄国学者自称读过大年同志的书，受益匪浅，是大年同志的学生。齐赫文斯基是俄国史学界的领袖，他见到中国史学家时，总要问起大年同志的近况，总要了解一下大年同志出了什么新作，访华时总要拜访大年同志，对大年同志十分尊敬。

大年同志对我国史学的贡献，不仅表现在他的编著和卓越见识上，还表现在他为发展我国史学而做的许多实际工作中。为了推动中国史学走向世界，1983年，中国史学会在他领导下加入了国际史学会。1985年8月，大年同志作为中国史学家代表团的团长，在第16届国际历史科学大会的开幕式上作了令人振奋的讲话，表示中国史学家将与各国的同仁们为共同繁荣国际历史科学而努力。大年同志的讲话获得了热烈的掌声。按照惯例，在国际历史科学大会的开幕式上，除掉东道国的贺词外，就是国际史学会秘书长的工作报告，而中国史学家却得到了特殊的荣誉。

中国是一个泱泱大国，历史悠久。中国史学家应对国际史学的发展做出贡献。中国史学走向世界一方面是吸取国际史学中一切有价值的东西，另一方面把我国史学研究中的优秀成果介绍给世界，为国际史学谱写新的篇章。

在第16届国际历史科学大会以后，大年同志和国际史学会秘书长商定，以中国为主，和日本、印度共同筹办1990年第17届国际历史科学大会东西方封建主义比较专题讨论会；在1989年在北京召开一次国际史学会理事会，以此进一步推动中外史学的交流。第一件事，我们做到了，中国学者在会上

① 原载《近代史研究》1995年第5期，第18—20页。——编者注

作了很好的学术报告，扩大了中国史学在国际史坛上的影响。第二件事，虽然因为1989年春夏之交的政治风波的发生而未实现，但同样地表现了大年同志为推动中国史学走向世界的气魄和远见卓识。

我要提到的另一点是，大年同志十分重视马克思主义史学理论的研究。他认为与中国社会主义事业需要大前进的同时，中国马克思主义历史学也需要一个大前进，这在很大程度上取决于理论研究的前进。今天由中国社会科学院世界历史研究所、近代史研究所和历史研究所主办的《史学理论研究》从酝酿到问世都得到了大年同志的支持。十多年前，在我国史学界有所谓史学危机的提法，它反映了一部分史学家对史学理论停滞与落后状态的不满。与此同时，一些学者主张用自然科学的研究方法，如用系统论、控制论和信息论来研究历史。有鉴于此，中国社会科学院的一些同志向大年同志请教，计划办一个专门的史学理论刊物，其宗旨是介绍外国史学理论和方法论、总结中国史学和外国史学的发展历程、建设具有中国特色的马克思主义史学理论。他完全赞成这个计划。1986年5月在安徽歙县召开的全国史学理论讨论会上，大年同志作了一个学术报告，题目是“欲登高、必自卑”。在这个报告中，他对推进我国史学理论研究提出了指导性的意见，其中一条意见就是出版一个专门的马克思主义旗帜鲜明的历史学理论刊物。经他登高一呼，出版一个史学理论刊物就有了更为广泛的群众基础。在筹备过程中，大年同志多次了解筹备的进展情况，不时给予鼓励。现在我国研究史学理论的队伍日益壮大，史学理论逐渐成为我国史学中的一门分支学科，这个形势的出现，与受到大年同志关心的《史学理论研究》的影响是分不开的。

大年同志是我们大家爱戴的历史学家，在他八十华诞的时候，讲讲我知道的一些事，聊表我对他的敬意，祝大年同志健康长寿！

受业的收益①

姜　涛

我代表我本人和李长莉、杜语，即大年老师近年来先后指导的几位博士，从学生的角度讲几句话。作为学术研究的晚辈，我们对大年老师的有关学术活动接触较迟，知之不多，只能谈几点亲身经历的感受。

1. 初读论著的印象。我本人对大年老师著作的最初接触，是在1978年恢复高考后首届研究生招生之际。当时我报考的是南京大学历史系中国近现代史专业，指定的参考书目中就有大年老师的《中国近代史诸问题》一书。这本书中所收论文的多数是论述中国近代史问题的。不言而喻，我也是把它作为"考试指南"认真加以研读的。有关论文的严整的逻辑体系，鞭辟入里的分析论证，不禁使我深为佩服。然而，给我留下最深刻印象的，却是那篇并非直接论述近代史问题的《论康熙》。文章一开始就说：

> 东方和西方在十七、十八世纪里出现过几位著名君主。如果他们活动于同一个时间里是偶然巧合，而在某一个国家出现，必然是由于那里有适合于这些人物发挥才能的社会条件。

尽管文章是1961年发表的，到我报考研究生时已有17年之久，但仍给我以耳目一新的感觉，并促使我一气将其读完。在这篇文章中，我首次领略到一种气势，一种只能出于历史大家笔端的宏大历史感。它使我想起了唐代大诗人李白的著名诗句——"黄河落天走东海，万里写入胸怀间"。《论康熙》的语言是平实的，但它自有一股震撼人心、气吞山河的力量。

长莉和杜语告诉我：他们在初读大年老师的论著时，也曾有过类似的感受。这也许正是我们先后报考近代史所的博士生，并投入大年老师门下的共

---

① 原载《近代史研究》1995年第5期，第20—23页。——编者注

同原因之一吧。

2. 用唯物史观指导史学研究。宏大的历史感，说到底，是一种上乘的学术境界。但为什么一些在史学领域耕耘多年且学养有素的专家却不能达到这种境界呢？老实说，我们确是带着一种审视的好奇和一连串“为什么”来到大年老师身边的。实际的接触使我们体会到：大年老师的治学风格固然有其自身的因素，但宏大的历史感与科学的理论体系密不可分，气吞山河的力量来源于唯物史观。

我们在硕士生阶段都曾系统地学习过政治理论的课程。但入学之后，大年老师仍一再要我们重新研读一些哲学著作，当然首先是马克思主义哲学，尤其是历史唯物论的部分。他为我们指定了《路德维希·费尔巴哈和德国古典哲学的终结》《恩格斯致约·布洛赫》等篇目，并亲自批阅我们的读书笔记。直到近两年，他仍时常要我们注意阅读《哲学研究》上发表的一些论文。

作为马克思主义哲学重要组成部分的唯物史观，既是世界观，也是方法论，是史学研究的有力武器。我们知道，近代西方哲学的主题，不仅经历了由本体论向认识论的转变，而且进一步经历了由认识论向历史观的转变。这一转变，是与那个伟大变革的时代分不开的——随着生产力的发展和资本主义生产方式的确立，历史已在愈来愈大的程度上成为全世界的历史。由康德所开启，中经黑格尔等人而最后由马克思所完成的这一场哲学革命，其实质就是将历史观的主题最终奠定在科学的基础之上。

大年老师自觉地以唯物史观指导自己的史学研究，并尤重对社会关系、社会联系的研究。在1985年发表的《论历史研究的对象》一文中，他强调指出“与一定的生产力相联系的、以生产关系为中心的社会关系、社会联系及其运动变迁，这就是历史研究的对象”。他的这一思想，也贯穿于对我们的博士论文的指导之中。李长莉的《洋务知识分子研究》、我的《近代中国人口研究》以及杜语的《近代中国通商口岸研究》，无论是选题的确定，还是写作提纲的设计乃至论文的最终完成，都经过大年老师的深思熟虑，倾注了他大量的心血。这几个难度系数很大的选题，使我们进一步领略了大年老师高瞻远瞩、从大处着眼的研究风格，并得到了切实的基础训练，获益匪浅。当然，由于我们的马克思主义水平不高，学术研究的功力不够，几篇博士论文与大年老师的要求还有相当的距离。

3. 严谨求实的学风。在大年老师的悉心指导下，我们对所研究的课题初步做到了从宏观上、整体上加以系统地把握，从而避免了就事论事、见木不见林的缺陷。但这丝毫不意味着，我们可以不需要深刻入微的过细研究，不需要具体史实的认真考辨。

曾经有一种说法：近代史所不以考据见长。如果说，这是强调大年老师为代表的前辈学者们以唯物史观作指导的崭新的学术特色，那是对的；如果这是说，近代史所的前辈学者们不屑于考据，不善于考据，那显然是一种误解。因为事实恰恰相反。

史实的考辨是史学研究的基本功。“实事求是”的治学宗旨与方法，为清代朴学大师们所提倡。具有很深国学根柢的大年老师，在这方面更是身体力行的典范。在我们从事博士论文写作的过程中，我们深切体会到：大年老师对我们这方面的要求，也是极其严格的。就拿我自己来说吧，大年老师在审阅论文初稿时，不仅一再提出批评意见，甚至连个别引文和注释的错误或含混之处也不放过。不久前，在对杜语进行论文指导时，大年老师再一次语重心长地提出：

> 科学研究要解除思想束缚，坚持科学态度，谁有研究，谁就有发言权。问题是这种发言权，是要建立在踏实的科学研究基础上的，而不是信手抓来一点什么，就自以为实现了所谓突破之类。
>
> 学术研究的功能在于寻求知识，增加人对世界事物的认识。说来容易做起来难。谁克服的困难多，谁的成绩就大。

我们将不断以老师的要求激励自己。愿借此机会祝大年老师健康长寿！

二、刘大年逝世报道和纪念文章

《人民日报》刊登新华社发布刘大年同志逝世讣告①

【新华社北京1月19日电】　中国共产党优秀党员，中国社会科学院近代史研究所研究员、名誉所长，中国科学院哲学社会科学部学部委员，俄罗斯科学院外籍院士，第三届全国人大代表，第四、五、六、七届全国人大常委会委员刘大年同志，因循环系统衰竭，医治无效，于1999年12月28日在北京逝世，享年85岁。

刘大年是湖南省华容县人，少年时代积极参加了土地革命运动，曾任少年先锋队秘书、总队长。1936年于长沙国学专修学校肄业。他经革命老人徐特立等人的指引，于1938年赴陕北进中国人民抗日军政大学学习，同年加入中国共产党。1939年抗大第五期毕业后，先在八路军部队，后长期在冀西和冀南抗日根据地工作，先后任冀西专区行政干部学校教导主任、总支书记，晋冀鲁豫边区政府冀南行署宣传科长、教育科长，冀南抗战学院、政治学校教员等职。抗战胜利后，先后任北方大学工学院副主任，北方大学、华北大学历史研究室副主任，华北大学历史系主任。

1949年11月中国科学院建立后，他陆续担任中共中国科学院党组成员、科学院编译局副局长、中国科学院学术秘书、《科学通报》主编、近代史研究所副所长、中国科学院哲学社会科学规划办公室主任、哲学社会科学部分党组成员。1958年后实际主持近代史研究所工作。“文化大革命”中他被作为“走资派”批判。1978年恢复工作后，任中国社会科学院近代史研究所所长，社科院研究生院教授、博士生导师。1980年中国史学会重建，他当选为第二、第三届史学会主席团执行主席。他还是中国孙中山研究学会副会长、中国抗日战争史学会会长。

刘大年自1949年发表《美国侵华史》以来，在中国近代史研究领域，发

---

① 原载《人民日报》2000年1月20日第4版。——编者注

表了大量论文，主持了数部近代史著作的编写，不仅对于近代史研究所，而且对于中国近代史研究学科的创建、发展和繁荣，起到了不可替代的作用。

他在七届全国人大常委会第六次会议上，就日本当局在侵华战争性质问题上的倒退作了义正辞严的发言，曾吸引国内外舆论界广泛注意。他的逝世，是中国史学界的重大损失。主要代表作有：《美国侵华史》、《中国近代史问题》、《赤门谈史录》、《刘大年史学论文选集》、《抗日战争时代》、《中国史稿》（第四册）、《中国近代史稿》、《中国复兴枢纽——抗日战争的八年》。

《抗日战争研究》发布沉痛悼念刘大年同志讣告①

【《抗日战争研究》编者按】　中国抗日战争史学会名誉会长、本刊编委会召集人、中国社会科学院近代史研究所名誉所长刘大年研究员不幸于1999年12月28日病逝，这是本刊的巨大损失，是中国史学界的巨大损失！为了表示本刊的深切哀悼，特发表如下一组文章：刘大年逝世讣告、刘大年先生关于回忆抗战经历的遗作、本刊主编悼念刘大年先生的文章，与广大读者同申悲悼！

中国社会科学院近代史研究所沉痛宣告：

中国共产党优秀党员，中国社会科学院近代史研究所研究员、名誉所长，中国科学院哲学社会科学部学部委员，俄罗斯科学院外籍院士，第三届全国人民代表大会代表，第四、五、六、七届全国人民代表大会常务委员会委员刘大年同志，因循环系统衰竭，医治无效，于1999年12月28日上午10时50分在北京协和医院逝世。

刘大年，湖南省华容县人，1915年8月8日（农历六月二十八日）出生于一个小康的读书之家。幼年在本县上小学。1929—1931年，湘鄂西苏区开辟至华容，少年时代的刘大年积极参加了土地革命运动，曾任少年先锋队秘书、总队长。苏区撤退后，一度被迫逃亡，后回乡继续求学，1936年于长沙湖南国学专修学校肄业。在求学期间，继续寻找革命关系，阅读一些进步书籍。抗日战争爆发后，他经湖南籍的著名教育家、革命老人徐特立等人的指引，于1938年赴陕北进中国人民抗日军政大学学习，同年加入中国共产党。1939年抗大第五期毕业后，先在八路军部队，后来长期在冀西和冀南抗日根据地工作，先后任冀西专区行政干部学校教导主任、总支书记，晋冀鲁豫边区政府冀南行署宣传科长、教育科长，冀南抗战学院、政治学校教员等职。抗

① 原载《抗日战争研究》2000年第1期，第1—5页。——编者注

日战争胜利后，先后任北方大学工学院副主任，北方大学、华北大学历史研究室副主任，华北大学历史系主任，华北大学四部（研究部）领导成员。1949年11月中国科学院建立后，陆续担任中共中国科学院党组成员、科学院编译局副局长、中国科学院学术秘书、《科学通报》主编、近代史研究所副所长、中国科学院哲学社会科学部学部委员、中国科学院哲学社会科学规划办公室主任、哲学社会科学部分党组成员。1958年后实际主持近代史研究所工作。"文化大革命"中被作为"走资派"批判。1978年恢复工作后，任中国社会科学院近代史研究所所长，社科院研究生院教授、博士生导师。1982年起退居二线，担任近代史研究所名誉所长至今。1980年中国史学会重建，当选为第二、第三届史学会主席团成员、执行主席。他还是中国孙中山研究学会副会长、中国抗日战争史学会会长、北京理工大学校友会名誉会长。从1964年起，他连续当选为第三届至第七届人大代表，第四届至第七届全国人大常委，第六、七届全国人大教科文卫委员会委员。

刘大年同志是忠诚的共产主义者、马克思主义者。他自1949年发表《美国侵华史》以来，在中国近代史研究领域，发表了大量论文，主持了数部近代史著作的编写，不仅对于近代史研究所，而且对于中国近代史研究学科的创建、发展和繁荣，起到了不可替代的作用。他作为全国人大常委在七届全国人大常委会第六次会议上，就日本当局在侵华战争性质问题上的倒退做了义正词严的发言，引起国内外舆论界广泛注意。

主要代表作：

《美国侵华史》：1949年8—10月间在《人民日报》连载，同年以《美国侵华简史》为书名出单行本。经过修订增补后，又以《美国侵华史》为书名，由人民出版社在1951年、1954年一版、再版。此书出版后，当时苏联、朝鲜、捷克斯洛伐克、民主德国相继出版了译本，在50年代初产生了相当大的影响。

《中国近代史问题》（人民出版社1965年初版，1978年再版）：收进了刘大年写于五六十年代的若干篇史学论文。其中《回答日本历史学者的问题》，是1963年12月作者访日期间所作的讲演，后经整理发表在1965年3月2日的《人民日报》上。毛泽东看了以后，认为文章中所说的世界历史发展中心应该是世界人民革命斗争的主要潮流所在的地方，讲得很对。《亚洲历史怎样评价？》是作者于1965年5月应邀出席巴基斯坦第十五届历史年会时所提供的论文，受到与会者的欢迎。1965年7月，《人民日报》将其全文发表，同年11月和1966年3月，《北京周报》英、日文版和德、法文版先后予以译载。《论康熙》最初发表于《历史研究》1961年第3期，是一篇通过典型剖析，解决如何评价剥削阶级杰出历史人物的论文。文章在当时曾引起国内外学者的一些争论甚至非议，但它经受了时间的检验，至今为治清史的人们所注意。而文章所体现出的作者高瞻远瞩，从大处着眼的行文风格，也至今为人们所称道。

《赤门谈史录》（人民出版社1981年版）：主要讨论辛亥革命的性质，列举经济基础、领导革命的社会力量、同盟会纲领、革命的主力军等四项根据，说明辛亥革命是资产阶级民主革命。在叙述中还分别评价了国外同类论著的代表性观点。1979年，作者曾应日本东京大学研究生院之聘讲授中国近代史，着重讲辛亥革命。此书就是在那个讲稿基础上写出的。

《刘大年史学论文选集》（人民出版社1987年版）：选收了作者截至1987年的若干篇史学论文。其中讲史学理论的文章排在首位，占的篇幅也较多，而且多是《中国近代史问题》一书中所未曾收录的。

《抗日战争时代》（中央文献出版社1996年版）：这是作者于90年代所写的有关抗日战争史的若干论文的结集。抗日战争的研究，是刘大年近年来着意组织推动、积极身体力行的重大研究课题。这部论文集，同样体现了他重视史学理论、提倡用唯物论指导具体研究的一贯主张，且有新的发展。

刘大年主撰和主编的著作主要有：

《中国史稿》第4册（人民出版社1962年版）：全书由中国科学院院长郭沫若主编，第4册为近代史部分。这本不足20万字的书，为中国近代史搭起了一个新的架子，有的地方作出了可喜的概括。郭沫若院长曾盛赞此书“写得扼要、明确、流畅，有吸引力”。这部书是当时指定的高等学校教材，是60年代最有影响的近代史著作。

《中国近代史稿》（人民出版社版，第1册1978年，第2、3册1984年）：在《中国史稿》第4册原有框架的基础上，通过大量史实的补充，强化了原书的基本观点，并克服了原书“有骨头无肉”的缺憾。

《中国复兴枢纽——抗日战争的八年》（北京出版社1997年版）：为刘大年所主编的《中国抗日战争史丛书》中的一部。此书充分汲取了学术界对抗日战争研究的现有成果，是迄今第一部全面系统论述中国人民的“八年抗战”

的高水准学术性专著。

刘大年生前的最后一部书稿是《评近代经学》（1999 年 11 月定稿）。书稿力图结合中国近代社会的激烈变动，理清近代经学的基本状况、发展脉络，并以辩证唯物主义的崭新视野，论述了近代经学的历史地位和作用。

自入党以来，刘大年同志一贯拥护和执行党的路线、方针、政策。1978 年以来，他坚决拥护邓小平同志改革开放路线，拥护并坚持四项基本原则；他坚决拥护以江泽民同志为核心的党中央，积极支持和参加有中国特色社会主义建设。他有强烈的社会责任感，他把对党的方针、路线的拥护，贯彻到自己的学术活动中。他在担任第四、五、六届全国人大常务委员会委员期间，按照人大常务委员会安排从事政治、社会和外事活动，起到了重要作用。

刘大年研究员的逝世，是中国史学界的重大损失，是中国社会科学院近代史研究所的重大损失。我们永远怀念他！

中国社会科学院近代史研究所刘大年名誉所长治丧委员会

1999 年 12 月 29 日

追念刘大年先生的抗日战争史研究[①]

张海鹏

本文是一年以前写的，没有发表。原本是希望直接采访刘大年先生，获得更多的第一手史料，并且已经向刘大年先生提出了采访提纲，准备等待稍有空闲时进行。讵料空闲没有等来，大年先生已经作古。刘大年先生半个世纪的学术生涯，他对中国学术界、对中国历史学界，尤其是对中国近代史学界的贡献，尚待时日清理，本文只是对大年先生有关抗日战争史的研究以及与此有关的话题作一追忆，借以悼念刘大年先生。

一

1998年11月中旬，中国社会科学院中日历史研究中心专家委员会代表团访问日本，83岁的中国社会科学院近代史研究所名誉所长刘大年同志率团前往。在会见日中友好会馆会长后藤田正晴先生（84岁）的时候，在会见日中历史研究中心评议委员会座长隅谷三喜男先生（82岁）的时候，在会见京都大学名誉教授井上清先生（85岁）的时候，刘大年就中日关系中的一个重要问题，即历史认识问题发表讲话，引起了与会者的注意。此行另一个意外收获，是刘大年会见了半个多世纪前在八路军总部白求恩医院工作的日本医生山田一郎。1943年，刘大年从冀南去太行山抗日根据地，在山头与日军遭遇，跳悬崖脱险，但肺部受伤破裂，生命垂危。山田出主意，用中国的传统药物治疗，终于转危为安。山田一郎是八路军的日本俘虏，东京大学医学部的高材生。他在八路军中参加了中国共产党，抗战胜利后回国，转为日本共产党党员，在东京代代木医院当院长，更名为佐藤猛夫，今年已经89岁，头脑清

---

① 原载《抗日战争研究》2000年第1期，第17—32页。原文发表时题为《战士型的学者，学者型的战士——追念刘大年先生的抗日战争史研究》，现改以副题为正题。——编者注

楚。据陪同会见的日本友人在日中友好会馆的会见会上当众介绍，刘大年先生与日本的“白求恩”的会见场面是极为感动人的。刘大年对于这次能够见到战场上的日本朋友之一，在整个访问期间，都非常兴奋和愉悦。

刘大年于 1915 年 8 月出生于湖南华容县一个中小地主家庭（土改时定为富农）。1936 年肄业于长沙湖南国学专修学校。1937 年夏天，他为了寻找职业，正住在武昌粮道街一家学生公寓里。7 月 8 日傍晚，当报道发生卢沟桥事变的报纸“号外”在武昌蛇山传播时，他在蛇山和黄鹤楼一带看到了临时偶然聚集起来的大量人群，在那里议论卢沟桥和宛平城的战事。那些带着愤怒和兴奋情绪的人群的激昂议论，使他感受到了中国人的民族精神和爱国情怀。平津失陷，日寇深入国境，国家危在旦夕。抗日战争的时局大变动改变了国家的命运，也改变了周围的环境，他受爱国思想和求知欲驱使，决定去延安。1938 年从家乡到长沙八路军办事处，受到湖南知识青年尊崇的“徐先生”徐特立、老资格共产党人王凌波指点，8 月间到达陕北，进了陕北抗日军政大学，同年加入中国共产党。翌年抗日军政大学第五期毕业。抗大毕业后他先被分配在八路军部队，然后在冀西和冀南抗日根据地工作。以后长期生活、斗争在河北平原和太行山上。

在抗日根据地里，他一直从事宣传教育工作，需要重视马克思主义理论学习；同时又在一些院校、训练班屡次讲授社会发展史、中国革命运动史等课程，更需要读有关的书，特别是读历史书。抗日根据地环境艰苦，谈不上多少文化设施，但也不是无书可读。李达的《社会学大纲》、郭沫若的《中国古代社会研究》、吕振羽的《史前期中国社会研究》《殷周时代的中国社会》，以及苏联人、日本人讲中国社会历史的书，在少数人手里仍然能够找到。他就是在那时读到上面这些著作，并引起对哲学、历史学的重视的。抗日战争的八年，在一方面可以说是他为以后从事学术研究工作做准备的八年。

抗战胜利后，刘大年弃戎从学，开始从事学术工作。如果说，抗日战争的八年，刘大年是作为一名战士，经历战火的洗礼与考验，关注中国的命运的，那么，这时候，他开始尝试换一个角度，以学者的身份观察中国的历史与中国的命运。刘大年不是一个只坐在书斋里，钻进象牙之塔里做学问的学者。他像在前线作战的战士总是依据战线的实际而又迫切的需要，选取最重要的突破口那样，依据中国社会现实的急切需要以及从中国与世界关系发展的大局出发，提出课题，展开研究。他具有“国学”的良好根底，又运用马克思主义唯物史观作为解剖刀，分析历史资料，研究历史与现实的关系，他写出的一些研究论著，受到新兴的中国近代史学科的研究者重视。

在解放区，刘大年开始收集资料，从事中国近代历史的研究。他写的头一本书是《美国侵华简史》。那时美国在抗日战争后期就确定下来了的扶蒋反共政策正在加紧实施，中国人民与美国统治集团的矛盾一天天激化。中美关系的历史怎样，很自然地成了人们关心的问题。1949 年 8 月，《美国侵华简史》由华北大学出版，同时在《人民日报》上连载。不久经过修改、补充，于 1951、1954 年，以《美国侵华史》为书名，由人民出版社出第一、第二版。这是从革命根据地走出来的学者在观察、研究中美关系时写的第一本书，也是新中国建国初期出版的第一本有关中美关系的学术著作。半个世纪过去了，今天有关中美关系历史的研究已经大大前进了，但是人们仍然没有忘记刘大年这本给新中国献礼的书。对于作者来说，这是他研究中国近代史的开始，同时也奠定了他在中国近代史学界的地位。

二

新中国成立以后，刘大年长期在近代史研究所担负领导工作。他的研究工作，主要集中在中国历史学的理论研究方面，在中国近代史的宏观架构的研究与设计方面，也在中国近代史的专题研究方面作了一些探索。在历史学理论方面，刘大年认为中国历史学传统悠久，中国的和世界的历史学各有自己的科学成分，有了它们我们才能够认识以往的历史。但是历史学是否以及怎样成为一门科学，至今仍是一个争论问题。马克思主义的历史唯物主义给历史学奠定了科学基础，它并不能代替历史学理论。探讨历史研究如何成为科学，就是历史学理论最后要解决的问题。他讲历史学理论的文章是:《历史研究的指导思想问题》《历史研究的对象问题》《历史前进的动力问题》《历史上的群众与领袖问题》《历史研究的时代使命问题》《历史学理论的建设问题》《照唯物论思考》《方法论问题》等。对于历史学理论的一些关键问题他都讲了自己的思考。在中国近代史的宏观架构的研究与设计方面，以《中国史稿》第四册、《中国近代史稿》为代表。这两本书，是在刘大年主持下撰写的。以前讲中国近代史的书，包括拥有众多读者的范文澜著《中国近代史》，一般带有记事本末的特点，而且内容偏重于政治史。这在当时是有道理的，但是，它不适应新时代的需要，显然需要改进。《中国史稿》第四册作了改变。依照刘大年的看法，新的著作要求根据历史演变的时间顺序讲述事件。不只讲政治事件，也要讲经济基础、意识形态；不只讲汉族地区的历史，也要讲出国内各民族在斗争中与全国的联系和相互关系。《中国史稿》第四册这种写法，就是总结了新中国成立以来中国近代史学科的研究成果，加以概括和升华，给中国近代史搭起了一个新的架子，有些地方做出了可喜的概括。这本书对我国高等学校历史系编写或者使用的中国近代史教材，有较大的影响。《中国近代史稿》大体上采用了那个框架，加上往后的研究成果，大大丰富了各章节的内容，使某些主要部分的论证更有说服力，史料则大为充实了。每个时期各有总评，成一家之言。第三册讲完了义和团运动，可惜以后的撰写计划未能完成。在专题研究方面，刘大年也努力做出了探索。《赤门谈史录》是这方面的代表作。《赤门谈史录》是 1979 年在东京大学讲学时的讲稿，后来整理成书。它主要讨论辛亥革命的性质，列举经济基础、领导革命的社会力量、同盟会纲领、革命的主力军等四项根据，说明辛亥革命是资产阶级民主革命。在叙述中还分别评价了国外同类著作上的代表性观点。刘大年发表的学术论文中，《回答日本历史学者的问题》《亚洲历史怎样评价？》和《论康熙》三篇，曾经受到广泛注意，引起过国内外的评论和争论。

三

刘大年是在抗日战争的洪流中成长起来的。在他的晚年，他又把他的研究兴趣同抗日战争的历史研究自然地联系了起来。

1982 年，在我们的邻国日本发生了一件引人注意的事。日本文部省规定修改中学历史教科书，公然否认日本对中国的侵略。教科书的作者家永三郎教授起而抗议，同日本政府的文部省打起了官司。这一事件引起了中国、东南亚各国以及世界舆论的关注，也引起了刘大年的严重关注。这个抗日战争时期的八路军战士，不能不把历史研究的眼光逐渐转移到抗日战争这一段历史上来。这一年，他第一次发表有关抗日战争历史的文章。1987 年，他在《近代史研究》第 5 期发表《抗日战争与中国历史》一文，表明他研究的深入。

1989年2月20日，刘大年作为全国人大常委在七届全国人大常委会第六次会议上，就日本当局在侵华战争性质问题上的倒退作了义正词严的发言，曾吸引国内外视听。日本报纸迅速转载这个发言，苏联、法国、美国报纸、通讯社纷纷发表评论，谴责日本当局的行径。此后几年里，刘大年撰写了好多篇有关抗日战争史的论文。1996年，他将这些论文结集出版，题名《抗日战争时代》。同时，他还用相当多的精力，组织并主持编写了《中国复兴枢纽——抗日战争的八年》这本学术著作。该书在抗日战争胜利50周年时由北京出版社出版，1997年修订再版。

抗日战争的历史，国内学术界的认识，并不完全一致。刘大年认为，“抗日战争的历史和整部中国历史一样必须成为科学的客观研究的对象。我们必须把抗日战争的研究建立在坚实的科学基础上，提高它的科学性。……对于叙述历史，我们主张客观的历史是怎么样，写出来的历史也必须是怎么样”[①]。这就要求，在研究抗日战争历史时，一是必须以事实为根据，二必须是具体问题具体分析。实际上，有的研究者在人物评论中，看重人物的自我表白，胜过看重客观事实。有的史实评论中，看局部多，看全局少。顾虑把共产党的地位、作用降低了的，有之；顾虑把国民党的地位、作用降低了的，也有之。问题争论、讨论中不乏停留在表面的，没有解决的问题远远多于解决了的问题。按照胡乔木的说法，“对这段历史的认识还有许多不够深刻的地方”[②]。这些问题中，有两个特别重要，这就是正面战场和敌后战场的作用问题，国民党和共产党的领导作用问题。

刘大年认为，弄清这些问题，要认识抗日战争时期历史的特别复杂性。抗日战争时期的对日战争，首先是民族战争，同时也是人民战争；其间交叉着错综复杂的矛盾，既有民族矛盾，又有阶级矛盾；抗日战争既是一场民族解放战争，又是一场与国内民主革命相结合、相伴随的战争。既有正面战场，又有敌后战场；既有国民党对正面战场的领导，又有共产党对敌后战场的领导。只有依据历史事实，看到抗日战争历史的复杂性，具体分析具体问题，才有可能把抗日战争历史研究中认识不够深刻的地方，进一步弄清楚。由此出发，

---

① 刘大年：《照唯物论思考》，《抗日战争研究》1996年第2期，引自《抗日战争时代》，第142页。

② 胡乔木：《致中国抗日战争史学会成立大会的信——代发刊辞》，《抗日战争研究》1991年第1期。

刘大年对于抗日战争历史，有如下观点：

（一）中国抗日战争是在中国共产党倡导的抗日民族统一战线的旗帜下，以国共合作为基础，各阶级、各族人民团结起来进行的中华民族解放战争。当时国家权力掌握在蒋介石、国民党手中。抗日战争有蒋介石、国民党参加，才有了全民族的抗战。抗战期间，蒋介石虽然没有放弃反共，也没有放弃抗战。从全民族战争的角度看，蒋介石、国民党在抗战中的重要地位和作用，应当得到客观的、全面的理解。同样，中国共产党领导的人民力量的存在和发展，是这场民族解放战争胜利的基本条件之一，而且，这个基本条件所发生的作用，贯穿在抗战的全过程里。如果没有这个基本条件，全民族抗战是否能实现，或者一时实现了，能否坚持下去而不中途夭折，以及中国是否能取得抗战的最后胜利，就要打一个大问号。所以，人民力量的存在和发展这个基本条件的极大重要性，更加应该得到客观的、全面的理解。因此，抗日战争这场民族解放战争的胜利，是国民党、共产党和全国人民共同奋斗争取得来的。

（二）两个战场的存在是决定抗日战争面貌和结局的关键。抗日战争的特异之处是蒋介石政权控制的正面战场与共产党领导的敌后战场并存。它们在战略上互相依托、互相配合，与强大的敌人角胜。两个战场是互存互补的关系，缺一不可。缺了一个，抗日战争的胜利都是难以想象的。有正面战场的坚持，又有敌后战场的强大存在，才有战争胜利的结局。两个战场的存在来自于国共合作，来自于抗日民族统一战线。在战争中日军由胜利推进转向失败，国民党和共产党的力量朝相反的方向运动这种复杂的过程，是从两个战场上开始和完成的。两个战场在战争中的不同表现，直接影响着全国的政治局势。因此，两个战场的地位和作用，客观地表现了国民党和共产党在抗战中的地位和作用。既不要看轻国民党的作用，更不要看轻共产党的作用。

（三）在抗日战争中，国民党、共产党两个领导中心并存。国民党与共产党在抗日战争中的领导权，是由抗战前两个敌对政治实体的关系嬗变而来的。说国民党、蒋政权发挥了领导作用，是因为它掌握着民族战争所必需的、国际国内承认的统一政权，它指挥200万军队，担负着正面战场的作战任务。它虽然积极反共，在抗日问题上严重动摇，但到底把抗日坚持下来了。说共产党发挥了领导作用，是因为它坚持了抗日统一战线，使民族战争所必需的国内团结能够维持下来，指挥八路军、新四军，担负着敌后战场的作战任务。它们所处的地位不同，能够起作用的方面不一样，也不表现为某种平衡，而又都是不可缺少的。在抗日战争这个整体大局中，国民党、共产党都起着领导作用。这个作用，都是全局性的，不是局部的、暂时的。双方这种都是全局性的领导作用，不是由于它们存在某种形式的共同领导或与之相反的分开领导来实现的，它们的领导作用是在又统一、又矛盾斗争中来实现的。在抗日统一战线内部又统一、又斗争的过程中，国共力量的消长发生着变化，总的趋势，是人民的力量、共产党的力量逐渐增强，并且历史性地改变了国内政治力量的对比。这是对抗日战争中国民党、共产党的领导地位和作用的最终说明。

（四）抗日战争是中国近代历史发展的一个根本转变，是近代以来中国第一次取得的对外战争的全局胜利。这个胜利，改变了中国历史发展的航向。抗日战争中，军事上和国内政治关系上同时并存着两个过程、两种演变：一个是日本的力量由强变弱，由军事胜利到最后的彻底失败；另一个是国内两大政治势力的力量对比发生了重大变化。前一个演变关系到中国亡不亡国、民族能否独立的问题，后一个演变关系今后是新中国还是旧中国、中国能否打开通向近代化前途的问题。

以上可以看出，这些看法，可以说是抗日战争史研究的一次思想总结，刘大年所提出的一系列看法，较之以前一些简单的说法，显得具有科学性了，更加实事求是了，更加符合历史真相了。这是一个八路军老战士，一个马克思主义的历史学家在他晚年的学术生涯中所达到的一个新的境界。

四

前面提到过的刘大年1979年东京大学的讲学，那时的主持者是东京大学田中正俊教授。1986年，已经是东京大学名誉教授的田中正俊写了一本小书，题为《战争·科学·人》。这本书，以他自己21岁被作为“学徒兵”驱赶上战场的亲身经历，揭露日本军国主义的罪恶。他在序言里说：“谨以本书献给抗日民族解放战争的英勇战士，我们的老师刘大年先生。”[1]短短一句话，不

①〔日〕田中正俊著，韩一德译：《战争·科学·人》，黑龙江人民出版社1990年版，第6页。

仅表明了作者追求真理的可贵品格，也代表了日本正直学者对中国学者，对刘大年——一位八路军出身的历史学家的尊重之情。

本文开头提到刘大年这次访问日本，遇到了抗战中在八路军中服务的日本友人的故事。与此同时，他还与一个未曾谋面的日本朋友互通音问。这位日本朋友就是昭和天皇的胞弟三笠宫崇仁亲王（时年83岁）。《抗日战争研究》1995年第2期发表了原载日本《This is 读卖》杂志三笠宫的文章，那是1943—1944年，三笠宫化名若杉参谋，广泛考察中国战场以后，对中国派遣军总司令部干部的一个讲话：《作为日本人对中国事变的内心反省》。他在这个讲话中列举日本自甲午战争以后侵略中国的事实，揭露日本军人的残暴行为，说日本对中国是“无所不取，掠夺殆尽”，特别指出共产党的军队“对民众的军纪也特别严明，决非日本军队所能企及”，在这种情况下，中共若不“猖獗”，那将成为世界七大奇迹中的第一大奇迹了吧。他还说：“在我看来，这样的日本军队，是无法与中共对阵的。”这份讲话，当时作为“危险文书”被没收，近年被日本学者从档案中查找出来，经三笠宫肯定后予以发表。显然，无论是1944年，还是1994年，三笠宫都是讲了真话的，他是谴责日本对中国的侵略的。尽管他是昭和天皇的胞弟，是皇族，但他的态度值得中国人民钦佩和尊敬。刘大年通过日本政治家后藤田正晴把一封亲笔信转送给三笠宫崇仁，正是表达了这种看法。经过刘大年本人同意，我把这封信的原文公布如下：

崇仁先生左右：

肃启者，秋日明朗，祝候健康。

三四年前，读到《读卖杂志》上的尊著《作为日本人对中国事变的内心反省》及答记者问，至今印象犹新。先生以宏达坦荡襟怀，对待近代中日关系的历史，对待中日战争，我认为这是真正反映了日本民族的优异本色与勇敢精神，体现了日本众多国民的良知，是足以受到日本严肃的学术界公允评价而载诸竹帛的。当先生以若杉参谋名义在中国战场广泛考察的时候，我作为中国共产党领导下的一名县团级工作人员，在河北平原上抗日游击战争队伍中服务。《内心反省》叙述的中国人民的苦难生活，共产党军队与人民血肉相连的关系等，几乎就像是我亲身经历的事实那样真切。更有意外者，从答记者问中得知，我们竟然还有共同的熟人，那就是溥仪先生。溥仪大赦释放后，曾在全国政协担任文史专员，我一度兼管过那项工作。在此以前和以后，我跟他也有所接触，略知其后事。这似乎也是彼此可以交流的话题。六十年代起，我几次访问贵国，这次是与中日历史研究中心专家委员会同仁一起，来与日方评议委员会见面的。我在东京的时间有限，先生会见外来客人也未必方便，看来是没有当面表示敬意的机会了。中日两国需要在不断增进的友好关系中进入廿一世纪。先生老成硕望，加以影响推进之，两国人民之福也。拙作《抗日战争时代》几处引用《内心反省》及答记者问文字，奉上一册请教。诸惟吉祥辉焕，顺颂

时绥。

中国社会科学院　刘大年　拜具

一九九八年十一月九日

几天以后，后藤田先生给刘大年先生回信，说他亲手把这封信送呈三笠宫，“三笠宫殿下非常高兴，殿下说：‘刘大年先生的大著我一定仔细拜读，先生处请代为多多致意。’”

他永远在前进，在追求。这就是刘大年：一个战士型的学者，一个学者型的战士。

五

以上文字是一年多以前写的。当我现在续写如下文字的时候，刘大年先生在医院停止呼吸不过几天。我原本希望刘大年先生再有日本之行，对抗日战争历史或者中日关系再次发表意见，以启迪后人。但是这样的机会不会再有了。现在可以说，1998 年 11 月的日本之行，是刘大年先生的日本告别之旅。这次他以中国社会科学院中日历史研究中心专家委员会访日代表团团长名义，在东京、京都各地，所到之处、所接触之人、所发之言，均与抗日战争历史有关，均与中日关系历史有关。他致函三笠宫，表彰三笠宫在日本侵华战争当时仗义执言的行为，期待三笠宫在中日两国需要在不断增进的友好关系中

进入二十一世纪方面有所作为；他与日本政治家后藤田正晴对话，回顾历史，希望开辟中日关系的未来；他与日中友好会馆日中历史研究中心评议委员会的专家隅谷三喜男、安藤彦太郎、卫藤沈吉等先生会面，谈的也是如何从大局出发推动中日关系历史的研究；他与八路军时代在一二九师卫生部白求恩医院担任过副院长的日军被俘士兵山田一郎（今名佐藤猛夫）会见，畅叙在太行山抗日根据地建立的友情；在京都，特别拜访京都大学名誉教授井上清，除了畅叙友情、互祝健康，就是殷殷以中日关系为念。

始于抗战，终于抗战，这是刘大年先生的人生轨迹。七七事变的枪声，惊醒了他求职的梦，他不安于在武汉、长沙求职，亟亟于奔赴抗日的最前线，在抗日军政大学学习抗日的理论与实际，并且正式参加八路军。1999年11月22日，在病床上口述遗嘱，回顾自己的人生际遇，他说："一辈子做了个爱国的中国人。感到最自豪的是当过一年零半个月的正规八路军战士。以后就不是正规的，在地方上，县团级。在国家民族危亡的时候不是个旁观者。"在民族危亡累卵的时刻，他作为战士，投入了捍卫祖国独立、民族解放的伟大斗争。他在冀南抗日政府工作，遇到过日军大扫荡的艰难情景；在往一二九师师部的途中，因向导带错路，遭遇日军，不得已跳崖，引起肺部破裂大出血，险些丧命。可以说，这是始于抗战。

抗战胜利后，他进入北方大学，做过工学院负责人，这是他今天担任北京理工大学校友会名誉会长的由来。接着担任华北大学历史系主任，华北大学历史研究室副主任。他的历史研究工作，是从撰写《美国侵华史》开始的。新中国建国伊始，他的《美国侵华史》经过一再修改，在当时曾经风靡一时，起过重要作用，这奠定了他在中国近代史学界的地位。中国科学院建立，他担任党组成员、编译局副局长，主编《科学通报》，同时兼任近代史研究所研究员。1953年12月30日，中国科学院院务会议任命他为近代史研究所副所长，协助范文澜所长工作。他的这一任命，在1956年得到党中央的正式批准，随后，为了使范文澜所长集中时间写书，刘大年实际主持近代史研究所工作。1954年，《历史研究》创刊，郭沫若院长安排尹达、刘大年分任主编、副主编。中国科学院哲学社会科学部成立后，他还担任分党组成员、哲学社会科学规划办公室主任。他的学术活动经历，与我国的哲学社会科学事业、与我国的历史学建设，尤其是与中国近代史学科的建设、与近代史研究所的学术活动不可分离了。

1982年，在他67岁的时候，他退出了近代史研究所的领导岗位。也就在这一年，因为日本的教科书事件，他把他晚年的时间和精力，大多都用在中国抗日战争历史的研究上来了。1989年，曾担任中国社会科学院院长、中共中央政治局委员的胡乔木，找刘大年和白介夫讨论加强抗日战争历史的学术研究问题，酝酿组织学术社团、出版专门学术刊物。我受指派，协助刘大年先生从事有关的准备工作，包括替胡乔木同志起草有关信件、草拟社团章程、与国务院有关部门（民政部社团司、财政部文教司等）商讨社团登记以及申请财政资助事项。乔木与大年、介夫商量，原准备成立一个相当高规格的有关抗战研究的社团，胡乔木亲任会长、大年任副会长，请聂荣臻等老帅担任顾问。后来主意改变了，决定以刘大年任会长，胡乔木任名誉会长，请杨成武、吕正操等老将军任顾问。

1991年1月，中国抗日战争史学会在人民大会堂正式成立，王忍之同志讲话，代表中共中央宣传部支持学会的成立。刘大年在学会成立大会上发表长篇讲话，结合社会上一些糊涂看法，论述成立抗日战争史学会的目的、工作方法和学风会风。在这篇讲话中，他特别指出："抗日战争是近代中国历史的伟大转折点。那段历史过去了，在许多方面又与今天的现实存在着联系。我们强调'四个坚持'，讲共产党领导、社会主义道路，处处跟抗日战争联结在一起。加强这段历史的研究，意义明显。文化知识中包括我们民族起码的历史知识。在有些人的头脑里什么叫抗日战争，一派迷茫恍忽。这也说明推进抗日战争研究，了解我们民族这段历史的必要性。"[①] 这篇讲话，把成立一个专业性学术社团的目的说清楚了，也把学会的工作方法和学风讲清楚了。与学会成立同时，还在根据胡乔木的意见积极筹办专业刊物。1991年9月，《抗日战争研究》创刊号出版，发表了聂荣臻元帅的题词、胡乔木署名的代发刊词和刘大年的《做什么，怎么做？》等文章。这个刊物的发行，为我国学术界增加了专门发表抗日战争研究成果的学术园地。刘大年是这个刊物编辑委员会的召集人，近代史研究所是刊物的编辑单位。

中国抗日战争史学会成立后，刘大年连续参与主办了三次大型的国际学术讨论会：1991年9月在沈阳召开的"九一八事变60周年国际学术讨论会"、

---

① 刘大年：《做什么，怎么做？》，载《抗日战争时代》，中央文献出版社1996年版，第77页。

1993 年 1 月在北京召开的“第二届近百年中日关系史国际学术讨论会”、1997 年 7 月在卢沟桥中国人民抗日战争纪念馆召开的“七七事变 60 周年国际学术讨论会”。刘大年担任了这三次国际学术讨论会组织委员会主席，并在开幕式上发表讲话。这期间，在抗战胜利 50 周年大型学术讨论会的开幕式上，刘大年应邀发表主题演讲，并以《民族的胜利，人民的胜利》为题发表于 1995 年 8 月 15 日的《人民日报》，为各方面所关注。他还多次参加抗日战争纪念馆召开的会议，积极倡导、推动抗日战争历史的研究和抗战史知识的普及。

为了迎接抗战胜利 50 周年，中国抗日战争史学会和中国人民抗日战争纪念馆决定编辑《中国抗日战争史丛书》，邀请刘大年主持全面论述抗日战争的书，作为丛书第一本。我曾向他谈到，胡绳同志主编的《中国共产党的七十年》，提纲挈领，条分缕析，大事不漏，小事从简，值得参考。他表示首肯。这部书原已有草稿，但是水准不够，我帮他从所里组织研究有素的中年研究者，从新商讨提纲，分工完成。刘大年先生在这本书上花了很多精力，与作者分别讨论写法，逐字逐句修改草稿，又与统稿者反复商讨。应出版者要求，1995 年曾与丛书一起出版，但是刘大年坚持因为质量不够，只有少许印刷。此后又继续修改，反复琢磨，终于在 1997 年 6 月出版，署名《中国复兴枢纽——抗日战争的八年》。这本书是在学术界已有研究的基础上写成的，又加入了主编者和作者们的许多思考。本书除了记述八年抗战的基本历史事实外，还在有关战争的性质、战争的起点、两个战场问题、文学艺术和文化思想理论问题、构成本书的理论框架和体系等问题上做出了认真的思考。刘大年在本书的引言中说：“理论必须建筑在牢固的事实基础上。……这本书所叙述的是抗日战争的基本事实。它对读者提供的价值，可以归结为这样两点：（一）抗日战争一是民族战争，二是人民战争；抗日战争的历史是靠全民族的力量写下来的，是靠中国人民的力量写下来的。（二）八年间的基本事实力求都有记载，力求做到信而有征。如此而已，其余不足以自是。”① 这是主编者谦虚的说法。其实，关于抗日战争研究的理论体系，用两个战场的并存及其矛盾运动，把民族矛盾和阶级矛盾（民族矛盾是起决定作用的，阶级矛盾并非不尖锐，但是内战终究没有导致分裂，民族战争到底坚持下来了）连接在一起，贯穿于抗日战争的全过程中，这样一种研究方法，这样一种理论性的

① 刘大年主编：《中国复兴枢纽》，北京出版社 1997 年版，引言，第 10 页。

概括，对于抗日战争研究有着重大的指导意义。这是学术界都注意到的。

由于中国抗日战争史学会的成立，《抗日战争研究》刊物的创办，几次大型的国际和国内学术讨论会的召开，使得我国的抗日战争史研究状况有了根本的改观。发表的论文、出版的著作、研究者的队伍，都达到空前的规模；研究的水平和质量大大提高。这样一种状况，对于在我国国民中普及历史知识，进行爱国主义教育，以及对于提高近代史学界的学术水准，显然都是有益的。如果从这个角度看，刘大年先生在其中发挥的作用，更应当加以重视了。我前面所说，成于抗战，就是指此而言。

刘大年先生在《抗日战争时代》一书完稿时，有诗记其事，其中有句云："太行风雪平原暑，我是山川路上人。"他是从太行山走下来的共产党员，他是从太行山走下来的历史学家。他始终行路匆匆，朝着一个共产党员和一个历史学家所应该具备的品质和目标，前行，前行，未有停歇。因为他始终没有忘记他的本色：他是一个战士！

悼刘大年先生[①]

王生平

年前我就想过，年后该到刘大年先生那里去拜访一下，顺便致歉，请他原谅。谁知，尚未成行，刘先生过世的噩耗传来，我后悔莫及，黯然神伤。

那是六年前的事了。我写了一篇《跳出国学研究国学》的文章，一石激起千层浪。赞成者大喊“痛快”，美言有加，甚至北大有一位著名教授邀我去讲演；反对者痛心疾首，口诛笔伐，在会议上指名道姓地公开“声讨”。这是我始料未及的。更加始料未及的是，刘大年先生委托人辗转找我——因他不认识我——去他家面谈。当我如约抵达先生寓所时，防盗门和正门已经打开，保姆已等候多时，这使我惶惑不已。谈起文章，刘先生非常激动，连说“写得好”。他鼓励我，这样的文章多多益善。刘先生是著名的历史学家，尤其治近代史斐然有成，然而对哲学如此情有独钟，对哲学出身的晚辈如此奖掖，却使我大惑不解。直到我以后读了他的《文选》才恍然大悟。他说他早年对经学或曰国学奉若神明，读了马列后才真正“知昨非而今是”。无怪乎黑格尔说一句格言，少年人与老年人的感受大不相同，因为后者有饱经沧桑的沉重体验。刘先生一生的感受当然远胜过笔者的一篇文章了。

依稀记得，刘先生的书房，虽然阔大，但除了陈旧的书橱和老式的摇椅，别无长物，连地也没有装修，整个房间显得过于“寒酸”。只有他兴高采烈的高谈阔论，和我时不时的答话，使空旷的房间顿时增加了生气。刘先生学识渊博，哲学谈过，又聊历史，而谈的最多的是古典文学。他的记忆力惊人，李杜诗篇、苏辛词章，脱口而出。“我和胡绳还有唱和”。当我顺便问及胡绳先生的近况时，他叹口气说：“年纪大了，病都来了。我原想今日带你去见他一次，但他又住院了，只好作罢。”

六年过去了，而此情此景，犹历历在目。临别时，他紧紧握着我的手说：

---

① 原载《中国社会科学院院报》2000年2月18日第4版。——编者注

“不要理会那些打听‘来头’‘背景’的议论。要独立思考。另外，再发表文章时，也寄我看一看。”我满口答应了。但是，打那以后，我再也未寄什么文章给他，不是没写，而是自己不满意，怕他失望。

“昔日戏言身后事，今朝都到眼前来”。刘先生会原谅我吗？不知道。特写此文，以告慰先生的在天之灵。

刘大年与《百年潮》杂志[①]

杨天石

大概是1996年秋，党史学会的几位朋友想办一份雅俗共赏的杂志，反映近现代中国的历史，邀我出来主持编务。我因久感学术杂志和老百姓距离太远，而老百姓看的杂志又常常离专家太远，觉得办一本专家和老百姓都爱看的杂志是条新路，便同意一试。于是，组织编委会，讨论发刊词，约稿、改稿，联系印厂，大家很忙了几个月，第1期杂志于1997年初顺利出版。发刊词开宗明义，说明“本刊提倡记事史学”。其追求是“信史、实学、新知、美文”。同时，说明本刊将“兼顾学术性与可读性，真实性与生动性，使提高与普及相结合”。还提出：“唐朝的大诗人白居易作诗要使‘老妪’都能明白，我们的史学作品能否做到雅俗共赏，老少咸宜呢?”这一期一共发表了15篇文章，大体上是按照这一要求组稿并编辑的。

刊物出来了，除了送往市场外，还要送专家。自然，要送大年同志一份，因为他是国内外著名的中国近代史研究领域的大家，必须听取他的意见。过了几天，社长郑惠告诉我，大年同志来了电话，说是很赞成杂志的宗旨。“啊!大年同志赞成。”我松了一口气。

刊物办起来了，期期送给大年同志一份。到了第二年，大年同志突然给我打来一个电话，说是刘潞根据他的口述写了一篇文章，内容是回忆和郭沫若在中国科学院共事的岁月，其中有一些关于陈寅恪的资料，可补陆键东《陈寅恪的最后20年》一书的不足，问我可否交《百年潮》使用。我当然立即表示欢迎。文章托人送来了，我交给责任编辑，责任编辑觉得长，于是又由我出面，打电话询问大年同志，可否删一点，大年同志爽快地答应可以。我又问大年同志有无和郭沫若的合影，出乎我意料之外的是，大年同志竟回答没有。后来，大年同志送来了一大叠郭沫若的书信手迹，还精选了好几张反映

---

① 原载《百年潮》2000年第3期，第70—72页。——编者注

本人学术生涯的彩色照片，看得出，大年同志相当重视这篇文章。后来这篇文章就发表在《百年潮》1998年第4期上，题为《刘大年忆郭沫若》。不过文章被删得相当苦，照片也选用得较少。我很担心大年同志不高兴，不过他始终没有说什么。

《陈寅恪的最后20年》当时是一本畅销书。其中谈到，北京方面想邀请陈寅恪出任中国科学院历史研究所二所所长，但陈却提出“请转告毛、刘二公，允许我不宗奉马列主义”。该书并称，“陈寅恪最后向北京关上了大门，关闭之严密，没有留下一丝余地”。大年同志不同意这一说法，他以亲身所知说明，后来因为上述情况，在是否提名陈寅恪为科学院学部委员时，发生争论，请示毛主席，毛主席批示“要选上”。对于“学部委员”这一头衔，陈寅恪是“欣然接受”了的。

大年同志所述毛泽东赞成授予陈寅恪学部委员——当时是中国科学界的最高荣誉头衔一事引起了我的思考，而且我还查考出，后来继续授予陈的荣誉头衔还有第三届全国政协常委、中央文史研究馆副馆长等。我觉得，这体现了毛泽东的一种“宽宏”气度，便想写篇文章加以阐述。我将这一想法告诉大年同志，和他商量。大年同志说：这不仅是一种“宽宏气度”，而且首先是一种“科学态度”。根据大年同志的意见，我写了一篇小文章，题为《应有的宽宏和科学态度——由毛泽东批准陈寅恪任学部委员说起》，发表在《百年潮》1999年第1期上。

《百年潮》原是双月刊，聘请宋任穷、萧克、胡绳、程思远为顾问。出版后，来稿日增，积稿日多，便想改为月刊，同时增聘几位顾问。自然，大家想到了大年同志。谁去游说呢？我在大年同志任所长或名誉所长的研究所工作多年，又和大年同志有一些文字因缘，似乎应该由我出面，但我考虑到大年同志一向不慕虚名，以他的学识、地位、声望，要是来者不拒的话，他的头衔该有几十、几百了，然而他肯于接受的头衔却实在少得可怜。我怕我出面会“砸锅”，便把这个艰巨任务推给了郑惠同志。我想，郑惠比我年长，属于“老资格”，和大年同志也熟，由他出面要比我有把握。果然，过了几天，郑惠同志笑眯眯地告诉我，大年同志表示：“由你们定吧！”由我们定，自然是同意了。我很高兴。这不仅是一个当不当顾问的问题，而是表示出，大年同志对刊物的肯定和支持。

改刊之际，除了增聘顾问外，大家还想请海内外、国内外的史学名家题词，既求指导，又借此增光。自然，大家还是想到了大年同志。这回，我不能再往别人身上推，只好义无反顾地出马了。我估计被拒绝的可能性十占八九，怀着惴惴的心情给大年同志打电话，但没想到，大年同志又很爽快地答应了，而且说："我给你们写首诗吧！"

"写诗？"我又喜又惊。大年同志是湖南国学专修学校出身，经学、史学、文学都很有根底，这我是知道的。但是，诗"缘情而发"，又要讲究形象、意境。为刊物题词，能写出什么样的诗来呢？我有些担心。过了几天，大年同志托人将诗带来了，那是用电脑打印的，但名字却是大年同志的亲笔签署。诗如下：

百年世界，沧桑变更，潮流汹涌，走向分明。退去地冷，涨来天青，淘弃陈腐，拥抱革新。鉴彰昨日，律验如今，学由以立，国由以兴。历历贤哲，巍巍人民，各位其位，各能其能。匪光何亮，不龙何灵，泰山为重，鸿毛为轻。夜必当旦，屈必当伸，浩然之气，大族之魂。爱巢翡翠，望掣海鲸，鹿本非马，渭岂容泾。写实要实，写真要真，此事难全，端在力争。

——《寄〈百年潮〉》

这是大年同志精心写作的一首诗。四句为一组，共八组。第一组写百年来的世界大局。第二组写百年来的中国变化。第三组写学术发展，国家振兴，均必须鉴往察今。第四组写贤哲和人民，各有其历史地位。第五组歌颂民族精英在中华民族振兴中的历史作用。第六组写历史发展的总规律和中华民族亘古长存的浩然之气。第七组化用杜甫诗"或看翡翠兰苕上，未掣鲸鱼碧海中"（《戏为六绝句》），希望《百年潮》风格多样，分辨真伪、清浊。第八组鼓励《百年潮》下大力气，说真话，写真史。"此事难全，端在力争"。大年同志深知，要达到"真实"这一境界，有时并不很容易。

这首诗全面表现了大年同志的世界观、历史观和史学思想，不仅气势磅礴，寓意深厚，而且也充分表现出大年同志的才华和在学术、词章方面的修养。收到这首诗，我真是大喜过望，便立刻把它编入《百年潮）1998 年第 6 期，同时转给《文汇报》的施宜圆同志，发表在该报的《笔会》版中。

我对大年同志的历史所知甚少，只知道他是"老革命"，解放区出来的。

一次偶然的机会，我得知抗战期间，大年同志重病咯血，被一位日本战俘治好，这位原本属于侵华日军的“鬼子兵”后来竟加入中共，旁听中共七大，后来又成为日共领袖野坂参三的助手，回日后组织八四友会，立志永远做八路军、新四军之友。1998年，大年同志访问东京，两人重逢，彼此都已是龙钟老叟。听到这一故事，我的工作习惯立刻提醒我，这是个好题材。当时，我听说科研处的刘红小姐正在以此写一篇文章，又从刘红小姐处得知大年同志本人有一篇回忆，便请刘红小姐转商大年同志，将该文交《百年潮》发表，大年同志很快回话，表示同意，并送来了相关照片，作为插图。大年同志的这篇文章，情文并茂，堪称散文中的上品。我只加了几个小标题，没有再删。发表后颇得读者好评。

我最后一次见到大年同志是1999年的夏天。那时一家出版社想编写一部多达14卷的大型《中国近代史》，请郑惠同志帮助物色主持人。郑惠同志提议由大年同志当主编，由我来做实际组织工作。我根据大年同志的性格和作风，估计不会同意此事，不过，感于出版社的盛意，我同意帮忙做一点说服工作。于是，先打电话，只含糊地说是出版社有事找他，届时，我和郑惠同志都会来。大年同志不知究竟，同意接待。果然，那一天，任凭出版社的社长和主任们怎样动员，甚至表示要同时出版大年同志的文集，但大年同志总是一口拒绝，态度坚定，没有任何商量的余地。

那天，大年同志斜躺在藤椅上，双脚搁在凳子上，我估计他腿部有点肿胀，但看他精神颇好，思路敏捷，估计不会有大问题。谈话中，大年同志对我说：“你最近发表的文章，认为康有为致袁世凯密函所称‘尔朱’，暗指荣禄，这是对的，但是，没有说明理由。尔朱是复姓，北魏时有尔朱荣其人，所以康有为可以用尔朱代指荣禄。”听了大年同志的话，我既为大年同志对我的关注所感动，又很佩服大年同志的记忆力。80多岁的老人了，头脑仍然如此清晰，这应该是长寿之兆。没想到几个月之后，海鹏所长突然告诉我，大年同志病得很重，喉管已经切开。我知道，这是最后的挽救手段了，感到很愕然。接着，我出访日本，日本学者都很关心大年同志的病情。回到北京时，我担心大年同志已经不在了，所以一上车，就立刻询问到机场接我的司机：“大年同志怎样了？”司机答以没有什么新情况，我稍感放心。“也许可以拖到2000年吧？”但是，没有想到，1999年12月28日，大年同志就走完了他人生的最后途程。

谨以此文，作为悼念大年同志的一瓣心香。

2000年1月24日，自晨至暮急就

一个战士学者对中国历史学的贡献[①]

张海鹏

在即将告别旧千年，迎接新千年的时候，对新中国历史学做出重要贡献、享有盛誉的马克思主义历史学家刘大年同志，不幸于1999年12月28日去世。按照他的遗嘱，后事从简，不举行追悼会和正式告别仪式，没有通知亲友。12月31日，中国社会科学院近代史研究所与中国史学会合办的“1949年的中国”国际学术讨论会开幕式上，出席会议的全体中外学者闻讯后起立默哀，表明了与会学者对这位著名学者的尊重。

刘大年于1915年8月出生于湖南华容县，幼年大部分时间念私塾。1929至1931年间，家乡成为湘鄂西苏区的一部分，他尚未成年，便参加了少年先锋队，担任总队长和乡苏维埃文书。1936年肄业于长沙湖南国学专修学校。1938年8月进陕北抗日军政大学，同年加入中国共产党。翌年抗日军政大学第五期毕业后，他被分配在冀西和冀南抗日根据地工作，在河北平原和太行山上，他在边区政府长期从事干部教育和思想理论方面的工作。抗战胜利后，他担任北方大学教务处副处长、工学院副主任，北方大学、华北大学历史研究室副主任。1950年5月中国科学院近代史研究所成立，担任研究员。1954年以后，任近代史研究所副所长、中国科学院哲学社会科学部学部委员、中国科学院哲学社会科学规划办公室主任。“文化大革命”中被作为“走资派”批判，下放劳动。1978年恢复工作，任中国社会科学院近代史研究所所长，社会科学院研究生院教授、博士生导师。1982年以后，他退居二线，担任近代史研究所名誉所长、孙中山研究学会副会长、中国抗日战争史学会会长。1964年起，刘大年连续当选为第三届至第七届全国人大代表，第四届至第七届全国人大常委，是六、七届全国人大教科文卫委员会委员。1980年中国史学会

---

① 原载《人民日报》2000年5月9日第11版。《人民日报》在标题前写的题头语是：“他是从太行山走下来的战士，也是从太行山走下来的学者。为使马克思主义历史学与中国实际相结合，刘大年奋斗了一生，展示了——”——编者注

重建，他当选为第二、第三届史学会主席团成员、执行主席，1999 年被俄罗斯科学院授予外籍院士。

从小学至湖南国学专修学校肄业，刘大年大半受的是旧式传统教育。到陕北以后，读到的第一本马克思主义原著是《共产党宣言》。虽然似懂非懂，却在自己头脑里打开了一个前所未有的新天地。从此，只要是新书，不管是政治经济学的、哲学的、中外历史的，都如饥似渴地去读。从此确立起马克思主义的思想基础和献身革命的人生道路。

刘大年写的头一本书是《美国侵华史》。1947 年，他生病离职休养，开始收集中美关系史资料。在解放区，研究这个题目，苦于缺乏原始资料。北方大学校长、历史学家范文澜向他提到可以注意两部书，一部是《李鸿章全集》，一部是王芸生的《六十年来中国与日本》。他在艰苦的环境下坚持写作。1949 年 8 月，《美国侵华简史》由华北大学出版，同时在《人民日报》上连载。不久经过修改、补充，于 1951、1954 年，以《美国侵华史》为书名，由人民出版社一版、再版。苏联、朝鲜、捷克斯洛伐克和民主德国相继出版译本。

新中国建立以后，刘大年长期担任中国科学院（中国社会科学院）近代史研究所的领导工作。中国科学院成立初期，他作为科学院学术秘书，协助郭沫若院长处理事务，尤其是涉及社会科学以及历史学领域的事务。他参与组织中国科学院各学部的组成，作为中国科学院哲学社会科学规划办公室主任，推动新中国第一个哲学社会科学规划的产生，作为党中央批准成立的历史问题研究委员会的年轻委员，参与组织了中国科学院三个历史研究所，参与组织了新中国最早的学术刊物之一的《历史研究》，与尹达一起分任正副主编。他不仅与自然科学家竺可桢、杨钟健、梁思成、贝时璋、华罗庚、钱三强、叶渚沛、钱伟长、柳大纲、张文佑、叶笃正等有着很好的工作关系，尤其与中国历史学界的五老，即五位马克思主义史学大师：郭沫若、范文澜、吕振羽、翦伯赞、侯外庐等有着密切的工作关系和学术交往。他同他们一起，推动了中国历史学的发展和繁荣，推动了中国近代史学科的发展与繁荣。

他在繁忙的行政工作、学术组织活动和政治活动（他长期担任全国人大常委、人大教科文卫委员会委员）之外，挤出时间，潜心从事历史学研究工作。半个世纪以来，他出版了三本专著：《美国侵华史》、《台湾历史概述》（合著）、《赤门谈史录》；三本论文集：《中国近代史问题》《刘大年史学论文选集》《抗日战争时代》；主撰、主编了六部著作：《中国史稿》第四册、《中国近代史稿》（三册）、《中国复兴枢纽——抗日战争的八年》以及《范文澜历史论文选集》《孙中山书信手迹选》《中日学者对谈录——卢沟桥事变50周年中日学术讨论会论文集》；发表学术论文和学术文章超过了100篇。《美国侵华史》《刘大年史学论文选集》被译成俄文在苏联和俄罗斯出版。还有一些文章有英文、俄文、日文译本。

1949年中华人民共和国成立以前，我国近代史者，在中国近代史教科书中往往按照“道光时代”“咸丰时代”“同治时代”，或者按照“积弱时期”“变政时期”“共和时期”来叙述历史，这种叙述方法不能反映社会历史发展中的本质的东西。刘大年在主持《中国史稿》第四册的写作中努力作出了改变。《中国史稿》第四册这种写法，就是总结了新中国成立以来中国近代史学科的理论建树和研究成果，加以概括和升华，给中国近代史搭起了一个新的架子，有些地方做出了可喜的概括。

刘大年的历史学研究，非常注意历史研究与现实的关系。他认为，从今天来说，从社会主义事业出发，古今中外的历史都需要研究。今天的现实生活要求历史解答的问题，不是减少，而是增加了，研究任务不是减轻，而是加重了。从宏观角度看，现实的研究任务是：第一，深入研究中国历史发展的全部客观过程，揭示中国的社会主义、共产主义长远前途，仍然是中国历史科学首要的和根本的任务。第二，中国今天是社会主义建设时期，社会主义建设需要各方面的知识。认识中国全部文明史，就是认识我们的先民是怎样对待、改造他们所处的环境、改造世界的，从中吸取和改造一切有价值的东西，来服务于今天的社会主义建设事业。第三，必须通过一个国家的具体历史的研究，找出与其他国家的共同点与不同点。我们今天需要从全世界历史的广度，从发达国家现代化的高度，进一步观察人类社会发展的前景，把我们对社会主义前途的科学认识，提高到一个新的水平上来。第四，中华人民共和国的历史，应当认真开展研究。中华人民共和国已经过去了差不多半个世纪，其间有顺利发展，也有重大曲折。顺利发展所取得的辉煌成就，证明社会主义制度是唯一合乎“国情”的最富有生命力的制度，而所遇到的重大曲折，并没有证明这个制度不具有强大生命力，只是证明它需要改革。历史的长河看不到尽头，社会生活中的改变、革新也就不会有尽头。

改革开放以来，中国近代史学界有人提出要用近代化的观点重新改写中国近代史。刘大年认为，这不失为一种应当思考的主张。1990年，刘大年在中国社会科学院近代史研究所为建所40周年举办的国际学术讨论会上，就中国近代化的道路与世界的关系提出论文，指出："适应世界潮流，走向近代化，是中国社会发展的必然趋势。""近代中国没有实现西方那样的近代化，但它凭自己的力量打开了走进近代化世界的大门。"此后，他又进一步指出：在110年的中国近代史期间，"明显地多了一个帝国主义的侵略压迫，少了一个民族独立；多了一个帝国主义支持下的封建统治，少了一个社会工业化、近代化。因此，中国近代史上的基本问题是两个，第一，民族独立问题，第二，社会工业化、近代化问题"。至于这两个基本问题之间是什么关系，刘大年认为："没有民族独立，不能实现近代化；没有近代化，政治、经济、文化永远落后，不能实现真正的民族独立。中国人民百折不回追求民族独立，最终目的仍在追求国家的近代化。"民族独立和近代化问题，两者的内容虽不相同，不能互相代替，但又息息相关，不能分离。

中国的现代化要走什么道路来实现？刘大年把它论述中国近代史的观点贯穿下来，反复讲，中国走社会主义道路来实现现代化，是历史的选择。对于社会主义，在讨论邓小平社会主义初级阶段理论中，刘大年认为现在中国是在社会主义的黎明。他说："社会主义初级阶段实际有两重意思，一是起点不高，二是前程远大。这好比从黑夜到白昼，必须经过黎明那一段。黎明也有两重意思，一是还处在晨光之熹微中，二是跨过这一段，前面就是天光大亮。照我看，社会主义初级阶段理论可以归结到一点：中国社会主义是在黎明，世界社会主义是在黎明。""黎明"是一种文学形象的说法，它讲了眼前，也讲了未来，可以认为是有科学性的形象说法。这里也指出了中国要实现现代化有很长的路要走。

像在抗日根据地作战和斗争那样，在历史学领域，刘大年始终在战斗，直到停止呼吸。他是从太行山走下来的战士，是从太行山走下来的学者。他一生的研究经历说明，他是一个战士型的学者，学者型的战士。这里再举几个例子。

1961年，刘大年在《历史研究》发表《论康熙》一文，在国内引起反应。那时候史学界存在着"左"的偏向，高喊"史学革命"，主张打倒帝王将相，以为刘大年讲帝王将相，是想"反潮流"。接着，他的观点又在国外引起了苏联方面的持久的批判。一个学术问题的争论变成了政治性的争论，它从一个局部、一个侧面反映出了历史的曲折。刘大年对自己的观点从不后悔。实际上，《论康熙》这篇文章，使用马克思主义唯物史观，对照中国历史和世界历史的大关节，观察和分析康熙皇帝和清朝初期的历史，对康熙皇帝和清朝初期在中国历史上的地位，做出了客观的评价，至今仍被史学界看作是历史研究的一篇范文。

刘大年在他的晚年，把他的研究兴趣同抗日战争的历史联系了起来。抗日战争的爆发，把刘大年卷进了革命队伍，但他的研究工作并没有把抗日战争历史放在视野之内。1982年，日本历史教科书事件，引起了刘大年的严重关注。这一年，他第一次发表有关抗日战争历史的文章。1989年2月20日，刘大年作为全国人大常委在七届全国人大常委会第六次会议上，就日本当局在侵华战争性质问题上的倒退做了义正词严的发言，曾吸引国内外视听。此后几年里，刘大年一方面接受胡乔木同志的建议，组织抗日战争史学会，推动国内抗日战争历史的研究，一方面撰写了好多篇有关抗日战争史的论文。他还用相当多的精力，组织并主持编写了《中国复兴枢纽——抗日战争的八年》这本学术著作。

刘大年早年曾经把“国学”当作根本学问，临终前定稿、发表的最后一篇长达8万字的论文《评近代经学》，可以说是对他自己头脑中的“国学”的一次清理和总结，也是对近些年来宣扬孔学、新儒学种种社会现象的一次清理和总结。刘大年认为，经学是中国封建阶级的意识形态，近代经学虽然朦胧地出现了民权、平等等西方资产阶级的口号和字眼，但是并没有改变它的封建主义的意识形态的性质。他在本文的结论中问道：“为什么五四运动以后，西方各种牌号的新思想、新学说蜂拥进入中国，又都像昙花一现，转眼过去，唯有马克思主义终于落地生根，开花结果了？”回答是：“马克思主义与中国传统文化相结合，是中国文化的自我更新，是中国文化现阶段的重要发展。孔子学说统治成为过去，近代经学结束，是历史朝前演进的必然，是合理的和不可避免的。”这是因为，马克思主义与中国国情相符合。对此，刘大年做出了自己的论证。

刘大年与我国老一辈社会科学家、历史学家有着密切联系。当1987年史学界“五老”中的最后一位侯外庐去世时，他曾经满怀感情地回忆并评价“五老”对创建我国马克思主义历史学的功绩。他说，他们那一代人为推动时代前进，付出了辛勤劳动，他们做完了时代交给的答卷。但那些答卷也只代表过去的时代。他认为，马克思主义历史学必须跟上时代步伐，不断发展前进。以往已经证明马克思主义历史学与中国革命实践相结合，表现了巨大生命力，“那么，现在和今后，按照新的条件，坚持这种结合的马克思主义历史学就是长青的”。这个评价，完全适合刘大年自己。刘大年为了把马克思主义历史学与中国实际相结合，奋斗了一生。我们现在唯有相信，我国年轻一代的历史学家能够接过这面光荣的旗帜！

追忆恩师刘大年[①]

李长莉

> 他与这个记录着祖国多灾多难的世纪，肯定有着某种生死与共的默契，因为他就是到了生命的最后，仍然没有停止对祖国在这个世纪的历史进行思考和研究，没有停止他终生为之奋斗的对祖国、对民族命运前途的探索。

1999年12月28日上午11时刚过，我正在研究所上班，听到了刘大年师刚刚故去的消息。虽然我早已有心理准备，但仍然觉得心里沉甸甸的。

就在前一天下午，我刚刚陪同刘大年先生的老熟人、从日本来的伊原泽周教授去协和医院特护病房看望他。看到他靠机器维持的呼吸已经比一周前我看他时微弱了许多，但是他的面色却仍然泛着光彩。我心想，老先生的生命力与他的信念一样坚强，看样子大概能坚持到跨越世纪，迈过这个对于一位历史学家来说具有非同寻常意义的年关。没想到他终于没能迈过去。不知是他一直在思考、在参与、在研究探索的这个沉重的二十世纪执意要挽留他？还是他自己更愿意留在这个他为之奋斗、为之献身、为之呕心沥血倾心著述的世纪里，继续他的思考和著述？他与这个记录着祖国多灾多难的世纪，肯定有着某种生死与共的默契，因为他就是到了生命的最后，仍然没有停止对祖国在这个世纪的历史进行思考和研究，没有停止他终生为之奋斗的对祖国、对民族命运前途的探索。

在大约一个月前，我刚听到他生病住院并且病情沉重的消息后，来到医院看望他。他已经处于半昏迷状态好几天了，只是偶尔清醒。当时曾在我们研究所工作的张友坤老师正坐在他床边，他大概刚刚清醒过，记起了曾答应过要给张友坤老师写的《张学良世纪风采》一书写序言的事，所以，在半昏

① 原载《中华读书报》2000年5月17日第8版。——编者注

迷中口授着他的腹稿，他最疼爱的外孙女在旁边做着笔录。他闭着眼睛，昏昏迷迷地、断断续续地、声音模糊并长时间间歇地重复着："第一，……不是个人行为，……是民族的…… 第二，……民族大义，……民族大义……"他大概是在对张学良发动西安事变兵谏老蒋抗日的历史作着评判。我默默地看着、听着，心潮翻滚。我想，"民族大义"，不计个人，这是他一生崇尚和奉行的信念，不仅是他评判历史的一个基本准则，也是他本人一生活动和学术所奉行的准则。正是这种崇高的信念，支配着他的一生，贯穿着他的学术，支撑着他的生命，所以这些词句才如此牢固地印在他的潜意识里，即使在昏迷之中也仍然念念不忘！我虽然从十几年前就从学他门下，但直至此刻，我才如此深刻地了解了他。

在我以往的眼中，他对于我是一个认真的严师和豁达的长者。我最早知道刘大年先生的名字，是在"文革"后恢复高考懵懵懂懂考入南开大学历史系开始学习历史以后。那时我只是个读着《毛主席语录》成长起来的20岁的白丁一个，而且在中学时因为历史课老师讲课像念经，毫无情趣，是我最讨厌的一门课，所以历史知识除了考试要背的农民起义、年代、人名等等外，几乎一片空白。进了大学后，才开始阅读真正的历史学书籍、学术刊物，也才开始知道那些有名的历史学家。刘大年先生早在建国初撰写出版的《美国侵华史》一书，是中国近代史方面的名作。在我入大学后的七十年代末八十年代初，正值拨乱反正期间，史学讨论和论争很多，刘大年先生就是当时活跃于史坛的马克思主义史学家的著名代表人物。当时在史学刊物上常能看到刘先生的文章，印象是语言犀利，批判性强，很有火药味，说理简洁，很有气势，以论辩说理见长。当然那时作为一个初入门径的年轻后学，对于像刘先生这样的大学者只有仰视的份。

1985年春夏间，我报考刘大年先生的博士研究生，来到近代史所参加入学考试。考完后，刘先生与我们考生见面，大概算是面试吧。这是我第一次见到刘先生。他简单问了几个问题，给我的印象是目光锐利，说话简洁，说话和倾听时精神都非常集中，看得出来是个很讲效率的人。但他在谈话中也时而露出爽朗的笑容，不像我原来想象的那么严厉。

后来就读于刘先生门下三年，就更得有机会经常受教了。记得头一次去先生家里就教，他问起我读博士期间想研究什么题目。我在读硕士时开始研究洋务知识分子问题，但只是开了一个头，我很想继续就这个问题深入下去，但我知道这是属于文化史方面，而刘先生侧重的是政治史。所以我心中忐忑地说出了自己的想法，并问刘先生不知行不行。没想到刘先生听后，爽朗地说：当然可以！古今中外，选什么题目都可以，关键是把它做好。我听后大出意料，才知道原来先生还有如此宽容、博大的一面。我顿时感到如释重负，心情轻松多了。

后来在我作博士论文期间，常常登门去就教。刘先生治学态度极其认真严谨，对学生的要求自然也一样。加上他的史学大家的视野学识，就如同一位医术高超的医生，具有辨别各种疾病的锐利眼睛。因此，每次登门去见老师，都是拿着自己写的东西，像是怀揣着只兔子，心中打鼓，硬着头皮呈上，并等着受训。先生也确实是每次都会认真地指点一番。先生的教导给我印象最深，使我受启发最大的有这么几点：

第一是他特别强调“认真”，他说，只要认真，无论什么事都会干好，不认真就什么也干不好。

第二是他说写文章时“说有容易说无难”，也就是写文章要严谨慎重，没有确凿的证据不可轻易下断语，特别是否定性的断语。

第三是他强调写文章要特别讲究“虎头凤尾”，即开头、结尾一定要写好，写得有分量、写得漂亮。

第四是他说写文章要有对手，有对手才会有生气。

这些可以说是他治学多年的经验之谈，虽然有的类似内容我以前也从旁处稍知道一些，但从他嘴里说出来，就别有一番重量和深意。十多年来，先生的这些教诲常常萦绕在我脑际，我终身不会忘记。

1998 年 10 月，刘先生来所里与青年科研人员座谈，这也算是我听他的最后一堂大课。他讲了对青年研究人员的希望，他引《论语》中“士不可以不弘毅”的名句，解释说：“弘”，就是要有大气度、大格局；“毅”，就是要有坚韧不拔、不可动摇、坚持下去的毅力。他还引述了王安石的名篇《游褒禅山记》，用以比喻在学术研究上，只有不怕艰难、奋进不止、坚持到底才会取得杰出成就的道理。听着先生的这一番话，真有如沐春风、如添双翼的振奋之感。

我此生有幸就学刘先生门下，得以亲领其史学大家的风范，亲承先生的谆谆教诲，这些都是催我奋进的力量，将使我受益终身。虽然先生已然羽化登仙，但他的学术、风范和教诲，都将泽被后人，留传世间。

尊敬的刘大年师，您安息吧！

忆刘大年先生讲学[①]

〔日〕岸本美绪

最后一次聆听刘大年先生的声音，是在1998年秋他与中国社会科学院近代史研究所的张海鹏先生一起访问日本的时候。当时他曾打来电话，说因为这次是短暂访问，恐怕没有时间见面了。和以往同样，声音是那么的洪亮有力。由于担心我听不懂他那浓重的湖南口音，说话时总是有意放慢速度，清楚地表达，就连这一点也没有改变。听到先生的声音，立即就使我想到了首次见到先生时的情形。先生的声音随时萦绕在我的耳际，当我从野泽丰先生处得知先生去世的消息时，真是一时难以置信。我衷心地祈祝先生冥福。

我与刘大年先生专业不同，聆听他的讲学，也只是在七十年代末先生访问日本的三个月，所以完全没有资格称为先生的学生。我也曾经称呼过先生为老师，后来听其他人说，老师是自己亲授弟子时的称呼，不是其他一般人可以随便称呼的。自那以后，即斗胆放弃老师的称谓，而一直尊称为先生。日本有许许多多的人有资格介绍先生的学问与人品。但是我想，这三个月是先生与日本学术界交流中具有重要意义的三个月；其间，作为有幸得在先生身边的诸人之一，我想就自己的回忆写点东西，作为对先生的追悼。这已经是20年前的事情了，并且，不了解当时状况的人已经增多，因此，或许说作为一点参考也好。

七十年代末，日中之间重新开始学术交流，作为刚刚从大学院生转为助手的我，无从知道整体状况，但是，在交流重开的最初时期，在1979年6月中国社会科学院代表团访日之时，大学院生和助手们曾在饭店“值班”，切身感受到了那充满期望与紧张的气氛。刘大年先生于同年秋天访问日本，在大约三个月的逗留期间中，曾在东京大学进行连续讲学和举办讲演会。“文化大革命”以后邀请中国大陆学者的尝试，在东京大学，记得还是第一次，《赤门

① 写作时间约2000年，来自打印稿。——编者注

谈史录》(人民出版社出版，1981年)总括了先生在东京大学的讲学记录，在本书的前言中，有对前任总长加藤一郎和现任总长向坊隆两人鼎力相助的谢辞。作为东京大学的中国问题研究者，文学部的田中正俊先生，社会科学研究所的古岛和雄先生，东洋文化研究所的佐伯有一先生等进行了关照。而我当时只是东洋文化研究所的一名助手，但是在带领先生到图书馆、做清扫宿舍等包含生活各方面的事务时，却取得了与先生在一起的诸多机会。

刘先生与其女儿刘潞小姐一起，于10月10日抵达成田，住进了六本木的国际文化会馆。刘潞小姐是故宫博物院专门研究清代宫廷历史的研究人员。刘大年先生是自1963年以来的第二次访日，而刘潞小姐则因为是初次来到日本，所以对六本木的年青人风俗及日本食物十分感兴趣。由于谈吐爽直，年龄相近，与臼井佐知子等一些当时的年轻女性研究人员，谈得津津乐道。而后，两人搬进了东京大学在后乐园附近租借的一座公寓。我还记得，当我们到他那里帮忙购置炊事用具，进行室内清扫的时候，刘大年先生还跟我们开玩笑说："我们真的是劳民伤财啊。"但是总的来说，刘先生是闲谈不多，伸直腰板，一副泰然。虽然在任何时候脸上总是挂着笑容，但总归由于是重新打开日中学术交流的先头人物，并且不是代表团而是个人滞留，所以，或许内心相当地紧张也未可知。

学生方面，当然是初次聆听中国学者的讲学，一想到这就是今后日中学术交流的出发点，心中就不由得产生一种紧张的感觉，赶紧参加先生著作《中国近代史问题》的学习会，以备聆听先生的讲学。刘先生的讲学分为10月24日，11月7日、21日，12月5日、26日，共五次。每次讲学之前我们都对讲稿进行预习，将梗概、提问项目翻成中文交给先生请求解答，进行了相当周全的准备。还不单单是聆听讲学这一形式，甚至还有与如此名声远播的先生"对话"这一令人心跳的亲身体验。听讲者中，不仅仅有东京大学院的学生，而且与中国近代史有关的其他大学的老师、学生也参加了进来。用刘先生的话来说，就是"研究院中国史专业的青年朋友和有关的教授近三十人，在三个月时间里，参加切磋讲求，始终不厌不懈，令人难忘"(《赤门谈史录》)。有关质疑解答的内容，由于没有找到资料，大多已经不能回忆出来，真是遗憾之极。

担任翻译的是长期留学中国的大山沙里女士，她给我们作了出色的翻译。现在回想起来，真有一种隔世之感。在当时东京大学的年轻日本研究人员及大学院生之中，能够担任翻译的人还是极其之少。于是出现了每当有大陆研究人员访日的时候，即委托台湾留学生担任翻译，以至于有一次我不经意当中委托了一位台湾留学生朋友担任翻译时，遭到了田中先生的严厉叱责："你也不考虑一下人家的生命安全！"这种使我无地自容的烦恼至今不能忘怀。与现在的轻松交流有所不同，这在当时确实是一个相当困难的问题。

除了讲学以外，先生还就这个近代史研究之现状以及抗日战争时期的自身体验进行了讲演，访问与孙中山有关的遗迹，前往国会图书馆收集资料，精力充沛地进行活动。其中，对于我来说，对有关抗日战争的话题印象最为深刻，从其淡淡的具体的经验之谈中受到了深深的感动。他不仅仅是一位学者，同时又是担负着政治性、实践性重大责任活动的成员之一，从他的人品中感受到的强烈印象，要超过其学问研究的内容。

对于像我这样的晚辈，同样是以真诚热情的态度相接。他对我说："稍为再认真地学一下中文，即可成为一个优秀的翻译，你具有这样的素质。"当我说到我正在研究清代物价时，对此，他说"比起物价来，阶级斗争才是它的本质，所以不能忘记阶级斗争"。他对我进行指导和鼓励，真是叫我难忘。就是在后来北京近代史研究所会见，以及前往木樨地其家中进行拜访中，他也是以一种热情的态度迎接。

在刘大年先生滞留期间，华中师范大学的章开沅先生，社会科学院经济研究所的吴承明先生，以及稍后的厦门大学的傅衣凌先生等人先后访日。前往机场迎接各位名师，到住宿处拜访，带领他们前往神保町的旧书市场、图书馆、档案馆等等，作为晚辈的我，着实是忙乱了一番。取出当时的日记翻开一看，当时的紧张及期待感，以及在研究上的"初次尝试"的心情悄然复苏。其中，首次在东京大学较长时间滞留的各位先生之中，刘大年先生是给我留下最深印象的一位。中文也好，阶级斗争研究也好，未必能达到先生所鼓励的那一步，我只想向先生报告，"未忘初衷，正在努力"。对于担负起"文化大革命"以后重新开始日中学术交流重任的先生所作之努力，作为后进者之一，在此再一次表示感谢。

刘大年先生追思 ①

〔日〕久保田文次

今年一月上旬，刚刚从中国回国的山田辰雄先生告知我，刘大年先生已于去年年末去世。其实，自去年秋天得知刘先生的病情时起，就一直在担心，还未来得及前往看望，竟就此走向了他界。对于失去中国近代史以及日中学术交流方面的恩人和恩师，我的内心感到无比的悲痛。不久，中国社会科学院近代史研究所发来了正式的讣告，同时还寄了先生的绝笔论文《评近代经学》的样书，更加激起了我的追思之情。

记得首次见到刘大年先生，是在 1963 年刘先生访问日本的时候。当时，关西发起了一场要求实现邀请中国学术代表团的运动。刘先生是作为以张友渔先生为团长的代表团的一员访问日本的。当时，以关西、关东的大学院生"中国研究会"等的学生为中心，推动了这场运动。我与当时在读东京教育大学东洋史、汉文、教育学专业的大学院生各位同学一起参加了这场运动，担任教育大学欢迎委员会事务局次长。事务局长由高桥均先生担任。记得，在东洋史的同学中间，多田狷介、小林一美、姬田光义等人，都十分热情地参加了活动。同时，当时教育大学的助手野泽丰先生还提出了许多建议。

由于当时的日本政府继续执行敌视中华人民共和国的政策，在那个时代里，甚至出现过文部教官野泽丰先生因利用暑假前往中国访问而被扣发工资的事件。因此，对邀请学者，也必须展开一场运动。因担心右翼的捣乱和破坏，就连宿舍安排和人员警卫等，我们都必须做多种考虑和协商。或许是东京教育大学校长已经得到文部省的授意，在正式迎接未承认国家学术代表团上，采取了消极的态度。尽管如此，还是决定借出礼堂以供讲演会使用，学部部长级人员出席午餐会。刘大年先生和另一位文学家为出席讲演会，决定前来教育大学。

---

① 写作时间约 2000 年，来自打印稿。——编者注

我对于历史学者刘大年先生决定到东京教育大学来，感到由衷的高兴。有关郭沫若、翦伯赞等泰斗级代表团，虽然通过报纸杂志以及老师和高年级同学的谈论中了解了一些，但那并不是自己接触到的。总之在这之前，没有聆听过真正中国学者的讲演，因为，就像前面所讲述的那样，东洋史的同学们更多地参加进了运动。就这样，我与仅仅从《美国侵华史》《论康熙》的著述和论文中才见到过名字的刘先生初次见面了。其实，这仅仅是由于当时运动上的，亦即“职务上”的相见，而非一次个人性质的见面。

作为我来说，一方面在听刘大年先生谈话，另一方面作为进入会场的听讲人员也很担心。但当会场爆棚，盛况空前的时候，我的一颗悬着的心总算落下。讲演会上，刘先生就新中国的历史研究状况作了讲演。在的的确确使人感到出自共产党摇旗角色的滔滔不绝的讲演中，不时夹杂进自己个人的体验。其中，在抗日战争和解放战争期间中，将史料驮载在马背上转战的一节，深深地打动了我。当时，我曾多少有一点轻视史料重要性的想法，刘先生的这一节讲演给了我极大的激励。讲演会取得了极大的成功，在此之前的午餐会也同样是成功的。校长说因有其他事情没能出席，但是，当时担任日本学术会议会长的朝永振一郎先生出席了，对于诺贝尔获奖者的出席和讲话，刘先生也表示了感到荣幸的谢意。

在结束东京日程，代表团举行答谢宴会的时候，我们这些年轻的新手担任了接待后勤工作。当酒过半酣之际，我们得到了后勤人员也可以进入宴会厅进食的许可，就这样，我们饮用了无以复加的中国烈酒。那就是茅台酒。虽然在这以前曾经在中国物产展会上买来饮过，但是在宴会上，就着丰盛的菜肴饮用，还是第一次。平安结束预定的日程，将代表团一行送到羽田机场，踏上归路时所产生的成就感、虚脱感和疲劳感，连同开往浦田的公共汽车的延误，一起留在了我的记忆之中。

这时候的刘大年先生虽然没有给我留下特别亲近的感觉，但是，在中国的近代史研究者当中，第一个使我聆听到他的演讲，并且深深地打动我的内心的人，就是刘大年先生。因此对于我来说，只要一提起中国学者，刘大年先生的印象是极其深刻的。可以认为，对刘先生的亲近感和怀念，是参加这一邀请活动，并且时至今日仍然在从事中国研究的人们所共有的。

那时候的日中学术交流，可不能设想为像今天这样活跃。“文化大革命”中，虽然也曾听到刘先生受批判被打倒，但是详细情况一无所知，也无证实之术。据1973年访问中国的先辈们说，当提出想见见刘先生的希望时，领队的日本人学者立刻面露难色。

1979年，刘大年先生为出席东京大学大学院的讲演会，访问了日本三个月。我在田中正俊先生的关照下，得到和东京大学大学院生共同聆听刘先生讲演的机会。刘先生的讲演是关于辛亥革命的历史性质，对于当时同样考虑这个问题的我来说，得到了非常珍贵的参考。滞留日本期间，刘先生参观了东京和横滨周围与辛亥革命有关的史迹，并提出希望能够访问有关后裔。当时我与野泽丰、藤井昇三、中村义、小岛淑男等各位，由于一手承担了辛亥革命研究会，即便是从表面上，也不得不担负起了向导的责任。我一方面与上述各位以及小川博先生等人保持协作，一方面对史迹进行调查，陪同他们访问了宫崎家、国方家（梅屋庄吉后裔）。自从研究中国近代史以来，我基本上只注意有关中国本土的中文史料，而有了这一次经验以后，我便开始产生了一种更加正规的研究意欲，这就是研究在日本的有关辛亥革命和孙中山的史料和史迹。也就是说，由于给刘先生担任向导，而产生了扩大自己研究领域的机缘。我将此期间的前后经过写成文章，在燎原书店的书报杂志上发表。刘大年先生根据其在东京大学所作演讲，1981年出版了《赤门谈史录》，其中，在《横滨、东京孙中山遗迹访问记》中，一开头就对我的此篇拙文作了介绍。对于他充满友好之意的介绍，我一方面感到光荣，同时又成了我与众多中国专家结识的机缘。

这次到日本来的时候，刘大年先生曾亲自将评议义和团民族性抵抗精神的《义和团于中国有功论》作者之刘贯一的史料记入笔记，带给了我。这是因为他看到了围绕该论文的作者，我曾在日本女子大学史学研究会的《史》杂志上批判了野原四郎先生收编在《专修史学》上的论文的缘故。对这种好意，我能不心存感激吗？更为让人吃惊的是，刘先生竟然了解即便是在日本的学会当中，也不能说是有名的杂志间所展开的论争。后来了解到，在当时的中国有一个检索、翻译、介绍外国研究的学术信息系统。但是，这种感激心情并没有因此而改变。值得反省的是，我还没有利用这些史料写出论文。为此，我准备在最近草拟一篇文章，以报答先生的厚意。

另外在刘大年先生滞留日本期间，听说还曾开始学习日文。《朝日新闻》记者曾采访先生，写出了“像宫崎滔天和头山满那样的日本志士”的报导。先生在第二天的报上了解到此事后，立即在东京大学的讲演中说：“在中国并没有把滔天和头山同等看待。自己没有扬头山满的名。”因为是在看了日文报纸的报导后指出的，所以，其开始学习日文可以认为是当然的了。在讲话中，据说还读了佐野学等人的书。

1981 年是辛亥革命七十周年，中国举办了盛大的国际讨论学术会议，我也参加了。全体参加人员受到了胡绳、刘大年等先生的热情欢迎。我感到，刘先生对来自日本的参加人员表现出了特别的关照，说：“有什么不周到的地方，请不要客气，提出来。”就这样，作为首次参加国际学术会的我所具有的紧张感一下子淡薄了，愉快地度过了会期。这次访问中国，是我继 1979 年后的第二次。但是结识众多的中国研究人员还是第一次，我得到了十分的满足回到日本。回国途中路经中国香港，一位似乎是从大陆逃亡出来的酒吧老板嘲讽地说：“中国政策朝令夕改，下次辛亥革命和孙文纪念会还不知什么时候能开。”听后，我却不能从容地以充分的自信进行反驳。

1981 年，在东京以卫藤沈吉、安藤彦太郎、佐伯有一等人为中心，举办了辛亥革命七十周年国际学术会议，我也从回国的第二天起即参加了协助筹备和运转工作。中国方面的胡绳先生、刘大年先生各位来日本出席。我们一下子变成了接待过我们的人的接待一方。虽然中国台湾学者的参加未能实现，但是大会还是取得了圆满的成功。会议结束后，以辛亥革命研究会为中心，在浅草举办了一个鸡素烧食会，来自中国的客人们爽快地应邀出席，相互间进行了畅谈，留下了难以忘怀的记忆。至今我仍然记得当时刘先生就岸本美绪为题所作的讲话以及野泽丰先生的致辞。

再后来，日中学术交流日趋活跃，因出席与孙中山和辛亥革命有关的学会和进行学术调研，我多次访问了中国，而刘大年先生也曾多次来日本访问。当前两国研究人员的交流正可谓是“往来如织”。香港酒吧老板的预言未曾言中，真是好极了。每当看到已实现正常化的频繁交流，都会想起为我们创造这个机会的刘先生等人的苦心，对于同时又给了我个人以重大转机的刘大年先生之恩德，我将铭记下去。

在 1985 年的“孙中山研究述评国际学术讨论会”上，当进入到“孙中山是伟大的思想家吗？”议题时，原《三民主义半月刊》的总编辑先生作了发言。此先生虽然也以“孙中山是世界上最伟大的”的调子进行陈述，但是其浓重的湖北口音，使中国学者们也不能准确理解。这时候，出生湖南的刘大年先生一边微笑着，一边承担起了“翻译”。我对于干共产党干部的刘先生当上了国民党人员的“翻译”这种有趣的配合感到很有意思，同时，又对刘先生这种不拘格式的态度深为感铭。

1998 年 9 月，应中国社会科学院近代史研究所之邀，我在北京滞留了两周的时间。回国前，刘大年先生决定到研究所来见我。考虑到先生的健康，更加使我感到诚惶诚恐，决定谢绝。当天上午，在研究所接到了刘先生的电话。“由于连日高温，体力不支，今天去不了了。下次来北京时再见吧。请保重身体，继续你的研究。请代我问候博子（我妻子）好”。话语平和，但一气呵成。由于高温而体力不支的中国朋友，不止一个，但是像刘先生这样的高龄，我当然感到担忧，我甚至连问候的话语都已作了准备。特意给我打来电话，使我感到诚惶诚恐，以至于准备好了的话语也没能充分表述，只是作了客套的回答，现在回想起来真是十分后悔。我平时中文的听力不好，但这次刘先生所讲的话却完全理解了，这是少有的。这是我与刘大年所作的最后一次谈话。

刘大年先生作为中国共产党的干部，根据党的方针发言是理所当然。其中也有我不理解，或是感到过分严厉的东西。但是对我来说，他不失为待人温和的恩师和恩人。感谢刘大年先生，使我得于扩展我的研究领域，使我能更加深入地思考问题，使我结识了众多的中国研究人员。万感交集，衷心地祈祝刘大年先生冥福。

三、《近代史研究》刘大年逝世周年纪念专刊

（《近代史研究》2000 年第 6 期）

【《近代史研究》编者按】　1999年12月28日，我国著名马克思主义史学家、中国社会科学院近代史研究所名誉所长、《近代史研究》杂志创办人刘大年同志因病去世。这是中国史学界的一个重大损失。

刘大年同志生于1915年，抗日战争初期参加革命，投身反对内外敌人，争取民族独立和人民解放的伟大斗争。新中国建立后，他作为社会活动家，在领导和组织学术研究方面做了大量工作，为学术事业的发展做出了卓越贡献。刘大年同志很早就开始了学术研究，他以深厚的马克思主义理论修养，对中国的历史，特别是中国近代史，进行了长期的艰苦探索，撰写了许多在学术界很有影响的论著。如《美国侵华史》（人民出版社1951年出版）、《中国近代史诸问题》（人民出版社1965年出版）、《赤门谈史录》（人民出版社1981年出版）、《刘大年史学论文选集》（人民出版社1987年出版）、《抗日战争时代》（中央文献出版社1996年出版）等。

在刘大年同志逝世一周年之际，本刊选编了部分专家学者的文章，以此缅怀他对中国近代史学发展所做的贡献，研究他在思想和学术研究方面的建树。

忆刘大年同志的几件小事[①]

任继愈

全国解放后，我读到《美国侵华史》，知道作者是刘大年，但未曾有机会见面。以后同在中国科学院工作（不在同一个研究所），才有了见面的机会。1971年下放“五七”干校，共同在河南息县，我与大年见面的机会多了。后来我们两人都当选全国人大代表，社科院共有6位，还有冯至、夏鼐、吕叔湘、唐弢[②]。人大开会的座位按姓氏笔画排列，任、刘姓氏都是六画，我们邻座。开会在一起，回到住处又在一起，接触更多，对他的了解也逐渐加深。以后住处相距不远，常常找他谈谈学术上的问题。

大年同志参加革命较早，却从不摆老革命的架子，没有教条气息。我这个马克思主义的新兵和他交谈，很受教益。比如他讲述范文澜同志对于“批判继承”的理解时说，批判地继承就是把旧文化中一切合理的东西榨干，吸收为我们所用。这个比喻生动而深刻，令我心折。

1958年以后，全国广大地区推行人民公社制度，实行了若干年，挫伤了农民的积极性，上上下下都不满意，一个壮劳力辛苦一年，还欠了公社的债，填不饱肚子。老百姓为了抵制人民公社，才出现了包产到户（后来通称为家庭联产承包责任制），农村生产力很快得到恢复。这个变革改变了过去农民不关心生产的弊病，有速效。刘大年同志却指出，从长远看，农村生产发展还是要走合作化的道路，以一家一户为生产单位，广大农民还是不能从简单的劳动中解放出来，要有新的组织形式才行。他这些见解，后来从理论上、从实践上都证明是正确的，他真正搞通了历史唯物主义。

马克思的历史唯物主义与旧哲学的不同，突出之处在于它深入社会，干预生活，不是手持高头讲章，坐而论道。马克思主义的历史观和研究方法，

---

① 原载《近代史研究》2000年第6期，第2—4页。——编者注

② 此处原文“唐”字后面空一字，“弢”是编者补上的。唐弢，1959年任中国科学院文学研究所研究员，是第四、五届全国人大代表，符合文中所讲条件。——编者注

在中国经过近百年的传播，已经生根、开花、结果。我国历史学界首先用历史唯物主义解剖上古史，取得令人信服的成绩，造就了大批人才。刘大年同志是较早的马克思主义史学家之一。他专攻近代史，他在50年代写的《论康熙》是继《美国侵华史》以后引起学术界关注的论文。

我国著名的文史学家陈寅恪，受到海内外学者的尊重，晚年双目失明，在极左思潮笼罩下，心情郁悒，写成《柳如是别传》。刘大年同志充分肯定了陈先生在南北朝隋唐史方面的巨大成就，同时也指出，用几十万字考订柳如是的生活细节，此种研究方向不值得提倡。在对陈寅恪一片赞扬声中，能提出此种评论，不啻一副清凉剂，难能可贵。陈寅恪先生博闻强记，治学谨严，目空千古，一生服膺司马温公。司马光关心治道，主编《资治通鉴》。如能起温公于地下，《柳如是别传》必不会得到温公认同。

打倒“四人帮”后，出于对“文化大革命”荒谬批孔的反弹，学术界有些人把孔子抬出来，以补救马克思主义的“缺失”。学术界有人宣传，亚洲四小龙的腾飞是得力于孔子精神，只有恢复孔子之道，才可以救社会的时弊。刘大年同志对此提出了有理有据的批驳。他说，孔子的学说既然有如此神通，何以对邻居慷慨，对本土反而不帮忙？他指出，孔子学说不是最近才出现，也不是外国引进，何以几千年来孔子学说没有救了旧中国？鸦片战争以后，民贫国弱，孔子学说的威力哪里去了？孔子学说有价值，是中国人民的宝贵遗产，我们应当继承发展，但把孔子学说拔高为治国平天下的最高原理，这是错误的。

凡是我们两人共同参加过的大小学术会议，刘大年同志必有发言稿，我有时只有一个提纲。这些细节都表现出一个科学家严肃务实的学风。刘大年同志治学一丝不苟的精神值得我永远学习。

刘大年同志的专业范围在中国近代史，他在这个领域内带出了不少青年学者。近代史研究处处涉及西方各国，特别是政治、经济领域的利益问题。中国人民要摆脱西方殖民主义枷锁，要站起来，对此，在中国拥有既得利益的各种外国势力、集团必然要反对。一方要争取民族的自由，一方要维护既得利益，不希望看到从前的弱小国家站起来与他们平起平坐。侵略与反侵略，压迫与反压迫构成了一部中国近代史的发展主线。凡是涉及中国的变革进步的思想、改革，外国敌对势力必然反对，并且找出一些理论根据来论证中国不应改革，不应革命，不应反对西方侵略势力。近20年来，这种思想以不同的学派、学说来论证中国革命搞错了，“五四”以来从来没有找到自救的道路，甚至推论说没有辛亥革命，不推翻清政府，中国会比今天共产党领导得好。这些议论直接向社会主义中国挑战。中国近代史研究者义不容辞，理应做出科学的答复。范文澜等同志在新中国开创了中国近代史的科研领域，刘大年同志继承发展了中国近代史的研究，做出了他应有的贡献。这一事业，还要靠我们后死者继续努力。近代史是历史研究的一部分，也是建设社会主义新文化的重要支柱。中国近代史研究失去一员主将，但现在已有千万生力军跟了上来，他们必将开创更光辉伟大的新局面。

最后，举一件小事，作为此文的结束。我见过不少老干部，当年为了革命生死置之度外，勇往直前，义无反顾。等到进入老年，反倒怕死了。这说明，一个革命者，完全彻底相信唯物主义，并不是人人能办到的。大年同志患病住院，曾对他的家人说，如果他的病无法治愈，不必用抢救的办法维持生命，要相信医生的诊断。身后坚决不举行告别仪式，不开追悼会。他这种明达的生死观，不愧为坚定的唯物主义者，令人敬佩！

记忆犹新的回忆①

汪敬虞

刘大年同志是一位有完美道德的真正学术工作者，又是一位有丰富学问的真正共产党员。他不但在个人的研究中有杰出的贡献，而且在科研领导岗位上，在贯彻党的方针、政策工作中，也有突出的表现。我在解放初期的知识分子思想改造运动中，对他贯彻党对知识分子思想改造的方针，有一点切身的体会，半个世纪过去了，对我而言，记忆犹新。现在借此之机，写一点这方面的回忆，作为我个人的追念。

新中国建立初期知识分子的思想改造运动，原则上是和风细雨，不搞大批判，但具体到每一个单位，又不尽相同。我记得在科学院刚展开运动不久，曾参加过一次北京大学周炳琳教授的批判会。那是在一个可容上千人的大礼堂里举行的。当时我看到面无表情的周先生坐在台下正中，两旁坐的是他的亲属，有人告诉我那是他的老伴和子女。大会上除了群众一个接一个上台批判以外，还有周先生亲属的揭发。他们也走上台，带着激愤的表情对自己的亲人进行声色俱厉的揭发批判。这种场面，在后来的反右等等运动中，看得多了，也就不以为怪。但在建国初期第一次看到时，却很不习惯，觉得异乎常情。

然而，在后来科学院的思想改造运动全过程中，我却没有再碰到这种让人不习惯的场面。相反，倒是有两个动人的场景先后出现在我的眼前。

科学院在思想改造运动中，全院的学习是分区进行的。我所在的经济所和近代史、考古、语言等所同在城东南，就以东南区的名义经常在一起开会学习。我记得在考古所郑振铎所长作思想检查的会上，有些群众有些激动，打断了他的发言。郑先生也有些不大受用，他一边讲着一边摘掉眼镜，用手绢去擦眼泪，会上空气有点紧张。就在这个卡壳的当口，原来不在场的范老

① 原载《近代史研究》2000 年第 6 期，第 5—7 页。——编者注

（范文澜同志）忽然匆匆地赶来了（范老就住在会场附近）。他喘息未定就起立发言，对郑先生历史上的进步和学术上的贡献作了积极的评价。范老的讲话使会场上的气氛立刻缓和下来。原来疾言厉色的面孔没有了，郑先生的脸色也好看多了。散会时候，看得出来，绝大多数同志都感到满意。

另一个场面也出现在考古所的学习会上。考古所梁思永研究员当时身患肺疾，基本上卧病在床，按规定他可以自学，不必参加小组学习。但是梁先生坚持要同大家一起参加学习。在这种情况下，小组学习会有时就在他的家里开。有一次我参加了这个小组会，看到梁先生靠在躺椅上，大家依次环坐。梁先生虽然躺着，却拿着学习文件认真思考和发言。他的亲属也在一旁，偶尔也说一两句话，不过与学习无关，只是对梁先生小声耳语，给梁先生以悉心照料。面对这一场面，当时我就想：这和周炳琳先生批判会的场面是多么强烈的对照！然而它的最大不同，应该说，还是在对周先生、对梁先生、对所有知识分子思想改造的实际效果上。

我为什么在这里回忆起这两件事？因为这和大年同志有着直接的联系，因为他是那次科学院思想改造运动的实际主持者。在那次运动中，我曾参加过一次向他反映学习情况的汇报会，从他那里我得到的印象是：他非常强调和风细雨的重要性。上面提到的范老之匆匆赶到会场，后来我才知道，那是负责东南区学习的刘桂五同志临时出的主意。桂五同志在那次运动中是大年同志的得力助手。完全可以这样判断：桂五同志是在执行大年同志的指导方针。或者也可以这样说：这里反映了他们两位思想的一致。

当然，我说的这些，只是我个人在运动中看到的一个侧面。它未必能反映全面的情况，而且运动的领导是一个整体，也不是大年同志一人之力所能为。但是上面这两个小镜头，折射出大年同志对党的知识分子政策的正确掌握，大概是合乎实际的。这里也有两位学者可以作证：一是太平天国史专家罗尔纲先生，一是明史专家王崇武先生。他们二人在建国以前都在中央研究院长期从事研究，建国以后又都先后进入范老领导、大年同志实际主持的近代史研究所。罗先生在近代史所受到范老和大年同志的尊重，这已为众所周知。他能孜孜不倦、几十年如一日进行太平天国史的研究并取得丰硕的成果，这和他们两位对他的关心、信任和尊重密不可分，也为人所乐道。王崇武先生在近代史所时间虽然比较短促，但他生前也经常对人感念近代史所学术空气的浓郁和范老与大年同志对他的关心和重视，使他有一个得以施展才华的学术环境。这些我是从他的好友李文治先生处间接知道的。现在范老和大年同志都已辞世，但薪尽火传，他们亲手培育出来的优良学风，正在近代史所代代相继。因此，在本文的最后，谨以诚挚的心情，祝愿后之来者对这一永恒垂范的优良传统，进一步发扬光大。

中国史学工作的重要领导人①

金冲及

大年同志突然地离开我们以后，在史学界的重要活动中，常常会使人强烈地感觉到：大年同志不在了！

大家知道，大年同志不仅是一位杰出的历史学家，而且长时期来作为中国史学工作的重要领导人，在推动新中国史学发展中起过别人难以替代的作用。他有眼光，有决断。当需要组织重要的史学活动时，他总能从全局考虑，拿出很好的主意来，并且采取切实有力的措施。许多拿不准的事情，同他谈过后，便使人有一种放心的感觉。如果不是像他那样有着深厚的学术素养和丰富的领导经验，是很难做到这一点的。

全面地谈大年同志的贡献，自然远不是这篇短文所能办到的。这里只能举个例子以见一斑，那就是纪念孙中山诞辰120周年的学术活动。

1984年，孙中山研究学会经中央书记处批准成立，由胡绳同志任会长，大年同志为副会长。研究会一成立，摆在面前的头一件工作是要筹备孙中山诞辰120周年的国际学术讨论会。那时，组织大型国际学术讨论会的经验还不多。大家都在考虑：怎样使这次讨论会收到尽可能大的学术效果？我们的准备工作应该从何处下手？

大年同志断然提出：要从调查研究着手，弄清楚海内外孙中山研究工作的现状，来找出如何取得新进展的途径。他主张：先召开一次孙中山研究述评的国际学术讨论会，列出孙中山研究中的各个重要问题，请海内外对这些问题研究有素的学者分别作出述评。大年同志说："这次讨论会也可以说是一次调查研究的会，一次集思广益的会，目的是估量、评价以往研究的成就，提出推进今后研究工作的希望和设想。"这确是一个很有创造性的主意。1985年3月，这次讨论会在河北涿县召开。会议收到了预期的效果。

---

① 原载《近代史研究》2000年第6期，第7—10页。——编者注

在初步弄清情况的基础上，大年同志就把注重点放在如何确定孙中山诞辰120周年国际学术讨论会的主题上。经过涿县会议的充分讨论，最后确定的主题是“孙中山和他的时代”。大年同志后来这样说明：“我们所以提出这样一个主题，是大致回顾了一下全局情况以后，从如何进一步开展孙中山研究这个角度着眼的。”“孙中山产生于他那个特定时代，又促进时代的改造。”“通过对孙中山的研究，我们可以从这一个方面，去具体地了解他的斗争环境、时代特征，从中探索中国近代历史带有普遍性、规律性的东西。”显然，他把讨论会主题的确定看作是对研究工作发展方向的引导。

主题确定后，大年同志强调：一次学术讨论会的水平如何，很大程度上取决于会上论文的水平如何。为了保证提供会议的论文质量，他的做法可以概括为16个字：广泛征集，重点组织，专家评审，择优选用。胡绳同志和大年同志分别写出了《论孙中山的社会主义思想》和《孙中山与中华民国》两篇论文。邀请海外学者的名单由他们亲自审定。组织委员会向全国高等学校、研究机构和有关单位广泛发出征文通知，然后，组织了由十几位专家组成的评选组。评选前，大年同志强调：一定要坚持“学术面前人人平等”的原则，严格根据论文的质量来决定取舍，而不受作者资历、声望、关系等其他因素的影响。他还鼓励大家：如果因此而产生什么问题，都由他来负责。这样，从应征的近200篇论文中评选出70多篇，有的研究机构负责人、资深学者的论文没有入选，而入选论文的作者中最年轻的只有24岁。当然，这种评选决不意味着对论文作者总体学术水平的评价，因为有些确有较高学术水平的学者由于时间匆忙等原因而没有来得及写出高水平的论文来，有些年轻作者却因集中精力而写出了较好的论文，这是不足为怪的。

1986年11月，纪念孙中山诞辰120周年国际学术讨论会在广东隆重举行，参加讨论会的一二百名中外学者济济一堂，规模空前。大年同志在讨论会的开幕词中，着重说明了这次讨论会的主题，并且强调：“如果我们的讨论要遵循什么原则的话，那就是百家争鸣，各抒己见。”这次讨论会上，群贤毕集，开得生动活泼。大家都认为，这是一次盛会，一次成功的、有着很高学术水平的会议，一次能把孙中山研究推向更高水平的会议。这样的成果得来不易。它是许多专家学者共同努力的结果，也是会议组织者、特别是大年同志两年苦心经营的结果。

这些已是十多年前的事了。但回想起来，往事依然历历在目。我国史学工作的发展，既需要有一大批在方方面面有着很高学术造诣的专家学者，还十分需要能有大年同志那样有眼光、有决断的史学工作领导人，这同样是不可缺少的。

编辑《刘大年文选》的回忆与思考①

张海鹏

刘大年同志离开我们已经快一年了。《近代史研究》编辑部约请学者撰写回忆大年同志的稿件，我也在被邀约之列。关于大年同志的治学经历，我已经写过一些介绍性的文字。最早的介绍文字，是《中国大百科全书·中国历史卷》（1992年出版）的刘大年词条。1995年，近代史研究所召开祝贺刘大年同志80华诞的会议，学术界的许多前辈学者前来祝贺，发表了祝贺感想，我在会上作了发言，进一步较为详细地介绍了刘大年同志的学术经历。这次会议，刘大年同志本人避席他去，表现了他的美德。我们明知道他不会出席，还是照旧开会，这是因为，我们在会上所说的话，不一定要他本人听到，而是从学术界的需要出发的。1998年，中国社会科学院为了展示中国社会科学院学术大家的整体形象，启迪和教育新一代年轻学人，决定编辑对我国哲学社会科学的发展做出过重大贡献的学术大师的治学经验，选出了在我院工作过的在世和过世的院长、学部委员、一级研究员32人，我所入选的是首任所长、学部常委范文澜，继任所长、学部委员刘大年，以及一级研究员罗尔纲。该书名为《中国社会科学院学术大师治学录》。主持者要我为刘大年同志作传。为了完成任务，我仔细研究了大年同志生平，重读了他的许多著作和论文，写出了1.6万字的传记。去年底大年同志去世后，我又在今年《抗日战争研究》杂志第1期发表《战士型的学者，学者型的战士》的长文，总结他的抗日战争研究成果；同时在5月9日《人民日报》发表《一个战士学者对中国历史学的贡献》的怀念文章。现在要为《近代史研究》写稿，一时觉得写不出新意。

我从1964年8月进入近代史研究所，迄今已36年，大部分时间都是在他的领导之下工作。1994年我当了所长，刘大年同志是名誉所长，他从不干

① 原载《近代史研究》2000年第6期，第10—14页。——编者注

预我的工作。为了开展本所学术活动，我有时要向他请教，常常要借助他的丰富经验和在国内外学术界的不可替代的名望。最近10年，本所主办或参与主办的一些国际学术讨论会，都请他担任组织委员会主席，请他作主题报告，他都积极从事，给了我们很大的帮助。在“文化大革命”10年中，我与他之间有着复杂的关系和感情纠葛，我现在还没有精力和心情来回顾这一节，要留待以后有机会再叙述。

我常常感到，他没有离去，他还在为中国历史学的发展，为中国近代史研究的进步而操劳。这种感觉，在我刚刚完成《刘大年文选》的编辑工作的时候，尤其突出。所以这篇文章就讲讲编辑《刘大年文选》的感想。

李铁映院长提议为中国社会科学院的著名学者出版文选，得到拥护。刘大年同志的文选列在中国社会科学院科研局选定的第一批学者之中，并通过近代史研究所科研处通知了大年同志。他非常重视这件事，把它当作院里交给他的工作任务，认真准备文集的编选工作。所以，这本选集的编辑方针是刘大年同志自己确定的。

考虑到此前刘大年已经出版过《中国近代史诸问题》（1965年，1978年重印时改名为《中国近代史问题》）、《刘大年史学论文选集》（1987年）、《抗日战争时代》（1996年）等三种文选，这次新编选集，应该有新的面貌。新的面貌不仅要求有新的内容，在编辑方法上也要体现一种思想。这种思想，我想主要是指刘大年同志平生研究所追求的东西，一种马克思主义的思想力量。把自己的研究成果按照这种思想逻辑地编辑起来，而不是仅仅按照文章发表的时间先后为序。按照这种思想，这本文选共分为六个部分。第一部分是引论，所辑文章是讲中国近代史的宏观思考的；第二部分称为历史关键（上），所辑文章讲孙中山和辛亥革命，这是近代中国历史上的关键问题之一；第三部分是历史关键（下），所辑文章是讲抗日战争研究及与此相关的思想理论问题，抗日战争是近代中国历史上的又一个关键；第四部分是思想文化（上），所辑文章是对中国近代传统文化尤其是马克思主义与中国传统文化相结合的评论，其中大量评论了我国第一代马克思主义历史学家的学术功绩，这些历史学家包括郭沫若、范文澜、吕振羽、翦伯赞、侯外庐、杨秀峰、胡乔木，甚至还包括毛泽东；第五部分是思想文化（下），是对近代经学做出的马克思主义评论，这一部分收了作者最后完成的一篇重要文章——《评近代经学》，全文7万余字，是临终前在病床上定稿的；第六部分称外录，所收文章涉及几位外国学者和朋友，其中一位是俄罗斯科学院院士齐赫文斯基，他们两人有差不多半个世纪的交谊；另一篇题为《讲座元老，西京大师》，是记述日本京都大学名誉教授井上清的。井上清是日本非常著名的马克思主义历史学家，他是中国学术界的老朋友，是近代史研究所的老朋友，是刘大年的老朋友。大年同志早就计划写一篇有关井上清教授的文章，一直未找到机会。此次编文集，而且可能是最后一本文集，他认为不可没有一篇有关井上清教授的文字。但是这时候，他已经躺在病床上，不能捉笔，他便对随侍病床侧的子女口授了这篇不长的文字。念兹于兹，可见刘大年同志与井上清先生的情谊。1999 年 9 月 24 日，中国社会科学院举办“新中国社会科学五十年学术报告会”，刘大年作为老学者、老学部委员在会上作报告。他在这篇报告中阐述了马克思主义哲学社会科学的历史使命。这篇报告稿，现在就作为本书的代前言，可谓用意良深。

为了贯彻如上的编辑方针，在选取文章时，尽可能不与前已出版的三种文集重复，又能体现作者一贯的研究旨趣。收入本文选的文章，大部分都是在 90 年代内写作的，少部分是在 80 年代写的，除了个别篇章是在 1979 年写的以外，70 年代以前写的文章没有收进来。所以，像《论康熙》《回答日本历史学者的问题》《亚洲历史怎样评价？》等 60 年代写作的名篇，这次都没有收入。这本选集要尽可能体现作者一生的基本研究方向，又在说明作者在最近 10 年里做了哪些新的思考，随着时代的进步、学术的发展，作者在学术研究中有哪些新的发展、前进。看了这本选集，读者大体上可以明了。

我受委托，对《文选》做了一点编辑、校订工作，对篇章的选取和排序等方面，做了一点技术性的调整，并拟定了作者生平年表和著述要目。限于篇幅，删除了一些篇目。1999 年 11 月某日，在北京协和医院 601 病房里，我曾在大年同志病床旁短暂逗留。在谈到选集时，大年同志提到把我过去写的一篇介绍他的小文章作为他的文集的附录。我没有说话，点头表示从命。

刘大年是在八年抗战中，从太行山走下来的一位学者。他从 1949 年首次发表《美国侵华简史》，到 1999 年 12 月最后发表《评近代经学》，终身都在思考、探讨近代中国的历史。他曾经是抗日根据地一个拿枪的正规八路军战士，此后大部分时间都在从事思想理论战线工作，从事历史研究工作，他是思想理论战线上一个不知疲倦的战士。我把他概括为战士型的学者，学者型的战士。我们从这本文集里，完全可以看出他的这种特色。不管是中国近代史的宏观思考，还是具体历史问题的探讨，他都力求以马克思主义为指导，力求对近代中国历史的来由和去向，作出马克思主义的解说。他长于对政治史的探讨和分析，尤其长于对思想文化领域的历史研究和理论探讨。他对于唯物史观有许多阐述，对历史研究中的方法、理论，有许多独到的见解，对不同的，或者不一定正确的观点，他都能结合历史事实，结合国内外最新的研究成果，或者最新发现的资料，给予评论和解说，不自以为是，不强人所难，实事求是，循循善诱，平等讨论。这是一个马克思主义历史学家的胸怀，是老一辈学者留给我们的榜样，我希望，这将成为近代史研究所学术发展的一个好的传统。

战士与学者
——大年同志的学术品格[①]

李文海

去年岁末，听到大年同志不幸病逝的消息，我几乎不相信自己的耳朵。仅仅在几个月前，在当年7月9日举行的庆祝中国史学会成立50周年的会上，还同大年同志一起交谈照相，并聆听了他带有一贯特色的讲话。谁想到这具有欢庆色彩的瞬间，竟成为同大年同志的永诀。

大年同志的辞世，对于我个人来讲，是失去了一位尊敬的师长；对于史学界来讲，是失去了一位睿智的学者。

我20岁进入中国人民大学开始学习历史的时候，就对刘大年这个名字有了深刻的印象。这不仅因为他的《美国侵华史》是我们学习中国近代史的必读参考书，还因为大年同志曾在北方大学工作过，而北方大学是中国人民大学前身之一，我的师长中很有几位与大年同志共过事，他们常常谈起大年同志。

一直到1958年，我才同大年同志有了直接的接触。那是中宣部为了迎接新中国的十年大庆，想要编一部《中华人民共和国十年史》，这个任务落到了大年同志头上。大年同志组织了一个十余人的班子，我记得近代史所参加的有余绳武同志、蔡美彪同志、曲跻武同志和从翰香同志；所外的有王宗一同志、管大同同志、李普同志、王汝丰同志，我的专业本来是中国古代史，不知为什么也把我调去了。这个班子工作了将近两年时间。我分的任务是写抗美援朝战争，写了讨论，讨论了又写，几易其稿，却总也通不过。史料、观点、结构、文字，没有一处不要经过极严格的审议和批判。由于各种原因，这部书稿没有出版，但对我来说，却受到了一次真正的科研工作的启蒙训练，使我初步懂得了学术工作的严肃性和艰巨性。我也正是从那以后，把研究方

---

① 原载《近代史研究》2000年第6期，第14—16页。——编者注

向转到了中国近现代史。大年同志在学术上是十分严格的，但在待人接物上却很平易近人。工作后期，三年困难时期已经开始，有好几次讨论完书稿后，大年同志拿出自己不多的工资，请大家到仿膳饭庄吃肉末烧饼，此情此景至今还历历在目。

刘红同志写的《刘大年与佐藤猛夫重逢记》中，把大年同志称作“战士型史学家”，卫藤沈吉教授很赞赏这个提法，认为颇能反映大年先生的特质。金冲及同志在为大年同志所著的《我亲历的抗日战争与研究》一书的《序》中，也指出：“大年同志是一名英勇不屈的战士，又是一位好学深思的学者，这两个侧面在他身上十分自然地融为一体。”可见，这是不少人对大年同志的共同认识，也正是大年同志极可宝贵的学术品质。这样说，不仅因为他曾经亲身参加了抗日战争这场伟大的民族解放运动，是一位驰骋疆场的名副其实的八路军战士；更因为他从事学术工作以后，并不改变献身民族解放和民族振兴伟大事业的初衷，依然将学术作为武器，通过潜心的历史研究，探求历史的真实，揭示历史的真相，为中国人民的解放事业和社会主义事业提供历史的启示和借鉴。我们只要看一看大年同志所写的论著，就可以发现，几乎没有一篇不具有很高的学术价值，同时也没有一篇不具有很强的现实意义。

大年同志是一位著名的马克思主义史学家。令人尊敬的是，他不随风摇摆，而是凭着自己对唯物史观的坚定信念，努力按照科学的观点和方法，去认识历史，解剖历史，说明历史。他不但在社会主义处于高潮、马克思主义十分吃香的时候是这样，而且在一些国家出现严重曲折，社会主义处于低潮，在有些人看来，似乎马克思主义“就要消失了，没有了，失败了”的时候，也依然是这样。这实在是非常难能可贵的。

大年同志十分注意优良学风的提倡。他常说，写一篇文章，不能人云亦云，旧调重弹，总要有一点新的意思，说一点新话，有一点自己的风格和特色。否则就不如不写。在纪念孙中山诞辰130周年的国际学术讨论会上，大年同志特地约我在晚上到他的房间里去，说是随便谈谈。那天，他对史学界出现的种种不良学风，发了许多感慨，并叹惜说：“学风问题不解决，会极大地制约和阻碍历史学的进步和发展。”还有一次，大年同志同我谈起某些学术回忆录的失真问题，指出有些人不负责任，胡编乱造，既颠倒了历史，又搞乱了思想，造成了很不好的影响。他说，他正在编一本《刘大年存当代学人手札》，目的就是为学术发展史提供一点可信的资料。

我想，沿着大年同志的方向和足迹，在史学园地里更加努力地耕耘，应该是对这位可敬的战士型史学家的最好悼念。

悼念大年同志①

李　侃

1999年12月28日，刘大年同志逝世了。噩耗传来，我深感悲痛。大年同志是著名的马克思主义历史学家和社会活动家。他在研究中国近代史，创办近代史研究所和《历史研究》《近代史研究》刊物，在组织和领导近代史学术活动及发展马克思主义历史科学事业中做出了重要的贡献。

我从20世纪50年代后期与大年同志相识，但真正频繁联系是在80年代以后。1980年4月，中国史学会召开第二次代表大会，他被选为常务理事、主席团成员，我被任命为副秘书长，因此接触机会日渐增多。大年同志不但有很好的历史学修养和很高的理论水平，同时是社会活动家和杰出的学术活动组织者和领导人。他又是一个平易近人、谦虚厚道的长者，不论是讨论工作还是研究学术问题，既坚持原则，又心平气和，从善如流。

大年同志不但精通中国近代史，而且对传统经学和古典文学也有很深的造诣，他的遗著《评近代经学》就是一部学术力作。在中国从古代到近代，孔学和经学既是占统治地位的官方哲学指导思想，又是整个社会道德的支柱；既是治国治民、立身处世的最重要规范，又与政治、经济、文化和社会生活关系密切；流派纷争，头绪纷繁。中国社会的任何变革，都会在经学上反映出来。几年前我就听说大年同志在致力于研究经学。我曾当面问他是否有此事，他笑着说：这是个很值得研究的课题，能不能研究出什么成果，还没有把握。因为头绪太多，资料纷繁，实在费力，但还是想试试看。他病逝以后，我收到《评近代经学》这个长篇论文，这已经是他最后的遗著了。大年同志从经学今古文之争，谈到近代今文经学兴起。他不是像旧时经师注经解经，而是把以庄存与、刘逢禄为代表的对今文经学的提倡与近代的思想解放、社会变革和革命联系起来，这是一个创造性的见解。以往人们论述龚自珍和魏源的

① 原载《近代史研究》2000年第6期，第17—19页。——编者注

思想，分析康有为、梁启超的思想，往往也联系到今文经学，但多停留在表面现象上，几乎很少有机地与他们注重今文经学联系起来，刘大年从思想文化的更深层次上，探索近代变革和革命的思想渊源，这在中国近代思想文化史研究上可谓创见。

大年同志为了写《评近代经学》，参考了大量有关经学的文献和著作，这些文献和著作，都是很艰深很枯燥的，没有极大的决心、毅力和理论修养是很难去这样广征博引，深刻分析的。近年来，研究近代思想文化史的青年学者有的已经涉足近代经学领域，但大多停留在表层现象。经学在中国，有如千年古树，根深叶茂、盘根错节。古代近代经师辈出，但真正把经学的发展变迁与社会变革密切联系起来的实为罕见。大年同志以严谨的科学精神，充分地运用资料，广征博引，分析问题有理有据，既深刻又平实。在新儒学流行、尊孔重“经”现象又成学术时尚的今天，《评近代经学》一文的意义，是不止于经学本身，而更有其重要深远意义的。

大年同志对自己和对别人写的文章书稿要求是很严格的，而对人则是很宽厚的，从未见他发怒教训人，也从未听他说别人的坏话。我曾经和他多次一起参加学术活动。两次随他出国，一次是 1985 年去联邦德国斯图加特出席第 16 届世界历史学大会，一次是 1986 年去苏联莫斯科参加孙中山诞生 120 周年学术讨论会。至于中国史学会、孙中山研究学会、抗日战争史学会的多次活动，我们都共同参加讨论。有时我们同住一室，亲切交谈，既讲学术也谈生活，海阔天空，无拘无束，每一回想不胜怀念。特别在我卧病时，他亲自到我家来探望，惜未能见面。阅其遗著，回忆他的音容笑貌，仿佛就在昨天。

德高望重的刘大年同志，静穆地去了。历史和人民将永远记得大年同志对于中国史学的贡献和他的高尚品格风范。在中国现代史学史上，刘大年同志是永远值得纪念和敬重的。

坚持真理　追求真理[①]

龚书铎

我和大年同志接触较早，但通常是在会议的场合。1996 年 9 月，国家教委高等学校社会科学发展研究中心、北京市教育工委、北京市教委和北京市历史学会联合举办“中国近代（1840—1949）重大历史是非问题系列讲座”，有幸请到大年同志作一次学术报告，我为他主持了这次报告会。作为晚辈，有此机会，实为荣幸。他讲的题目是《方法论问题》，一口气讲了两个多钟头。已是年逾八旬高龄的老人，仍然是那样认真，那样执着，很令人感动。讲稿全文刊载于《近代史研究》，《人民日报》《求是》杂志分别发表了其中主要部分。这次报告和文稿的发表，在社会上产生了很好的影响。

对于大年同志的学问和为人，需要进行专门研究。这里只谈我同他接触中感受较深的两点体会。

一、坚持马克思主义对历史研究的指导地位。大年同志是一位马克思主义史学家，他的研究工作始终是以马克思主义为指导的。不论刮什么风，什么为时髦，他都毫不动摇地坚持马克思主义对史学的指导地位。不仅自己身体力行，而且对贬损、否定马克思主义的说法都旗帜鲜明地予以批评。1983 年，当时国内外出现了马克思主义“过时”论的种种说法，有的主张“回到乾嘉”，或走王国维的路。大年同志认为，这种“马克思主义过时了”的说法，是一个很尖锐的问题，无法置之不理。他发表了《关于历史研究的指导思想问题》的文章，批评了过时论的种种说法，有力地论证了马克思主义没有过时：在“全世界阶级消灭以前，马克思主义始终保持旺盛的生命力”。在这篇文章中，大年同志认为，马克思主义要保持自己强大的生命力，必须根据新的经验不断地丰富和发展已有的原理、结论。他同时又指出，马克思主义发展有一个保持它的革命本质的问题，革命精神丧失了，发展就无从谈起。这

① 原载《近代史研究》2000 年第 6 期，第 19—21 页。——编者注

辩证地阐明了坚持和发展的关系。

在1996年《方法论问题》的论文中，大年同志一开始就明确地指出：迄今为止，足以成为一个科学思想体系的，“那就是马克思主义历史唯物主义”。依据历史唯物主义，他对中国近代史研究中一些重大问题，如半殖民地半封建社会问题、阶级分析问题、革命与改良等问题，都一一加以澄清，是非分明，论述深刻，摆事实，讲道理，以理服人。论文的最后，他再次指出要勇敢地坚持真理，勇敢地追求真理，也就是勇敢地坚持、追求马克思主义真理。

1999年9月，大年同志在中国社会科学院举办的“新中国社会科学五十年学术报告会”上作了讲话。此时离他去世只有3个月了，应是最后一次在公开场合所作的讲话。在这篇不长的讲话中，他重申自己是主张马克思主义对哲学社会科学研究具有指导作用的，并对马克思主义是否过时再次作了论辩。他的观点很鲜明，马克思主义没有过时。对此，他指出：“各种不同形式所表现出的资本主义制度下生产力与生产关系之间无法解决的矛盾，依然是当今资本主义世界的根本的现实。只要这个现实是客观存在，马克思主义就不会过时。”

二、严谨的治学精神。大年同志的治学十分严谨，他写的文章说理性很强，但说理不是泛泛而言，而是建立在以充分的文献资料为依据的基础上。言必有征，言而有据。《评近代经学》这篇7万余字的长文，是他临终前最后一篇学术论文。前些年曾听大年同志说过，他在研究近代经学；此后，断续用了好几年时间，如他在文章中说的，“捡起来，又搁下，反反复复，耗费了不少精力和时间”。这篇论文，单是引文出处所注文献资料，就不下70余种。这些书，有些他有收藏，没有的也都要借到。经过认真地阅读、审思，形成了自己的看法，这自然要耗费不少精力和时间。但这没有白费，它会给人以回报。在精力和时间的耗费里，使他对所研究的问题融会圆熟，具有真知灼见。这是值得我们学习的。这里不妨举一个例子。大年同志认为：“近代经学用大字书写在人们面前的两个词是：‘民族思想’‘复古主义’。非常明白，这两个词是把孔子思想理论固有的内涵突出起来了，而非近代经学外加进去的。”这非常简明地揭示了近代经学的特点。“民族思想”在近代中国社会有着反对外来侵略的积极意义，而“复古主义”则是起着拉历史向后退的消极作用。这都是孔子思想理论固有的内容。大年同志在这里提出的，实际上是如何对待孔子思想理论的问题。

论文是从评论美国艾尔曼教授所著的《经学、政治和宗教——中华帝国晚期常州今文学派研究》开始的。大年同志对它的评论实事求是，既肯定它是一部严肃的著作，给人们提供了新的知识，提出了一些中肯的论断，同时也表示不同意书中涉及的中国近代经学的论点，指出了其错误所在。这也反映了大年同志作为一个治学严谨的学者，对待他人著作严肃的态度。大年同志所执着的在于“求是”，也就是追求真理。

大年同志虽已逝世，但风范犹存。他做人做学问的精神值得我们很好地继承发扬。

忆刘大年同志对近代史学科建设的贡献[①]

王庆成

我因病在外休养，获知大年同志不幸去世的消息较迟。我回忆，最后一次见到他是在他八十大寿的纪念会上[②]。次年我自己就患病住院了。后来我外出休养，行前向他电话告辞，他嘱我好好养病，并问及手头有什么工作。此后就没有联系了。今春得知不幸的消息后，感触很多。大年同志从事和领导近代史研究数十年，他在学术和学科建设上的建树很多，但我手边没有任何文字材料，所以只能就记忆写一点与我有些关系的他对近代史学科建设的贡献，以表示敬意和怀念。

在1978年前，我不是专业的史学研究者，但对大年同志早已闻名，并因工作关系有所接触，得到他的帮助、指教。1978年起，我到近代史研究所工作，他是近代史所的主要领导人，我则在一个业务部门参加负责工作。一次我的工作发生困难，他当时就住在所内一个小院子里，我直接去找他，他耐心地同我交谈，给予帮助。那时，我记得近代史所的主要研究方面有政治史、对外关系史和70年代新开辟的民国史。这在很大程度上反映着当时近代史研究者、近代史研究所对近代史研究的任务、范围的看法。1978年，林言椒同志约现已去世的叶青谷和我，在人民出版社支持下创办《中国历史学年鉴》；大约在1980年左右，大年同志忽然交给《年鉴》一篇关于中国近代史从何处突破的文章。文章的主旨依据历史唯物主义，认为中国近代史的“突破”有赖于认真研究近代经济史。他的文章作为《年鉴》的专论和第一篇发表了。其后听到一些议论：很多人赞成，也有人认为没有新意，“突破”二字也不确切。平心而论，这是一篇重要文章；特别是结合当时的中国近代史研究状况来看，就更可以理解它的意义。新中国的近代史研究继承了新民主主义革命时期的理论基础和经验，是以政治革命、政治斗争为主要研究内容的。近代史学科

① 原载《近代史研究》2000年第6期，第22—24页。——编者注

② 刘大年没有出席自己的八十大寿纪念会，作者回忆有误。——编者注

在20余年中有重大的成就，但也有明显的不足；十年动乱给历史研究制造的创伤和混乱，也易使一些人对史学能否成为科学产生疑问。我以为，刘大年同志提出研究经济史以突破近代史研究的已有程式，应是他对当时近代史研究的现状和问题的一种回应，而这一回应，总的说来是对的，是正确的。不仅按照历史唯物主义经济是社会诸现象之基础，而且历史学本身也不能只限于重视政治斗争史，经济、社会、文化等都应是重要的内容。

刘大年同志不只是发表文章，在理论上倡导，而且在实际上身体力行。他主编的《中国近代史稿》多卷本当时正在进行中，我曾听他对一位国外来访的学者讲，这部史稿将包括该历史时期的基础和上层建筑，即包括经济、政治和社会、文化各方面，与当时通行的着重谈政治事件的史书不同。我的感觉是，他的语气，对自己的这一构想是十分重视、颇为自负的。只是后来这一多卷本的工程因种种原因未能实现。

另一方面，他在所里推行设置经济史研究室等计划，在1982年正式成立了经济史研究室、文化史研究室。关于建立经济史研究室，我知道他花过一番心血。所里几位资深的研究员因各自的工作而未能接受负责这一研究室的任务，他和所的另一位负责人郭冲同志先后五次和我这样一名后进者谈话，要我承担这一工作，并且鼓励我不要害怕自己是外行，外行可以边学边做，不要为原来从事的研究工作所禁锢，应到更广泛的学术天地去翱翔。我终于接受了，主要并不是自己被鼓起了研究经济史的雄心，而是感到这是研究所一员应该承担的责任。那几年，我与几位较年轻的同志一起真正的“边学边做”、以学为主，其间大年同志给予了帮助和扶持。我们曾提请所里给予500元经费以购置一些日常用书，大年说，这点小事好办。虽然这件事最终没有办成，但我们感受到了他的支持。经济史研究室后来由胜任的其他同志接手，其建立迄今将20年，对社会经济史研究从学步到前进，已渐渐成长，同近代史所的其他研究室一样，在学术上做出了相当的成绩。我想这初步地符合了大年同志当年的希望。

刘大年同志提出研究经济史以突破近代史，这是就当时近代史学界的主体没有把经济史研究列为自己的任务而言，并不是忽略当时近代经济史学者已取得的研究成果。恰恰相反，他对以严中平先生领导的经济研究所的经济史研究室，十分推崇，曾向严先生面称：他的著作中有关经济的数字、史实，都是据自严先生他们的书的。在80年代以前，多数的近代史研究者限制了自己的范围，不像现在这样，历史上的政治、经济、社会、文化等等都被研究者所重视，有综合观察的视野。分工当然是需要的，但能有运用多方面研究成果的能力，对于历史自易有较深入的认识，而不致作茧自缚，在较狭小的圈子中循环。大年同志当年所说的“突破”，我想作这样的理解，也许符合他的本意。

怀念刘大年同志①

丁守和

刘大年同志是著名历史学家，也是社会活动家。在新中国建立前，他主要是在解放区从事党政领导工作和教育工作。到北京后，他主要从事历史研究，还有许多学术组织领导工作，并曾任全国人大代表和人大常委。

我知道刘大年的名字，是从报纸上看到的。1949年9月前后，《人民日报》连载他写的《美国侵华史》，还有《介绍辛亥革命运动中的君主立宪派》等文。这时我才知道他是位历史学家，而且他的研究能与现实相结合，颇有启发。《历史研究》创刊后，大年是负责人之一，也经常写文章，我每期都看。

1957年，我写了《从五四启蒙运动到马克思主义传播》的初稿。《历史研究》来人组稿，我便将第二章《五四新文化运动》交给来人，请他们看看是否能用。过了几天，大年打来电话，他虽然在抗战期间一直在华北抗日根据地工作，却仍有湖南口音。他告诉我写得不错，只是较长，准备发后面三节，我说请你决定。我接到这期刊物后，翻开一看，在第1页下面有个编者按语，概述文章基本内容及未发的两节小标题。后面的小标题也有改动，如“新旧思潮三大激战”，又加“——反封建斗争的深入”；“从文化运动到群众运动”，前面加“先进知识分子对人民群众看法的转变——”，从而使这两节论述的问题更加明晰。我想大年是仔细看了此文的，他的改动对我很有启发。

1959年下半年，我在编译局“反右倾”运动中受到批判，下放安徽农村劳动一年。1961年初回来后，调近代史所。黎澍当时已调任副所长兼《历史研究》主编。他同我谈，本来是调你搞研究，因《历史研究》缺人，先搞编辑部工作，范老、大年都同意。我说自己知识有限，怕不行。他说是要多读些书，边做边学吧。我也去看过大年。他也谈到《历史研究》要搬到近代史所，那里只来两人，实在无法，你就先去吧。他还说编杂志也是锻炼，要组

① 原载《近代史研究》2000年第6期，第24—27页。——编者注

织和挑选些好文章，资料丰富，又有思想性，你自己也要写些东西。这是对我的鼓励。我当时想，他是史学大家，却很平易近人，印象很好。

《历史研究》原来是月刊，1961 年起改为双月刊。大概是当年 3 月，黎澍交给我大年写的《论康熙》一文，要我看看，并安排发表。此前我一直认为他是中国近代史大家，看了此文才知道，他不仅对近代史而且对古代史也深有研究，并且将康熙与路易十四、彼得大帝相比较，写得有声有色，很有功底。文章在当年第 3 期发表后，很得好评。那几年《历史研究》每年都发他一两篇文章，如《辛亥革命与反满问题》《新中国的历史科学》《中国近代史诸问题》《论中国近代史上的人民群众》《亚洲历史怎样评价？》等，提出的问题重要，论证充分翔实，不愧是名家手笔。那时由他主写的《中国史稿》第 4 册，篇幅不大，但内容丰富，对近代史作了深入、概括的分析论述，影响很大。田家英要我参加第 5 册的写作，就曾提到要参考此书。

1965 年 11 月，上海《文汇报》发表姚文元《评新编历史剧〈海瑞罢官〉》，把该剧与彭德怀“罢官”相联系，诬蔑吴晗反党，成为“文革”的导火线。当时黎澍虽有看法，但也只有“跟”。他找几个人写批吴晗的文章，署名伍仁年，即“五人言”谐音。他听说所里有胡适吴晗通信，便找几个人写《胡适吴晗通信评注》，发在《历史研究》，抨击胡吴。李新建议《历史研究》写篇《三家村开黑店》，但我们不了解情况，只有作罢。刘大年也写了篇批吴晗的文章，开始还有“同志”，不久告诉我去掉了，后又加“反动”，最后改为“反革命”。真是水涨船高，谁有什么办法呢！即使这样也不行，还得挨批挨整。

5 月底，陈伯达带人接管《人民日报》。6 月 3 日发《夺回被资产阶级霸占的史学阵地》社论，矛头指向黎澍、刘大年，诬蔑他们是“东霸天，西霸天”，像奸商一样垄断资料。原来某些人要批《胡适吴晗通信评注》，曾到近代史所图书馆借胡吴通信资料，图书馆同志说按规定只能在这里看，不能借走。此事刘、黎根本不知道，却被戴上“霸”与“奸”的罪名，开始是挨批斗，后又劳动改造。

1977 年底，我回到近代史所工作。可能是 1978 年“十一”前后，大年找我谈，说他想在近代史所办个刊物，由我参加筹备。我在《历史研究》前后工作 8 年，用去很多时间，现在只是想集中精力搞研究。他要我再考虑，还是要把刊物先办起来。以后大年又找我和钱宏谈，由我们二人为主编。我又申述了意见。他说就这样吧，不要再谈了。老钱也劝我不要再说，我们一起搞吧，我不便再说什么，就这样定了。

关于办刊方针和编辑人员等问题，老钱与我谈过几次。对于我们的意见，大年都同意。他还谈到，要办好刊物关键是要组织些学术水平较高的文章。以后他也经常提些意见。可以说《近代史研究》从创办、发展，并得到好评，与大年操心费力是分不开的。在接触中，我深感大年在用人上的宽容、帮助和信任，确实有学者和长者的风度。

在这以后，我曾多次去看大年，谈些学术界的情况，也谈些自己在研究中思考的问题，以求得帮助。他写的一些论著也送给我，要我提些意见。我曾几次谈道，希望他能把《中国近代史稿》写完，这是非常重要的。他很同意，并抽时间审稿改稿。但因他当人大代表、人大常委，还有中国史学会的工作，总是忙，无法进行下去，这是很大损失。在不担任人大代表后，他又担任孙中山研究学会副会长、抗日战争史学会会长等，仍然很忙。他曾谈起要写一部近代经学史，我很赞成。我知道他经学很有根底，很希望他能写出来，那是功德无量的。可惜他事情多，终未全部写完，也实在令人遗憾。

1999年初，我去看大年，谈到希望他为《五四图史》写几个字，他答应了，说考虑一下再写。过了几天他写好了，是“德赛两先生不朽！”几个字，写得挺拔有力，我很高兴。这大概是大年最后的一幅题字，尤为珍贵。

大年同志走了！他为革命为学术奋斗终生，他的业绩亦是不朽的！

作风民主　待人诚挚

——记和刘大年同志的一些交往①

苏双碧

2000年1月中旬，我从福建回来，收到张海鹏先生给我寄来刘大年同志的生平及遗著《评近代经学》，才知道大年同志已在去年12月28日谢世。我感到很突然，在我离开北京前不久，大约是11月中旬，我和大年同志通过电话，曾问及他的健康。他身体多疾，有点悲观，他说越来越不行了。其间还谈到一些别的，当我问及具体情况时，他说见面谈吧，我们约好我从福建回来后去看他，谁知这竟是最后一次话别。

我和大年同志认识较早。大约是1962年秋冬，北京市历史学会会长吴晗在和平宾馆宴请外地来京的史学家，大年同志作陪，我也参加了。这之后，我们就不断有些往来。十年"文革"时期，我们没有见面的机会，因为各自都在艰苦时日之中。

"文革"结束后，当时我在《光明日报》任史学编辑，史学界的拨乱反正被提到日程上来，作为一张知识分子的报纸，史学版除了揭批"四人帮"对历史科学的破坏外，重要任务之一是组织受迫害的史学家亮相，恢复他们的专家、学者的面貌。记得在第一批名单中有侯外庐、尹达、邓广铭、白寿彝、刘大年、黎澍等。一天下午，我来到近代史所拜访刘大年。他问我十年是怎样过来的，我说：先当"反党急先锋"，后来又当了三年多农民，随后去北大教了一年多书，最后来《光明日报》当记者。他爽朗地笑了，他说：比我强些，我当了十年"反动学术权威""牛鬼蛇神"。我约他给《光明日报》写文章，他欣然答应了。他说近代史作为一门科学，是毛主席开辟的，并说范文澜在延安讲经学史时，毛主席给范文澜写信指出：讲经学史要对近代一些代表人物进行批判，如廖平、康有为、梁启超、章炳麟、吴虞等都要有分析

---

① 原载《近代史研究》2000年第6期，第28—31页。——编者注

地批判他们错误的反动的东西，越对这些“近人”有所批判，越能在学术界产生影响。大年同志认为，范文澜写《中国近代史》是领会了毛主席指示的深刻意义的，这部书是在毛主席的直接关怀下写出来的。几天之后，他送给我一篇文章，基本内容就是那天和我谈话时讲的内容，我照发了。事有凑巧，在我收到的文章中，有好几篇都是谈用毛泽东思想指导研究历史的。经过十年浩劫之后，这些史学大家不改初衷，对毛主席仍十分崇拜。尽管他们都无一例外地被打成“反动学术权威”，打成“牛鬼蛇神”，吃了许多苦头，其思路和“文革”前基本上还是一样的，都认为毛泽东开辟了历史科学的新道路，认为毛泽东思想指导了中国历史科学的研究。但“文革”时他们以这种观点写的文章都被当成打着红旗反红旗挞伐过，而今脱去“反动学术权威”的帽子之后，重新举起笔来，写的也仍然是这个基调，这些内容，这个思路。当然，这既可以理解成他们的革命信念和对毛泽东的崇敬，也可以理解成他们在十年动乱中被打昏头之后，还没有完全苏醒过来，心有余悸，怕招惹是非，不敢放开思想谈。

刘大年一生非常勤奋，在学术上有许多建树，是一位很优秀的马克思主义史学家。他的《美国侵华史》在50年代初期发生了重大影响。他并不专门研究清史，但他写的《论康熙》却受到许多清史研究者称道。他对史学理论也很关心，有关历史研究的指导思想、历史研究的对象，他的见解都有独到之处。在学术观点上，他赞成百家争鸣，尊重不同观点的争论。他的一些文章，特别是史学理论的文章，不容易都得到认同，或者有些异议，他都认为很正常，从不责难不同意见者。他常说争论可以提高学术研究的水平，有许多好的见解是从批评者那里得到启发的。

作为一名史学版的记者，我和史学界及刘大年同志有过较多的联系。记得是在1980年秋冬之间，有一天我去看他。那天正好没有其他来人，畅谈了很长时间。我主要谈了繁忙的工作和搞点研究在时间上的矛盾。大年听了以后，说报社工作很能锻炼人，思想敏锐，笔头快，这是搞研究工作的人所不能比的。他说社科院很需要有这样的人。接着，他问我是否愿意到近代史所工作。我说早有回北大历史系或到历史研究机关的想法。他说他想做些努力把我调到近代史所，并说黎澍同志也会赞成的。我以为这种事大多说说而已，没想到大年同志真当一回事，非常认真，他破例亲自为这件事到《光明日报》

去找杨西光同志，希望西光同志能放我走。西光同志对大年同志很尊重，表示他个人同意放我走。大年很高兴，回到机关就给我打电话，说调动的事基本上问题不大了，要我思想上做些准备。可是几天之后，西光同志找我谈话，他说：大年同志要你到近代史所工作，为一个干部，他亲自来找我，说明他对你很器重。我虽然答应同意放你走，可是，在编委会上大家都不同意，我也不好一个人做主。说到这里，西光停了一会，大约是想看看我的反应，见我不动声色，他又接着说：昨天晚上我给大年同志解释过了，表示歉意，大年同志也表示可以理解。最后，西光同志向我宣布一个对我的"宽松"政策，他说：你不是就要时间吗？从现在起，只要把工作做好了，不一定天天来上班。从那以后，我一周上班三天，为我读书写文章赢得许多时间。我很感谢西光同志的开明，也很感谢刘大年同志对我的关心，使我的工作和研究条件得到改善。这虽然是西光同志对我的关心，却是因大年亲自到报社商调我促成的。

《近代史研究》是近代史所办的主要刊物，大年同志不但经常为这个刊物撰稿，也经常为这个刊物组稿。1984 年初，一天清早，大年同志给我打来电话，说《近代史研究》想发点史学理论方面的文章，要我提供一篇。当时我正写就一篇题为《论学术讨论和阶级斗争的关系》，准备登在《光明日报》史学副刊上。大年同志亲自约稿，使我觉得无论如何要提供一篇，现成的办法就是把那篇稿子从《史学》副刊撤下来。这原本并不是一件难事，但文中的内容我却有点拿不准，怕大年看了不高兴，惹得两头为难。因为我那篇文章写了这样一个观点，即社会大变革时期，学术争论往往表现为阶级斗争性质；而同一个社会形态里学术争论中的不同观点，并不都代表不同阶级的实际利益。例如在封建社会，当资本主义的生产力和生产关系还未出现时，许多学术争论都是在同一阶级，即地主阶级内部进行的。犹豫再三，我还是把《光明日报》的清样送去给大年，向他请教。他接过稿子，认认真真从头到尾看了一遍后说，写得不错，有些新观点。我问他有什么意见，他说百家争鸣，只要言之成理就成。听了他的话，我松了一口气，就把稿子留给他了。

大年同志作风民主，待人诚挚，从来不摆大家的架子。每次去看他，他总是要问问史学界的一些研究动态，并且对许多问题都要发表一些看法。近几年来，大年同志对抗日战争史的研究十分重视。这可能是由于这样两个原因引起的：一是他认为八年抗战是中华民族的一次大觉醒、大动员，是中国复兴的枢纽。加强对抗日战争史的研究，可以激发民族的自尊心和自豪感，加强中华民族的凝聚力。二是由于日本右翼势力不时为日本军国主义招魂，更有必要用历史事实来批判和揭发日本军国主义的罪行以及右派势力的丑恶嘴脸。正因为如此，近几年他不但撰写了许多有关抗日战争史的论文，而且倡导创办了《抗日战争研究》杂志，为推动抗战历史的研究做了重要的贡献。

学者的风范
——忆大年同志 ①

曾业英

我真正见到大年同志是1963年9月18日。当时，我从武汉大学历史系毕业，分配到大年同志直接领导下的近代史研究所工作。这一天，大年同志和其他所领导会见我们新到所的青年人。我对大年同志的第一印象是平易近人、很重视青年人，有我当时写的日记为证："上午是研究所里的刘大年、黎澍、李新等领导同志和我们见面，介绍所里的情况。席间，充满着活跃的气氛，谈笑风生，刘大年显得特别幽默，其平易近人的程度是我所没想到的。刘大年……首先讲话，其内容有二，一要坚定信心，做出成绩来，说希望在我们身上，争取出大科学家；二要达到这一目的，非轻易之举，需要付出巨大劳动，所以要下决心艰苦奋斗，克服知识分子易犯的动摇。就是说，不但要有决心，还要有行动，始终如一。"

但是，由于长期和大年同志没有什么直接的工作关系，所以我对他可说是既熟悉又不熟悉，既了解又不了解。直到1994年以后，因编辑《近代史研究》杂志的关系，这才和大年同志有了稍多的接触和来往，其中几件小事至今仍清晰地浮现在我的眼前。

1996年10月，大年同志撰就《方法论问题》一文，交给《近代史研究》发表，可《人民日报》及《求是》杂志等刊物闻讯后也纷纷向大年同志索要此文。为此，大年同志给我打电话，告诉我这一情况，并要我给《人民日报》送一份他的文稿的清样，但他特别告诉我，说他已告诉《人民日报》等报刊，文章已交《近代史研究》发表。《求是》杂志因有自己特殊的要求，需重新组织、写过，可以不管，但《人民日报》发表时即必须注明摘自《近代史研究》第几期。他要求我持同一态度，并说一篇文章发几个地方，像什么话。很显

① 原载《近代史研究》2000年第6期，第32—35页。——编者注

然，大年同志是反对一稿多投的，而且以身作则，带头遵守。我站在《近代史研究》立场上，自然更希望《人民日报》能尊重大年同志本人的意见，于是就给《人民日报》社理论部的同志打电话，一方面转告大年同志的意见，一方面表示我们刊物也希望《人民日报》能这样做，因为大年同志的文章是给《近代史研究》的。《人民日报》社理论部的同志告诉我，大年同志的意见，他们已经知道了，同意按大年同志的意见办，但还要请示总编室。后来《人民日报》发表时，虽因种种原因，仍没有注明摘自《近代史研究》，但大年同志尊重刊物权益、反对一稿多投的态度是鲜明的。反观今日学术界极个别明知故犯的投稿者，其思想境界之高下，已不言自明了。

在此之后，《近代史研究》还发表过大年同志两篇短文，一篇是《革新派先贤祠中的一员》，纪念马克思主义史学家翦伯赞的；另一篇是《中国近代历史运动的主题》，大年同志在一次学术座谈会上的发言。发表大年同志的文章，我总会被他那虚怀若谷、海纳百川的学者雅量和坚持真理、修正错误的人格魅力所折服。因为他每次交稿给编辑部都要在电话中嘱咐一定要帮他仔细看看，有没有不明确或不尽妥当的地方，有的话一定帮他改过来，不要客气。而且还确如所言，每当编辑部有什么看法，哪怕一个提法，一个用词，一个标点符号，他都能认真听取和采纳。他在文章中也公开表示过："说一点感想，欢迎反驳。"（《近代史研究》1996年第6期，第2页）又说他1958年在北京大学历史系讲过评尚钺同志中国资本主义萌芽研究的问题，"但我的评论带有教条成分，1981年我在上海举行的中国史学会理事会上作过自我批评"（《近代史研究》1997年第4期，第219页）。大年同志作为一个在国内外享有盛誉的历史学家，到了晚年仍一如既往地保持这种高尚品格，实在让我感动。

1997年举国欢庆香港回归之际，迎来了《近代史研究》刊行百期纪念。为此，早在这年4月初，编辑部就计划：一、邀请专家学者开个纪念会；二、征集纪念题词和高质量学术论文出版纪念专号。对题词人选，编辑部考虑到《近代史研究》是个专业学术刊物，经费又比较紧张，难以支付较高的"润笔费"，决定不赶那个专找"领导人"题词的时髦，而只向德高望重的老专家征稿，大年同志自然是首选对象。听人说大年同志历来不太愿意给人题词，我原本有些担心，怕他不答应。没想到他接到我的电话后，立刻就答应了，并且说请你题词是敬重你，还要什么"润笔费"，现在有这个规矩？我说是的，现在不比过去，现在是商品社会，讲究按劳付酬，少了还不行，所以我们只请专家题词。大年同志的问话，一方面反映了他对现实生活的某种隔膜，另一方面也反映了他的无私奉献精神。我们在电话中还由此谈到“行业不正之风”的问题，大年同志很气愤地说，什么“行业不正之风”，就是腐败嘛。我深深感到了大年同志对社会上的种种腐败行为的深恶痛绝之情。我打电话后不久，大年同志就托人给编辑部送来了他的亲笔题词：“民族生存，要知古今。不能盲瞽，尤惧陆沉。《近代史研究》刊行百期纪念。刘大年。一九九七年四月木樨地。”凝视着眼前的墨宝，我仿佛看到了大年同志那颗对国家、民族无限忠诚的心，也意识到了这也是大年同志对《近代史研究》的期望，而深感作为这个刊物的编者的责任重大。

新中国成立50周年前夕，为了庆祝这个伟大的日子，编辑部约请数十位知名专家撰文总结50年来的研究状况，编成“50年来的中国近代史研究”专刊和同名专书各一种。因想借重大年同志的名望，我打电话请他为这期刊物和专书写篇前言。大年同志听了我的请求后，首先对编辑部以“50年来的中国近代史研究”为题组织专刊和专书表示支持，认为这样安排很好，但对写前言一事则断然拒绝，理由是没有什么新话了，不要再写了，老重复旧话，让人讨厌。不管我怎样劝说，都毫无效果。没有办法，这篇前言，最终只好由我滥竽充数了。不写没有新意的文章，大年同志以自己的行动为我们作出了表率。

以上虽然只是几件小事，但我却从中看到了大年同志作为一个学者的风范。

大年师谈博士论文的写作①

姜　涛

我迄今仍保存着大年师1988年指导我博士论文写作的一封信。大年师带过的博士生不多，先后仅三人。但他所指导的几篇博士学位论文——李长莉的《洋务知识分子研究》、杜语的《近代中国通商口岸研究》和我的《近代中国人口研究》都体现了他把握宏观、从大处着眼的研究风格，并使我们受到了切实的基础训练，获益匪浅。回想起当年所走过的路以及老师的亲切教诲，虽已过去十多年了，但仍历历如在眼前。在大年师逝世周年的日子里，我愿将此信公之于众，与研究近代史的同志们共勉！

大年师的这封信写于1988年3月12日。在信的一开头，大年师就说：

姜涛同志：

上次谈过你的论文以后，又想了想。现在把想到的再明确一下，简述如下。

一、论文目的：并非单讲近代中国人口增长变化的历史，近代人口是一个独立题目，但那主要属于近代人口研究。你的论文则应是从历史学的角度研究近代中国人口，这是当初选题时就说过的。困难当然很大，但正因为困难，没有人作过系统研究，才需要我们去探索，提供新的知识。中国近代史研究很需要这方面的知识。至于论文题目叫什么，这容易解决，到时再定。

二、论文的实质内容：集中起来，一共两部分。第一部分，摸清近代人口历史状况。所谓“摸清”，包括目前我们知道的有哪些，和尚不知道的有哪些。第二部分，近代人口历史状况与近代历史运动、变迁的关系。前一部分难度已经不小，后一部分困难可能更大。

① 原载《近代史研究》2000年第6期，第35—39页。——编者注

但只要对前者的状况确实有所了解，对后者就应该能够作些论述。

在这里我要把事情的经过简单地交代一下。

我于1985年考取大年师的中国近代政治史方向的博士学位研究生。由于我在1978—1981年的硕士生期间主要是学习太平天国史，毕业后又有几年的资料积累，在确定博士论文研究题目时，便很想继续从事太平天国史的研究，或是研究一下它的对立面——晚清时期的清朝统治集团。但大年师并没有同意我的设想。也许是因为我的硕士论文做的是《太平天国前期赋税政策的发展演变》，与社会经济问题有关吧，大年师希望我改换一下方向——研究近代中国的人口问题。

当时，我虽然心里不太有底，但还是相当振奋地领受了这一任务。我之所以欣然从命，是因为感到这是一个值得为之努力拼搏的崭新领域，不像太平天国史因涉足者太多而难有系统、深入探讨的余地。可是近代中国人口研究本身又毕竟是一个难度很大的课题，如何入手，我一时还很茫然。

到了1988年春大年师写这封信的前后，我对大年师信中所说的第一个问题，也就是"摸清近代人口的历史状况"已有了相当的把握，而研究的时间上限，也因人口运动的内在规律，更从1840年鸦片战争，一直上溯到17世纪中叶的清代前期。但对第二个问题，也即人口与历史是否有关的问题，却深有"江郎才尽"、无计可施的困窘之感。因此我在汇报工作的进展时，便表达了想在论文中避开第二个问题的强烈愿望。于是就有了大年师的这封信。他在重申我的论文"应是从历史学的角度研究近代中国人口"和论文既要有"摸清近代人口历史状况"的第一部分，又必须包括"近代人口历史状况与近代历史运动、变迁的关系"的第二部分内容后，进一步提出应把论文的"题珠"或"题眼"放在"如何"或"怎样"而不是"是否"之上：

> 上次谈话中我强调了要有这一部分，但只着重说了讲人口变化是否影响历史运动，而没有强调如何或怎样影响历史运动。"是否"影响自然应当讲，但重点应摆在"如何"或"怎样"上。只有在这方面根据确凿事实讲出一些道理，论文才有意思。这应该是文章的精魄所在，也是表现全文思想性、理论性的部分。以前设想可以单有一章讲人口与历史的理论，现在看来那个想法不可取，要改变。

不久前学术界讨论人民群众是否创造历史问题，不同意见相持不下。我想如果不把“题珠”或“题眼”放在“是否”上，而改为放在“如何”或“怎样”上，问题可能容易说清楚一些。道理很明显，“如何”“怎样”的问题解决了，“是否”问题也就真正解决了。考虑你的论文，忽然想到了这个例子。

在论文的写法上，大年师强调指出：

三、写法必须是“研究式”的，不是“教科书式”的。无论第一、第二部分，在叙述中，都应按照需要进行客观、平等讨论。第二部分尤其可以集中提出一些问题、论点讨论，便于展开。研究力求深入具体，切忌浮泛抽象。把过去想到的轮廓描述、个案研究分别用在适当的地方，会有助于具体深入。你所设想的“外编”，或者在这些地方派得上用场。谈话中提到的贾熟村同志《曹汝霖传》是一本通俗小书。通俗小书写成那样，使人感到深入具体，所以我说不妨一读。

在信的最后，大年师语重心长地说：

别人出题目，自己做文章那种科举考试办法，在研究工作中是行不通的。我的这些想法如果束缚你的思想，那就糟了。最后究竟如何，请照你自己的思路下决心。关键在于研究深度、认识水平。

又，此信可以给李长莉同志一阅，并请转告，她的来信收到了。以前口头上我不止一次讲过，现在必须再次重申：在学术问题上你们要坚持独立思考。对于我写的什么，你们可以同意，更可以尖锐反驳。学术讨论中，得力的反驳推进科学。泛泛的赞同未必能增加新的价值。所谓得力的反驳，指有理有据，哪怕一枝一节，只要能收到辨讹纠谬之效。至于自己还根本没有弄懂的东西，就大发议论，反驳别人，当然不在此数。学术问题一是一，二是二，不管是对于谁人。我给你们看《侯外庐与马克思主义历史学》，就出于这个意思。不必上下古今了，我们不都读过韩愈的《师说》吗？

至于后来的情况，似乎不用多说了。为了探索近代人口历史状况与近代历史运动、变迁的关系，我的博士生阶段的学习也因之延长了半年。

我在博士论文的后记中说过："在这几年从事史学研究是有相当难度、需要勇气的，当涉足一个新领域时尤为如此。但既已步入这一科学的殿堂，或者借用一个常为人们引用的说法，即既已踏入地狱之门，就必须根绝一切犹豫，因为任何怯懦都已无济于事。"这就是我当时内心的真实感受。

回顾自己的那一段经历，我很感谢大年师的高瞻远瞩和鼓励、坚持，更感谢他的悉心具体指导。

大年师在这封信中所强调的，与他后来所号召的"弘毅"精神是一致的。在1998年10月的一次与近代史所中青年研究人员的见面会上，大年师曾引《论语·泰伯》中"士不可以不弘毅"这一句话勉励大家：一是要做到"弘"，即宽宏大量，要有所成就，首先要有气量，要从宏观的角度看问题，不能只注意鼻子底下的细小的事；二是要做到"毅"，即有顽强的毅力，百折不挠，不在困难和失败面前怯懦退缩。古往今来，真正有成就的知识分子，都是具有"弘"和"毅"的。

在另外的场合，大年师还说过："学术研究的功能在于寻求知识，增加人类对世界事物的认识。说来容易做起来难，谁克服的困难多，谁的成绩就大。"

事实正是如此。

怀念同行与朋友刘大年教授①

[俄]C.齐赫文斯基

1999年12月28日，在长期患病后，中国著名历史学家、中国社会科学院近代史研究所名誉所长、俄罗斯科学院外籍院士刘大年教授的心脏在85岁的时候停止了跳动。

我个人对刘大年教授的最初了解是在1949年秋天，当时，我在《人民日报》上读到了由他撰写的《美国侵华史》一文。我个人同这位出色人士的短暂接触是在1957年，当时，我第一次访问了近代史研究所。直到1983年，刘大年任中国史学会负责人后，我才得以在北京同他有了更深的接触。

60年代初，特别是中国的“文革”期间，中苏两党之间发生了激烈的意识形态论战，双方的社会科学工作者——哲学工作者、历史学工作者、经济学工作者和文学工作者也被卷了进去。论战是在为纯洁马克思—列宁主义的口号下进行的。双方的论战常常带有教条主义性质，结果使我们双方的关系急剧恶化，经济衰退，军事紧张。正如刘大年教授回忆这段时期所说的那样：“同所有的人一样，我们都生活在一定的历史条件下和一定的客观环境里。我们都从事学术研究，历史进程中的曲折，难免造成学术研究中人们思想观点上的某些曲折。六七十年代我同齐赫文院士之间的争论，彼此凡越过客观事实，从而加上的‘帽子’、推论的话，都属于此类。今天看来，那段曲折的历史已经成为遥远的过去。”②

谈到我们1983年10月在北京的会面，那正是邓小平在中国恢复领导工作的第四个年头，在指责“文革”造成的破坏性时，刘大年回忆说：“分别二十多年以后我们重又相逢，彼此都觉得有话可说，坦率相对。比较一致的看法，大致是认为一要讲辩证法，二要讲唯物论，那就是承认一切事物都是处在矛

---

① 原载《近代史研究》2000年第6期，第39—43页。——编者注

② 刘大年：《山长水又远，佳景在前头——对老朋友齐赫文斯基院士的祝愿》，《东方学与世界文学文集》，莫斯科，1998年，第20页；《读书》1998年第3期。

盾运动中的，历史的步伐终归是要向前行进的。我们都主张正常的学术交流需要重新开始。”①

我多次同刘大年在不同学术会议上见过面：在第16届斯图加特世界历史学大会上（他率中国史学工作者代表团参加，而我率领的是苏联史学工作者代表团），在孙中山的故乡广东召开的纪念孙中山诞辰120周年纪念会上，以及在莫斯科的学术研讨会中。每一次我因各种事务前往北京的时候，总是毫无例外地尽力前去探望自己的老朋友。我们相见在近代史研究所，在饭店，有一次他还邀请我到他家做客，同他女儿和史学界同行相识。他是一个非常有趣的交谈者，甚为精通中国经典文学，对于千百年的中国历史真正拥有百科全书一样的知识，在人文科学知识方面也表现出卓越的聪明才智。此外，他对俄罗斯的状况和现代世界的社会政治进程尤其感兴趣。

我国学术界第一次有机会通过俄文了解他的一系列新的研究成果是在1992年，当时东方文献出版公司出版了由俄罗斯科学院远东研究所组稿的《刘大年史学论文选》。在俄文版的致读者序言中，刘大年写道：“中苏之间山水相连，我们两国文化与科学交流源远流长……文化与科学领域的联系和合作有别于经济方面。经济领域的交流要求的是物质效果，最好是根据可能，尽快得到可触摸到的结果。而文化交流，甚至非常严肃的交流，只是带来相应的希望效果，其利益无法衡量……我们应注意敞开门窗，吸收新鲜空气，认识历史，认识世界，并将人们的理念、思想和感情联络起来，可能，这才是科学文化交流的现实价值，而且有别于在经济领域合作结果的效果。”②

在被挑选译成俄文的刘大年60年代至80年代研究成果当中，主要的注意力放在了中国及东方国家在迈向现代化之路上的经济和社会发展问题，展示了这些国家盲目效仿国外现代化发展（被称为“西方化”）的危害性，指出了考虑民族特点、国家的习惯在迈向现代化之路的重要性。在刘大年的研究成果中，1911—1912年间革命的历史，中国民主革命的先驱孙中山的生平，以及他的社会政治观点占有大量的篇幅。

我们的最后一次见面是在1999年10月的北京，在庆祝中华人民共和国成立50周年的日子里。当刘大年教授得知我们参加庆典代表团到来时，就赶

① 刘大年前引文。

②《刘大年史学论文选》，莫斯科科学出版社（内含东方文献出版社）1992年版，第3—4页。

到我们所住的钓鱼台国宾馆。我同俄罗斯科学院通讯院士、俄罗斯科学院远东所所长季塔连科接待了刘大年教授，向他和以他为代表的中国史学工作者致以节日的祝贺，并强调了刘大年个人为1949年中国革命取得成功和新中国建设取得成就所做的贡献。我们再一次对他当选为俄罗斯科学院外籍院士表示了祝贺，并希望中俄史学工作者在今后加强富有成效的合作。刘大年为我们带来了一个巨大的花篮，在双方热烈交谈之后，我们以花篮为背景，合影留念。送刘大年上车时，我们商定在莫斯科相见，到时他去莫斯科领取俄罗斯科学院外籍院士证书。但令人意想不到的是，这成了我们与这位杰出的中国学者、人文学者、俄罗斯史学工作者老朋友的最后一次见面。

得知刘大年教授逝世这一噩耗，俄罗斯科学院远东所以全体成员的名义，向中国社会科学院近代史研究所所长张海鹏教授致电如下：

亲爱的同事们，朋友们！我们，俄罗斯中国学的学者们，同你们一样，对著名中国学者，俄罗斯科学院外籍院士，我们的同行、老朋友刘大年教授的逝世感到悲痛。

刘大年教授的著作在我国享有很高的知名度，许多已被翻译成俄文。所有的俄罗斯中国学学者对刘大年教授的著作十分熟悉，我们中的许多人，他们个人与刘大年教授相识，并珍惜同这位中国杰出历史学家的交往的机会。

我们高度评价刘大年教授对中国历史研究事业的贡献，并深信他的著作必将在今后为加强我们两个民族之间的友谊，发展俄中两国学者之间未来的科学合作提供服务。刘大年教授的音容笑貌将永远留在我们心中。在怀念我的同行与朋友之际，我深信，我们两国史学工作者之间的友好关系，在发展和巩固刘大年教授所做的卓有成效的贡献基础上，必将推动俄中两国人民之间友谊的加强。

（本文由栾景河摘译自俄国《远东问题》2000年第2期）

怀念刘大年先生

——相识日本与重逢中国及其他的追忆[①]

〔日〕野泽丰

当今年年初山田辰雄教授从北京与会（中国社科院近代史研究所主办的“1949年的中国”国际学术讨论会）归来，告诉我有关刘大年先生于去年年底去世的消息时，我感到难以言状的悲痛！近年来，我不断接获林增平、刘望龄、乔志强等比我年幼的中国的历史学家相继去世的噩耗，深感痛惜！与这些友人们的结识是缘于80年代初关于辛亥革命的学术研讨会；而论及包括我在内的众多日本学者与刘大年先生的关系，则可追溯到近40年前的1963年。那年11月，刘大年先生作为中国学术代表团的成员之一访问了日本。从那以后，我们之间建立了非常深厚的友谊！

1963年11月的中国学术代表团访日，对中日两国来说，是继以郭沫若为团长的1955年12月中国科学院访日学术视察团之后的又一友好往来盛事。当时，日本国民反对修订《日美安全保障条约》的斗争日趋激烈，并得到了中国的声援。在这种背景下，1963年中，共有来自中国的20多个代表团计200多名成员访问了日本。日中交流盛况空前！其中，以张友渔先生为团长的学术代表团的访日，亦受到了热烈的欢迎！当时，虽然报界并没有做什么大张旗鼓的宣传，但因为是按照日中友好协会与中国人民对外文化协会的年度交流计划而进行，并以关东、关西的著名大学的校长为欢迎委员会的委员长，所以，形成了日本学术界各领域大集结式的欢迎态势。日本学界同仁为了实现这次日中学术界的大交流，在京都，用了三年的时间，在东京花了一年的时间，展开长时间的“邀请运动”。因此，可以说，1963年中国学术代表团的访日，从日本国内来说，实在是自下而上促成的。

在基层积极支持“邀请运动”的是参加从1962年开始的“A·F斗争”

① 原载《近代史研究》2000年第6期，第43—46页。——编者注

（反对美国的亚洲财团、菲德勒财团对日本的中国研究机构提供资金援助）的年轻学者和学生们。当时，我担任“A·F问题”关东方面的联络事务，将事务局设在东京教育大学的东洋史研究室。继“A·F问题”之后，又展开了“邀请运动”。1962年9月成立了由150余名与会者推选的欢迎委员会。我在欢迎委员会里参与了历史领域方面的欢迎准备工作。为迎接代表团访日而发起的募捐活动取得了比预计要好得多的实效，共有250人捐款达60万日元之多。1963年11月28日晚上抵日的代表团，从次日起按照超紧张的日程展开了交流活动。其中，参加东京教育大学欢迎刘大年先生等的集会的1000多名师生挤满了大讲堂，比预定的400名要多出一倍以上，甚至连在“60年安保”斗争中被认为倾向于保守的教师们也前来与会。这次欢迎集会成为该大学自建校以来最具规模的盛会之一。

在平均年龄54岁的9名代表团成员中，48岁的刘大年先生担任中国学术代表团秘书长，颇显老练精干。日中友好协会的机关报《日本与中国》在1963年12月1日发文介绍说，活跃在研究战线最前沿的刘大年先生是中国科学院哲学社会科学部委员兼近代史研究所副所长。他“于朝鲜战争前后，在对美帝国主义远东侵略的历史进行彻底批判的同时，迄今为止还在反右斗争以及其他各种重大历史时刻不断提出历史学的新课题并就开拓研究的前景作了具有影响力的论述。此外，他还就资本主义萌芽（尚钺批判）、人物评价（康熙论）以及太平天国、辛亥革命的评价等重大问题，发表了颇具分量的论文，显示了其广阔的研究视野和积极论战的研究态度”。就当时的时代背景来说，这种介绍是合乎时宜、比较中肯的。我至今还保存着刘大年先生当年在东京演讲时的报告摘要（《中国近代史中的人民大众》，载1964年1月出版的《大安》），其中心内容，正如副题所揭示的一样，主要论述了“人民大众在历史上的地位和作用”这个马克思主义史观的重要命题。刘大年先生在讲演里所强调的“人民斗争史观”在当时的日本也是被议论的一大话题，我认为这次讲演得到了日本年轻人的共鸣。

1981年获悉自己将被邀请参加中国的学术研讨会的消息时，我实在是惊喜万状。曾经被贴上“修正主义者”标签的我能在“文革”结束不久就应邀访问中国，这一定是多亏了刘大年先生的特别关照！在这次大会上，我不仅与阔别18年的刘大年先生得以重逢，而且有缘结识了来自中国海内外的活跃在中国研究第一线的众多中外学者。这次国际学术研讨会的召开，意味着中国“改革开放”路线在学术界的贯彻实施。我个人亦觉得有必要尽早结束日本国内源于“文革”时期的史学论争。有鉴于此，作为加深相互理解的手段之一，我在这一年创办了专门刊登有关中国近现代史问题讨论文章的学术刊物《近邻》。转眼间20年过去了，《近邻》第40期的辛亥革命纪念专集亦将问世，此时此刻怀念刘大年先生，实在是感慨万千！

作为对刘大年先生的怀念，我想再提及两件记忆犹新之事。一是我通过刘大年先生向中国捐赠有李大钊亲笔签名的《国立北京大学20周年纪念册》。1960年，我在东京神保町的山本书店惊喜地发现了有“敬赠　清水先生　北京国立大学图书馆主任李大钊”字样签名的上述纪念册，遂当即买下。清水即战后创办了樱美林大学的清水安三。他是个基督教徒，以前在中国传教、授业并从事社会福利活动时，与在五四运动前后相当活跃的胡适、陈独秀、李大钊等人有过深交，并曾着力收集他们的作品。上述纪念册应该是得之于李大钊的馈赠。但是，如此珍贵的文献仅仅自己私家收藏到底没有太大实际意义，于是，我决定捐赠给中国有关部门。当我就捐赠对象单位向刘大年先生征询意见时，他起初很是惊讶我居然收藏有此类珍贵文献，最终建议我捐赠给了中国革命博物馆。1985年8月28日的《光明日报》刊发《李大钊赠给日本友人的北大20周年纪念册今归故里》一文，对捐赠经过作了详细报道。二是发生在由孙中山研究学会主办、1985年3月在河北省琢县召开的“孙中山研究述评国际学术研讨会”上的事情。当时主持会议的刘大年先生或许有意纠正中国学术界开会发言时常常超时的“宿疾”，以据说是访问京都时受赠于友人的桌上小闹钟作计时器，提醒报告者守时。62名中外学者在饭店内有限的时空中开了整整一周的会议，桌上小闹钟的“幽默”，时而引发大家会意的微笑，无疑营造了一种紧张而又轻松愉快的气氛。自那以后，我再参加中国方面主办的学术研讨会时，发现大家渐渐开始注重时间观念了。

在历次学术研讨会上究竟有多少次与刘大年先生同席已经记不十分准确了。每次去中国参加学术会议，我虽然由于语言的障碍不能与大家很随意尽兴地交流，只能凭观察来感受会场内外的气氛，但我自信这种感觉大多八九不离十。或许，刘大年先生坐镇大会时不免略显严肃，但他待人时和颜悦色，特别是对年轻一辈的温厚，令我们在归国后还常常眷念其敦敦温情！刘大年先生以及他的热情将在我心中长存！

（东京大学博士候选人曾支农译）

马克思主义的执着追求者
——父亲刘大年晚年记事①

刘　潞

我的父亲没有进过洋学堂，也没有欧美留学的经历。他只是在抗日战争爆发前，在国民党湖南省主席何键任校长的长沙国学专修学校念过一段时间书。儒家传统的“正心修身齐家治国平天下”信条，是他早年的理念与追求。抗日战争的爆发，使他逐渐接受了马克思主义。作为八路军战士，他经受了残酷战争的洗礼。新中国成立以后，作为科研部门的负责人，他犯过“左”的错误，也遭到过游街批斗和《人民日报》的点名批判。“文革”后，他有反思，也受到各种不同思潮的排斥。然而，直到生命的最后一息，他对马克思主义的信仰却坚定不移，始终没有动摇。

在父亲去世前3个月，我第一次也是最后一次陪他参加中国社会科学院的学术报告会。本来他不想去，因为去了就要讲话，但他已自知时间不多，还有许多事要做。后来社科院秘书长郭永才同志特登门拜访，说从1950年中科院建立至现在，一直还在社科院工作的老同志，就父亲一位了，50周年的学术活动不好不去。盛情难却，父亲只有同意。为准备这次发言，他还跟我讨论了一次。我说，你就讲点科学院最早的四个社科研究所的历史吧。现在的年轻人没谁知道这些了。父亲不同意，还批评我说，讲这些陈芝麻，人家会说你这是在卖老，只能说说掌故，要讲就要讲带点思想性的东西。开会那天，我在台下坐着，看着父亲用枯瘦的双手举着他认真准备的发言稿，戴着老花镜，一板一眼地念着，心中不胜感慨：爸爸，你对现在的中青年学者大谈马克思主义，就不怕被斥为“老朽”“过时”甚至“左”吗？我看着台上发言的父亲，也注意着听众的反映。大多数人听得都挺认真，也有人在交头接耳。会后有几位对我说：没想到大年先生的思想还真新鲜！我相信所言者讲

---

① 原载《近代史研究》2000年第6期，第47—55页。——编者注

的是真心话。我多少也算个“业内人士”，知道在当今的历史学界，除专业者外，很少能有人谈出世纪末的今天西方对马克思主义的研究状况，更何况在台上发言的是80多岁的垂垂老翁！

父亲对马克思主义的追求在晚年受到了严峻的挑战。东欧剧变，苏联解体。面对此风云变幻，国内尽管宣传上还在说马克思主义仍是指导我们思想的理论基础，但在实际上，学习和信仰马克思主义的人却不多了；相反，宣扬“马克思主义过时”论的则大有人在。父亲和一些书斋型学者不同，他是从抗日战争的烽火和硝烟中走过来的，是个马克思主义理论的实践者。在中国建立社会主义制度是他的理想，而当他为之奋斗了半个多世纪后，第一个社会主义国家却解体了，社会主义阵营也垮掉了。这件事对他的冲击非常之大，影响也极为深刻。这些是我从他的读报习惯中慢慢悟出的。《人民日报》和《参考消息》是他自费订阅了半个世纪的报纸，每天必读。这10年来，我发现父亲的读报重点有了明显的变化，就是变成国际版的积极关注者。每当我回家，在他的书桌上，总能看到一摞摞画有圈圈点点的报纸，略略一翻就可看到，记号差不多都是标在关于日美欧发达国家政治情况的报道上。茶余饭后，常听到他对德斯坦、科尔、叶利钦或瓦文萨、索罗斯等人言行的评述。他心里一直装着这些天下大事，甚至在他病危时，还是这样。去年12月5日，身上插着鼻饲管、导尿管、输液管的父亲，突然从昏睡中醒来，要找在人民日报社工作的大弟刘衡山。当大弟赶到医院后，父亲第一句话就问：“俄国有什么情况吗？叶利钦有什么情况吗？”弟弟回答不上来。父亲叹了口气，十分失望。马克思主义是实践性的真理，但用在前苏联遭到失败、在中国也出现曲折的情况来检验它，一般人难以信服——谁会从历史的曲折性和复杂性来认识问题呢？人们面对的毕竟是“解体”和“挫折”的现实！然而，如果在资本主义高度发达的欧美国家，马克思主义的基本原理仍然具有活力，那就是另外一回事了。父亲或许认为，欧美国家的局势变动和对马克思主义的研究更值得注意。他的这些思索，体现在前面我提到的那个发言中。在那篇文章中，他开宗明义就说：“我是主张马克思主义对哲学社会科学研究具有指导作用的。”他用1998年美国主流报纸《华盛顿邮报》刊登的美国事业研究所研究员詹姆斯·格拉斯姆，以马克思主义观点分析美国当代社会矛盾的文章，来阐述马克思主义仍具生命力。

父亲就是这么个人，认准了的事情，一辈子坚定不移。“文革”以后，各种思潮呼啸而至，一波未平，一波又起。面对变幻起伏的思潮，他并非像一些人所讥讽的那样顽固僵化。事实上，《国外中国史研究》等反映国际学术动态的刊物，是他常读不辍的。1988 年，在中国史学会第四次代表大会上，他提交的发言《鄙弃抱残守缺，勇敢坚持真理》，表明的就是他对学术思潮的基本态度。这一态度，在他去世后，我从他在自己文集扉页的题词中，再次看到："辞别旧日，迎接新春，抛弃谬误，拥抱真理。电视剧《居里夫人》题词。1998 年 6 月。"说心里话，那天我感到非常震惊。我没有想到，年岁那么大，而且可以说早已蜚声中外的父亲，在学术追求上，还是这样执着，这样勇敢。这哪里像个行将就木的老人，简直就是个朝气蓬勃的战士！父亲作为学者，政治上的勇气是建立在对事物实事求是的基础上的。在父亲眼里，学术确实不能屈从于政治，但不等于学术与政治不发生联系。他认为学术性首先就在于尊重事实，保持客观性；这与他所主张的历史学价值，最重要的就在于讲过去的事，回答现在的问题是并行不悖的。父亲当年作为一个科研部门的负责人，在"左"的时代，或者出于他自身的认识水平，或者出于当时的环境条件，说过错话，办过错事，如 1957 年反右时将荣孟源先生定为"右派"。但是，"文革"让他猛醒。正因如此，"文革"结束后他才能公开承认错误，向受过不公处理的同志道歉。他不但在为荣孟源伯伯的《史料与历史科学》一书所写的序言中，承认了自己的错误，而且还将这篇文章收入自己的文集。我想，他这样做，多半也是出于对自己和对那段历史的实事求是的态度吧。追求与捍卫真理，不仅体现在父亲对历史个案研究的态度上——比如在抗日战争研究中，他一贯主张要尊重事实，保持客观性，不应因共产党取得了全国政权而抹杀国民党在抗日战争正面战场上的作用，等等——更体现在他学术研究的指导思想上。在"文革"后期"评法批儒"的闹剧中，某些学者看不穿迷雾，耐不住冷遇，也曾摇旗呐喊过。但是父亲却一言不发。尽管他在 60 年代初就撰文高度评价过的康熙皇帝，正是"四人帮"眼中的"法家"。我插队回京被分配到故宫博物院工作后，一个偶然的机会，听故宫一位老同志讲起过父亲交白卷之事。1972 年，当时的中央领导决定故宫博物院重新对外开放，并要求以"阶级斗争为纲"写一份新的《故宫简介》。那次是由郭老出面，召集在京的一些历史学家讨论《简介》写法，父亲也参加了那次会议。会上要求每位与会者写一份提纲，散会交卷。那位老同志当时在会场服务，散会时他看到，只有父亲交上来的是点墨皆无的一张白纸。我完全不知父亲对此是怎么想的，但有一点，那时“四人帮”尚在台上，交白卷是需要有些政治勇气的。

“维护学术尊严，保持学术独立性”，时下学界之人几乎无一不这样宣称。但真正做起来却是难上加难。头些年，一本讲陈寅恪先生晚年的书一度成为学术界一个小小的热点。当今的学人，少有不为书中所述陈先生为保持学术独立性，向“毛刘二公”提出要准许他不宗奉马列主义的勇气所折服。父亲作为一名主张以马克思主义为科研指导思想的学者，对此当然不会没有看法。但在1954年由科学院主办的《历史研究》杂志创刊时，作为杂志负责人的父亲，亲手将陈寅恪的《论唐代之李武韦杨婚姻集团》和《论韩愈》编入《历史研究》创刊号和1954年第2期。不久，科学院开始筹建学部和推选学部委员，当时正在科学院院部工作的父亲，代郭沫若院长起草了一封致陈寅恪先生的信，对陈同意出任哲学社会科学部的学部委员，表示“曷胜欣幸”！今天，我看着这件在父亲的书桌里保存了40多年的信稿，在真切地感受前辈学者为新中国学术建设走过的艰难历程的同时，也感到实事求是的态度，对学术水准的高下是多么的重要。

“维护学术尊严，保持学术独立性”，在当年要坚持它固然不容易，在今天要坚持它或许更难。那时只要不与时政唱反调，可能落个“政治不开展”的评语，一般来说还不至影响生计；但是今天，若在那汹涌奔腾的商品经济大潮面前保持学术独立性，个人乃至单位的生计就有可能会发生问题。学术著作出版之艰难众所周知，有目共睹。不少学者迫于种种考虑，卷入“短、平、快”的编书行列。父亲对此未置一辞，但从不介入。他去世后，我从《百年潮》杂志主编杨天石同志一篇怀念文章中，才知道去年秋天，某家出版社为编一套《中国近代史》，特请父亲任名誉主编，甚至提出只要同意此议，还可以为他出文集，结果父亲一如既往地婉拒了。而那时，正是父亲的长文《评近代经学》完稿，出版遇到困难之时。

对父亲来说，尊重事实，独立思考，是他晚年学术生涯的重要特点。他在自己一本文集的“弁言”中明确地说：“至于我自己，只不过按照现有的认识去说话。不求鸣高，不问时尚，不作违心之论，枉己殉人。”这20年来，学术界风起云涌，异常活跃。学人多半都在各种思潮的涌动下，辨识选择，著文立说。父亲一生都不是个闭门造车的学者，关注现实，解读现实，是他治史最突出的特点。面对铺天而来的各种学术思潮，父亲的态度常常是逆潮流而动。80年代时，社会上和学术界对“西化”大都举双手欢迎，有的甚至重提“全盘西化”。父亲基于中国历史的发展道路和文化特质，旗帜鲜明地著文反对此说。90年代前后，又涌起了“新儒学”之潮，似乎儒学可以解决中国现代化问题。有着坚实国学根基的父亲，却又从100多年来儒学在中国碰壁、破灭、变迁的历史，指出此潮流中的荒谬。他在一首小诗中写道：“新儒有道推君子，老店无缘拜后人。我自沙滩楼下过，可怜德赛二先生。”关于父亲对儒学与中国现代化关系的态度，在父亲去世后，我曾就教于与父亲过从颇密的任继愈先生。任老伯说，他与我父亲可说是殊途同归，意思就是他虽然是在新中国成立后才学习并信仰马克思主义的，但与我父亲在这个问题上有相同的看法。他们都认为马克思主义在中国学术界谈不上“过时”，因为还没有好好学呢！而儒学并非是什么新鲜事物，如果它能解决中国的现代化，也用不着等到2000多年后的今天了。

或许正是由于考虑到儒学与中国现实的关系是一个不容回避、并应深入研究的重大问题，父亲才在他生命的最后几个月，夜以继日地赶写《评近代经学》一文。《经学》一文不仅清理了从魏源、龚自珍至康有为、章太炎近百年间，今古文经学各派的著述观点，更主要的，在我看来，是分析了它们演变的社会原因，以及对中国现实的影响。这篇长文他写得极为艰苦。去年因为建国50年大庆，长安街两旁建筑都在修整，父亲在木樨地的家也被列在计划中。他无处栖身，只好暂居我家。7、8月的北京热得像个蒸笼，我家房屋又窄小，起居不便。父亲整日奋笔疾书，写得双腿浮肿，甚至小便失禁。对此，他不但不在意，反而很欣慰，说《经学》的事情做完了，就没有心事了。

父亲临终前断断续续地说：“这一辈子做了个爱国的中国人，在国家民族危亡时，没有袖手旁观。”是的，60多年前他投身抗战，是出于这种意识，建国以后，他从事学术，仍旧是出于这一精神的支配。15年前，他在怀念华罗庚和夏鼐先生的文章中，曾满怀激情地写道：“华、夏两同志，一个死在讲堂上，一个毕命在工作台上。他们表现了先进的中国人、先进的中国知识分子至可宝贵的品质。他们是为追求科学真理，为中华民族的振兴宏业而忘我献身的。在顽强意志上他们足以媲美前人，在追求的高尚目标上自然不是前人所能计及。”我想，父亲是完全有资格与他所讴歌的华罗庚、夏鼐先生并称为“先进的中国人、先进的中国知识分子”的。抗日战争史是父亲晚年倾注心血研究的课题。起初，我对他在70岁以后改变学术方向，转而致力抗日战争研究感到不解。可是在十几年前，日本刚发生“修改教科书案”“首相竹下登为侵华战争辩护案”时，我们的舆论似乎还是只谈日中友好，对日本军国主义复活、右翼势力蠢蠢欲动缺少戒心。那时，父亲第一个站出来，在全国人大常委会上发言，怒斥日本右翼在侵华战争问题上颠倒黑白的言论，引起国内外的关注。我现在想起来，父亲之所以这样做，不仅是出于他目睹侵华日军带给中华民族的深重灾难，和他曾作为八路军战士与日寇浴血奋战的亲身经历，同时也是出于一个历史学家追求历史真实、捍卫真理的责任感。抗日战争的结局，改变了中国的命运和在世界格局中的地位，如果连为何“一百多年来中国一直遭受西方列强蹂躏，而八年抗战却赢得全面胜利”这样的问题都做不出科学、合理的解释，一个亲历了这个伟大转变全过程的历史学家，就无法向历史、向后人交代了。

为推进抗日战争研究，父亲说得上是殚精竭虑。他去世后，我第一次认真读了他主编的《中日学者对谈录》。那是一本 1987 年为纪念“七七”事变 50 周年，由父亲提议、在东京和京都召开的国际学术研讨会的论文集。从书中关于这次会议过程的描述可以看到，为使其顺利召开并取得成功，为中日双方学术界在战争性质上取得共识，父亲花费了多少心血。父亲去世后，当年跟他一起赴日参加这次研讨会的中国史学会副秘书长王玉璞同志，跟我说起过那次会议的曲折。当时正值日本发生“光华寮事件”，由于其中的一些误会，导致日中关系一度十分紧张。父亲率团赴日本参加学术讨论会，到大阪一下飞机，就开始了解情况，然后连夜向国内写报告，反映情况，表明态度。这样做，确实是要有顶住各方面压力、承担政治风险的勇气的，别的且不论，日本右翼势力制造的危险就在身边。当然，由于准备工作细致充分，会议取得了空前成功，竟成为当时日本的一个新闻热点。日本著名历史学家、京都大学名誉教授井上清先生在论文集中说：“这次讨论会，不论是在京都还是在东京期间，都出乎意料地盛况空前。京都会场两天之内，与会者达 350 人次左右，东京的与会人数更多。”

身为中国抗日战争史学会会长，学术研究当然是父亲第一位的工作。1995 年是抗日战争胜利 50 周年，80 高龄的父亲忍受着折磨了他 10 年的脉管炎，一连写了 3 篇长文。每篇文章从资料查找到最后誊写，都是他亲自动手（他在研究上从不让人代劳），为此所付出的辛苦一般人难以想见。其中一篇在北京某大报发表时被删割了许多。当我问及此事时，父亲只叹了一句：“写得心在滴血啊！”便沉默不语。父亲的叹息当然不是为了稿费。他一生淡泊名利，生活十分简朴，直到去世前住院，身上穿的仍是20年前我母亲给他买的今天已无人再穿的灰色涤卡制服。去世后我整理他的遗物时，除了看到社科院发给资深研究员的1万元补贴，和工资卡上的一些余额外，没有任何积蓄。他或许只是在为学术的贬值叹息。

我原来一直不懂，父亲为什么不能像别的老人那样，在退离工作岗位后去颐养天年，却偏偏坚持那条艰难的阐释现实的治史之路。也就是在我今年5月送父母骨灰、第一次踏上父亲故乡华容的土地，第一次来到与华容隔湖相望的岳阳楼上时，才似乎找到了答案。岳阳楼里，悬挂有1981年大修时请父亲写的一副楹联：“鲁肃兵轻范公文远万般气象观今日；滕王歌歇黄鹤踪杳十面湖山上此楼。”父亲生在国难深重、民族危亡的旧中国，从小就耳熟能详的范仲淹“先天下之忧而忧，后天下之乐而乐”的名句，和那历尽千年风雨的岳阳楼，不可能不在他心灵上烙下鲜明的印记；而以关注现实，积极入世为主调的湘湖文化，也必会给他带来深刻的影响。父亲曾在一篇文章中说：“马克思说过，科学的入口有如地狱的入口。这也应该是一切科学研究者的座右铭。”何谓地狱的入口我难以想象，但父亲在病榻上，靠燃烧生命的余烬，为张友坤同志《张学良世纪风采》一书口述序言的令人心颤的情形，我是亲眼所见。当初张友坤同志《张学良世纪风采》一书编就后，曾请父亲作序，父亲欣然应允。但那时他在赶写《评近代经学》一文的引言，写序的事遂拖了下来。后来就因高烧不退住进医院。持续半个月的高烧，耗尽了父亲的体能，他常常处于半昏迷状态，整日昏睡。张友坤同志来医院探望那天，我俯身说：“爸爸，张友坤看你来了。”当时父亲已昏睡了三天，对周围的人和事几乎无反应，可是这句话他听见了。他竟然清醒地说：“现在说张友坤的问题！”接着，就断断续续口授：“……是民族大义，还是个人行为……”他常常是一句话都说不完就昏迷过去，醒过来后，第一句话就又是“念稿子……”那篇序言只有几百个字，父亲却用了整整三天才口授完毕。看着父亲顽强地与死神抗争，我才明白古人用“春蚕到死丝方尽”来赞誉人的献身精神，是真实可信的。父亲不折不扣地实践了自己的座右铭，直到他离开这个世界。

缅怀刘大年同志①

张友坤

大年同志离开我们已经一年了。他的音容笑貌和对我在学术研究方面的教诲、鼓励与支持，历历在目，难以忘怀。

1964年8月，我被分配到中国科学院哲学社会科学部（后改名中国社会科学院）近代史研究所工作。当时大年同志协助范文澜所长主持全面工作。也许是延续下来的延安作风的关系，大家对所领导，除对所长称范老外，对其他所领导都不称职务，而是直呼其名加同志，开始极不习惯，总觉得作为晚辈如此称呼他们是有所不敬，久而久之，就习以为常，倍感亲切了。因为当时我是所党支部青年委员兼团支部书记，与大年同志接触较其他同志要多，耳濡目染，获益匪浅。从那时起，我们成为忘年之交，一直到大年同志仙去。

1978年10月，在我调往五机部前夕（时任所党总支书兼政工组组长，属院管干部），他一再挽留我，并叫我去找当时在院部主管干部工作的宋一平同志，若宋要同意，再来找他。在宋老同意我的请调要求后，大年同志亲自接待对方的调查人员，如实介绍了我的情况。离所时，他语重心长地嘱咐我："到了新的岗位，要努力学习，好好工作，有时间仍可搞点史学研究，只要有决心坚持下去，日积月累，总可以搞点东西。"对此，我铭记在心，在繁忙的党政工作之余不断收集资料，为动手写点东西做准备。1990年，我转业回所后，为纪念西安事变60周年，就编写《张学良年谱》一事，多次求教于他。他说："年谱一类的书近年出了不少，但有特色的却不多见。编写《张学良年谱》，除要占有丰富的资料，要求史实准确可靠、突出要事、繁简恰当、文字畅达外，一定要有自己的特色。把它编成研究张学良、东北军和西安事变必不可少的读物，这样才有意义。"我请他给书作序，他说："我本想请胡绳同志给你写序，但他最近有病住院，不便打扰。"我给你题写《张学良年谱》书

① 原载《中国社会科学院院报》2000年12月28日。——编者注

名吧。随即写了三张，让我挑选，这是对我的鼓励与支持。

1998 年 6 月，为庆贺张学良将军百岁华诞，在吕正操将军的支持下，由阎明光策划，我着手编著《张学良世纪风采》(画册)，再次向大年同志索序，他慨然应允，要我抓紧时间早一点搞出来。还说像他这样年纪的人，别看现在身体还行，说不定哪天就会见马克思。1999 年 10 月，我把书稿复印件和两篇已发表的论文（《对张学良送蒋返宁的再认识》和《试论张学良的功过是非》）送他写序时审阅参考。他说："目前我手头还有点事没完（后来才知，他正在为完成他的《评近代经学》作最后的润饰），完了就给你写序，一个月后来取。""天有不测风云，人有旦夕祸福"，万万没有想到，不久，大年同志因发高烧住进协和医院。11 月 29 日，我到医院看他时，还是高烧未退，仍在输液。他的女儿刘潞在病榻前对我说："爸爸这几天一直发高烧，但总念叨着给你写序的事。"她俯身对大年同志说："爸爸，张友坤来看你来了。"已经昏睡三天的大年同志，对周围的人和事几乎无反应，唯独听说我来看他时，竟清醒地说："来，现在说为张友坤写序的事。"于是，他的外孙女丹丹赶紧拿起笔纸记录，当我们靠近他时，他却抬手示意，让我们离他远一点，唯恐细菌感染我们。此时此刻，他关心别人超过关心自己，他断断续续地说："世界——名人——张汉卿——民族——大义，还是——个人——行为——"看着他那强忍病痛，说话艰难的情景，我实在不忍心让他说下去，多次含泪劝他："大年同志，现在治病要紧，等病好后再来说序。"他太累了，说着说着，就昏睡了。我的心久久不能平静。此后我又两次到医院看他，可他已经转移到抢救室进行抢救，再也没有醒来。

事后，我听刘潞讲，大年同志平常很少为人写序，90 年代以来，却连续为几部有关抗日战争的书写序。每一篇序，他都深思熟虑，决不敷衍。从中可以看出他对抗日战争研究的理论思维和对作品独具视角的中肯评论。这次给《张学良世纪风采》作序，是在弥留之际多次口述的绝笔之作。而序的最后一段是其子刘衡山在陪护时记录下来的。并写了附记："这短短的几句话，是爸爸在 20 点 50 分开始口授，至 21 点 20 分结束，就是这几十个字，竟整整说了半个小时。"当时他还在发烧，体温三十八度三，刚刚打完一针安痛定，鼻子里还插着氧气管和鼻饲管，脚上扎着输液针，下身还有导尿管。每一个见到这种情况的人，都有一种心头在颤抖的感觉。

爸爸每说一句话，不，是每说一个字，都要使尽全身的力气，说话已不很清楚，但头脑很清醒，每句话，每个字都要说三四遍才能听清楚，我几次劝他休息，不要说话，但不知爸爸靠的什么力量，或是什么信念，竭尽全力坚持把序说完。我是流着眼泪记录下这几十个字。有好几次我很难听清他说的是什么，他很无奈地说："傻——瓜——"这两个字，我一下就听懂了。他说的话越来越听不清楚了。……

就是这几百字的序言，是大年同志用了整整三天时间，才断断续续口授完。从这一序里，仍可体会到他那高屋建瓴的气势和大手笔的风范。尽管已不可能再那样讲究逻辑、字斟句酌了，但这是大年同志靠燃烧生命最后的一丝余烬而成篇。何以如此？因为他不仅是亲历八年抗战的老战士，而且是研究八年抗战的著名学者。他遗嘱子女，丧事从简，告别时不放哀乐，要放《在太行山上》。在极少人参加的送别室内，"红日照遍了东方，自由之神在纵情歌唱！看吧！千山万壑，铁壁铜墙！抗日的烽火，燃烧在太行山上！气焰千万丈！听吧！母亲叫儿打东洋，妻子送郎上战场。……山高林又密，兵强马又壮！敌人从哪里进攻，我们就要他在哪里灭亡！……我们在太行山上……"这悲壮激昂的抗战歌声，响彻天空，震撼人间，仿佛把我们带回到中华民族空前觉醒，誓与日寇血战到底的抗战年代。可见大年同志对决定中华民族命运的八年抗战和为此做出特殊贡献的张学良将军，怀有刻骨铭心的炽热感情。这正是他坚持把序说完的力量所在。古人在说到为学术、为事业奉献时，常用"春蚕到死丝方尽""鞠躬尽瘁，死而后已"来形容，这一点，在大年同志——一位为民族解放而奋斗和献身于史学研究而取得丰硕成果的历史学家身上，真真切切地感受到了。

大年同志，安息吧。你对我的亲切教诲和留给后人的学术成果及治学精神，将永远激励着我们不断前进！

四、《刘大年来往书信选》出版座谈会发言

（座谈会由中国史学会和中国社会科学院近代史研究所主办）

学习前辈学者的优良学风
——读《刘大年来往书信选》的一点体会①

李文海

由中央文献出版社出版的《刘大年来往书信选》(上、下册)，收录了著名历史学家刘大年同志自1946年至1999年的部分来往书信共487封。这些书信，从一个侧面反映了半个多世纪以来历史学界的许多重要活动和历史情景，内容丰富，信息量大，对于中国史学史来说，具有很高的史料价值。同时，在老一辈史学家的相互的文字交往中，生动地反映出他们在治学处世中的精神风貌，使我们学到很多东西，读后深受教益。其中，给我印象最深的，是前辈学者们在治学方面严肃认真、一丝不苟、实事求是、精益求精的优良学风。学风问题反映在很多方面，下面谈一点自己学习的粗浅体会。

一、对历史学社会功能的深刻认识是优良学风的思想基础

从来往信件中可以看出，前辈学者们对自己的学术工作，倾注了全部心血，做到了全身心的投入，甚至可以说把它视为自己生命的一部分。所以能做到这一点，有两个方面的因素：一是感情层面的，就是对历史学有深厚的感情，有浓厚的兴趣；一是理性层面的，就是对历史学的社会功能有深刻的认识，因此也就有了强烈的历史责任感。这两个方面是相互影响、相互促进的。

对历史学的社会功能，刘大年1983年3月12日致胡耀邦的信中，讲得十分充分、十分深刻。他强调，学习历史、研究历史，对提高党的干部的政治思想水平，增强领导能力，具有极其重要的意义。因为“不论是搞革命还

① 原载《山西大学学报》(哲学社会科学版)2007年第3期，第139—142页。《刘大年来往书信选》(上、下)，王玉璞、朱薇编，中央文献出版社2006年版。——编者注

是社会主义现代化建设，都离不开中国的‘国情’，都要从中国的实际出发。而这个‘国情’和‘实际’，都不能割断中国的历史。回顾过去我们所受到的某些重大挫折和失误，究其原因，不少是与脱离实际、割断历史有关。历史不是与现实生活绝缘的东西，它与社会现实生活密切相关，重视现实与尊重历史是对立统一，是不可分割的两个方面”（上册，P333）。同时，普及历史知识，“对于建设社会主义精神文明，向广大群众，特别是向青年一代进行爱国主义教育”，也有着十分重要的作用。“中国人民是有爱国主义思想传统的。中国近代、现代一切革命者、先进者，首先总是爱国主义者”。“我们祖国的历史，不论是光荣史还是受侵略、受压迫的苦难史，都是培养人们爱国思想的源泉之一。研究、讲授历史，提高人们的爱国主义觉悟，增强民族自尊心和自信心，这是历史工作者义不容辞的光荣职责。我们自己应当在这方面作出最大的努力”（上册，P333）。

在 1997 年 11 月 16 日的一封信中，刘大年说：“如果有一门知识是大家都应该有所了解的，那就是人文社会科学、我们祖国的历史文化。一个人的行动要受灵魂支配，人文社会科学就是支配我们了解过去，辨认祖国的现状、前途命运，自觉地在社会主义道路上胜利前进的灵魂。”（下册，P659）

正是有了这样的认识，我们的学术前辈们才可能自觉地发扬我国“学史、治史、用史”的优良传统，把研究历史作为自己始终不渝、矢志不移而且无法须臾割舍的毕生事业。

二、对马克思主义的坚定信念，是优良学风的灵魂

在《书信选》中，可以处处看到前辈学者们对马克思主义发自肺腑的热爱和极为真诚的深厚感情。

一讲马克思主义对历史学的指导作用，一些非议者往往抓住两点：一是指责马克思主义教条、僵化、禁锢思想，缺乏“理性探索精神”；一是说新中国成立以来，是用政治的力量强迫人们接受了唯物史观，有人在文章中就说，自上世纪 50 年代以来，“几乎所有史家”都或者屈服于“政治威胁和行政压力”或者“出于对自身生存利益的考虑”，形成了对唯物史观的“盲目崇拜与狂热迷信”。这两点指责，可以说在《书信选》中得到了很好的澄清，生动证

明这种指责是毫无根据的，是完全违背客观历史实际的。

其实，只要不抱偏见地看一看马克思主义史学家在中国史学史上的历史贡献，只要实事求是地看一看他们提出了多少新的研究领域和研究课题，提出了多少新的学术见解，怎样在古老的历史学中注入了新的科学因素，上面所说的头一个指责也就不攻自破了。戴逸同志举出刘大年同志所写的《论康熙》一文，说明大年同志怎样以唯物史观为指导，通过大量的历史资料，科学地分析了种种纷繁复杂的历史现象，纠正了以往清史研究中对清前期历史以及康熙这位做出了杰出历史贡献的封建帝王的不公正的评价，还历史以本来面目，表明了大年同志的实事求是的科学态度和勇于探索的创新精神。这个事例，应该说有力地说明了把唯物史观同保守、僵化硬指为有必然联系是何等的缺乏根据。

不过我们还可以看看他们自己对这个问题是怎么想的，怎么要求的。刘大年 1986 年 12 月 1 日给胡思庸的信中这样说："长话短说，我一向主张，马克思主义的社会科学研究，在追求革命真知。既求知，就不能墨守旧闻，食古不化。反之，也不能赶时髦，看风色行情著文立说。不管别家如何，只要自家了然于怀，成竹在胸，就当秉孟子所说：虽千万人吾往矣。一些读者嘲笑、厌恶的东西，也许恰恰为另一些读者顶礼崇信。不这样，大概就不叫社会科学了，加上马克思主义词句与否，情形都会如此。"（下册，P431—432）1987 年 10 月 18 日在给郭双林的信中，又说："马克思主义和马克思主义历史学处在新的发展阶段。有志青年应以开辟新局，担当大任自相期许。这当然是说立足于科学去真正发展科学，不是指随便的什么'突破'之类。"（下册，P456）在 1988 年 3 月 20 日致杜语信中，刘大年又强调"我自己的经验，写一点东西，总要反复推翻前面的想法，然后才能落在纸上。自己认识问题尚且如此，怎么能够想象看了你的提纲讲的一些泛泛之言，就能一概站得住脚！事情可能相反，讲得越具体，情况越会糟糕。总之，科学研究要解除思想束缚，坚持科学态度。谁有研究，谁就有发言权。问题是这种发言权，是要建立在踏实的科学研究基础上的，而不是信手抓来一点什么，就自以为实现了所谓突破之类。当然，别人讲的对自己有启发的意见，必须充分注意，充分汲收。这就在自己的思想水平，认识能力了"（下册，P485）。不论是反对"墨守旧闻，食古不化"也好，主张在研究过程中要"反复推翻（自己）前面的想法"也好，还是提倡要"解除思想束缚，坚持科学态度""开辟新局"也好，都鲜明地贯串了创新意识和创新精神。当然，大年同志同时也强调，学术的创新是一件艰难而繁重的工作，需要殚精竭虑、锲而不舍地努力，“建立在踏实的科学研究的基础上”，才能得到成效，决不是“赶时髦，看风色行情著文立说”，或者“信手抓来一点什么，就自以为实现了所谓突破之类”所能了事的。对于后面这种情况，与其说是“创新”，不如说是对创新的曲解和亵渎。遗憾的是，时至今日，这类自诩为“创新”其实不过是对历史信口雌黄的现象，不但未见稍有收敛，反而颇有愈演愈烈之势。也正因为这样，大年同志信中的批评依然有着很强的现实针对性，所以也就依然有着它存在的价值。

马克思主义者坚信马克思主义是科学真理，而真理必须旗帜鲜明。刘大年就明确地宣称，自己对马克思主义“这门无产阶级革命的科学确信不疑，肯定要终生受其鼓舞而已”（上册，P304），因此在“学术问题”上“一是一，二是二，我不愿隐瞒自己的观点”（下册，P538）。这种学术风格得到了同行老学者和年青学者的尊重。蔡尚思先生信中说“您自认‘不求鸣高，不问时尚，不作违心之论，枉己殉人’，我觉得这是最为可贵可喜之处”（下册，P499）。一位名叫戴广田的青年写信说：“坚定的原则性，渊博的学识，严肃的战斗态度，充分明快的说理，使人知道作者‘不畏浮云遮望眼，只缘身在最高层’。先生的大作，在巩固五十年来马克思主义史学阵地和研究成果，进一步开展学术争鸣，批驳各种陈旧的‘时髦’的错误论点，为祖国历史科学的繁荣开拓园地、培植土壤、武装新军方面将起到非常有益的作用。现在和未来的许多人，尤其搞历史研究的，一定对先生怀着敬佩和感激的心情。”（上册，P303）日本的著名学者井上清先生在读了大年同志《论历史研究的对象》一文后，特意写信给予极高的评价：“我很赞同先生的观点，先生把马克思主义唯物史观作这样透彻的表述，确实是我近几年读过的文章中最杰出的一篇。”（下册，P390）可以看出，人们对刘大年同志学术工作的肯定和赞许，首先是肯定他对于马克思主义唯物史观的坚定立场和鲜明态度。

关于第二个指责，我们只要看一看罗尔纲先生的信，就可以深切地体味到当时的知识分子是以一种怎样的心情去接受马克思主义的，以及一味宣扬所谓“强迫”“被迫”等等是怎样违背了历史的真实。罗尔纲先生在1958年1月25日的信中，谈到他写作《太平天国史稿》的问题时说：“还有读者说，这是对旧史纪传体裁的创造性的修改。鄙见以为纪传体的缺点从刘知几、章学诚、梁启超等人以来都知其缺点，而无法补救其缺点。这是因为他们生在旧时代，没有得受马列主义的教育。没有受到马列主义的教育，就不会做总结，不会做总结就不可能在一个革命运动或一个朝代的历史上写出具有总结性的序论。这也就是您去年秋天在《人民日报》上发表那篇论马列主义领导历史学的一个例证。我那篇《序论》的内容写得还幼稚，范老太过奖了。但却很显著地表现出是一个初步受了马列主义教育的人写的东西。”（上册，P183—184）罗尔纲先生十分谦虚，但从字里行间可以感受到这些话确实是由衷的、真诚的、发自肺腑的。其实，像罗尔纲这样的心情，正是当时知识分子大多数的心情，就是当他们一旦接触到唯物史观之后，往往有一种“豁然开朗”之感，觉得在认识历史的观点和方法上，突然展现了一片全新的广阔天地。这在很多老知识分子的回忆中，以及在一些研究史学史或共和国史的学者的著作中，都有颇为翔实的记载，可惜有些人就是闭着眼睛不去读一读。

三、高度的科学责任心是优良学风的核心内容

在《书信选》中，给人印象最深的正是前辈学者们强烈的科学责任心和著作责任心。关于这方面的事例，在《书信选》中可以说是比比皆是。

范文澜同志写关于《中国封建分期问题》的文章时，先把自己的基本构思和主要观点到马列学院讲了一次，“征得很多意见”，然后在综合各方意见的基础上，“比较周到地写出来，再向各方请教”。他自己说：“如能对此问题相当说得通，亦一快事也。”（上册，P43）在范文澜写《中国近代史分期问题》一文时，为了“得到批评，以资修改”，同意先在《中国科学院历史研究所第三所集刊》上发表。但当中国科学院要他以这篇文章在学部成立大会上作为正式论文宣读时，则表示“不敢同意”，加以拒绝了。因为他觉得这篇文章还不是定稿，一方面正在请马列学院近代史教研室“予以讨论，将来可据此修”，一方面特地向胡绳、黎澍等同志请教，“请他们指出应如何改正”（上册，P114）。范老对自己的学术成果如此既谦虚谨慎又严肃认真的态度，确实令人钦佩，令人感动。

文章写出初稿后，先请同行专家和学界朋友们阅读，广泛听取意见，经过反复修改，再公开发表，这在我们的前辈学者那里，不仅蔚为风气，几乎

可以说成了一种习惯。郭沫若同志写《历史研究》发刊词，自己阅改数遍，还专门请刘大年、尹达同志“尽量地删改、润色”（上册，P76）。此外，在季羡林、华罗庚、汪敬虞、罗尔纲等先生的书信里，也都有这方面的生动记录。

学术前辈们在治学上的一丝不苟的精神，常常通过一些看似细小的事情体现出来。中华人民共和国建立前夕，当时担任华北大学校长的吴玉章同志，在修改他写的《中国历史教程绪论》时，发现书中把“章学诚”误写成“章实诚”，他凭自己的记忆，知道“章名‘学诚’，字‘实斋’”，但他决不凭自己的印象仓促落笔。当时华北大学地处河北正定，又在战争环境，根本没有书籍可资查考。为此，吴老特意写信给大年同志，向他请教，说“不知是否我记错了，请告我为幸！”（上册，P30）一位年高德前的老革命家，又担负着大学校长的繁重任务，却自己编教材，自己讲课，自己修改教材，甚至一个历史人名的对错也不肯有一丝一毫的马虎。这种严谨的学风，实在是值得我们这些后学者认真学习的楷模。

学术前辈们把学术看作是“天下之公器”，决不是谋取私利的手段和资本。严中平同志在 1955 年 3 月 27 日的一封信中讲到，他搜集了一批关于鸦片战争的珍贵资料，但由于忙于他事，这些资料一直搁置着。他时刻考虑着“这些资料怎样‘交给人民’？”他希望“有人专门研究这个问题，来用我的资料，我随时帮些忙，把这些资料整理（包括翻译）出来”（上册，P109）。这样一种态度，同现在颇为流行的资料垄断、资料封锁，是何等鲜明的对比！刘大年同志强调：“讲到个人的才能，要承认人的天赋有高下，但相差也不会太远。一个人的强弱高下，最后不取决于天赋，而取决于坚强的意志。意志坚强者总有如愿之日，薄弱者多半怨天尤人，碌碌一生。学问没有秘诀，谁立大志、下苦功，不为身边次要的事羁绊束缚，谁就有可能达到一定的境界。”（下册，P606）这段话，对于纠正当前随处可见的学风浮躁现象，不失为是一剂对症的良药。

四、宽广的学术胸怀是优良学风的重要体现

优良的学风，不仅指对于自己的学术成果，要有严肃认真的态度和严谨求

实的作风，同时也包括对待别人的学术成果，要虚心、尊重，特别是对待不同的学术观点，应该有宽容的态度和平等讨论的精神。梁启超就说过：“学问非一派可尽。凡属学问，其性质皆为有益无害，万不可求思想统一，如二千年来所谓‘表章某某，罢黜某某’者。学问不厌辩难，然一面申自己所学，一面仍尊人所学，庶不至入主出奴，蹈前代学风之弊。”（《清代学术概论》）在这里，梁启超不仅讲到了“学问不厌辩难”的道理，而且还讲了学术论辩应抱的态度，那就是，一方面要充分申述自己的学术主张，另一方面又必须“尊人所学”，尊重别人的学术观点。在这个问题上，前辈学者们的宽广学术胸怀，在《书信选》中也有很生动的反映。范文澜的《中国封建分期问题》文章发表后，吴大琨同志在《历史研究》1954 年第 6 期上发表了《与范文澜同志论划分中国奴隶社会与封建社会的标准问题》的文章，同范老进行学术争鸣。与此同时，胡绳在给刘大年的信中，也指出了范老文章的一些缺点。对此，范老在胡绳的信上，给刘大年写了这样几句话“胡绳同志的意见很好，我改了一些请你仔细看看，提出修改的意见。吴大琨文发表很好，以提倡批评风气”（上册，P85）。学术和谐决不意味着不存在或不允许存在不同意见的争论和批评，而是指能够有一个正常开展学术争论和批评的良好环境和氛围。要做到这一点，除了学术大环境以外，学者们具有宽阔的学术胸怀是至关重要的。

刘大年同志在给自己的博士生的信中，特别强调学术上坚持独立思考、敢于进行学术争论的重要性。他认为，即使是博士生对自己的导师，如果有不同的学术观点，只要“有理有据”也可以进行“尖锐反驳”：“现在必须再次重申：在学术问题上你们要坚持独立思考。对于我写的什么，你们可以同意，更可以尖锐反驳。学术讨论中，得力的反驳推进科学。泛泛的赞同未必能增加新的价值。所谓得力的反驳，指有理有据，哪怕一枝一节，只要能收到辨讹纠谬之效。至于自己还根本没有弄懂的东西，就大发议论，反驳别人，当然不在此数。”（下册，P479—480）

以上这些，是我读了《书信选》之后，从老一辈学者身上学到优良学风的点滴体会。我的博士生曾经给我提出过一个问题：“什么是学者风度？”我回答说：“按我的体会，所谓‘学者风度’，一是要有追求学术真理的执着性；二是要有捍卫学术真理的坚定性；三是要有强烈的科学责任心；四是要有善于吸取各种有价值的思想资料的包容性；五是要有关注现实世界的学术良知和学术正义感。”对于“学者风度”的这种概括未必精当，但这几个方面，在老一辈学者身上都有很好的体现，《刘大年来往书信选》就是一个具体生动的证明。

读其文，想见其为人 ①

金冲及

真没有想到，大年同志会把近千封来往书信那样完整地保存下来。这些书信延续的时间，从战火纷飞的解放战争时期到大年同志去世的当年，前后超过半个世纪。同他通信的人，包括许多前辈学者，如郭沫若、范文澜、翦伯赞、侯外庐、顾颉刚、季羡林等；有日本、苏联、德国、法国、美国等著名学者；也有不少晚辈以至年轻的史学工作者。因为大年同志半个多世纪以来几乎一直处在学术工作的领导岗位上，通信内容涉及北方大学、华北大学、中国科学院三个历史研究所的成立，《历史研究》的创办，重大的学术讨论，中国史学会的重建、对外学术交流的组织等等，无疑为研究新中国学术史提供了一份可靠的很有价值的资料。

这些信绝大多数是私人通信。写信的人没有想到日后会公开发表，通常是信口写来，直抒胸臆。胡思庸来信中讲到大年同志讲过一句话："读其文，可以想见其为人。"后人读这些信，仿佛在听他们之间的随意谈心，可以从中领略到许多前辈学者的思想境界和风范。这一点，给我的印象更深，也更有吸引力。

通信中不少是讨论学术问题的。许多学术大师在发表意见时常常表现出那种出自内心的谦虚，没有一点"霸气"。如翦伯赞同志一封信中说："此信我答不出，请您指定一位了解此事的同志代复为感。"范文澜同志信中说："我粗粗想了下面的几条，你写时千万不要为它所拘束。"并且在"千万不要为它所拘束"，下面加了重点。罗尔纲同志信中讲到某一问题时说："我不是'不是'的问题，而实实在在是'不懂'。"

这种谦逊完全不是客套，而是实事求是的表现。遇到有意见时，他们也总是直率地提出。如胡绳同志读了大年同志一篇文章后，在信中就说："不大看

① 原载《史学史研究》2007 年第 2 期，第 107—108 页。——编者注

得清楚中心要点在哪里，针对性是什么。我想，作者是要有的放矢地说明什么问题，但似乎还没有想清楚，故而也就说不大清楚。”“建议你把文章再磨炼一下。”但这些意见并不是强加于人的。信中又说：“所说未必尽当，奉上供参考。”同样地，郭老在一封信中说：“报告稿大约是集体创作，文词、气势不大一致。我只在文字上修改了一下，但整个地说，我对这稿子不大满意。”但他也说明：“我这些意见并不成熟，仅供参考。”谦逊是实事求是，直率地提出意见也是实事求是，这在他们身上是很自然地统一的。

这本书信选中，也收集了大年同志发出的不少信稿，同样使人有“读其文，可以想见其为人”的感触。

大年同志是一位杰出的学者，又是一位坚强的战士。书信中有一封他给老战友何定一的信，里面说：“你和我不但从战场上幸存下来，而且坚持到今天，看到了我们国家正在振兴起来，是当初料想不到的。”“八年抗战是中国复兴的枢纽。我们这一辈子没有白过，我们尽了爱国的中国人的责任。我们受到了民族解放战争那个伟大时代的洗礼，也为那个时代贡献了大海中的一点一滴。我们不必与别人争光荣，也不值得与别人比高低。”“我们在自然规律支配下，很快都要最后作结论了，这个结论中将有一句关键的话：我们走的是一条正确的大路，光明的大路。这是可以自慰的。”这些老友之间的谈心话，读了令人感动。当第二年我们同大年同志告别时，灵堂里奏的不是哀乐，而是雄壮的《我们在太行山上》，这件事给我留下难忘的印象。我想，在大年同志心目中，作为一个杰出学者不过是他作为一个坚强战士的一部分，学术工作只是他“尽了爱国的中国人的责任”的具体体现。

大年同志在学术工作中始终坚持在马克思主义指导下来进行。日本著名马克思主义历史学家井上清教授给他的信中称赞道：“先生把马克思主义唯物史观作这样透彻的表述，确实是我近几年读过的文章中最杰出的一篇，这对我是很大的激励。”那是很高的评价。同时，大年同志从来不是对坚持马克思主义作很狭隘的理解。一切人类的知识遗产和科学的研究成果，他都愿意吸取。在一封信中，他说：“西方讲历史哲学的书，不乏精粹之作，如不久前出版的恩斯特·卡西文《人论》、科林伍德《历史的观念》等便是。我希望多读一些，多了解一些。对马克思主义理论、对中国传统、对西方非马克思主义著作，都必须正确对待，我们才能前进。”

在治学态度上，大年同志十分严谨。在这些信中，他有许多精辟的论述，这里只能挑选几个例子。他说："研究工作是老老实实的工作，谁肯下功夫，谁就必将终有所获。""谁有研究，谁就有发言权。问题是这种发言权，是要建立在踏实的科学研究基础上的，而不是信手抓来一点什么，就自以为实现了所谓突破之类。""问题是材料与理论，两者的准备都要比较充分，不可畸形。""困难当然很大，但正因为困难，没有人作过系统研究，才需要我们去探索，提供新的知识。"这些话，很值得我们在从事史学研究时三思。

大年同志对青年人的热情关怀，也很令人感动。不少素不相识的青年人写信向他求教，他都不厌其烦地复信悉心指导。前面所说如何治学的话，不少就是在他给青年人的信中说的。

还要谈到一点：这部《书信选》的编者在注释上下了很大功夫。因为写信时，一些收信人很清楚的事情自然不必多说，但后来的读者看到时却未必能够明白。如信中"这篇文章""这些文件"之类，不作注释，读者就不清楚指的是什么。这是一件很费力的事情，但对读者很有帮助。有个别来信中讲得不准确的地方，注释也作了交代。如大年同志一篇文章讲到"清人陶煦"，有人来信问这件事，说《中国人名大辞典》中称陶煦是明弘治进士，注释中就说明那是另一个同名的人，大年同志所说的陶煦确是晚清学者。至于注释中还引用了一些文献资料（关于中国历史问题研究委员会的两个文件）和访问材料等，它的重要性就更大了。

学风与育人①

龚书铎

一、谈大年同志致他所培养的博士生信的体会。在《书信选》出版之前，有机会读了书稿，对于大年致李长莉、姜涛、杜语的几封信很注意，就复印下来，上课时给中国近代史的博士生边谈边说明，用来指导他们的学习。作为也培养中国近代史研究生的教师，我感到大年的这几封信所谈的，有几点值得我学习。

1．史料和理论。大年同志认为要做好一篇博士论文，材料与理论两方面的准备都要比较充分，“不可畸形”。对于历史研究来说，史料是基础，不能作无米之炊。但是，仅有史料是不够的。还需要有理论的指导，上升到理论的高度。大年在信中不止一次指出，“要上升到理论论述”，“阐述历史唯物论，使全文表现出理论特色，打破就事论事格局”。后来，他在给胡绳同志信中讲胡绳同志的学术成就时，说：“他是用哲学统帅对历史客观存在和演变的认识的。一切真正的历史学家总是思想家或哲学家。”可见理论对历史研究的重要意义。

2．鼓励学生在学术上要独立思考，讲自己的见解；但必须要建立在忠实研究的基础上，有理有据。他在这几封信中，反复鼓励学生“在学术问题上你们要独立思考”，“必须根据自己掌握的事实，加以分析，独立判断，讲自己的见解”。同时，大年也指出，独立思考，反驳别人的说法，讲自己的见解，必须“建立在踏实的科学研究基础上的，而不是信手抓来一点什么，就自以为实现了所谓突破之类”。“至于自己还根本没有弄懂的东西，就大发议论，反驳别人，当然不在此数”。对于“别人讲的对自己有启发的意见，必须充分注意，充分汲收”。总之，如大年所说的，“科学研究要解除思想束缚，坚持科学态度”。

---

① 原载《史学史研究》2007年第2期，第109—110页。——编者注

3. 研究历史要抓住事情的本质，历史地、具体地分析问题。如关于通商口岸是港口城市而不是近代化城市的问题。大年认为两种不同城市是两个不同历史时代的产物，它们的区别是城市性质的区别，亦是社会性质的区别。它们的对外开放是不可混为一谈的。“模糊了两者的区别，便会造成谬误。因此，要讲开放，但必须分析事情的实质。……强调说明中国口岸对外开放了，并不等于中国就发展了，或为发展开辟了道路。旧中国的口岸对外开放，和中国的发展、近代化完全不是一回事。旧中国是帝国主义封建主义统治下的半殖民地、殖民地。社会要发展，走上近代化，就一要民族独立，推翻帝国主义的压迫、剥削；二要废除封建统治，最后解放生产力。它们是中国近代历史的全部根据，历史也就是这样走过来的。不要因为讲对外开放，就把事情闹颠倒了”。关于近代化和革命的问题，今天仍然是存在的问题，而且所谓现代化史观，比上世纪 80 年代更流行了。

4. 平等地讨论学术问题。大年是国内外有影响的著名历史学家，但他没有摆出权威的架子，而是以追求真理，从科学事业发展出发，反复向学生说明，不要因为是老师说的就都要接受，“对于我写的什么，你们可以同意，更可以尖锐反驳。学术讨论中，得力的反驳推进科学”。“对我说的那一些，有几分可取就取几分；了无可取，就彻底干净抛弃之，毫不犹豫。在这里，来不得半点虚假、客气，千万千万”。大年这种真诚地要学生尖锐反驳自己意见，表现了一个学者广阔的胸怀，为人师表，堪为风范。

二、大年不仅对马克思主义理论、史学、经学等深有造诣，对旧体诗也有研究，且能诗。他做诗和做学问一样，都很认真执着。他 1989 年 11 月在《人民日报》发表的《见说四首》诗中的第四首，八庚韵插入了一个十一真的“人”字，按《佩文诗韵》，八庚是下平声，十一真是上平声，不同部，为出韵。他给冯至先生写信说：“我主张写诗既然采用古典的形式，就应当遵守那种形式的规矩。现在自己不遵守，虽然是打油，也无以自圆其说。流传出去，害人害己，于心难安。”于是问冯至“能否从前人论述中找到相关的解释”。冯至回信向他提到夏世钦的《槐轩论诗法》一书。大年又托任继愈先生从北图查找。后来找到了夏世钦的《槐轩千家诗注解》，但觉得该书中对出韵所说还是疑信参半。因诗中一个“人”字出韵，“于心难安”，就非把它弄清楚不可，以免“害人害己”，这种一丝不苟、认真负责的精神，很值得我们学习。

这里我想说大年的《见说四首》。他之所以写这四首诗，是有感而发。这在诗序中作了说明："亚洲一些国家和地区经济增长，据说得力于奉行孔学。几年前即闻此议论，近日主张者尤多。北京孔子讨论会的论文即有持此说的。到底是孔学可以指导现代化，还是要把现代化生活拉回到孔学思想里面去，没有本领参加讨论，打油诗数首存疑。"大年用了"存疑"二字，实际上是不赞成亚洲一些国家和地区经济增长是"得力于奉行孔学"的说法，这种说法是"要把现代化生活拉回到孔学思想里面去"，是历史的倒退。所以他在第四首的末两句感慨地说："我自沙滩楼下过，可怜德赛两先生！"冯至先生在给大年的回信中对这四首诗很是赞许，他说："《见说四首》写得很好，我读后觉得很痛快。现在思想界的确相当混乱，不是'崇外'就是'泥古'，需要澄清。"可见大年的诗对澄清这种思想混乱的意义。也是在1989年，大年在《求是》杂志发表了《马克思主义与中国传统文化》一文，文中指出了"崇儒尊孔"和"全盘西化"的主张都存在于当时的思想文化论说中。他说："对于传统文化，没有人想一笔抹煞孔子和孔学。""但这不等于我们认为可以搬用孔学体系来认识和处理现实生活。不去用批判态度对待孔学为代表的古代文化，除了表示倒转历史车轮，难以表示别的什么。孔学保守、封闭带来的危害，近代的中国人、外国人不知讲过多少。……他们的严厉批评，在今天仍然值得引起注意。重新认识和批判对待传统的文化，才能产生新的文化。"大年的诗文发表距今已近20年，这种"崇儒尊孔""泥古"的思想不仅仍然在，而且更为泛滥。大年的诗文在今天，仍有其现实意义，值得我们重温。

《来往书信选》也是一部历史[①]

张振鹍

《刘大年来往书信选》收入的信从1946年到1999年，在这么长的时间里积累了这么多来往信件，真了不起。保存的不只是信，甚至有黄炎培参加一个会议要早退写的一张便条。认真细心，实在让人敬佩。深层次看来，这种细心认真体现了一种精神，做人做事的精神，这种精神更值得去细细领会、学习。这是此书给我的一个启示。

此书是一部历史，一部内容丰富的历史，里面真实地记录了刘大年同志各个历史时期思想和活动的方方面面。每一封信都是一件历史，或者其背后有一段历史，就连这些信件的时间空间中也有历史。可以看到，从1946年起，每年都有来往信件，有多有少；但从1966年5月起，直到1975年2月，差不多9年中，无一信，这里就有一段历史——“文化大革命”。1966年6月1日《人民日报》社论，差不多等于点了近代史所的名，点了范老、刘大年同志的名；大火烧起，刘大年同志首当其冲，从此身处困境。这期间，来往信件空白，反映了这是刘大年同志一个特殊时期个人状况，也是我们国家一个极特殊的历史时期。

从信件内容看，基本上都是关于学术方面的。《编辑说明》明确说到选信标准主要是学术方面的，当然偶尔也有其他方面的，如政治方面的，像1989年6月2日“致香港《文汇报》”的信，当时有许多对刘大年同志不利的谣传，不知到底出了什么事。现在看到此信才知真相。可见这种政治性的信也很重要，但书中绝大部分信件是学术方面的。从这些信里可看到刘大年同志的学术活动的许许多多的情况，看到他本人历史研究的成就，他在组织、推动历史学发展上的作用、贡献，看到历史学科发展的轨迹。这些信件，为研究刘大年同志个人的学术活动史提供了真实的资料，也为研

① 原载《史学史研究》2007年第2期，第110—111页。——编者注

究中国历史学的发展史提供了丰富的资料。此书具有很高的资料价值，它的出版是很有意义的，应该对编者表示感谢，对献出这些信件的刘大年同志的子女表示感谢。

书中涉及的一些事，我当时曾有所闻，有所知，读这些信，了解得更多了。如给我的那封信，使我想起帮他写那本书（《中国复兴枢纽——抗日战争的八年》）的许多事。如1959年3月向牙含章要《达赖喇嘛传》，使我想起西藏叛乱，他让丁名楠和我为《历史研究》写英国侵略西藏史的文章。这些信读起来更是趣味盎然，有亲切感。

最后谈一件小事：1991年初抗战史学会成立会上，主持人在做总结时用了“mao叫一声”，这也许是一句方言，意思好像是“说话随便说，不切实际”；我当时猜想，“mao叫”也许是“猫叫”吧。现在在此书其中一封书信中读到“甚至于差不多冒叫一声”，这封信是当年4月写的，“冒叫一声”很可能来自那个会上的“mao叫一声”，把它文字化了，等于创造一个鲜活的新语，用起来就很明确了。由此看来，这本书里可学的东西范围是非常宽广的。

刘大年与史学界“五老”①

周秋光

《刘大年来往书信选》是一部很好的历史文献书，我们可以从中发现刘大年与“五老”的交往、工作，了解刘大年在史学领域继承“五老”思想、坚持马克思主义指导地位的历程。

“五老”即新中国新史学五位大家：郭沫若、范文澜、吕振羽、翦伯赞和侯外庐。

在《刘大年来往书信选》中，“五老”的信件有 75 封，占全部信件（487 封）的 15.4%。

“五老”之中，刘大年接触最早的是范老。书信选中范老的信件最多，有 52 封，其中与刘大年之间的书信 36 封，与其他人的 16 封（有 4 封收信人是范老和刘大年）。

在北方大学、华北大学工作期间，刘大年长期同范老在同一个历史教研室工作，刘大年的第一部书《美国侵华简史》就是这期间完成的，其中也有范文澜指导和修改的地方。新中国成立后，刘大年长期与范老一起主持近代史研究所的工作。范老是刘大年工作上的直接领导，刘大年是范老工作上的重要助手，而且越到后来，范老对刘大年越为倚重。从书信中可以看到，刘大年实际上是范老的“左右手”。长期共事，两人之间的感情很深。刘大年身体状况一度欠佳，范老极为关切，常常主动为刘大年解决一些生活上的困难，以便他早日恢复健康，安心工作。这在多封信中均有体现，甚至连如何静养，范老信中都有详细的描述。在学术研究方面，范老坚持自己的观点，同时又严格执行党的百家争鸣方针，并不强求刘大年与他保持一致。例如，对于鸦片战争到五四运动以前中国阶级斗争的阶段如何划分，范老几次发表文章，主张分为四个时期。而刘大年在主撰《中国史稿》第四册时，提出按照太平天

---

① 原载《史学史研究》2007 年第 2 期，第 111—113 页。这是作者为《刘大年来往书信选》出版座谈会提交的文章。——编者注

国、义和团运动、辛亥革命三次高潮分期，范老表示完全赞同，认为没有必要统一于一种说法。这对刘大年影响很大，后来他多次强调史学研究要坚持“百家争鸣”，实在是深有感触的。范老受其父亲影响，认为作诗是文人的事，因此从不写诗。刘大年与范老一起时，主要是谈工作、谈政治、谈文章、谈思想。范老也就是从这些方面来满腔热忱地培养干部，关心晚辈后学的成长。1957 年，范老提请中宣部批准，自己集中精力写书，由刘大年实际负责近代史所的工作。

“五老”之中，刘大年与郭老实际接触的时间最长。在书信选中，郭沫若的信件有 19 封，其中 17 封是与刘大年之间的书信。

刘大年从 50 年代初期调入中国科学院，在郭沫若院长直接领导下从事行政和学术工作，至郭老去世，前后 27 年，除“文革”最初几年外，一直与郭老保持联系。在郭老的领导下，经历了建国后学术界的一些重要活动，如主持中国科学院思想改造运动的实际工作、参加筹建三个历史所、创办《历史研究》杂志、筹建中国科学院学部、参与制定科学发展远景规划、主撰《中国史稿》第四册等。这在书信选中都有反映。郭老爱好广泛，刘大年与他接触时，除了谈工作方面的事外，也谈写诗。据刘大年回忆，有一次，他将自己写的四首有关郭老《甲申三百年祭》的诗文给郭老看后，郭老与他谈起了少年时对对联的趣事。郭老很得意的一副春联的上联是：“国事已变更，冉冉春回，问东君犹名皇否？”下联是：“天心早眷顾，眈眈虎视，嗟西虏其奈我何！”这副对联讲清帝退位，中华民国成立，既有意境，对仗也工整，令人叫绝。刘大年最后一次见到郭老是 1977 年后半年的一次全国人大常委会上。那时郭老身体已很衰弱，腰弯背驼，行动迟缓。散会后委员们都走了，刘大年留下来搀扶郭老。郭老紧紧抓着刘大年的手，一句话也没有说。刘大年扶着郭老，从南门一楼西大厅慢慢地走到电梯口，注视着他慢慢走进电梯去地下停车场。

在“五老”中，郭老、范老对刘大年的影响是最深的。刘大年经常讲，他是在郭沫若、范文澜等老一辈马克思主义史学家领导下工作、影响下治学的。他认为，“郭沫若、范文澜分别以他们的优异成就，在中国马克思主义历史学的发展史上树立起了自己的纪念碑，尽管它们的形式和内容各有不同”。出身于北方大学，长期与郭沫若、范文澜交往，这对刘大年的治学有着极为重要的影响。范老是刘大年走上历史研究道路的重要引路人，郭老、范老在解放后都对刘大年的治学做过许多实际的指导和直接、间接的影响。这在书信选中有丰富的内容可以印证。

跟郭老、范老相比，“五老”中，吕老、侯老、翦老与刘大年之间的书信往来较少。书信选中没有吕老的书信，只是有几处间接涉及到了他；翦老来信2封，都是50年代谈具体工作的；侯老来信2封，一封谈调京之事，一封谈具体工作。实际上，刘大年与他们的交往也很多，都有着工作关系，都是学部委员，学术上经常一起讨论、交流，搞运动时也常被连在一起。

1951年以后的30年间，刘大年与吕老有不少工作联系。如：一起参加中国科学院哲学社会科学部工作，一起赴民主德国出席国际东方学会议，一起由国家民委组织到内蒙古访问，一起在中央党校讲历史课，等等。

“五老”中，刘大年与翦老交往的时间是最短的。1952年，在东厂胡同一号范老寓所，刘大年与翦老相识，从此与翦老共事十多年。两人最后一次见面是1966年大约5月底，当时刘大年去北京医院看病，在走廊里与翦老相遇。那时翦老早已在北京大学受到猛烈围攻，刘大年则处在陈伯达定调子的《人民日报》“六三”社论打倒所谓史学界“东霸天”“西霸天”的前夕。翦老脸色灰暗，彼此心情都了解，互相点了点头，未交一言。两人之间尽管交往的时间不是很长，但共事频繁，在学术交流方面互相联系比较紧密，交往的程度甚深。1960年至1962年间，翦老和其他一些同志有过许多次聚餐座谈，时间不限定，范老、吕老、吴晗、齐燕铭、黎澍、金灿然和刘大年多半在场。“文革”开始后，这被揭发为所谓“裴多菲俱乐部”。事实上，座谈的内容都是历史教学和研究中的问题。

“五老”中年纪最轻的是侯老，他只比刘大年大九岁。刘大年与侯老于解放初期即认识，但个人间交往则开始于1954年2月胡乔木、刘大年、黎澍三人商议调侯外庐担任中国科学院历史第二所副所长之后。中国科学院成立三个历史所后，刘大年与侯老同时担任两个历史所的行政职务和科学院哲学社会科学部的工作，一起共事达34年之久。

刘大年走上历史研究道路，与抗战时期阅读郭、范、吕三老的论著有关。这些论著，一方面增强了他学习马克思主义理论的兴趣，另一方面又促使他产生用历史唯物主义研究中国近代史的念头。他一开始就是用马克思主义来研究历史。新中国成立以后，他与“五老”一起，为开创和发展新中国马克思主义史学做出了巨大贡献，他本人也成为用马克思主义研究中国近代史的开拓者之一。他不止一次地说，“五老”是他的长辈、领导者和指导者，他是他们的后辈、被领导者和小学生。他自己终于对世界和历史有所了解，凿开混茫，是受赐于中国马克思主义历史学的先驱者如“五老”。

从60年代末开始到80年代后期，“五老”相继逝世。关于“五老”，刘大年写过多篇纪念文章，公开发表的有：《范文澜与历史研究工作》（《近代史研究》1979年1期）、《学习郭老》（《近代史研究》1983年1期）、《郭沫若与哲学》（《人民日报》1983年6月13日5版）、《开拓者的启示——在吕振羽学术思想讨论会上的书面发言》（《光明日报》1986年11月5日3版）、《侯外庐与马克思主义历史学》（《历史研究》1988年1期）、《马克思主义与中国传统文化》（《求是》1989年7期）、《继承以往，开拓未来——在郭沫若诞辰100周年纪念学术讨论会上的发言》（《近代史研究》1993年1期）、《光大范文澜的科学业绩》（《近代史研究》1994年1期）、《革新派先贤祠中的一员》（《近代史研究》1997年4期）、《历史学的变迁》（《北京大学学报》哲学社会科学版1998年第4期），其中最后两篇是讲翦老。上述十篇文章，时间跨度较大，立论的角度也有所不同，但始终贯穿着一个主题思想，即如何在史学领域中继承“五老”的思想，坚持马克思主义对史学研究的指导作用。用刘大年自己的话来说，就是“研究分析他们所达到的新的认识，肯定和接受他们的成就，让那些新的认识、成就与今天接轨起来”（刘大年：《历史学的变迁》，《北京大学学报》哲学社会科学版1998年第4期）。

“五老”相继逝世后，社会主义阵营出现分化，东欧剧变，苏联解体，国际共产主义运动遭受巨大挫折。在这种国际背景下，刘大年依然始终不渝地在史学领域继承“五老”所开拓的事业，旗帜鲜明地坚持马克思主义，承先启后，继往开来，将我国的马克思主义史学研究进一步向前推进。显然，他这时所遇到的情况和问题是有别于“五老”当时所处的环境的，这就使他必须思考在时代前进了的情况下，如何坚持科学真理，发展马克思主义史学研究的问题。可以说，正是与史学界“五老”的密切关系，造就了刘大年这样坚定的马克思主义史学大师。

非则言非，是则言是的实事求是精神[①]

黄仁国

实事求是是马克思主义的精髓，也是历史学家进行历史研究的基本出发点。《刘大年来往书信选》给我印象最深的，是大年先生的实事求是的精神。我对他这种精神的体会已有十余年的时间，而且越往后，印象越深刻，感触越鲜明。

我最早接触大年先生的论著是在1996年年底。那时我在湖南师范大学读硕士研究生，我的导师周秋光教授希望我协助他收集整理大年先生的传记资料。在我对大年先生有个初步的了解后，我欣然接受了这个任务，并开始认真地阅读有关书籍、整理有关材料。1997年8月底9月初，我有幸能对大年先生进行访谈。8月28日、30日，9月1日，在木樨地大年先生住处进行了三天长谈。9月1日下午，他在我的笔记本上亲笔题词："非则言非，是则言是，声闻过情，昔人所耻。"落款是"一九九七年八月二日"，这是农历时间。他的题词让我感到震动，让我感受到一个历史学家的博大胸怀和对真理的执着追求精神。

去年年底，刘潞老师给我寄来《刘大年来往书信选》，尽管部分书信此前我已多次阅读，但在我迅速浏览一遍全书后，我不能不又一次被大年先生的实事求是精神所深深打动。例如，1995年8月9日，他在致张显菊先生的信中谈到，有两篇论文，尽管观点是错误的，"但篇目仍应保留，以符合实事求是"（P628）。当时张显菊先生正在编辑《刘大年论著目录》，其中有两篇文章，一个是序号为15的《驳一个荒谬的建议——批判荣孟源反马克思主义的历史学观点》，一个是序号为33的《吴晗的反革命面目》。这两篇文章都是特殊历史条件下的产物，是学术受政治运动干扰的结果，背景复杂，年轻一代对此大多知之甚少，但大年先生并不回避。

---

① 原载《史学史研究》2007年第2期，第113—114页。这是作者为《刘大年来往书信选》出版座谈会提交的文章，作者出席了会议，但没发言。——编者注

实事求是首先是解放思想。没有博大的胸怀，就不可能解放思想，也就没有办法实事求是。大年先生在指导自己的学生时，特别重视培养学生的实事求是精神，他反对学生迷信导师，希望学生能够真正有所突破。1988 年 3 月 12 日，他在指导姜涛博士论文的信中说，“我的这些想法如果束缚你的思想，那就糟了。最后究竟如何，请照你自己的思路下决心”。又说，“此信可以给李长莉同志一阅”，并再次重申：“在学术问题上你们要坚持独立思考。对于我写的什么，你们可以同意，更可以尖锐反驳。学术讨论中，得力的反驳推进科学。泛泛的赞同未必能增加新的价值。所谓得力的反驳，指有理有据，哪怕一枝一节，只要能收到辨讹纠缪之效。”（P479—480）同月 20 日，他在给博士生杜语的信中说：“你必须根据自己掌握的事实，加以分析，独立判断，讲自己的见解。对我说的那一些，有几分可取就取几分；了无可取，就彻底干净抛弃之，毫不犹豫。在这里，来不得半点虚假、客气，千万千万。”“科学研究要解除思想束缚，坚持科学态度。谁有研究，谁就有发言权。问题是这种发言权，是要建立在踏实的科学研究基础上的，而不是信手抓来一点什么，就自以为实现了所谓突破之类。”（P485）

解放思想，用大年先生自己的话来说，就是“鄙弃抱残守缺，勇于坚持真理”。思想是行动的先导。一个历史学家，尤其是处于特殊历史地位的史学家，思想不解放，不仅仅是影响到自己本身学术的价值和生命，还要影响到一大批人。我们现在很难想象和理解，在崇美恐美盛行的 20 世纪上半叶，如果没有一种解放思想的勇气，怎么能够写出《美国侵华史》这样的论著？同样，在“左”的思潮开始泛滥、帝王将相受到批评的时候，如果思想束缚在“左”的教条中，怎么能够写出《论康熙》这样的论文？“文革”结束不久，大年先生很快提出研究中国近代史要从研究经济史突破，有力地推动了中国近代史的研究。上海社会科学院经济研究所的李荣昌就是受到这篇文章的影响而考上经济史专业的研究生的。

大年先生的解放思想是建立在扎实的根基之上的。没有 40 年代初期在晋察冀边区冀南行署长期撰写国际形势栏目时事评论的经历，恐怕很难有后来的《美国侵华史》。同样，一个长期偏重于政治史研究的学者，如果没有多年对经济史的兴趣，也决不可能突然提出中国近代史要从加强经济史研究突破的建议。从《刘大年来往书信选》中可以看出，早在 50 年代，他就与经济史或经济学研究者书信往来频繁，如严中平、巫宝三、汪敬虞、孙冶方等人的书信书中都有收录。1964年5月25日，米暂沉的来函中透露，此前大年先生“说过写资本家千人传”（P251）。在1997年对大年先生的访谈中，我真切感受到，大年先生在建国初期即对资本家、近代工业情况饶有兴趣。1954年3、4月间，大年先生在办理顾颉刚调动之事时，曾在武汉逗留一周，专门听当时武汉军区副政委、原新四军政治部副主任郑位三讲武汉的资本家、近代工业情况。郑位三对武汉地区工商业情况很熟悉，他希望近代史所有人去研究武汉的工商业，于是致信范文澜。由于只是口述，武汉工商业的情况后来没有整理，但大年先生对此事一直念念不忘。由此可见，大年先生对中国近代史研究如何突破的问题的认识决不是心血来潮，而是想推动长期以来一直想做而又条件尚不成熟的研究工作。

实事求是，要求在研究工作中坚持“言之有据，信而有征”。在访谈中，大年先生多次对我说，口头的东西并不一定可靠，关键是书面材料。这恐怕也是他晚年乐意整理手中书信的一个重要原因。1998年12月，大年先生曾先后致信陈浚、沙英，就毛泽东对其1965年发表的《回答日本历史学者的问题》一文的评论征求第一手学术资料（P681—683）。毛泽东对大年先生这篇文章的重视除了书信选中提到的外，似乎还可以从“文革”前《人民日报》报头的一些单句中看出。多年前，我在查看“文革”前的《人民日报》时，曾在报头看到“世界历史发展中心应该是世界人民革命斗争的主要潮流所在的地方”这样的大字单句。这应该是《人民日报》编辑在听了毛泽东的评论后的一个反映。对于这一掌故，30多年后，大年先生不以自己的回忆为满足，而力求“信而有征”，体现了史学大师实事求是的严谨风格。

在《刘大年来往书信选》中，尊重史实、求真求实的事例不胜枚举。这部书是大年先生留给我们学术界的一笔宝贵财富，值得我们好好珍惜。

五、《近代史研究》刘大年诞辰 100 周年纪念专刊

（《近代史研究》2015 年第 1 期）

【《近代史研究》编者按】　刘大年先生是继马克思主义史学“五老”之后重要的马克思主义史学家，中国近代史研究领域的学术大师，为中国近代史研究与马克思主义理论建设做出了突出贡献，理解其史学思想的核心对于新时期马克思主义史学发展具有重要的现实意义。刘大年不仅在史学研究与史学思想上卓有建树，在学术组织和学术活动中也贡献良多，先后参与建立中国科学院、中国科学院哲学社会科学学部、近代史研究所，重建中国史学会，建立中国孙中山研究会、中国抗日战争学会及创刊《历史研究》《近代史研究》和《抗日战争研究》等重要工作。为纪念刘大年先生诞辰100周年，本刊以2014年6月曲阜师范大学召开的刘大年史学思想研究学术讨论会为基础，约请相关领域的学者，围绕刘大年先生学术著作、学术思想及学术活动等各个方面展开评述，我们期待用这种方式纪念刘大年先生诞辰100周年，加深学界对刘大年先生史学观念和贡献的认识，推进史学研究的进一步深入发展。

刘大年史学思想散论[1]

张海鹏

刘大年先生是公认的中国近代史研究领域的学术大师，这一点，怀疑的人是很少的。同时，他在马克思主义史学理论建设方面也做出了突出的贡献，应该引起学术界的充分重视。

一、对中国近代史的概括

范文澜著《中国近代史》是用马克思主义理论指导中国近代史研究的范本，新中国建立以后，很少有人公开对他提出批评。刘大年认为：以前讲中国近代史的书，包括拥有众多读者的范著《中国近代史》，一般带有纪事本末的特点，而且内容偏重于政治史，缺少社会生活、经济、文化的内容。在阶级分析方面，次要的情节讲得多，对中国社会各阶级相互关系演变的过程、关键讲得不突出。刘大年的评论，是我所见最早对范著提出批评的言论。这说明，刘大年没有囿于范著权威，敢于根据唯物史观提出自己的见解。

基于对范著《中国近代史》的认识，刘大年主持的《中国史稿》第四册（郭沫若主编，人民出版社 1962 年版）作了改变。依照刘大年的看法，1840 至 1919 年近代中国 80 年的历史，明显地表现为鸦片战争至太平天国失败、1864 年至戊戌变法与义和团运动失败以及 1901 年至五四运动爆发的三个不同时期。在那几个时期里，帝国主义、中国社会各阶级的相互关系、他们的矛盾斗争各有特点。其中社会经济状况、阶级斗争、意识形态是结合在一起的，统一的。因此，新编写的中国近代史著作要根据历史演变的时间顺序讲述事件；不只讲政治事件，也要讲经济基础、意识形态；不只讲汉族地区的历史，也要讲国内各民族在斗争中与全国的联系和相互关系。《中国史稿》第四册这

---

[1] 原载《近代史研究》2015 年第 1 期，第 4—8 页。——编者注

种写法，总结了新中国成立以来中国近代史学科的研究成果，并加以概括升华，给中国近代史搭起了一个新的架子，有些地方做出了很好的概括。

这个概括是一个马克思主义的概括。从这个概括，提示了编写新的中国近代史的基本内容，这种提示，是在中国近代史研究中运用唯物史观的范例。

二、对抗日战争史的概括

刘大年 1938 年去延安，抗日军政大学学习一年后，就在冀南行署从事抗日宣传和教育工作，几乎经历了抗日战争的全过程。晚年，他把相当精力转到抗日战争历史的研究中，主编了《中国复兴枢纽——抗日战争的八年》（北京出版社 1997 年版）、《抗日战争时代》（中央文献出版社 1996 年版）、《我亲历的抗日战争与研究》（中央文献出版社 2000 年版）。有关抗战史研究，学术界存在不少分歧和讨论，尤其是海峡两岸之间，或者国共两党之间，存在着明显的认识差异。如关于国共两党在抗战中的作用，正面战场与敌后战场的地位，全面抗战与片面抗战问题，等等。刘大年作为亲历了抗战全过程的学者，对抗日战争的历史时代做了认真的反思，提出了下列四点宏观性的思考。这个思考，是客观的、理性的，是马克思主义的。

（一）中国抗日战争是在中国共产党倡导的抗日民族统一战线的旗帜下，以国共合作为基础，各阶级、各族人民团结起来进行的中华民族解放战争。当时国家权力掌握在蒋介石国民党手中。抗日战争有蒋介石国民党参加，才有了全民族的抗战。抗战期间，蒋介石虽然没有放弃反共，但也没有放弃抗战。从全民族战争的角度看，蒋介石、国民党在抗战中的重要地位和作用，应当得到客观的、全面的理解。同样，中国共产党领导的人民力量的存在和发展，是这场民族解放战争胜利的基本条件之一，而且，这个基本条件所发生的作用，贯穿于抗战的全过程。如果没有这个基本条件，全民族抗战是否能实现，或者一时实现了，能否坚持下去而不中途夭折，以及中国是否能取得抗战的最后胜利，就要打一个大问号。所以，人民力量的存在和发展这个基本条件的重要性，更加应该得到客观的、全面的理解。因此，抗日战争这场民族解放战争的胜利，是国民党、共产党和全国人民共同奋斗争取得来的。

（二）两个战场的存在是决定抗日战争面貌和结局的关键。抗日战争中，蒋介石政权控制的正面战场与共产党领导的敌后解放区战场并存。它们在战略上互相依托、互相配合，与强大的敌人角胜。两个战场是互存互补的关系，缺一不可。缺一个，抗日战争的胜利都是难以想象的。有正面战场的坚持，又有敌后战场的强大存在，才有战争胜利的结局。两个战场的存在来自于国共合作，来自于抗日民族统一战线。在战争中日军由胜利推进转向失败，国民党和共产党的力量朝相反的方向转变，这种复杂的过程，是从两个战场上开始和完成的。两个战场在战争中的不同表现，直接影响着全国的政治局势。因此，两个战场的地位和作用，客观地表现了国民党和共产党在抗战中的地位和作用。既不要看轻国民党的作用，更不要看轻共产党的作用。

（三）在抗日战争中，国民党、共产党两个领导中心并存。国民党与共产党在抗日战争中的领导权，是由抗战前两个敌对政治实体的关系嬗变而来的。说国民党、蒋介石政权发挥了领导作用，是因为它掌握着民族战争所必需的、国际国内承认的统一政权，它指挥200万军队，担负着正面战场的作战任务。它虽然积极反共，在抗日问题上严重动摇，但到底把抗日坚持下来了。说共产党发挥了领导作用，是因为它坚持了抗日统一战线，使民族战争所必需的国内团结能够维持下来，指挥八路军、新四军，担负着敌后战场的作战任务。它们所处的地位不同，能够起作用的方面不一样，也不表现为某种平衡，而又都是不可缺少的。在抗日战争这个整体大局中，国民党、共产党都起着领导作用。这个作用，都是全局性的，不是局部的、暂时的。双方全局性的领导作用，不是由于它们存在某种形式的共同领导或与之相反的分开领导来实现的，而是在既统一又矛盾的斗争中实现的。在抗日统一战线内部既统一又斗争的过程中，国共力量发生消长，总的趋势，是人民的力量、共产党的力量逐渐增强，并且历史性地改变了国内政治力量的对比。这是对抗日战争中国民党、共产党的领导地位和作用的最终说明。

（四）抗日战争是中国近代历史发展的一个根本转变，是近代以来中国第一次取得的对外战争的全局胜利。这个胜利，改变了中国历史发展的方向。抗日战争中，军事上和国内政治关系上同时并存着两个过程、两种演变：一个是日本的力量由强变弱，由军事胜利到最后的彻底失败；另一个是国内两大政治势力的力量对比发生了重大变化。前一个演变关系到中国亡不亡国、民族能否独立的问题，后一个演变关系今后是新中国还是旧中国、中国能否打开通向近代化前途的问题。

上述四点思考，我以为，在所有抗战研究的著作中，是最符合历史实际的，是抗战时期国共关系最公正的评价。

三、对马克思主义历史学理论核心问题的概括

历史学是否以及怎样成为一门科学，至今仍是一个争论问题。刘大年认为，马克思主义的历史唯物主义给历史学奠定了科学基础，但它不能代替历史学理论。探讨历史研究如何成为科学，就是历史学理论最后要解决的问题。

刘大年一直在从事历史学理论的思考。他讲历史学理论的文章不少，大部分收在《刘大年史学论文选集》（人民出版社 1987 年版）里面。该书出版以后，他还在继续思考马克思主义历史学理论问题。

刘大年对历史学理论的思考，我将其概括为以下四个方面：

（一）关于哲学指导思想问题。刘大年指出：科学研究，无论自然科学还是社会科学研究，都离不开一定的指导思想。就像恩格斯说的那样，不管自然科学家采取什么样的态度，他们还是得受哲学的支配。问题只在于他们是愿意受某种坏的时髦哲学的支配，还是愿意受一种建立在通晓思维的历史和成就的基础上的理论思维的支配。有的历史研究者在对待指导思想问题上，喜欢标榜“无偏无党，浩然中立”，其实那不过是表示他拒绝某种思想，而选择另外的思想。马克思主义的历史唯物主义是科学思想中的最大成果。历史研究要成为科学，只有依靠马克思主义的哲学指导。这里是指它的思想体系，不是指个别的词句与某些哪怕是很重要的论点。马克思主义已经被人们“驳倒”了一千遍、一万遍。最新的反驳来自于苏东剧变之后，一些预言家们站出来说，这是共产主义的“大失败”“总危机”，断言马克思主义已经“过时”了。

在这样的历史背景下，要想讲清楚历史学的哲学指导思想问题，首先要讲清楚什么是马克思主义、什么是唯物史观。刘大年认为，马克思主义历史唯物主义作为一个科学理论体系，简单说起来，那就是它以人类社会任何共同生活里的基本事实，即生活资料的谋得方式为出发点。第一，它找到了人类社会存在和历史运动的物质存在、物质基础。人们依赖一定的生产力并结成相应关系进行解决衣食住行需要的物质资料生产，来开始自己对历史的创造。其他一切创造都起源于和最终依赖于这个创造的存在和继续。这是认定

历史运动是独立于人的意志的客观过程的头一个也是决定性的根据。这个根据是推不倒的，所以历史唯物论是推不倒的。第二，它指出了社会生活中经济、政治、意识形态是不可分割的以及他们各自的作用和相互关系。人们的社会关系同时表现为经济、政治和意识形态的关系。它是一个统一的社会关系客观体系。人们按照自己的意志创造历史，但人们不能脱离物质生活环境条件，而必须受物质环境条件的约束从事创造。这就是说，人们以前总是从人的思想活动说明历史是飘浮无根的，而只有从所生活的那个物质环境条件来说明历史，才能落到实处。第三，人们对于在社会生活中多种多样的活动，以前似乎是不可能加以任何系统化的，现在则被综合起来，归结为完全可以从物质上量化查考的社会经济结构系统了。这就是归结为物质生产体系结构中不同利益人群，即不同阶级可以量化查考的状况，以及由此而来的不同地位作用上。一定的质必定表现为一定的量，社会物质生活中不能以某种方式量化的事物，就很难确定其质的地位。一旦形成了对于社会生活中某种物的性质，这个质就规定了事物发展的方向，就是说，这个质就规定了量的方向。这是关于质量关系的一个辩证的说明。

（二）关于历史研究的对象问题。刘大年认为：历史研究的对象为何物，一向众说纷纭。或者认为历史研究不存在一定的客观对象，或者认为凡过去的一切全部都是研究对象，或者认为历史上某些事物、某个领域的状况是研究的对象。以某些事物、某个领域为对象的，又有“人事”说、社会说、结构说、文化说、综合说、规律说等各种主张。从它们中间选择一种，或者对所有各种主张兼收并蓄，综合成为某种新说，都行不通，必须另寻出路。判别历史研究的对象，首先要找出它的客观根据。其根据应当是时间上连续性的事物，全面、集中体现出人创造历史的和客观实在的事物。依照这个根据，从社会关系及其运动考查历史研究的对象，我们就知道，原始社会、私有制时代和未来的共产主义社会都是建立在一定的社会关系之上，而又各有自己的特点。私有制社会历史研究对象的本质，就是社会阶级、阶级矛盾斗争，它们相互关系的消长变迁，和以此为纽带的全部社会关系的客观体系及其运动。与这种全部社会关系的客观体系及其运动相关的，就是历史研究的对象。

（三）关于历史前进的动力问题。对于什么是人类历史前进的动力，同样存在各种各样的答案，有过无数的争论和辩难。在私有制社会，生产力与阶级矛盾斗争，其中只有一个是推动历史前进的动力，还是两个都是？如果只能有一个，它是生产力还是阶级矛盾斗争，如果两个都是，它们的关系到底怎样？对此我们需要有统一完整的理解。刘大年认为，生产力是最终起作用的，阶级矛盾斗争是直接起作用的。它们的关系不是一个排斥一个，一个代替一个。它们紧密相联结，又各立门户。生产力与生产关系的矛盾运动，生产方式的变化和发展，决定整个社会的变化和发展。在私有制历史上，这种变化和发展，是通过阶级矛盾与对抗，通过阶级间的斗争来实现的。因此，说阶级矛盾、斗争推动历史前进，是对问题的直接回答。这种观点不同于“历史是由个人创造的”那种空洞的观点，而是指出了个人活动是由一定社会关系、环境决定的，它会使人认识到社会历史过程，最终也是自然历史过程。

（四）历史发展规律问题。历史之所以成为一门科学，最后在于它是有规律可寻的。找不出规律的认识，就不能以科学相矜夸。以前人们有时拿历史唯物主义的一般规律、社会经济规律来说明历史运动。它们或者失于宽泛，或者失于狭窄。我们认定了社会阶级、它们间相互关系的消长变迁是历史研究的对象，我们就知道了它们运动演变的规律也就是历史前进的规律。规律要从事物的重复性表现出来。物质生产过程、产品交换分配、同一经济形态下的生产力与生产关系矛盾、不同范围不同形式的社会阶级和阶级矛盾斗争、一种社会制度代替另一种社会制度等等，现象背后的本质，无不处在重复中。例如中国近代史上的帝国主义、封建阶级、人民大众的状况，每一次重大事变、社会变动的过程，就是它们间的斗争、它们的性格、相互关系重复表演与发展的过程。社会历史中的重复性就是常规性、规律性。与自然界的事物不同，历史运动规律要通过有思想意志的人的活动、斗争来实现。历史运动方向并不随着权力人物的意志愿望改变，这说明人们的意志只有在与重复性所表现出的客观规律性相适合才能起作用。写得比较好的近代史的书，就是写出了这种运动规律的书。

刘大年认为：历史唯心论与历史唯物论，面对的社会现象相同。由于立脚点相反，对事物、事件的看法处处分歧对立。唯心主义看到了社会现象的复杂性，但无法抓住本质的事务。因此，它的科学成分，只能停留在个体的、现象上的描述、分析，对于整个社会关系内在的联系，他们的演变，不得不出于臆想和猜测。先天的弱点，使那种研究不能真正成为现代科学。唯心论否认历史运动中存在不以人的意志为转移的客观规律性；有时也讲规律，但并非指对社会关系内在联系的认识，不过表示研究者的主观任意性。根据历史唯物主义观点，确认历史研究的对象是社会阶级、阶级矛盾斗争以及由此构成的社会关系客观体系及其运动，事情就截然不同了。它找到了历史研究如何成为科学的前提。

以上所提到的哲学指导思想问题、历史研究对象问题、历史前进动力问题、历史发展规律问题，应该是历史学理论的核心问题。研究历史学理论问题，如果抓不着这四个问题，其他论述，都只是隔靴搔痒了。

四、对历史研究与现实关系的概括

刘大年认为，讲过去的事，回答现在的问题，瞻望未来，是历史科学的基本特点。他说：中国马克思主义历史学一诞生，就明白宣告了自己负担的迥然有异于封建阶级、资产阶级历史学的崭新使命。它把过去与现在、未来的联系，完全不是看作外部的偶然的联系，而是看作内在历史运动客观规律的联系。

刘大年认为，从今天来说，从社会主义事业出发，古今中外的历史都需要研究。今天的现实生活要求历史解答的问题，不是减少，而是增加了，研究任务不是减轻，而是加重了。

从宏观角度看，现实的研究任务是：

第一，深入研究中国历史发展的全部客观过程，揭示中国的社会主义、共产主义长远前途，仍然是中国历史科学首要的和根本的任务。

第二，中国今天是社会主义建设时期，社会主义建设需要各方面的知识。认识中国全部文明史，就是认识我们的先民是怎样对待、改造他们所处的环境、改造世界的，从中吸取和改造一切有价值的东西，来服务于今天的社会主义建设事业。

第三，必须通过一个国家的具体历史的研究，找出与其他国家的共同点与不同点。我们今天需要从全世界历史的广度，从发达国家现代化的高度，进一步观察人类社会发展的前景，把我们对社会主义前途的科学认识，提高到一个新的水平上来。

第四，中华人民共和国的历史，应当认真开展研究。中华人民共和国已经过去了半个多世纪，其间有顺利发展，也有重大曲折。顺利发展所取得的辉煌成就，证明社会主义制度是唯一合乎“国情”的最富有生命力的制度，而所遇到的重大曲折，并没有证明这个制度不具有强大生命力，证明我们对这个“国情”的认识存在局限，因此需要改革。历史的长河看不到尽头，社会生活中的改变、革新也就不会有尽头。总之，刘大年认为，一门中国近现代史，一门历史学理论，是历史学里面与现实关系密切的领域。

以上从四个方面论述了刘大年史学思想，尽管并不全面，却大体上概括了他的史学思想的基本面。不算是系统论述，作为笔谈，算是散论吧。

刘大年史学思想的当代价值①

黄仁国

刘大年（1915—1999 年）是新中国马克思主义史学的奠基人之一，是改革开放后传承和创新郭沫若、范文澜、翦伯赞、吕振羽、侯外庐“五老”所开创的马克思主义史学研究的主要代表。理解刘大年史学思想的核心以及该核心所涉及的对马克思主义指导思想的认识、对历史研究对象的归纳、对研究私有制时代历史基本方法的把握、对历史研究根本任务的确定，对于新时期发展马克思主义史学具有重要的现实意义。

刘大年史学思想的核心是历史学如何成为科学，而不是历史学如何为政治服务。这一点，他当面跟我说过。那是 1997 年 8 月底 9 月初在北京他的寓所，我对他进行为期一周的访谈结束时，他再三强调说，历史类比、历史影射根本不是历史学，也不能把历史学当作解释政治任务的工具。我想，这应该是理解刘大年史学思想的关键所在。苏联东欧剧变后，他曾在《历史要分析——谈〈胡乔木文集〉第二卷阐述的历史方法论》中对“政权的权威”对学术的推进与妨碍的双重作用进行了深刻分析，说“外来权威把自己的意志加进到科学里面，世界历史上屡见不鲜”②，表达了对官方哲学干扰学术研究的批评意见。这当然不是一时之念，1961 年他在《历史研究》上发表《论康熙》，即对当时学术界受“左”倾的影响而出现的非历史主义思潮进行反击；1963 年撰写《李秀成评价问题》（排版后未刊），更是对政治势力干扰学术研究进行抗争。

刘大年认为，要使历史学成为科学，必须坚持马克思主义在历史研究中的指导思想地位。因为，在他看来，马克思主义是迄今为止“世界上一切解

---

① 原载《近代史研究》2015 年第 1 期，第 9—13 页。——编者注

② 刘大年:《历史要分析——谈〈胡乔木文集〉第二卷阐述的历史方法论》,《中共党史研究》1994 年第 1 期，第 82 页。

释人类社会历史的学说中，惟一真正致广大，尽精微，综罗百代的学说”①。“致广大，尽精微，综罗百代”，涵义深刻，至少包括这么一些内容：以马克思主义为指导进行历史研究，是从社会物质生活矛盾出发，将辩证的逻辑分析与精细的历史分析相结合；马克思主义史学方法既是逻辑的也是实证的，是科学的研究方法；马克思主义之外的学说、观点，或者在某些方面存在合理性，带有先进性，或者能够讲出一番道理，其中有一直受人瞩目的，但无法对社会历史各个领域统一起来去认识。

刘大年认为，马克思主义没有终结真理，但也没有过时。1999 年他在中国社会科学院主办的“新中国社会科学五十年学术报告会”上说：“马克思主义是资本主义生产力与生产关系存在、资本主义社会制度存在的产物。说它‘万古长青’，那不符合马克思主义原理。看看《共产党宣言》就可以明白。说它早就过时了，那就请看看资本主义世界的现实。”② 他列举 1998 年 3 月《华盛顿邮报》上的一篇文章进行分析，指出：“什么是资本主义世界的现实？从《卡尔 · 马克思的手》我们可以知道，各种不同形式所表现出的资本主义制度下生产力与生产关系之间无法解决的矛盾，仍然是当今资本主义世界根本的现实。只要这个现实是客观存在，而非唇舌文字所能推倒的，反过来，它就是对种种马克思主义过时论最强有力的反驳。”③

刘大年在多篇文章中讲到，坚持马克思主义指导思想地位，要把马克思主义科学真理作为一个整体来看待。马克思主义包括辩证唯物主义和历史唯物主义、政治经济学、科学社会主义三个重要组成部分，这一整体的核心内容构成马克思主义的本质属性。坚持马克思主义，就是坚持其本质属性、精神实质。将马克思主义随意扩充，什么都往里面装，必将泯灭其本质属性，实际上不是发展马克思主义而是取消马克思主义的指导思想地位。将马克思主义任意割裂，抽取个别言论或观点（哪怕是某些重要的观点）抱残守缺，把自己变成“古之人！古之人！”那是教条主义，其结果必然是贬低马克思主义，削弱马克思主义的生命力。至于近年来出现的将马克思主义与辩证逻辑划等号，甚至将马克思主义历史认识体系视为教条主义历史虚无主义，则是

①《刘大年史学论文选集》，人民出版社 1987 年版，第 1 页。

②《刘大年集》，中国社会科学出版社 2000 年版，《马克思主义哲学社会科学的历史使命（代前言）》，第 3 页。

③ 同上，第 4 页。

对马克思主义的庸俗化和妖魔化，其实质是要放弃马克思主义的指导思想地位。刘大年认为，马克思主义科学理论体系以生活资料的谋得方式为出发点，找到了人类社会存在和历史运动的物质存在和物质基础；指出了社会生活中经济、政治、意识形态几个领域是不可分割的，以及它们的各自的作用和相互关系；将社会生活中多种多样的活动系统化，归结为完全可以从物质上量化查考的社会经济结构系统；主张通过客观事物的重复性来认识历史运动规律。[①] 由于刘大年坚持把马克思主义科学真理当作一个整体来看待，善于把握马克思主义的精神实质，他50多年的史学研究中，在主要观点上，保持了非常高的连续性，体现了学术上高度的严谨性；同时，他还不断开拓新的领域，保持学术研究源源不断的创新性。可以说，历次政治运动以及各种社会思潮、史学理论的更迭，影响到其学术研究的，主要是其"形"而非其"质"。以"文革""搁笔十年"为界，他的前17年和后23年的史学成果之间没有"休克"和"断裂"，只有"抛弃谬误"和"拥抱真理"。这是一种很高的学术境界，是一种在史学研究中以马克思主义为指导、坚持历史主义、保持独立思考和力争求真求实的上乘境界。这就是几十年后，很多人阅读他的论著时仍会被其蓬勃的生命力所震撼的根本原因。

刘大年认为，要使历史学成为科学，必须以马克思主义为指导深入分析历史研究的对象问题。一方面，对历史研究的对象为何物，各家各派学说纷呈；另一方面，马克思主义经典作家也没有构建一个完整的史学理论体系，对历史研究的对象并没有做出明确的阐述。1985年，他在《历史研究的对象》一文中，以马克思主义基本原理为指导，综合分析古今中外的史学成果，提出历史研究的对象是"与一定生产力相联系的、以生产关系为中心的社会关系、社会联系及其运动、变迁"[②]。这个定义首先涉及到的是生产力与生产关系的问题，这是当时学术界争论比较热烈的问题。刘大年明确指出生产关系是历史研究的中心，认为"生产关系、社会关系和联系，集中表现了人创造历史各种形式、各个方面的关系、联系和运动。抓住他们，才抓住了历史运动的本质"。这个定义的关键词是"生产关系""社会关系、社会联系"和"运动、变迁"。二三十年后，有著名国际关系学者认为，"关系与过程是对中国传统

①《刘大年集》，第26—27页。

②《刘大年史学论文选集》，第68页。

文化的高度概括"，并详细阐述如何从"关系"与"过程"两个基本元素建构中国特色的国际关系理论体系。[①] 该学者是否阅读过《论历史研究的对象》不得而知，但在构建中国品格的学科理论体系方面与刘大年如此高度一致，绝非巧合。刘大年在论述历史研究的对象问题时并没有明确地从中国传统文化的视角进行诠释，而是运用辩证唯物主义和历史唯物主义基本原理，如普遍联系、运动发展、社会经济结构、社会关系客观体系、生产力与生产关系的相互作用等，并充分汲取中外史学理论的合理成分进行说明。很明显，他对历史研究对象的定义是在坚持马克思主义指导思想的前提下，将马克思主义科学真理、中国传统文化精华、西方史学理论合理成分自觉地结合起来了。这个定义将历史视为一个整体运动，要求历史研究必须有宏大的视角，突出历史的主线，同时还要充分注意历史空间的延展性（或共时性）、时间的连续性（或历时性）和时空的交融性，换言之，既要有清晰的骨架，也要有丰满的肌肉和流动的血液。这个要求是非常高的。刘大年认为，历史学要成为科学，就必须按这个要求去做，否则得出的结论很可能是片面的甚至是错误的。他对历史研究对象的研究，实际上是在强调这样一个史学思想：历史研究要成为科学，首先必须弄清楚当时的时代潮流，抓住历史的主线，将历史人物、历史事件置于历史的大情境中，否则不仅仅是"只见树木不见森林""碎片化"，还很有可能南辕北辙，迷失方向，甚至陷入不可知论、历史无用论；其次，历史研究不能够止于"致广大"，还要"尽精微"，在史料史实方面下功夫，"非常仔细地、具体地分析具体情况"，使历史真正鲜活起来；此外，历史研究要摈弃历史虚无主义、文化虚无主义，要"站在巨人的肩膀上"，"综罗百代"，传承创新，对前人的成果要分析鉴别，但不要轻易否定其中那些正确的和比较正确的认识。

刘大年以私有制时代的历史为例，对历史研究的对象进行求证，指出"私有制社会历史特殊的本质、它的运动形式"是"社会阶级、阶级斗争，它们相互关系的消长变迁，和以此为枢纽的全部社会关系的客观体系及其运动"[②]。与此相联系，他主张，"研究私有制的历史，阶级分析是基本的分析方法"[③]。

---

①参见秦亚青《关系本位与过程建构——将中国理念植入国际关系理论》，《国际关系理论：反思与重构》，北京大学出版社 2012 年版。

②《刘大年史学论文选集》，第 89—90 页。

③《刘大年集》，第 11 页。

刘大年所主张的阶级分析方法，就是分析历史上“与一定生产力相联系的、以生产关系为中心的社会关系、社会联系及其运动、变迁”。这种研究方法是他的基本的研究方法，贯穿在他的重要史学研究工作之中。这应该是他的一个鲜明特点。其处女作 1949 年版《美国侵华简史》是阶级分析的杰作。他并没有仅仅停留在对美国社会作简单的阶级分析，而是从“与一定生产力相联系的、以生产关系为中心的社会关系、社会联系及其运动、变迁”着眼，在阐述中美双边关系时，充分发掘美国是如何与其他资本主义国家相联系的，特别是与日本的关系如何；在分析具体的中美关系时，没有局限于政治和军事关系，而是充分考察了经济关系甚至文化关系。可以说，他是把中美关系扩展到更为宽广的网状交叉关系中进行思考。同时，他按照时间顺序把这种网状关系进行纵向梳理，充分揭露美国随着国力的增长如何对华采取步步推进的战略，如何最终彻底失败。这样组织材料，用当时的话来说是“充满了战斗力”，用现在的话来说是饱含渗透力，能够真正深入读者的心灵。这本小册子，虽然他自认为“简陋”，也确实存有一定的时代印痕，但总体上立足于学术，彰显了阶级分析方法的学术价值。其中一些重要思想，如美日勾结谋求地区主导优势等观点，60 多年过去了，仍然具有强烈的现实意义。其他如对于台湾史、抗日战争史、中国近代史上的重大问题、历史人物的评价等，由于以阶级分析方法为基本研究方法，重视生产关系的物质基础和普遍联系，他的研究成果明显高于那些以历史人物的主观意志、个性、品格为主要视角，或者单纯从宗教、文化某一角度对历史进行解读的成果。又如其绝笔《评近代经学》讲中国近代的经学发展演变，实际上与 20 世纪 80 年代以来境内境外的儒学发展密切相关。20 世纪 80 年代后期，港台及海外兴起的新儒学思潮，在大陆重视孔子研究的学术环境下，对大陆学术界进行“启蒙”“接引”和“反哺”，使大陆出现形形色色的新儒家，进而催化大陆崇儒反马的复古思潮。学术界不断有人提出要靠孔子来救中国，由孔学统一世界，主张在中小学尊孔读经，要求以儒学取代马克思主义作为中国的主导意识形态。在 1989 年东欧剧变和中国也出现了政治风波的国际国内背景下，儒学与马克思主义的关系问题成为备受关注的重大问题。这对于一向主张以马克思主义为指导思想且有着儒学背景的刘大年来说，此时站出来发声很有必要。他年轻时最大的理想就是做一个训诂考证的经学家，但在晚年研究经学时，却没有被经学思想所束缚。他跳出经学，将近代经学与近代社会现实，特别是与近代的政治形势联系起来进行阶级分析，通过分析不同时期不同阶级对儒学的研究，展示近代经学衰落的轨迹，并从历史的角度对现实进行警示。他指出："马克思主义与中国传统文化相结合，是中国文化的自我更新，是中国文化现阶段的重要发展。孔子学说统治成为过去，近代经学结束，是历史朝前演进的必然，是合理的和不可避免的。"[①]可见，社会阶级、阶级斗争及其相互关系的消长变迁是经学研究的枢纽，但要把这个枢纽展示出来，需要做的工作很细、很艰难，不仅要以经济分析为基础，还要以利益分析为补充，进而对"枢纽"进行唯物的、辩证的、具体的、历史的分析。

新中国马克思主义史学的前17年，运用阶级分析方法进行历史研究可以说是共性。以中国近代史研究为例，反帝反封建这根"红线"基本上被史学界所接受。改革开放以后，史学界对中国近代史主线的看法有了一些不同的意见，不同看法之间产生了激烈的争论。刘大年不同意完全以生产力为中心研究中国近代史，仍然坚持生产关系是中国近代史研究的中心。他在晚年从生产力与生产关系的角度提出了中国近代史上两个基本问题的看法，认为一方面"民族独立与近代化，是两件事，不能互相代替"，民族独立"从根本上说是要解决生产关系的问题"，近代化"从根本上说是要解决生产力的问题"；另一方面，"它们紧密地联结在一起，不是各自孤立的。没有民族独立，不能实现近代化；没有近代化，政治、经济、文化永远落后，不能实现真正的民族独立"。[②]同时，他还指出，这两个基本问题都是中国近代民族运动的内容，"中国近代史的主题基本上是民族问题"[③]。显然，刘大年对中国近代史上两个基本问题的看法是对反帝反封建这根主线的传承与创新。在他的研究面前，前人关于"谈论历史，最无意思，只是看人相打""一切历史都是当代史""历史是任人打扮的小姑娘"等论说全都显得苍白无力。

任何一门科学，无不以寻求、认识事物的规律性为任务和目的。刘大年主张历史学的根本任务是"通古今之变"，即"从历史古往今来，它的前天、昨天、今天的不断演变，不断发展，来认识它的内在矛盾，因果关系，前进方向与客观规律性"。他说："它（历史学）最重要的作用是告诉人们从历史

---

①《刘大年集》，第429页。

② 同上书，第7、8页。

③ 刘大年：《中国近代历史运动的主题》，《近代史研究》1996年第6期，第3页。

古往今来的不断变化中认识历史的矛盾运动，以及由此产生的一系列基本内容。”[①]“通古今之变”涉及到历史与现实的问题，或者说科学性与实践性的问题。刘大年认为，“实践性也就是马克思过去讲的革命性”。“要求科学性与革命性相统一，这是中国马克思主义社会科学研究的力量、作用和最大意义所在”。[②]“研究历史必须是实践性和科学性相统一”。“脱离现实，违反历史，只能让人们造成混乱”。“学术研究不是靠热情和主观愿望，而是靠事实和对事实的了解。历史研究一定要强调联系现实，而科学的历史研究要建立在充实的史料根据上，这样才能发挥史料作用，也是联系现实最基本的一种途径”。“讲历史，总要回到现实之中。一个是不能不联系现实，一个是不能勉强联系现实，牵强附会”。“马克思主义历史学要还历史以真实面目”。[③]这些认识表明，正确处理历史与现实的关系，是使历史学成为科学的关键所在，而把握这个关键点，实现“通古今之变”的基本途径是由增强科学性来增强实践性，因此，历史研究必须“建立在踏实的科学研究基础上”，决不能“信手抓来一点什么，就自以为实现了什么突破”。作为治学严谨的史学工作者，“踏实的科学研究”既包括对历史的分析，也包括对现实的研究。他在“新中国社会科学五十年学术报告会”发言中强调：“今天马克思主义哲学社会科学的历史使命，应当就是全面研究现代资本主义，加上全面研究现代社会主义，来攀登上一个全新的制高点，回答人们期望得到回答的当代社会生活中一些重要的问题。”[④]这种使命感、社会责任感，一旦与严谨的治学紧密结合起来，自然会使作者创作出与那些“知今不知古”“知古不知今”或者只关注某一狭小范围的学者风格迥异的作品，而如此“通古今之变”的作品也自然会产生良好的社会影响。

深信马克思主义是科学真理，而不是简单地把马克思主义当作一种政治意识形态，是刘大年毕生坚持以马克思主义为指导进行历史研究的深层缘由和动力所在。以马克思主义为指导进行历史研究，努力使历史学真正成为科学，既能够客观全面地分析历史，又能够揭示历史发展规律，体现学术价值和现实意义，是刘大年史学思想的内核。当然，刘大年史学思想的当代价值

---

① 刘大年：《我亲历的抗日战争与研究》，中央文献出版社2000年版，第360页。

②《刘大年集》，《马克思主义哲学社会科学的历史使命（代前言）》，第2页。

③ 引自1997年8月底9月初笔者对刘大年访谈的笔录。

④《刘大年集》，《马克思主义哲学社会科学的历史使命（代前言）》，第5页。

是一个很大的命题，仁者见仁，智者见智，而他对于历史学如何成为科学的认识，也远不止以上所论。但无论怎样，如何汲取前辈智慧，承前启后，继往开来，推进马克思主义史学的大发展大繁荣，应是我们探析刘大年史学思想的最大的出发点和立足点。

守望在马克思主义史学理论研究的阵地上

——由刘大年的《论历史研究的对象》说开去[①]

张广智

1999年秋日，时值新旧世纪交替之际，世人心绪纷繁，展望与回眸相伴，欢乐与惆怅共生，历史学家尤然。

9月24日，在中国社会科学院举办的“新中国社会科学五十年学术报告会”上，只见一位老人，用枯瘦的双手，捧着他的发言稿，在台上一板一眼地声言：“我是主张马克思主义对哲学社会科学的指导作用的。”这位老人就是刘大年，此时他已84岁高龄，且重病在身。羸弱不堪的他，仍抱病莅会，以坚定的口吻，发出了世纪末的强音：“对待马克思主义，要摈弃教条主义，不把自己变成‘古之人！古之人！’”“今天马克思主义哲学社会科学的历史使命，应当就是全面研究现代资本主义，加上全面研究现代社会主义，来攀登一个全新的制高点，回答人们期望得到回答的当代社会生活中一些重要的问题。”

这些掷地有声的话语，出自刘大年提交给大会的论文《马克思主义哲学社会科学的历史使命》，他有力地回应与批驳了世纪末盛行的马克思主义“过时论”，为后学指点迷津，为世纪末的中国学界抹上了一片亮色。

可叹天不假年，三个月后，刘大年与世长辞，距新世纪只有3天。他留给后人的史学遗产丰赡厚实，他的学术贡献璀璨光耀，像刘大年这样一生服膺马克思主义，为马克思主义史学毕生奋斗不已的历史学家，在当代中国史坛并不多见。个人因限于学识，限于自己的学科领域（笔者是从事西方史学史研究），只能就他的一篇宏文《论历史研究的对象》，对其史学及成就略说一二。但愿这种“跨界”，能够打破“楚汉河界”，在自己的“世袭领地”之外，开辟出“柳暗花明又一村”的新天地。

---

① 原载《近代史研究》2015年第1期，第13—16页。——编者注

《论历史研究的对象》一文写成于1985年。这篇华章是有为而发，有备而来，这要说到国际历史科学大会。国际历史科学大会每五年召开一次，被誉为“历史学的奥林匹克”。它始创于1900年，是年在巴黎召开了第一届国际历史科学大会。早在20世纪30年代，中国历史学家就与它有了联系，1938年8月胡适代表中国史学界参加了在瑞士苏黎世召开的第八届国际历史科学大会，中国成了该会的会员国，后来因战乱失联，1949年后又恢复联系，1980年派观察员参加了在罗马尼亚布加勒斯特召开的第十五届国际历史科学大会，1982年重新入会，1985年8月，刘大年率领中国历史学家代表团首次作为成员国参加了在联邦德国斯图加特召开的第十六届国际历史科学大会。

第十六届国际历史科学大会研讨会分为三大部分：重大课题、方法论和编年史。很显然，《论历史研究的对象》正是为回应大会“方法论”这一主题而作，在结集的第十六届国际历史科学大会《中国学者论文集》（中华书局1985年版）中，是首篇文章，共90页，完全可以独立成书。阅读这篇长文，我感到很亲切，因为这里面讲的内容与我从事的专业领域十分契合，虽作为晚辈，没有像张海鹏或姜涛那样有直接聆听教诲与相互交流的机会，但我觉得此刻“以文为师”，我与这位前辈在心灵上也是相通的。

历史研究的对象为何物？刘大年在《论历史研究的对象》一文开篇就提出了这个问题：“要科学地认识历史，它无论如何是一个无法回避、必须切实回答的问题。”是的，史海茫茫，要对纷繁复杂的人类历史进程理出一个头绪，从而去粗取精、去伪存真，进而寻求某种规律性的东西，谈何容易。因此，首先要弄清楚历史研究的对象是什么，这也是古往今来历史学家们孜孜以求的目标。

阅读《论历史研究的对象》，我以为有以下几个特色。认真而仔细地进行史学史的梳理，是该文的一个重要特色。关于历史研究的对象，刘大年的学科回顾分为三种（或三类）：第一种，历史研究不存在一定的客观对象；第二种，凡过去的一切事物全部都是历史研究的对象；第三种，历史上某些事物、领域或某种状况是历史研究的对象。在研讨第三种时，作者又对“人/人事对象说”“社会对象说”“结构对象说”“文化对象说”“综合史观与分散史说”“规律对象说”等等做了述评。回顾是反省的前提，也是开拓与创新的基础。反观时下有坐而论道者，对某一方面的史学史工作做得还不深入，就急于评头论足，哪有不错之理，遑论切中肯綮。刘大年的这种治史态度与方法，当为我们学习借鉴。

介绍先于批判，批判也应还其原来的科学意义，这是该文的又一个显著特征。我们曾经历过极左思潮横行的时代，那时一个学术观点或一纸短论，动辄就可能被扣上资产阶级反动学术思想的帽子而遭到口诛笔伐，对来自西方的东西，更不分青红皂白就一棍子打死。刘大年是从那个时代走过来的，在痛定思痛之后，在新的时代和文化语境下，这篇文章明显体现出他的马克思主义的求实精神，着力践行了“介绍先于批判”“批判也应还其原来的科学意义”这一原则，如在文中说到现代美国新史学派鲁滨逊、兰克学派始祖兰克、文化形态史观集大成者汤因比等西方史学家时，公允而平实，迥然不同于二十世纪五六十年代国内学界对他们横加指责与全盘否定的态度。批判，决不是恶语相向与棍棒相加，而是还其科学与求真的本义，刘文做到了。

笃信历史唯物主义，不仅在理念上而且在方法上均全力贯彻，这是《论历史研究的对象》一文最令人瞩目的特点。该文在清晰地梳理出前人关于历史研究对象的各家各派后，用大量的笔墨论证了四个问题：判别历史研究对象的根据、从社会关系及其运动考察历史研究的对象、私有制时代的社会关系及其运动、阶级划分与现实统一但又不绝对统一的问题等。作者视野开阔，学贯中西，以翔实的材料，运用马克思主义的历史唯物主义理论，以“生产力”与“生产关系”、“阶级基础”与“上层建筑”、“阶级”与“阶级斗争”等马克思主义的“经典话语”，阐发作为中国马克思主义历史学家一员所认为的历史研究的对象。在文章最后，他对自己的观点做了这样的小结：“根据历史唯物主义观点，确认历史研究的对象是社会阶级、阶级斗争以及由此构成的社会关系客观体系及其运动，事情就截然不同了。它找到了历史研究如何成为科学的前提。社会阶级、社会关系客观体系不但是客观地存在的，它的范围明确，内容主次分明。以前人们有时拿历史唯物主义的一般规律、社会经济的规律来说明历史的运动。它们或者失于宽泛，或者失于狭窄。辨明研究的对象以后，就可以确切去探寻历史运动本身的规律了。”这些话语是在30年前说的，作者强调了历史客体是历史研究的直接对象，虽尚未深入探讨作为历史客体抽象的历史主体，或者说历史学家重构历史客体时的主观意识，但仍不失为一家之言，既有史学史上的学术价值，也有启示现实的理论意义。正如刘大年在第十六届国际历史科学大会《中国学者论文集》序言中所说：“应该想到，椎轮不过是大辂之始，往后必定一次胜过一次。有个东西作比较，那时回头来看，就知道前进了多远。”现在回过头来看，我们的再出发，总是在前人止步的地方，上文说到了回顾与创新之论，说的也是这个道理，这也是唯物主义所应恪守的一项准则。

刘大年一生著作等身，其《论历史研究的对象》只是他学术园地中的“冰山一角”。正如他的弟子姜涛在读《论康熙》时感言：“首次领略到一种气势，一种只能出于历史大家笔端的宏大历史感。”我在读《论历史研究的对象》时，也有同样的感受，也为它的“气势”“历史感”所震撼。

其一，由《论历史研究的对象》联想到刘大年的全部学术生涯。记得我在复旦大学历史系读书的时候（那还是上个世纪 60 年代初），从给我们讲授《中国近代史》的金冲及老师那里得知刘大年著有《美国侵华史》，后在旧书店里买到这本书，就是我读过的第一本著作，以后也浏览过他著的《中国近代史问题》及其他文章。他是一位中国近代史研究领域的专家，对中国近代史学科的发展做出了卓越的贡献。我的导师耿淡如先生曾把历史学家分成四种：历史编纂家、历史思想家、历史编辑家、历史文学家。以前我想，刘大年当属历史编纂家。如今看来，不完全对了，他对历史理论的思辨与历史叙事的书写同样出色，这从《刘大年史学论文选集》（1987 年）到《刘大年集》（2000 年）等书的文稿中可资佐证。称他是“历史编纂家”与“历史思想家”兼具的“两栖型”史家，想来是合适的。

其二，由《论历史研究的对象》联想到刘大年在构建马克思主义史学理论中的贡献及重大影响。这主要是指他在中国新时期的论著及业绩。经过“文革”结束后七年左右的拨乱反正，至 1983 年史学理论界出现了新的转机，其标志是历史学自身理论建设的提出。1983 年，刘大年撰文指出，马克思主义历史学理论的研究，是历史学本身的基本建设；历史唯物主义不能等同于历史学科自身的理论。个人认为，他的上述观点，在当时的中国史学界具有振聋发聩的作用。自此开始，历史学走上了构建自身理论的坦途，用 1983 年《世界历史》发表的评论员文章《让马克思主义史学理论之花怒放》这一篇名，来形容当时史学理论界的欣喜雀跃之状，那是再合适不过了。

刘大年是这一新论与新潮的提出者之一，也是一位全力推动者，据《刘大年传》（周秋光、黄仁国著，岳麓书社 2009 年版）记载，自 1983 年以后，他为自己的马克思主义史学理论研究草拟了一份“十论书提纲”。本文所论述的《论历史研究的对象》正是这一计划中的佳作。还需要补充的一点是，如今看来，正如上文说到他在论述历史研究对象时格外强调历史客体，尚未对历史主体作细论，他所阐述的史学理论，仍然着重于历史理论（即历史学家对历史发展客观进程的认知），而未及深入探讨史学理论（狭义的，即历史学家对历史学这门学科自身的认知）。如果他计划中的《十论书》由构想化为现实，那就全面了，但历史从来没有“如果”一说。无论如何，他在这方面的论述，应当在中国马克思主义史学理论建设的史册上留下浓重的一笔。

其三，由《论历史研究的对象》联想到西方马克思主义史学，尤其是它的代表人物E.P.汤普森。放开眼界，从横向来看，中国的马克思主义史学在20世纪五六十年代，虽一度深受苏联马克思主义史学的影响，但在改革开放的年代里，革故鼎新，一边吸纳中国传统文化的精华，一边借鉴现当代海外史学界的成就，走上了一条具有自身特色的新路，这从刘大年1985年率团出席第十六届国际历史科学大会的良好反响足可证明。

刘大年在1978年至20世纪末活跃于史坛，这也正是西方马克思主义史学兴起且出彩的时期。据我个人考察，刘大年与E.P.汤普森，这一中一西的马克思主义历史学家，真有惊人的相似之处：他们那种对现实的关注，以天下为己任的崇高情怀，是如此地相同；刘大年在抗日战争中当过一年多八路军战士，在前线抗击日本帝国主义，张海鹏称其为“战士型的学者、学者型的战士”，E.P.汤普森也在二战中“投笔从戎”，走上前线，当过三年战士，抗击德意法西斯，也是个“战士型的学者、学者型的战士”；他们两人对马克思及其唯物史观的守望，更是如出一辙。且看：1992年3月4日，这位英国马克思主义历史学家E.P.汤普森，已沉疴缠身，在抱病接受中国学者刘为的访问时声言：“我仍然坚持历史唯物主义！”不久后，他与世长辞，留下的这句声言超越时空，7年后，与1999年9月24日刘大年的声音合拍，响遏行云，在历史的长空中久久回荡……

行文至此，时已深夜。搁下笔，在阳台上望着初秋的夜色，只见在马克思主义史学的星座里，群星闪耀，我们找到了守望者E.P.汤普森，也找到了守望者刘大年……

求真求实学者本色

——追忆大年同志与抗战史研究[①]

王建朗

在中国社会科学院的各个研究所中，近代史研究所有着自己的鲜明特色，其厚重扎实的学风中不乏创新的敏锐与灵气，求真求实的精神自然地流淌于学问之间。近代史所的这一优良学风是一代代前辈学者以言以行而铸就而传承的。刘大年同志就是其中的一个杰出代表。

一

我于 1986 年进入近代史所。作为晚生后辈，在最初的几年中，我与大年同志少有见面。20 世纪 90 年代前期，因参加大年同志组织编写的《中国复兴枢纽》一书的写作，才有了与他直接接触的机会。当时，为纪念抗战胜利 50 周年，中国抗日战争史学会组织编写《中国抗日战争史丛书》，大年同志出任编委会主任。除统筹全套丛书的规划外，大年同志对被称为“丛书之纲”的《中国复兴枢纽》一书投入了较大精力。该书的初稿系由多家单位的研究人员写成，大年同志对初稿质量不太满意，遂从近代史研究所抽调一批研究人员进行改写和补写。当时尚称中青年研究者的姜涛、闻黎明、杨奎松、马勇和我被征召进入写作小组。写作小组曾专门集中了一段时间，在北京市政府宽沟招待所专事此书的写作。在此书的写作及修改过程中，大年同志多次参加讨论，提出指导性意见，并直接动笔修改。这段经历，使我对大年同志有了不同于以往的了解。此前的大年形象，是我从史书中获得的。经历了这些谈话和讨论之后，这一形象更加真切、丰满，也更为准确。

作为一位享有盛誉的马克思主义史学家前辈，在一般人的心目中，在我此

① 原载《近代史研究》2015 年第 1 期，第 16—20 页。——编者注

前的认知中，大年同志大概会对一些早已形成的有关抗日战争的政治性结论比较坚持。结果发现，这一想象是错误的。大年同志在组织抗日战争史丛书的过程中，充分展现出一个史学大师的目光和胸襟，展现出一个学者的本色，尊重历史、尊重科学，勇于修正以往一些已被证明是不太准确的结论。这对一个普通学者或许不算什么，但对一个成名已久的史学权威、一个承担着政治责任的重要学术组织者来说，则需要相当的学术责任感和学术勇气。

在该书写作和修改过程中，大年同志提出了很多很有见地的思想。比如，国民党和共产党都是抗日战争的领导者；正面战场和敌后战场互相依托、缺一不可；抗日战争是近代中国复兴的枢纽等等。这些观点在今天已经是学界主流意见，但在当时，虽已有学者提出，但难称主流，甚至还会被一些人视为异端。大年同志肯定并有力地阐述这些观点，颇令我感到意外。

大年同志还对该书的具体写法提出了一些意见，令人耳目一新。在此前的抗战史著作中，战时国共摩擦、三次反共高潮等总是浓墨重彩地花较大篇幅来描述，批评国民党反共重于抗日，但大年同志提出，抗日战争主要是一场民族抵抗战争，中国军民如何抵抗日本侵略应是本书重点描述的内容。国民党虽然在不同时期有反共行为，但它终究还是把抗日放在第一位。因此，在该书中，国共摩擦要写，但不必花大篇幅去写。又如，毛泽东同志对于抗战有许多论断，一些人在写作中习惯把毛泽东的话大段引用，以增加其叙述的权威性。大年同志认为，过多引用《毛选》的写法并不好，他提出，“删去不必要的《毛选》引文、相关的脚注，有些必须照用的评论也不保留引文形式，适当变通”。他主张该书的写作应区别于党史的写法。①

参加该书写作和修改讨论的，除了本所的同事外，还有几位来自党史、军事史研究部门的专家。对于大年同志的这些主张，绝大部分参与者都是认同的，但也有人存有疑虑。如对正面战场的肯定评价、国民党的领导作用以及抗日战争能否称为中国复兴枢纽等，有人提出这些观点在政治上是否稳妥的疑问。讨论中，甚至有人开玩笑般地提醒：“大年同志，你是主编，你的影响大，将来本书万一出了差池，责任可是你担着了。”大年同志显然已有定见，未在其基本观点上有任何动摇。在他的直接指导下，《中国复兴枢纽》一书几

①《致张振鹍》(1996年8月16日)，王玉璞、朱薇编《刘大年来往书信选》(下)，中央文献出版社2006年版，第648页。

经修改后面世。在我和许多同行看来，这本凝聚了大年同志心血的作品，确实超越了此前的同类著作（今天看来，甚至还超越了后来出版的一些著作），是一部优秀的抗战史论著。

二

几次面谈或讨论的印象虽然深刻，但毕竟事已久远，记忆零碎，难免出现讹误。写这篇纪念小文时，我又重翻了大年同志在那几年中发表的有关抗战研究的文章，以避免记忆的讹误和片面，确保言之有据。这些文字，有些他曾在谈话中不断强调，有些则仅仅是在文章中写出。无论是哪种，读到这些文字，我的脑海中都会浮现出大年同志当时的形象来，甚至都能从字句中读出他特有的音调来。

简要说来，大年同志对于抗战史研究的主张，给我留下深刻印象者有如下四点：

（一）坚持抗日战争研究必须是科学研究。

众所周知，大年同志是中国抗日战争史学会的发起者和首任会长，是他向中央提出了建立抗日战争史学会的提议。抗日战争研究也是他晚年着力最多的一项研究。大年同志认为，以往的抗日战争研究虽然取得很大成绩，但仍有诸多不足，应当注重抗战史研究的科学性。“抗日战争的历史和整部中国历史一样必须成为科学的客观研究的对象。我们必须把抗日战争的研究建立在坚实的科学基础上，提高它的科学性”。① 他指出：“抗日战争研究是科学研究，科学研究的头一条就在于遵守事实，保持客观性。研究抗日战争，从根本上说，保持客观性与怀抱爱国主义，绝无矛盾，只有天然一致。”②

（二）要全面、准确地研究国共两党在抗日战争中的地位和作用。

大年同志主张，应当对国民党在抗日战争中的作用给予恰如其分的肯定。他认为，抗日战争爆发前，国家权力基本掌握在蒋介石、国民党和其他派系手里。有了蒋介石、国民党的参加，才有了全民族的抗战。否则全民族的抗战

① 刘大年：《照唯物论思考》，《抗日战争研究》1996 年第 2 期，第 3 页。

② 刘大年：《抗日战争时代》，《题记》，中央文献出版社 1996 年版，第 3 页。

就无从实现，一时实现了也无法坚持下去。“从这方面看，那些低估蒋介石、国民党在抗战中的重要地位和作用的说法，是不正确的、不全面的”。他同时指出，抗日战争以中国的胜利而结束，以中国共产党为核心的人民力量的兴起是基本条件之一。这个基本条件的作用贯穿在抗战的全过程里。没有这个基本条件，全民族抗战无法实现，蒋介石就只会在“攘外必先安内”的路上走下去；或者即使全民族抗战一时实现了，中国能否取得胜利，那也是一个大问号，“从这方面看，那些低估这个基本条件的说法同样是不正确、不全面的。”①

1995年8月15日，大年同志在《人民日报》发表《民族的胜利 人民的胜利》一文。文章第二节的标题异常醒目：“争取民族解放斗争的胜利是国民党、共产党和全国人民共同取得的”，该节论述了国民党和共产党在抗日战争中的地位。大年同志指出，通过国共两党的合作，“中国内部新的团结格局由此确定下来。全国各阶级、各民族团结起来，一致抗日救亡。中华民族使自己的觉醒达到了前所未有的新的高度。抗日战争就是这样实现的和虽然经历惊涛骇浪终于坚持到底了的。从双方合作奠定抗日战争的基础来看，国民党与共产党在抗日战争中的地位是基本相同的。它们这时都站在争取民族解放斗争的关键位置上，力挽日本军国主义汹涌而来的狂澜。这是历史事实”。

大年同志还认为，由于当时的情况是敌强我弱，困难矛盾颇多，“中国当时的社会现实中，没有哪个阶级、哪个政治力量能够独立担负起领导这场伟大战争的任务。国民党独立担负不起来，共产党独立担负不起来，其他社会力量也担负不起来”。抗日战争取得了最终胜利，“这说明国民党、共产党的领导都是需要的，不可缺少的。它们都在民族解放战争中作出了载诸史册的贡献”。②

（三）对一些沿用已久的说法进行重新思考。

大年同志不囿成见，对于一些人们习以为常但其实并不准确的说法进行了认真的思考。如对“官僚资本”“民族资本”“四大家族”这几个多年沿用的名词，他提出了不同意见。他认为，这几个词的出现虽自有道理，“但我们现在是讲大后方的经济，此时此地，一一照搬，明显地窒碍难通”。他认为，

---

① 刘大年：《抗日战争的历史意义与民族精神》，《抗日战争研究》1994年第4期，第1页。

② 刘大年：《照唯物论思考》，《抗日战争研究》1996年第2期，第29页。

“民族资本”和“官僚资本”并不是相对应和相对立的两个概念，民族资本的对面应是非民族资本或外国资本；“官僚”的定位应是私人或个人，但现在所说的管理资本企业，并非全属个人所有，其中大部分不属于私人所有，而是国家财产。因此，用“管理资本”和“民族资本”来相对立，相区别，对两者的表述都不确切，尤其是对“官僚资本”的定性不当，没有表明它的所有权归谁。有鉴于此，大年同志对修改稿做了这样的改变：将“民族资本”改为“民营企业”，“官僚资本”改为“官营企业”或“官营资本。”①

（四）必须以唯物论辩证法指导抗战史研究。

大年同志既不赞成思想僵化，又反对轻率地否定本来正确的东西。那么，如何去研究抗日战争所呈现的各种复杂问题，使自己免陷片面呢？大年同志提出的办法是“照唯物论思考”。

大年同志在《照唯物论思考》这篇文章中指出了抗战史研究存在的一些问题：顾虑把共产党地位、作用降低了的，有之；顾虑把国民党的地位、作用降低了的，同样有之。以前一些讲抗日战争的论著，多半强调共产党的地位和作用，近来有些论著一下子把两者的位置颠倒过去，从一个片面走到了另一个片面。他认为，这些问题的症结，都在于看不见事物固有的矛盾，缺少辩证法。他还指出，正视人民群众的地位和作用，绝不意味着忽视统治阶级、当权人物的重要地位和作用。唯物论辩证法的功能，就是引导人们去认识事物的本质，而又分辨出它的界限在哪里。

大年同志认为，用唯物论辩证法来分析，便会看到中国抗日营垒特有的格局，这个格局就是民族矛盾与阶级矛盾并存、民族革命战争与民主革命两个任务并存、国民党与共产党两个领导中心并存。这在中国近代历史上独一无二，在反法西斯同盟国中也是独一无二的。要看到蒋介石虽然在抗日战争中有动摇性，但蒋政权到底站在民族立场上把抗日战争坚持到胜利了，“排除了蒋介石、国民党的领导地位，全民抗战也就不存在了”。共产党在抗日战争中是人民力量的组织者、鼓舞者、坚定的政治代言人。中国能够坚持抗战并取得最后胜利，其力量的根基就在广大人民中间。“排除共产党的领导地位，抗日战争力量的深厚根基也就不存在了”。因此，“我们可以做出这样的判断，说国民党、共产党各自起了领导抗日战争的全局性作用，而它们所起作用的

① 《致张振鹍》（1996 年 8 月 16 日），《刘大年来往书信选》（下），第 649—650 页。

方面和重点不同，合乎事实”。[1]

三

作为大师级学者，大年同志对推进抗战史研究做出了重要贡献，他所提出的若干观点已成为今天的主流观点。作为优秀的政治活动家和学术组织者，他对于抗战史研究获得全社会的重视，以致成为今天的“显学”，也做出了重要贡献。中国抗日战争史学会的建立、《抗日战争研究》的创刊及若干次重大的学术交流活动，都凝聚着大年同志的心血。

大年同志如此重视抗日战争史研究，是因为他看到了这一研究对于铸造民族精神、维护国家利益的重要性。因此，他不仅在学界努力推进抗战史的研究，还积极致力于推动社会各界对抗日战争这段历史的关注。

1995年5月，大年同志与抗战史学会执行会长白介夫同志联名致信江泽民等中央领导人，对纪念抗战胜利50周年的安排提出两项建议：一是在8月15日那天，请江泽民同志以国家领导人身份到卢沟桥和中国人民抗日战争纪念馆去视察，“哪怕10分钟也好”，提醒全国人民记住抗战历史和抗战胜利的意义；一是由全国人大常委会通过一项法律，规定每年8月15日为抗战胜利纪念日，“用国家立法形式把它作为节日规定下去，传之后代”。[2] 当年8月15日，国家主席江泽民视察了抗战纪念馆和卢沟桥。这是我国国家领导人第一次视察抗战纪念馆。此后，国家领导人多次到馆视察，抗战纪念馆成为我国重要的抗战纪念仪式举办场所。19年后，大年同志的另一提议得以实现。2014年春，全国人大常委会通过立法，确定每年8月15日为抗战胜利纪念日。

大年同志在其晚年仍孜孜不倦地学习、思考和探索，这一永无止境的求真求实，显示了他的学者本色。他在《中国抗日战争史丛书》总序中写道：“就像历史本身永无穷期那样，人们认识历史至少一些方面也无穷期，以致终究要留下难以弥补的缺陷。这只会使有志者去勇于探索，发现真理，而不会裹

---

① 刘大年：《照唯物论思考》，《抗日战争研究》1996年第2期，第28、27页。

②《致江泽民》（1995年5月15日），《刘大年来往书信选》（下），第622页。

足不前。”这是大年同志在晚年对他自己的鞭策，也是对历史研究后来者永恒的期待。

我相信，我和近代史所的同仁们一定不会辜负这一期待。近代史所严谨求实的学风定会代代相传。

刘大年《评近代经学》的学术价值①

李 建 傅永聚

在现代中国学界，马克思主义者与所谓的西化派及文化保守主义者都对孔子、儒学以及中国传统文化表现出不同程度、不同视域的关注。作为马克思主义史学家的刘大年先生亦不例外，他的晚年著作《评近代经学》，对近代经学进行了宏阔、深邃、缜密、独到及精辟的思考和论述，是以马克思主义立场、观念研究中国传统思想文化的一个典范。但迄今为止，其近代经学研究在学界仍未得到应有的重视，这对于儒学及传统文化的现代化，对于儒学与马克思主义关系的探讨以及当前对于中华优秀传统文化的继承和弘扬，不能不说是一个缺憾。刘大年《评近代经学》的学术价值是多方面的，本文拟从近代经学开端问题、近代经学研究的方法论、近代经学研究的重心及现实指向三个方面试作评述。

一

近代经学的开端问题，虽不是《评近代经学》关注的重心，但却是刘大年近代经学研究独具匠心的一个关键切入点。他的致思围绕以下三个问题而展开：

其一，龚自珍、魏源与庄存与、刘逢禄孰可标志近代经学的开端。刘大年认为，庄存与今文经学著作讨论的问题，对近代经学毫无影响。刘逢禄闻名，是因为所著《左氏春秋考证》否定古文经学，成为近代今、古文经学斗争的焦点之一。龚自珍、魏源向刘逢禄学到的仅是今文学文献知识，思想上与其并非一脉相连。龚、魏学问的重点在于社会现实问题，而这正是刘逢禄极力回避、不敢接触的。乾嘉今、古文两派尽管存在诸多相异处，但在拘于

① 原载《近代史研究》2015 年第 1 期，第 20—25 页。——编者注

书本、远离现实这一点上有着一致的表现。近代今文学则与之有别，它集中反映着当时急剧变动的社会结构和激烈斗争的现实矛盾。这是刘大年在回应美国学者艾尔曼所著《经学、政治和宗族——中华帝国晚期常州今文学派研究》一书中，关于近代今文经学开端于庄存与、刘逢禄，因而“必须从研究‘康梁’转为研究‘庄刘’”[①]时提出的观点，也是刘大年研究近代经学从龚、魏开始的依据和出发点。

其二，近代经学何以不能从龚、魏同时代的其他经学家讲起。刘大年认为，与龚、魏同时期的凌曙、陈立等人在经学研究方面确实做了不少搜集材料的工作，然而包括经学研究在内的所有学术研究工作，其最重要的价值在于以其自身所提供的知识更好地推进人们对于人类历史发展的认识。而学术研究所提供的知识需要不断推陈出新，决不能仅靠反复重演旧文去实现。宋翔凤、凌曙等人的今文经，名之曰微言大义、通经致用，其实仍没有脱离书本的旧套，像龚、魏那样参加到时务论说里去讨论“世情民隐”，对他们而言简直难以想象。这就是为什么近代经学只可从体现近代最早思想解放萌芽的龚自珍、魏源讲起，而同时代的其他公羊学家却不能排列在内的缘由所在。

其三，龚、魏为何仅意味着近代经学的萌芽。龚自珍曾被梁启超比作法国启蒙思想家卢梭，刘大年认为，两者完全不能相比。因为，卢梭提出“主权在民”，扮演的是资产阶级民主先驱的角色，龚、魏所处时代，中国是一个封建国家，与欧洲相比，在历史发展进程上整整落后一个阶段，所以根本谈不上存在资本主义及资产阶级民主要求。龚自珍、魏源充其量只可归为“地主阶级的怀疑派或改革派”，他们集经学研究与时务讨论于一身，融尊崇、宣传孔学与间接批评孔学于一体，近代思想解放的萌芽“因之出现”，“这是他们的功劳。但也仅仅到此为止”[②]。所以，这是在确定近代经学的开端时，应当自觉意识到的一个重要问题。

刘大年关于近代经学起点之确立问题的讨论，其实涉及到学界曾经热议的关于中国近代史的起始问题，而他通过近代经学研究所要说明的问题之一，是他一直所坚持的鸦片战争开端说，所反对的十六世纪以来（或明清之际）

---

① 刘大年:《评近代经学》，朱诚如、王天有主编《明清论丛》第1辑，紫禁城出版社1999年版，第2页。

② 同上书，第10页。

中国近代开始说。刘大年的鸦片战争开端说虽然同学界所谓的“冲击—反应”说、“侵略—革命”说等有某些暗合与相通之处，都重视和强调外力因素及其所导致的社会剧变，但他的鸦片战争开端说所赖以成立的根据却自成一说。他认为，资本主义社会与资产阶级统治形成及其开始没落、消灭的时代，就是我们今天所说的近代，近代以来产生的资本主义与明清时期萌芽的资本主义有着根本的不同。基于此，近代发端于十六世纪以来（或明清之际）的说法就失去了存在的理由。这实际上也从一个侧面印证了某些学者在鸦片战争以前寻求中国“内发原生”近代性之努力在方向上的偏失。

二

《评近代经学》在研究方法上最突出的特色在于，以严肃的考证为基础，以明确的现实关怀为旨归，以中国近代历史的两个基本问题为主线，灵活运用马克思主义立场、观点、方法，对于近代经学进行全面、系统、综合的研究。

第一，历史唯物论与近代经学研究。刘大年认为，历史的运动是一个整体运动。社会生活中的各个部门功能各异，而它们又是也只能是以社会生产、经济生活为核心，彼此连接，共同构成一个相互间无法分割的体系而发生作用。而历史唯物论最基本的观点就在于，首先强调一定时空里的上层建筑必须置于这个整体运动中去看待和理解。[①]《评近代经学》中，对此有进一步的发挥和具体的应用，比如，针对艾尔曼的近代今文经学起源于庄、刘矛盾斗争说以及艾尔曼将思想与社会结构有机地、联系地了解的研究模式，刘大年指出，这是一个接近唯物论的出发点，但同时又认为，艾尔曼所谓的“儒学依赖的自身没有意识到的社会结构，只能是与当时社会生产力与生产关系相联系的普遍存在的社会基础结构”[②]。社会基础结构变动，人们的思想认识、学术观点随之变动。龚自珍、魏源、康有为等都讲今文，他们的思想在很大程度上是自觉地与时代重大的矛盾斗争相联系的。而那种矛盾斗争最终又和社

① 参见姜涛《马克思主义史学家刘大年》，《史学理论研究》1998年第2期，第15页。

② 刘大年：《评近代经学》，《明清论丛》第1辑，第2页。

会基础结构息息相关。对于后一点，则不是他们自觉地意识到的。又如，在《评近代经学》的引言中，他指出："事物不是要从运动中去认识吗？中国近代历史剧烈变动，近代经学的状况、地位与作用迅速演变。在这个过程中，经学反映出的孔学思想理论的地位与作用是从其他地方看不清楚的。"①这是主张从事变态势、历史变迁和演进中，用运动、发展、普遍联系而非静止、孤立、形而上学的辩证观点来考察近代经学。

第二，中国近代历史的两个基本问题与近代经学研究。刘大年认为，近代中国的历史有自己的基本国情，可概括为两个基本问题或两大主要矛盾：其一，"民族丧失独立，要求从帝国主义侵略压迫下解放出来"；其二，"社会生产落后，要求实现工业化、现代化"②。这两大矛盾和问题横亘在中国历史前进的道路上，从而形成中国近代社会历史不得不应对的一大症结和贯穿始终的一条主线，近代中国历史的全部运动即围绕这一症结和主线渐次开展起来。而近代经学如何从传统文化中解读出近代社会历史的这种症结，就顺理成章地构成了刘大年《评近代经学》的"题眼"或"题珠"③。这在刘大年论述近代经学发展之高潮即近代经学发展的第三个阶段（从维新运动到资产阶级革命运动兴起）时有充分的体现，比如，他指出：在第一场今古文论争中，"中国社会的基本矛盾或主要问题"，"由维新派用充满危机感的语言鲜明地提出来了。那就是'救亡图存''维新变法'以及'振兴实业'的口号和要求"④，问题的关键在于走什么样的道路去达到这一目的。又如，康有为刚一走上历史舞台，就被宣布过时，因为近代中国新的斗争接连兴起，不允许存在古代封建制度那种长期不变的幸运了。说到底，也就是近代两大基本问题已经不是依靠幼弱且带有很大封建性的资产阶级代表、自上而下的政治改良所能奏效，它需要新的社会力量、新的救亡方案的出现。实际上，中国近代历史的两个基本问题是刘大年在研究辛亥革命史和抗日战争史，以及在思考近代经学问题时逐渐形成和提出的，"而对中国近代史基本问题的深入认识，

---

① 刘大年：《评近代经学》，《明清论丛》第1辑，第1页。

② 同上书，第1页。

③ 参见姜涛《刘大年与〈评近代经学〉》，中国社会科学院近代史研究所编《近代中国与世界——第二届近代中国与世界学术讨论会论文集》（第3卷），社会科学文献出版社2005年版，第477—478页。

④ 刘大年：《评近代经学》，《明清论丛》第1辑，第22页。

又为他从近代中国的大框架中评价近代经学奠定了扎实的理论基础”[①]，这是一个良好的互动。

第三，关于近代经学研究与现实关怀的关系。刘大年认为，历史总是要以各种方式与现实发生关联，不如此，它就不会为人所注意，也就“不成其为一门学问而存在于世了”[②]。在《评近代经学》引言中他又指出：“当前中国正处在现代化建设中，阐释孔子学说的经学与人们关心的现代化建设中的种种问题，相隔何止像隔山！如今为什么还要提出来评论呢？任何一种思想学说都有一定的范围。要求对历史上思想理论的评述，如全要直接和现代生活联系起来，将会最终取消学术研究，肯定行不通。孔子思想理论是中国包罗最广的文化资源。评论近代经学虽然不是讲的眼前的事，但它涉及对孔学的看法和认识问题。”[③]以上论述表明，他对于学术研究与经世致用关系的拿捏是审慎的，这对现代学界无疑也是一剂清醒剂，尤其值得当代经学、儒学研究者重视。目前，在儒学研究方面，学界有两种难以沟通的倾向：一是赋予儒学包打天下之重任，诸如让儒学曲折地开出现代化所需的民主与科学，欲将马克思主义儒学化以直接干预现代政治等；一是沉湎于训诂考证，发思古之幽情，以超然为由，割裂了经学、儒学与现实世界天然的关联，从而最终消解掉了儒学的本真。刘大年强调在近代经学的发展演变中考察孔子儒学的现实处境，认为这样能够更清楚地把握孔子儒学的现代价值，他以冷静的理性给予这两种截然不同的倾向以一定程度的警示。

统观刘大年的近代经学研究方法论，有一点需要特别指出，那就是：以往的思想文化史研究由于偏重于文本自身的研读，与相关语境、时代背景的结合甚为不足，近年来或许因矫枉过正，又走向了另一个极端。刘大年曾经说过一段话，从理论上看可能有助于纠正这种偏向，他指出，“一切国家、民族，每个时代都有其特定的物质生活、经济结构、社会内部矛盾”，也都有反映这种特定状况的“作为观念形态的文化”，“研究、论述历史，缺少了观念形态这个部分，就好比我们想认识某位人士，但仅仅窥见其躯干，却不知道他的头脑灵魂是什么样子。这当然不能说我们认识了那位人士”。[④]实事求是

① 周秋光、黄仁国：《刘大年传》，岳麓书社2009年版，第634页。

②《刘大年史学论文选集》，第206页。

③ 刘大年：《评近代经学》，《明清论丛》第1辑，第1页。

④ 刘大年：《当前历史研究的时代使命问题》，《近代史研究》1983年第3期，第15页。

地说，刘大年的《评近代经学》，是将思想文化史研究的“内在理路”与“外缘情境”深度结合的一个典范。

三

20世纪80年代后期，由于特殊的因缘，大陆学界泛起了一股崇儒尊孔的声浪，以儒学指导中国现代化、儒化马克思主义等等的呼声及诉求持续不断；与此同时，马克思主义非“中国文化”，马克思主义过时论等各种否定、怀疑马克思主义及社会主义道路的议论也充斥学界。除此之外，当时思想界“崇外”（文化虚无主义）与“泥古”（文化复古主义）的偏颇亦相当明显，这在一定程度上缘于对孔子、儒学、传统文化及其与马克思主义关系估价方面的片面性和简单化。刘大年认为，“每个民族走向现代化，都不能摆脱传统文化的根基”，“今天中国的现代化不是在脱离传统文化与周边环境条件绝缘的状态中进行的”；“社会主义的文化无所不包，作为封建文化支柱的经学，尤其不能不引起人们的注意。我们需要研究它，科学地解释它”。① 由是，如何根据事实讲清楚中国近代经学演进、衰微及最终必然为中国化的马克思主义所取代的整个历程，就成为刘大年《评近代经学》的重心；如何说明儒学（经学）与马克思主义的关系问题，如何论证中国走社会主义道路的来龙去脉及充分的必要性和正确性，就成为刘大年研究近代经学的一个重要的现实指向。

刘大年曾多次指出，“孔子思想在中国近代化进程中到底起了什么作用，不能用投票方式解决，要分析研究”；“儒家思想在今天还有没有生命力，能否成为中国现代化的精神资源？看来，还需要做深入研究，不宜过早地下一个价值判断”②；对儒学及传统文化“进行科学的实事求是的分析批判”，“是一件很复杂很重要的工作”③；中国近代两大基本矛盾的突出，把一切都变得格外复杂，近代经学亦不例外，因此这一情况必须得到充分的注意④。他之所

①《刘大年来往书信选》（下），第592页。

②刘大年在《调研资料》（四）上的批注，转引自黄仁国、姜涛《论刘大年的近代经学研究》，《历史研究》2010年第2期，第131页。

③中国史学会秘书处编：《中国史学会50年》，海燕出版社2004年版，第635页。

④刘大年：《评近代经学》，《明清论丛》第1辑，第1页。

以如此反复强调，是想表明审慎的态度、客观的分析是近代经学研究所得结论是否具有说服力的重要前提。

关于近代经学，刘大年有一个整体性的定位和评价：近代经学的封建正统性与民族文化性密切相关，难以分割。经学封建意识形态的特性，决定了它不能改造自己，去适应已经发生剧变和正在持续变化的社会形势的客观要求。然而传统文化之主流的地位和身份，又决定了它不可能在急剧的社会变动中冷眼旁观，毫无作为，它必然望风而动，参与到尖锐的现实斗争中。如果排除封建文化里面的民族性内容，就无法解释近代今、古文各自暂时与历史进步运动发生联系的事实。在肯定近代经学之现实性和民族性的前提下，刘大年主要从以下几个方面探讨了近代经学所含有的负面因素、其本质属性及消亡和更新的历史合理性：

第一，孔子学说集现实精神与复古主义双重性格于一体，其直面现实的精神品格在近代经学的开启者龚自珍、魏源身上已初步显示出来，戊戌维新时期的今文派、辛亥革命前夕的古文派，更进一步使原始儒学这一积极应对现实的长处获得了淋漓尽致的发挥。而且，他们关心现实的实际意义，正是要投身于矛盾中去改造现实，这是近代经学最值得重视的部分。然而，当反映新的社会势力、寻求中国出路的新思想文化运动兴起时，曾经领导时代潮流或追赶潮流的近代经学今、古文两派却一齐向后转，后悔并放弃当初对于孔学的批判和改造，转而主张尊孔读经，从而与五四运动提出的民主、科学背道而驰，体现出了共同的复古主义倾向。近代经学的这种“复古主义”特征，在刘大年看来，是源自原始孔学这一共同的文化基因，它不承认中国社会是发展前进的，肯定小农生产、血缘关系、封闭社会的准则是永久适用不变的。所以，复古思想，自我封闭，无疑是孔学体系中极大的消极因素。

第二，经学是中国封建社会意识形态的重要载体，但诸如民权、平等之类的西方资产阶级的口号和字眼却朦胧地出现在近代今文经学中，辛亥革命前夕的古文经学亦吸收了西方资产阶级民族主义。近代经学所以存在着这种形式与内容上的矛盾，无非是反映了中国半殖民地半封建社会那种特有的时代环境和社会矛盾以及近代中国新旧相叠的过渡性社会的特点。然而“近代经学中占主导地位的，是封建主义的纲常伦理、孔学名教和它的整个体系，而非民权、平等那些观念”，虽然“民权、平等观念出现……带来了爆炸性的效应，但它根本谈不上与封建意识形态相匹敌。经学的性质没有改变，也不可能改变”。[①]

第三，近代经学家从总体看仍然把经学方法作为思维的最高原则，他们以孔学经典之是非为是非，以致推陈出新的创造性思维从方法论上被扼杀而无由产生。“西学中源”说在一定时间和范围内的盛行更进一步表明，中国传统文化倘若不从孔学体系之统摄和束缚下挣脱出来，就有可能因为在汲收新的认识论和方法论方面陷入困境，而最终妨碍其自我更新。

第四，近代今、古文两派通过各自的鼓吹宣讲和相互的激烈斗争，客观上暴露了经学固有的诸种不合理性和本身无法克服的重重矛盾。康有为的《新学伪经考》宣布今文为真、古文为伪，使两千年来意识形态领域的最高权威第一次发生了极大的动摇；辛亥革命前夕的章太炎、刘师培等人宣布古文为真、今文为妖妄荒诞，不能不使经学的地位再一次受到严重的打击。近代经学这一破除旧思想桎梏的工作，出乎意料之外的正是自我揭露，自我否定，而一切外部学说，都不可能代替经学自身的揭发来做到这一点。在这样的基础和前提下，五四新文化运动高举起“打倒孔家店”的大旗，以不可阻挡的气势迫使近代经学及其内在斗争成为过去，同时又从根本上终结了经学对中国历史两千多年的统治和主宰。近代经学是历史的产物，它完成了历史提出的必须完成的任务而退出历史舞台，这是历史演进的必然趋势，是合理的也是不可避免的。之后，马克思主义在中国广泛传播，最终与中国国情及中国传统文化相结合，最终完成了中国文化的自我更新。

刘大年的上述观点对于我们正确认识和看待孔子、儒学（经学）、传统文化及其与马克思主义关系问题有着深刻的启示意义：

首先，既不能因为孔子、儒学、传统文化所具有的时代局限性而对其作简单、武断的否定，又不能不顾历史事实，一厢情愿地认为儒学曾经的意识形态主导地位能够重新恢复。面对当前的传统文化热，我们更应该保持清醒的头脑，不能将重视传统文化、复兴中华民族文化等同于无条件的尊孔读经、文化复古，不能把重视传统文化解读为独尊儒术，“以为儒学经典中句句是真理，是永远不变的天道、常道，落入‘天不变，道亦不变’的理论陷阱”[②]。

---

① 刘大年：《评近代经学》，《明清论丛》第1辑，第44页。

② 陈先达：《既要反对文化虚无，也要防止文化复古》，《北京日报》2010年9月20日，第18版。

我们应该清楚，倘若“不彻底清理与批判古老的、主要是反映停滞社会生活的传统，便无所谓发展创新，更谈不到近代化”[①]，而作为封建意识形态的经学乃至未被政治化、官学化的原始儒学，皆为小农经济社会的产物，其自身固有的弱点和缺陷，业已积淀为我们民族的文化心理，对其清理绝非一朝一夕之功所能奏效。

其次，不能因为马克思主义来自西方，非本土文化而认定其不属于“中国文化”，更不能因此夸大其与中国传统文化的矛盾，认为两者势不两立，以至从根本上敌视和排斥马克思主义基本的观点、立场和方法，否认其在当代中国文化建设中的核心和指导地位。在这一点上，刘大年或许可以给予我们一些重要提示，他认为，“马克思主义产生于西方，它一旦与中国内在根据相结合以后，就成了中国文化的重要组成部分”，“在古代，如果说，中国文化的主要部分是两千年来汉文化中的孔子教义、儒家学说，这大概没有好反驳的”，但“中国文化不能只有古代，没有近代。近代中国文化的主要部分是什么？不管人们赞成与否，这样一个事实却无法否认：三民主义、与中国传统文化相结合的马克思主义占着近代中国文化主导的位置”。[②]而融入了中国传统文化的马克思主义是“中国文化的自我更新，是中国文化现阶段的重要发展”[③]，是当代中国的“文化主流”，这是“历史的选择”[④]。

---

① 刘大年：《评近代经学》，《明清论丛》第1辑，第1页。

② 刘大年：《马克思主义与中国传统文化》，《求是》1989年第7期，第13页。

③ 刘大年：《评近代经学》，《明清论丛》第1辑，第47页。

④ 刘大年：《说历史的选择》，《求是》1989年第24期，第23—26页。

刘大年《论康熙》的学术贡献及对清史研究的启示①

成积春

《论康熙》是刘大年先生1961年发表的论文，被认为是其在学术界引起激烈争论的三篇重要论文之一。②50余年后读来，仍被刘大年先生富于思辨、优美流畅的文笔和逻辑缜密、掷地有声的话语所吸引，也为其历久弥新的观点所震撼，并引发思考：50多年来我们的史学研究真的进步了吗？有没有因为思想和方法的混乱而使得我们在重大历史问题的研究中不仅没有使问题明晰反而更加纷繁复杂、莫衷一是了呢？

一、《论康熙》的主要学术贡献

（一）指出以往对康熙的评价不符合历史唯物主义观点

刘大年先生之前，国内外资产阶级保守派和激进派曾撰写过不少评价康熙的论著。这些论著，在主要观点上尖锐对立，很难让读者了解康熙在中国历史上的实际地位。刘大年先生在《论康熙》引言中列举了法国的白晋、英国的白克好司、日本的西本百川等人对康熙的美化，中国的钱穆、萧一山等人对康熙的复古主义倾向的赞美以及同盟会时期资产阶级评论家对康熙"一笔骂倒"式的批判，鲜明地指出："中国和外国资产阶级作家的评论唱着迥然不同的调子，是由于他们不可能遵循、并且也没有一个客观标准。他们无

① 原载《近代史研究》2015年第1期，第25—29页。——编者注

② 另两篇论文是《辛亥革命与反满问题》和《回答日本历史学者的问题》，分别发表于《历史研究》1961年第5期和《历史教学》1965年第4期。

非是各自按照自己的需要，舞文弄墨，褒贬是非。即使是反满革命派的作者从政治斗争的需要出发，对封建思想采取了批判的态度，这在当时是必须的和有进步意义的，但与历史唯物主义观点也是远不相合的。”[①]刘大年先生认为，“统治阶级中有些人既是剥削阶级的代表者，同时又在客观上起过某些进步的作用，评价这些人就要复杂得多”[②]。因此要“正确对待事实，还康熙其人以本来面目”，必须坚持历史唯物主义观点，“拨开资产阶级思想的重重云雾，批判地看待以往的各种评论”。

（二）突破“教条化”藩篱，客观评价康熙以及清前期的历史地位

在初期尝试以历史唯物主义为指导进行历史研究中，评价康熙以及清前期历史地位，也是不容易的事情。50多年前，人们普遍认为清政府的统治是“外国”对中国的征服，甚至认为清初的统治破坏了中国社会生产力，阻滞了社会经济的发展，由此“对康熙统治下的历史地位采取了否定态度，不承认它的进步作用”。这些认识显然带有教条化的倾向。刘大年先生批评了这种观点，指出：“照这样叙述清代前期的历史，并不能让人们正确理解当时国内的阶级斗争和中国反对外国侵略的斗争。”他首先肯定了康熙及其统治，“康熙在国内和对国外的斗争都为中国历史写下了有声有色和值得珍视的篇章。在国内，康熙统治期间，中国形成了一个疆域辽阔，民族众多，相当坚强统一的封建国家；封建的经济文化在这个条件下，发展到了一个新的顶点”；“对国外，康熙统治期间，中国成为一个统一繁盛的国家屹立于亚洲东部，这使正在把触角伸向中国的西方早期殖民势力受到遏制，并且对于亚洲邻近国家抵御西方侵略势力也有其影响”。其次，他批判了那些认为清政府的统治是“外国”对中国的征服的观点，指出：“把康熙统一全国说成是扩张领土，或对其他民族的征服，那只会符合于资产阶级地方民族主义观点或是容易陷入那种观点的泥坑里……把清政权的统治看作是‘外国’对中国的征服，这并非从阶级分析出发，而是从汉族与非汉族出发，那只会符合于资产阶级大汉族主义

① 刘大年：《论康熙》，《历史研究》1961年第3期，第6页。以下引文不注明者皆引自《历史研究》1961年第3期《论康熙》（第5—21页）。

② 刘大年：《回答日本历史学者的问题》，《历史教学》1965年第4期，第12页。

观点，或者是容易陷入这种观点的泥坑里。”他总结说：“如何看待康熙统治时期的中国历史地位，实际上也是整个清朝前期的历史地位的问题，摆在我们面前的结论只能是：第一，康熙的统治促进了中国封建经济的发展，他的进一步统一全国，抵制西方早期殖民势力的斗争，都是富有进步意义的。因此，第二，康熙统治时期和整个清代前期的历史车轮是向前进的，是应当充分肯定的；采取否定态度是与马克思主义不合的陈旧的观点。”刘大年先生在其后来发表的《回答日本历史学者的问题》一文中指出：“对历史上剥削阶级里某些人所起的进步作用是可以予以肯定的，因为那些人代表着历史上一定时期的动向，反映着人民群众的活动和要求。马克思主义主张批判地对待历史，而不主张否定历史，我们不应该无批判地肯定历史上的一切，只应该肯定那些有利于人民斗争的东西；同时，我们也不需要否定历史上的一切，只需要否定有害于人民斗争的东西。”[①] 刘大年先生对康熙历史作用的客观评价正是这一思想方法的体现。

（三）提出了一系列创新的、客观的观点

这样的观点在文中俯拾即是。如：针对资本主义关系在清代前期普遍存在的观点，他认为，清前期的“封建经济还处于牢固的统治地位，使那些商品生产和独立手工业还没有能够迅速滋长起资本主义因素，大踏步推动中国社会走向蜕变。换句话说，商品经济和独立的手工业虽有相当高的水平，封建土地制度和自然经济的势力却更加强大得多。封建经济是一株参天老树，资本主义因素则还只是大树覆盖下的一棵幼苗”。

对于粉饰“康乾之治”、过高估计劳动人民生活水平的观点，刘大年先生也持批判态度：“道理很简单，康熙为了加强多民族统一的国家，提高地主阶级的地位，发展封建的经济文化，都只有依靠剥削广大的农民来进行，只有把这些活动建筑在广大农民和手工业者深受压迫和剥削的基础之上。不这样是不可能的。”且进一步指出：“康熙之所以杰出，不在他是否大大减轻了农民遭受的压迫剥削。在封建社会里农民的遭受剥削是难于减轻的。康熙的杰出，是他的剥削压迫农民，不是使社会生产力走向了衰落，而是利用阶级斗

① 刘大年：《回答日本历史学者的问题》，《历史教学》1965 年第 4 期，第 12 页。

争造成的局面，促使社会生产力发展，推动了历史前进，并且在这方面接近了他能够达到的顶点。”

对于康熙为何不能像同时期俄国彼得大帝一样，为中国进入近代国家多少做出一点贡献的疑问，刘大年先生回答说，一是因为中国距欧洲遥远，康熙没有较多与西方进步的国家接触，这当然是很重要的原因，但“关键还在于当时的社会经济条件，即在于当时生产力与生产关系矛盾或适合的状况，在于这种状况造成的阶级斗争形势”，而与“个人的才能性格”无关。进而表达如下历史唯物主义观点：“个人的才能性格只有在当时当地社会关系容许的范围里才成为社会发展的活动力量，不是在任何条件下都能成为社会发展的活动力量。正是依照这个观点，我们说康熙这位封建君主，是在历史前进中起了正面作用的历史人物。”

有人以为是所谓闭关政策妨碍了中国吸收西方先进的科学技术知识，刘大年先生批驳那是“想当然的说法”，不是有外国来的人就能带来先进的思想和技术。“康熙以后的传教士没有带来更多的东西，特别是没有带来当时自然科学方面进步的科学思想。哥白尼、布鲁诺、培根、伽利略、开普勒、维哈等人的著作传教士都拒绝介绍或很少介绍”，他们讲的是由经院哲学支配的东西，其目的是为神学服务的。

（四）辩证分析当时的主流观点，指出了其中的缺陷和逻辑错误

新中国成立后，一切反对民族压迫的斗争都是正义斗争的观点得到了更多的强调和重视，由此产生的一个疑问是，如果肯定反对满洲贵族的民族压迫是正义的，那么如何去评价带有一定满洲贵族特权统治色彩的清朝前期统治？刘大年先生作了辩证、客观的分析：“满洲贵族在全国建立起统治特权的过程也是以暴力实行民族压迫的过程。反对这种压迫的斗争是必要的和正当的。但是清政权在全国的统治既经确立，满族与国内其他各民族的壁垒，首先是汉族与满族的壁垒便趋向瓦解，直至彼此融合，这对中国历史的发展具有更深刻、更长远的影响。必须承认这是康熙和清代前期的统治一项重要的贡献。”在这里，刘大年先生既肯定了清初反抗民族压迫斗争的正当性，又强调在全国统治确立后康熙瓦解满汉壁垒以促使彼此融合的努力是对中国历史的一项重要贡献。

对于清朝“闭关自守”问题，多数的观点认为，清朝的闭关锁国导致了清朝落后和鸦片战争中的被动挨打。对此，刘大年先生也作了辩证的分析：“对外闭关如果是指清朝的统治使中国照旧保持封建经济的落后状态，孤立于正在兴起的资本主义世界之外，当然事实就是如此。但通常讲闭关自守，主要是指清政府对西方采取了排斥的态度，是一种指责。其实正是这一点上它具有积极的意义。”还指出，“康熙的对外斗争具有反殖民主义性质”，一个统一繁盛的中国使西方早期殖民势力受到遏制，延缓了对中国和亚洲邻近国家的侵略。这些看法表明了刘大年先生对康熙研究的深邃和独到。的确，康熙的国家安全意识是十分强烈的，也在海防方面作了他所力所能及的布控，尽管以前的人们较少注意到或者有意忽略了这一点。康熙五十五年（1716），在讨论海防问题时，康熙对大学士、九卿等发出了如此警告：“即如海防，乃当今之要务……海外如西洋等国，千百年后中国恐受其累，此朕逆料之言！”① 康熙何其远见！真是一语成谶，百年后的事实证明了他的判断是正确的，只不过令康熙想不到的是灾难来得如此之快！

二、《论康熙》对清史研究的启示

（一）追求真理，冷静思考，客观评判清朝历史地位和清史中的重大问题

刘大年先生的《论康熙》是在大量研究基础上，经过宏大史观的理论思辨与探微索隐的冷静思考而形成的具有很强的现实针对性的典范之作。此前对康熙及其清朝前期统治的评价，不仅有国外、旧史家的复古倾向的赞美，也有同盟会时代的资产阶级对康熙的“一笔骂倒”，更有著名的马克思主义史学家郭沫若先生在《甲申三百年祭》中所表达的清人入关及随后发生的二百六十余年的清朝统治是一场异族统治中华的灾难的基本观点，郭老的观点及其政治学术地位使这个问题的讨论变得更加困难。更为严重的是，20世纪50年代，以苏联历史学家齐赫文斯基为首的一些人把清朝看作是外族入侵后建立的统

① 《清实录》第六册第二七〇卷，康熙五十五年十月“壬子”条，中华书局1985年版，第650页。

治，而在此之前的半个多世纪里，日本学者也曾持有该论断。应当说，在这个问题上，无论是日本学者还是苏联学者，强调清朝是外族入侵建立的政权都有其险恶目的，是为其本国侵略东北或重新划定边界以及解决领土纷争制造舆论，作为新中国的历史学家必须就清朝统治的性质、地位以及正统性作出明确回答，再也不能如同资产阶级革命初期因盲目反满排满而使自己在边疆、领土、民族等方面陷于被动，甚至给国家领土完整和民族团结造成无可挽回的损失了。正因为此，刘大年先生才在充分占有资料的基础上，以马克思主义为指导辩证分析了康熙及其所处时代，得出了辩证、客观的结论。

刘大年先生撰写该文时正处于马克思主义教条化比较严重的时期，“以阶级斗争为纲”，片面强调“人民群众是历史的创造者”，对历史上的帝王尤其是边疆少数民族的领袖人物的作用不能给以客观评价，在这种人物评价“一边倒”的声浪中能够站出来历史地、客观地评价康熙和清前期的统治实在难能可贵。刘大年先生对康熙和清前期统治的评价至今仍然具有十分重要的现实意义和学术价值。“新清史”的代表“从满族人的视角写满族人的历史”，实则是依照过去日本学者的理路来研究清朝历史，得出的结论自然会偏离中国的大历史观，使问题走向另一面，这应当引起人们的注意。也有学者过高地估价了当时社会经济中资本主义萌芽所达到的程度，用“世界的眼光”、比较的方法“发现了”西方在同时期所达到的社会发展水平和中国在同时期所失掉的发展机会，认为康雍乾时期正是使中国落后于西方的关键时期，把鸦片战争后中国遭受列强欺凌的根本原因归结为康雍乾诸帝没有发展资本主义。事实上，康熙本人是那个时代最为开放、对科学技术最为敏锐的仅有的几个人之一，但正如刘大年先生所说，康熙能否发挥应有的活动力量是由历史所提供的客观环境决定的，当时的社会经济发展状态没有为康熙王朝向资本主义变革提供推动力或提出客观要求。同时，保守落后的罗马教廷在康熙时期通过“中国礼仪之争”所展现给清廷的是愚昧无知和对中国文化的傲慢无礼，再加上由于信息传达手段的落后造成的信息不对称，无法使雄才大略的康熙帝像沙俄彼得大帝一样为“中国进入近代化国家多少作一点贡献”，这是当时的历史条件和中俄的地缘差异等因素所决定的。

（二）辩证地看待清初的人物和事实，是刘大年先生运用马克思主义理论解决历史评价问题的典范

例如，正面评价了康熙和清朝前期的统治，是否意味着要否定反满的民族斗争？刘大年先生这样回答了这个问题："事情并不是这样的逻辑关系：肯定了康熙的统治和清代前期的历史地位，就应当一律否定清代历史上的反满运动；或者是相反，反满运动既有革命性，康熙的统治、清代前期的历史就是倒退的，应一概否定之。"这一辩证看待历史人物、客观评价历史的方法直到今天仍然具有重要的指导意义。如今学界普遍已不再敌视或贬低清朝统治，相反，有时又过高地评价清朝统一中国的作用，过高地估计和赞美"康乾盛世"。特别值得注意的是，因为认定清统一中国是历史必然，便对一切抗击清军的民族反抗斗争持否定态度，认为像史可法这样的抗清者是逆历史潮流的不识时务者，而对洪承畴、吴三桂这样的"顺应了历史潮流"的"识时务者"大加赞赏。如此臧否人物，既不是辩证地看问题，也不是历史地看问题，相比 50 多年以前刘大年先生的人物评价思想方法，显得肤浅得多。

刘大年先生对于清朝"闭关自守"的分析，今天读来仍耐人寻味。纵观人类发展和世界历史，在强盗面前，任何文明、善良和爱好和平的人们都是弱者，在来势汹汹的殖民势力面前，一切文明古国和非殖民主义国家皆有沦为殖民地的危险。因而，不能因为在 19 世纪遭受了列强的欺凌就认定自己的社会政治、生产关系、思想文化一概落后于西方。事实上，近 100 多年来，一部分中国人曾经走入"反传统"的误区，全盘否定中华传统文化，未能依照马克思主义扬弃传统文化的科学态度传承和创新民族文化。今天，在复杂多变的国际环境和文化多元背景下，更应当辩证分析和深刻反思中国历史特别是近代史上的社会、制度、国策、思潮、文化，吸取历史的经验和教训，为传承和弘扬中华优秀传统文化、走出一条中国特色的国家治理之路提供更坚实的理论依据。

刘大年与学术组织工作[①]

赵庆云

刘大年学术事业的根基无疑在中国科学院(1977年成立中国社会科学院)近代史研究所。他与近代史所颇有渊源。近代史所承接延安史学机构之脉络，并直接以华北大学历史研究室为班底。[②] 刘大年 1947 年任北方大学历史研究室副主任，1948 年任华北大学历史研究室副主任，为范文澜所倚重，1950 年 3 月 20 日已被内定为近代史研究所副所长。[③] 但他此时因病休养，副所长职未正式宣布。

中科院建院之初，党员学者极为匮乏，刘大年乃被委以重任。1951 年冬开始工作，先后任中科院党支部副书记、中科院思想改造学习委员会党组副书记，为中科院思想改造的实际领导者。[④]1953 年 4 月 10 日，被任命为中国科学院编译局副局长；12 月 3 日，被确定为近代史所副所长。[⑤]1957 年范文澜提出希望减轻行政工作负担以便专心写书，刘大年遂以副所长名义，担任近代史研究所领导小组组长，此后长期实际主持所务工作。[⑥]

---

① 原载《近代史研究》2015 年第 1 期，第 29—36 页。——编者注

②1949年以前中共史学研究机构的传承脉络：1938年5月5日成立马列学院历史研究室——1941 年 9 月更名为中央研究院中国历史研究室——1947 年 8 月北方大学成立历史研究室——1948 年 8 月成为华北大学历史研究室。此 4 个研究室一脉相承，机构设置以范文澜为依归。

③《竺可桢全集》第 12 卷，上海科技教育出版社 2007 年版，第 55 页。

④ 刘大年:《自传》(1956 年 1 月 25 日); 王德禄、尉红宁:《关于思想改造运动——刘大年先生访谈录》，中国科学院院史文物资料征集委员会办公室编《院史资料与研究》1992 年第 1 期，第 28 页。

⑤《竺可桢日记》第 3 册，科学出版社 1989 年版，第 399 页。据王玉璞回忆，刘回近代史所任副所长“是乔木的意思，他看了《科学通报》发了一通议论，历史学家当这个主编是岂有此理。当时范老确实要找个管理所务工作的得力助手”(2003 年 6 月 23 日采访王玉璞记录，朱薇采访)。此说无其他文献可以佐证，不过从其与近代史所渊源看，刘确为辅佐范文澜之合适人选。

⑥《干部履历表》，中国社会科学院近代史所藏。

1950 年 9 月，郭沫若在中科院第二次扩大院务会议上提出，中科院“是全国最高的科学研究机构，它的使命不仅是领导其本身所属的各研究所的研究工作，并且应该把全国各方面的科学研究工作和科学研究工作者有计划地有系统地组织起来，领导起来”[①]。近代史研究所作为国家级史学研究机构，自然也被寄予引领学术发展的期望。长期作为近代史所实际主持者的刘大年，则被视为建国后史学界的“无冕之王”“中共史学界的发言人”[②]，居于相当关键的位置。学术管理、组织工作无疑是刘大年学术人生的重要组成部分。

一、团结整合“旧派学者”

“十七年”史学整体来说，体现出“破旧立新”的思维模式。马克思主义史学的主导地位，正是通过批判“旧史学”而得以确立。中共学者在所谓“旧派学者”面前盛气凌人、以征服者自居的例子并不鲜见。[③]相对而言，刘大年则能较好地把握中共知识分子政策，避免简单粗暴。此点在其 1951 年实际主持中科院思想改造时已可见端倪。[④]

中科院率先建立近代史研究所，而未成立涵盖全面之历史研究所，范文澜既有发展中国近代史这一薄弱领域之用意[⑤]，更有不涉“旧史学界”中人以避免人事纠纷的考量[⑥]。但因青年人员研究能力难免欠缺，范氏排斥“旧史学”人员的构想在现实中亦不能不作出调整。金毓黻、聂崇岐、王崇武、罗尔纲、

① 中国科学院办公厅：《中国科学院资料汇编（1949—1954）》，1955 年编印，第 188 页。

② 赵俪生：《篱槿堂自叙》，上海古籍出版社 1999 年版，第 131 页；章群：《中共早期的历史研究工作》，学海出版社 2000 年版，第 31 页。

③ 从成仿吾对陈寅恪（赵俪生：《篱槿堂自叙》，第 137—138 页）、尹达对顾颉刚（顾潮编著：《顾颉刚年谱》，中国社会科学出版社 1993 年版，第 353 页）的例子即可见一斑。

④ 汪敬虞：《记忆犹新的回忆》，《近代史研究》2000 年第 6 期，第 5、6 页。

⑤ 蔡美彪：《严谨务实 淡泊自甘——一代史学宗师范文澜》，《社会科学管理与评论》1999 年第 1 期，第 63 页。

⑥ 据蔡美彪回忆：对于成立历史研究所，范老有所顾虑，“因为国民党政府统治下的历史研究单位很多，人事关系很复杂，思想倾向也不一样。如果接收这些人，就需要用很大精力去处理这些人事关系，很难办。旧史学界搞近代史的人很少，成立近代史所，研究近代以前的学者我这都不吸收。如果把旧史学界的学者吸收进来，就难免会有人事纠纷”。2011 年 8 月 6 日蔡美彪先生访谈记录，赵庆云采访。

张雁深、张遵骝、朱士嘉、孙瑞芹等“旧派学者”先后进入近代史所。

刘大年主要从促进学术着眼，与这些来自“旧史学界”的学者相处较为融洽，力图发挥他们史料编纂、考订、翻译之长。王崇武生前“经常对人感念近代史所学术空气的浓郁和范老与大年同志对他的关心和重视，使他有一个得以施展才华的学术环境”①。金毓黻建国之初供职于北大文学研究所时，其中国史学史研究遭受冷落而心灰意冷②；1952 年入近代史所后欲修订、重版《中国史学史》，却得到刘大年的支持③。金毓黻在日记中表露：“我往日喜作历史研究，但未能如愿，直至年届六十以后，进入科学院历史研究所第三所（近代史所——引者注），乃得称心如愿，因而视所为家”，认为“本所学术空气及环境甚佳”。④

随着政治氛围日趋激进，1958 年全国上下掀起批判“资产阶级学者”的“史学革命”风潮，近代史所却较少受到波及。如聂崇岐 1952 年在燕京大学时作为“三反”对象受到粗暴批判，入近代史所后，1958 年的“史学革命”中他惴惴不安，对段昌同说：“士可杀不可辱，如果把我拉到台上去批斗，甚至罚跪，我宁愿去死。”而他及其他“旧派学人”并未受到冲击。⑤这诚然不可忽视范文澜的作用，但刘大年作为近代史所实际主持工作者亦相当关键。

这些旧派学者在建国后大多谨小慎微低调处事，努力融入新时代，但在当时“左”的大环境下仍难免被贴上资产阶级学者的标签而另眼相待。1958 年整风补课中，刘大年也因“迁就”“旧派学者”而受到不少近代史所青年的批评：“我所自成立以来，吸收了一些〖有〗学者［术］专长的资产阶级知识分子，但是如何正确地对待，这不是没有问题的。总的说来，是照顾多而近于迁就，教育少而近于自流”；张雁深“自搞一套，从事他的‘法国侵华史’的研究……领导上明知这种情况，但是听之任之，并不作积极处理，帮助张先生在研究工作上纳入正确的方向”；“希望领导检查政治挂帅究竟到什么地

① 汪敬虞：《记忆犹新的回忆》，《近代史研究》2000 年第 6 期。

② 杨翼骧：《中国史学史讲义》，天津古籍出版社 2006 年版，第 206、226 页。

③ 金毓黻：《静晤室日记》，辽沈书社 1993 年版，第 6948、6958 页。

④ 同上书，第 7537、7354 页。这些话自然带有时代印痕，但也多少反映了其心曲。

⑤ 段昌同：《逝水飞尘二十年——忆聂崇岐先生》，《学林漫录》第 8 集，中华书局 1983 年版，第 73 页。

方去了”。[①]

在不少文字叙述中，刘大年被定格为“左”的形象，在史学界的政治斗争中颇为醒目。但实际上可能并非如此简单。揆诸史实，他在学术组织与管理中，并未贯彻阶级斗争思维，而展现了其相对宽厚的一面。

1958年后，史学思潮日趋激进，刘氏也保持了相对清醒。他以编撰多卷本《中国近代通史》为压倒一切的学术目标，“对新事物缺乏热情，对‘大跃进’以来史学界的新气象表示冷漠。例如对于各地大搞公社史、工厂史、乡土史等很少发表意见”[②]。“《嵖岈山人民公社史》是直接研究当前政治问题、直接为当前政治服务的一本书，是组织本所大批人力编写的，可是大年同志对这本书一直是淡漠的”[③]。对于毛泽东亲自发动的“四史运动”，他实际上也消极对待，“原来搞业务的，都未触动”[④]。他被尖锐批评为“没有把我们所看成是党在思想战线上的一个战斗组织，在他的心目中，实际上是把我们所看成是一个可以脱离斗争、至少是暂时可以少参加一些战斗的关门提高的学术研究机构”[⑤]。

窃以为，学术与政治的紧张关系在刘大年身上时有体现。在当时政治笼罩一切的氛围下当然不可能不讲政治，但同时也不能因此放弃学术。如何在二者矛盾时寻求平衡，对于学术管理者无疑是不小的考验。如前所述，刘大年在学术管理中并未一味贯彻“左”的教条，而有相对务实的举措，其根本原因还在于他深知，作为一个研究机构，归根结底还得有学术成绩。如他自己所言：“研究所要存在，必须做几件有分量的工作，‘报得出账来’。”[⑥]

---

①《整风补课资料》（1958年），中国社会科学院近代史研究所藏。

②《关于刘大年同志在学术路线方面的初步材料》（1959年），中国社会科学院近代史研究所藏。

③“刘大年材料”，《整风补课资料》（1958年），中国社会科学院近代史研究所藏。

④2010年12月3日张振鹍先生访谈记录，赵庆云访谈。

⑤《关于刘大年同志在学术路线方面的初步材料》（1959年），中国社会科学院近代史研究所藏。

⑥《（刘大年）关于研究工作方针路线问题的检查》（1959年），中国社会科学院近代史研究所藏。

二、强调集体撰著

马克思主义史学本有浓厚的通史情结，集中力量撰写《中国近代史》成为近代史所孜孜以求的目标。起初设想协助范文澜续写《中国近代史》；1956年决定将全所人员分成三组，另起炉灶编写 3 卷本《中国近代通史》（100 万字）；1957 年复将原来的三个组整合为近代史组，由刘大年主持其事。1959年郭沫若主编的《中国史稿》第四册（1840—1919）分配由近代史所承担，刘大年组织近代史所的主要研究力量，历时近两年完成《中国史稿》第四册。之后继续撰写多卷本《中国近代通史》，但因书稿在"文革"中被毁，此项工作不了了之。1972 年刘大年复组织人员，着手将《中国史稿》第四册扩充后独立出版。[①] 而至 1984 年出版的《中国近代史稿》1—3 册，仅写到 1901 年，举众人之力历时数十年，中国近代通史著作仍未竟其功。这种集体撰著模式也因此受到质疑和指责。[②] 但应看到，建国后集体撰著模式的强化，乃时代大环境使然。[③]

集体撰著模式曾是延安史学形成的传统，且已显露其局限。《中国通史简编》最初即为马列学院历史研究室人员集体编写，范文澜回忆："由于缺乏集体写作的经验，对如何编法没有一致的意见，稿子是齐了，有的太详，有的

① 据《历史研究所第三所一九五六年研究工作计划☒附件》，中国社会科学院近代史研究所藏；2008 年 1 月 15 日张振鹍先生访谈记录，赵庆云访谈。

② 中国社会科学院近代史研究所编:《回望一甲子——近代史研究所老专家访谈及回忆》，社会科学文献出版社 2010 年版，第 89—90、102、134—135 页；李卫民:《晚岁忆师友——章开沅教授访谈录》，《晋阳学刊》2012 年第 5 期。

③ 有必要指出的是，傅斯年及其领导的中研院史语所，亦极强调"集众的工作"。傅氏指出:"历史学和语言学发展到现在，已经不容易由个人作孤立的研究了，他既靠图书馆或学会供给他材料，靠团体为他寻材料，并且须得在一个研究环境中，才能大家互相补其所不能，互相引会，互相订正，于是乎孤立的制作渐渐的难，渐渐的无意谓，集众的工作渐渐的成一切工作的样式了。"（傅斯年:《历史语言研究所工作之旨趣》，《史料论略及其他》，辽宁教育出版社 1997 年版，第 49 页。）但傅氏所主张的集众研究，强调的是学人之间相互协作、交流、砥砺。史语所学人的学术论著多为个人专题研究之成果，其实际科研组织模式与建国后所强调的集体撰著迥然有别。

太略，不甚合用。组织上叫我索性从头写起。”[①] 范氏 1943 年撰写《中国近代史》时，即吸取教训而独力承担。[②]

近代史所建所之初，研究人员多依自己兴趣从事研究，个人专题研究一度颇为兴盛。陶孟和在 1951 年总结时提出批评：“近代史的工作，需要加强计划性，并且要坚持计划；也需要加强集体性，过去个人写专题论文的工作法，没有能够表现出集体的力量来。”[③] 在 1949 年后的意识形态中，集体主义被赋予崇高的道德价值，个人价值受到压抑，学术研究工作自然也不例外，1951 年郭沫若在中国史学会成立大会所作报告中，就将“从个人兴趣出发”转向“集体研究”作为新史学的根本转向之一。[④] 加之直接受苏联经验的影响[⑤]，近代史所的集体撰著模式日趋强化，且具示范意义，1955 年经济研究所严中平即致函刘大年请教近代史所集体编写的经验[⑥]。

刘大年是近代史所集体撰著的主要组织推动者。不过对于集体撰著与个人专题研究之间的矛盾他也有所认识。他曾提出：“对于集体研究工作，必须在思想上加以重视，但决不能对每个人死板要求，因而限制了创造性”[⑦]；“假如不发展个人研究，科学就不能发展，甚至等于取消研究所”[⑧]。1959 年仍强调，“个人独立钻研、独立思考和集体的关系不能对立起来，要结合”[⑨]。虽然不乏辩证认识，但终究还是落在集体研究之上，1959 年刘大年明确表示：

---

① 范文澜：《关于中国历史上的一些问题》，《范文澜历史论文选集》，中国社会科学出版社 1979 年版，第 17 页。

② 蔡美彪：《〈中国通史简编〉重版前言》，《学林旧事》，中华书局 2012 年版，第 108 页。

③《陶孟和副院长报告社会科学四所的工作情况》，中国科学院档案馆藏，中科院院档 51/2/7。

④ 郭沫若：《中国历史学上的新纪元》，《进步日报》1951 年 7 月 29 日。

⑤据苏联经验：“如果不做集体工作，就不容易在理论上提高，要用集体工作来总结个人研究的成果”；“个人的研究一般要靠集体讨论”。《中国科学院访苏代表团资料汇编》（内部材料），第 183 页。

⑥《严中平来函》（1955 年 3 月 27 日），王玉璞、朱薇编《刘大年来往书信选》（上），中央文献出版社 2006 年版，第 109 页。

⑦ 刘大年：《历史研究所第三所的研究工作》，《科学通报》1954 年第 8 期，第 44、53 页。

⑧ 刘大年：《历史专科报告》，内部发行。

⑨ 李瑚日记，1959 年 9 月 27 日，未刊手稿。

"我所一直是强调集体研究……依靠集体我没有动摇过。"[①]张振鹍后来回顾：近代史所"强调集体性，集体研究、集体写书，不提倡个人自由选题做研究，反对'单干'"[②]。

进行集体研究实际上相当不易。一方面，主持者的作用至为关键。作为主持者必须有一定学术水平，对全书的框架结构成竹在胸；还须有明确的写作思路。同时，具体组织形式也颇有讲究，近代史所也在不断摸索调整。在1961年就集体写书进行调查，对此前作法有所反思："关于集体写书的组织形式，不少同志认为集体工作人数不宜太多……如何组织力量是个细致复杂的工作，需要了解每个人的长处，分配适当的任务，同时也应当有分工。有人负责写，有人负责收集资料和研究专题……由于工作范围只局限于自己的小专题，知识面很窄，搞了几年连中心也抓不住，在讨论时由于对彼此的专题不熟悉，也往往流于形式。"[③]

因近代史所过于强调集体攻坚，带来负面后果，甚而被认为束缚学术研究的关键因素。一般认为集体撰著其弊有二：一是集体写书缺乏效率；二是导致个人科研成果匮乏。这一体制性的问题，还值得进一步深究。

首先，通史撰著须以专题研究为基础，这在近代以来渐成学界共识。傅斯年认为："通史非急速可讲，须各家治断代史专门史稍有成绩，乃可会合成通史。"[④]刘大年主持编写《中国近代通史》难竟其功，其症结可能更在于近代通史撰著同整个学界的近代史研究水平息息相关。20世纪50年代，近代史学科处于草创阶段，整体研究水平尚低。而近代史所编撰《中国近代通史》悬以高的，因缺少既有的研究成果可资凭借，乃主要依赖于其团队成员分头从原始资料入手进行专题研究[⑤]，相较于主要整合学界既有成果的通史编纂，近代史所坚持的取径自然不易见功。

①《大年同志作关于学术方针路线的检查报告》(1959年11月23日)，中国社会科学院近代史研究所藏。

②张振鹍:《毕生的幸运》,《回望一甲子——近代史研究所老专家访谈及回忆》，第673页。

③"关于集体写书问题",《近史所调查意见》(1961年5月8日)，中国社会科学院近代史研究所藏。

④钱穆:《八十忆双亲 ☒ 师友杂忆》，台北东大图书公司1983年版，第149页。

⑤参与其事的张海鹏指出:"那个时候写通史，分工以后，每个人都是从头做起……每个人要写的话都要从收集原始资料开始，一个问题一个问题的弄，非常慢。"2007年3月25日采访张海鹏先生记录，赵庆云采访。

其次，史学研究本质上属于一种个性思维的创造性活动，过于强调集体撰著确会抑制个人才能的发挥，一些学人的才华与心血就在集体项目的周旋中被消磨。"文革"前十七年间，近代史所学人个人学术成果较少。当时近代史所内部对"集体写书"模式也有反思。中科院社会科学学部派刘志琴来近代史所调查，"发现所里很多人有怨言，认为集体写书拖了中青年的后腿，大家跟着一个人弄一本书，一拖就是多少年"①。或许是迫于群众的呼声，在"1963—1972 年十年规划报告"中提出：完成重点项目，"其方式可以是集体写作，但以意见一致、自愿结合为原则；也可以是个人写作"②。

但近代史所在"十七年"间之所以个人学术成果较少，笔者以为还须注意到中国近代史相对特殊的学科属性。它固然与具高度政治性的中共党史、中国革命史有所区别，但在"史学研究为现实政治服务"的总体导向下，中国近代史与意识形态一定程度具有同构性，其根本目的在于为论证新中国政权的合法性添砖加瓦。相对于古代史而言，对中国近代史展开真正意义的学术研究之空间也相对逼仄。据王来棣回忆："当年我写了一篇无政府主义的历史，我的观点同陈伯达的观点不一致，结果就变成好像犯了错误……后来将我开除党籍，这篇文章也成了我的罪名。他们说无政府主义是反动思潮，我这篇文章肯定其有积极的一面，与主流思想不符。我很生气，把这篇文章烧掉了……我写半天，还挨了一顿批。后来我就不写了。"③

"十七年"间兴盛一时的集体撰著模式，受到广泛批评。但实际上，集体撰著并非一无是处。李瑚回忆：他所在经济组，"当时一般都是分写，写出提纲，集体讨论"，因而经常开会讨论，互相提出批评意见，能得集思广益之效。④且进行大型课题研究，集体撰著模式仍为不二之选。一个研究机构如果没有若干具有代表性的大型著作，终归为一件憾事。检视近代史研究所 60 余年的发展历程，令海内外学界瞩目的可能还属集体撰著的大型著作。

---

①左玉河访谈、李彬彬整理：《刘志琴女士访谈录》，《回望一甲子——近代史研究所老专家访谈及回忆》，第 135 页。

②《关于近代史研究所 1963—1972 年十年工作规划的报告》，中国社会科学院近代史研究所藏。

③2010 年 9 月 30 日王来棣先生访谈记录，赵庆云访谈。

④李仲明、吴敏超、赵庆云访谈整理：《李瑚先生访谈录》，《回望一甲子——近代史研究所老专家访谈及回忆》，第 203 页。

时至今日，集体撰著模式也不能说完全过时。一些规模浩大的项目非集众之力难以为功，但其组织方式有所改进：各人承担的部分有明确界定，个人文责自负，约略类似于承包责任制。这种协作模式，其效率有相当提高，却也产生新的问题：各部分编写者自由度增加，体例风格难以统一，整体难以真正贯通，从而导致著作缺乏系统性。集体研究、写作的模式如何更臻完善，目前似乎还在探索之中，考验着学人的智慧。

三、领导组织学会

在现代学术体制中，组织学会、召开学术会议对于学术研究的引导与促进作用不言而喻，刘大年对此也颇为重视，并在重建中国史学会，组建孙中山研究会、抗日战争研究会的过程中发挥了重要作用。

中国史学会正式成立于1951年7月28日。此后直至“文革”，中国史学会均由范文澜实际主持工作，在整合史学界力量、组织编纂出版《中国近代史资料丛刊》、举行学术会议等方面多有建树。[①]

1966年“文革”爆发后，一切均脱离常轨，中国史学会自难幸免。“文革”结束后，重建中国史学会被提上议事日程。1979年冬，胡乔木访问罗马尼亚，罗马尼亚领导人提出希望中国1980年派历史学家出席在布加勒斯特举办的第15届国际历史科学大会。胡乔木认为应以中国史学会名义组团出席，遂委托梅益（时为中国社会科学院秘书长）、刘大年负责史学会重建工作。1980年1月15日，中国社会科学院召开关于重建中国史学会座谈会。刘大年提出：中国史学会重建需要通过召开全国代表大会这一合法程序，选举新一届理事会，还应精心组织学术活动。其方案得到与会者赞同。[②]是年4月8—12日，中国史学会在北京京西宾馆举行重建大会，刘大年当选为中国史学会理事会主席团成员[③]；此后，他还在1983年当选中国史学会第三届理事会主席团成

① 参见蔡美彪《范文澜与中国史学会》，中国史学会秘书处编《中国史学会五十年》，海燕出版社2004年版，第611页。

② 参见王玉璞《刘大年与中国史学会》，《中国史学会五十年》，第619—620页。

③ 参见《中国史学会五十年》，第18—49页；《刘大年来往书信选》（下），第723—724页。

员，直至 1988 年 7 月，因年事已高请求不再参与史学会工作。[①]

1980—1983 年是中国史学会恢复活动的起步阶段。虽然当时采取主席团制，刘大年只是五位主席之一，但他实际上发挥了无可替代的主导作用。[②] 此期间在刘大年的领导推动下，史学会开展了诸如组团出席第十六届国际历史科学大会、举办学术会议、编纂《中国历史大辞典》、编辑《中国历史学年鉴》等一系列卓有成效的学术活动。后来考虑到“轮流执政”的主席团制影响效率，刘大年推动改革中国史学会的运作机制，将之明确挂靠在近代史所，由历史所、近代史所、世界史所各出一人组成日常办事机构；改主席团制为会长制。[③]

为促进孙中山研究，1983 年根据中央关于由中国社科院牵头筹备成立一个全国性的孙中山研究学术团体的批示，着手筹建孙中山研究会，刘大年任筹备工作领导小组副组长。[④] 他就研究会的方针、任务、组织机构、理事及负责人选等提出多项具体建议，并主持起草了研究会章程。1984 年 1 月 16 日孙中山研究学会宣告成立，胡绳任会长，刘大年任副会长。[⑤]

抗日战争史研究热潮肇始于 20 世纪 80 年代中期，经过数年发展已具独立分支学科之雏形。20 世纪 80 年代末，海外华人华侨亦敦促国内成立日本侵华暴行研究会。胡乔木对此非常重视，提出由刘大年出面牵头组织“抗日战争史研究会”。[⑥] 但学界一般以“研究会”命名二级学会，张海鹏乃建议改名为“抗日战争史学会”。此后因国内外政治形势的变化，筹备工作迟缓。1990

① 刘大年:《致戴逸等》(1988 年 7 月 27 日),《刘大年来往书信选》(下),第 496—497 页。

②这可能有两个原因,一因刘氏个人的资历声望;二因中国史学会上级主管单位为中国社科院,其他主席团成员郑天挺、白寿彝、周谷城、邓广铭均任职高校。

③《中国史学会五十年》,第 101—106、117 页。后来实际上由近代史所承担中国史学会的日常工作。

④王玉璞回忆:孙中山研究会的成立是民革提出来的,最后落实到社科院。见 2003 年 6 月 20 日采访王玉璞记录。成立此会有两个意义，一是对研究中国近代史的意义，二是建立和加强与台湾学术界的联系、交流方面的意义。参见金冲及《刘大年同志与孙中山研究学会》,《近代史研究》1995 年第 5 期。

⑤《第三届理事会工作报告》《中国国民党“一大”六十周年学术讨论会暨孙中山研究学会成立大会在北京举行》,《中国史学会五十年》，第 96、334—336 页。

⑥《胡乔木来函》(1989 年 8 月 30 日),《刘大年来往书信选》(下)，第 532 页。

年，刘大年多方联络，最终落实经费问题。[①] 历经曲折，抗日战争史学会在1991 年 1 月 23 日成立，并于是年 9 月创刊《抗日战争研究》。刘大年为会长、学术委员会召集人。[②] 抗日战争史学会的成立与《抗日战争研究》的创刊，引起国内国际的广泛关注，海外华人率多视为莫大之盛举。美籍华裔史家唐德刚 1992 年春节致函刘大年："抗日战争史学会在先生领导下，必成将来世界史中之显学。"[③]

成立学会的宗旨，即在于促进学术交流，召开学术讨论会为现代学术交流的重要方式。刘大年对学术讨论会的重视由来已久。他在 1954 年的总结中提出："只有创造性的讨论，自由的批评，科学才能够发展……而学术讨论会则应当是一种重要的方式……要下定决心，把学术讨论会开好。"[④] 改革开放以后，政治环境趋于宽松，以学会为平台组织大型学术讨论会对促进新时期的近代史研究居功甚伟。刘大年为之倾注了相当心力。

还在中国史学会正式恢复之前，刘大年已有举办纪念辛亥革命 70 周年讨论会的设想。他主要从两项工作着手：其一，确定会议主题。1980 年 2 月 1 日，刘大年邀请李侃、陈庆华、胡绳武等学者讨论会议议题，曾初步确定以"辛亥革命的性质和意义"为中心议题。[⑤] 同年 4 月 25 日，近代史所学术委员会举行会议，最终确定以"辛亥革命时期的中国资产阶级"为主题，力图"抓住资产阶级这个中心，组织讨论，把辛亥革命的研究推进一步"[⑥]。其二，论文征集。一方面慎重邀请海外学者，委托井上清推荐日本学人；请何炳棣推荐美国学人，何又与刘广京、徐中约反复商议。[⑦] 另一方面，对于国内论文征

---

①刘大年所藏报告及批示原件；《致胡乔木及复函》（1989 年 12 月，1990 年 2 月、3 月），《刘大年来往书信选》（下），第 546—549 页；《致胡乔木、李鹏》（1990 年 10 月 15 日），《刘大年来往书信选》（下），第 563—565 页。

②《中国抗日战争史学会在京成立，〈抗日战争研究〉即将创刊》，《近代史研究》1991 年第 2 期。

③《唐德刚来函》（1992 年春节），《刘大年来往书信选》（下），第 601 页。

④刘大年：《历史研究所第三所的研究工作》，《科学通报》1954 年第 8 期，第 42—43 页。

⑤《纪念辛亥革命七十周年学术讨论会筹备会议纪要》，纪念辛亥革命七十周年讨论会档案，中国社会科学院近代史研究所藏。

⑥《关于举办辛亥革命七十周年学术讨论会的请示报告》（1980 年 4 月 28 日），纪念辛亥革命七十周年讨论会档案，中国社会科学院近代史研究所藏。

⑦往来信函均据纪念辛亥革命七十周年讨论会档案，中国社会科学院近代史研究所藏。

集评选，刘大年提出跳出熟悉的圈子，强调评选论文不照顾资历、名望、地位，以学术水平为唯一标准。他和胡绳率先示范，将其论文送交评选组；评选组成员的论文亦一律参加评选。也正因为此，一批名不见经传的中青年学者得以脱颖而出，会议论文水准较高。日本学者小野信尔誉之为“一个划时代的里程碑，它带来了中国学术研究的长足的进展”①；何炳棣评价曰：“武汉会议学术成果累累，国际学人相处融融泄泄，真可谓非常成功。”②

孙中山研究会一成立，首要工作是筹备孙中山诞辰120周年国际学术讨论会。在刘大年提议推动下，1985年召开“孙中山研究述评国际学术讨论会”，以明晰海内外孙中山研究现状，并确定以“孙中山和他的时代”作为孙中山诞辰120周年国际学术讨论会主题。1986年11月“孙中山研究国际学术讨论会”在广东举行，出版会议论文集《孙中山和他的时代》。此次会议将孙中山研究推向了更高水平，这也是刘大年两年苦心经营的结果。③此后关于孙中山的论著和档案史料专集纷纷涌现。孙中山研究会的推动功不可没。

中国抗日战争史学会成立后，连续参与主办了三次大型国际学术讨论会：1991年9月在沈阳召开的“九一八事变60周年国际学术讨论会”、1993年1月在北京召开的“第二届近百年中日关系史国际学术讨论会”、1997年7月在卢沟桥中国人民抗日战争纪念馆召开的“七七事变60周年国际学术讨论会”。刘大年担任这三次国际学术讨论会组织委员会主席，他不顾年高，亲自参与组织筹备工作。三次学术讨论会的成功召开，极大地推动了抗日战争史研究的繁荣发展。

既有的马克思主义史学史研究，多着眼于史学著作和史学思潮，对于学术组织管理之展开、史学体制之创建以及史学活动之进行，则甚少关注，乃至付诸阙如。就新中国成立后的史学史研究而言，超越批判或者捍卫的价值立场，充分挖掘史料，重返特定的时空语境，弄清前辈学人在学术与政治之间的实际作为，以展现马克思主义史学发展的丰富复杂性，或许才应是今后的努力方向。

---

①〔日〕小野信尔:《走向客观评价历史的时代》，华中师范学院辛亥革命研究室编《国外辛亥革命史研究动态》（第1辑），1983年，第140页。

②《何炳棣来函》（1981年11月16日），纪念辛亥革命七十周年讨论会档案，中国社会科学院近代史研究所藏。

③参见金冲及《中国史学工作的重要领导人》，《近代史研究》2000年第6期。

六、生平介绍

喜见涓滴入长渠

——《刘大年史学论文选集》译俄记述①

薛衔天

1991 年上半年，我在苏联科学院远东研究所作学术访问，正值该所所译《刘大年史学论文选集》编辑定稿阶段，《文选》俄译主持人远东研究所研究员贝列罗莫夫有些具体事情要与大年同志商量，但当时电传不通，书信往来，不仅枉费时日，而且容易丢失。于是他找到了我，让我帮忙。我也就成了这项中苏文化交流活动部分过程的见证人和一定的参与者。

大约那年 3 月初的一天上午，贝列罗莫夫约我在他办公室会面。他指着书案上摆满的译稿和中文版的《刘大年史学论文选集》说，这是所长季塔连科交办的任务，编译刘大年的史学文选，出版社催着出书，我要看译稿，做编辑加工，还得写篇前言。可我对刘大年生平知之不多，且不准确，我快急死了，请你帮帮忙吧！他还幽默地说，我们这些人是“工具”，你也当我们的工具吧。你能不能与大年取得联系，让他尽快写个自己的小传来，以便写前言时参考。事隔不久，他又请我转告大年同志，再补写个《致苏联读者》，收入《文选》，使苏联读者对他有更多的了解。

我住的苏联科学院宾馆，常有国内客人下榻，带信十分方便。我致函徐辉琪同志（近代史所科研处长），他很快就把事情办妥。那年 3 月 22 日，赴莫斯科开国际学术会议的陶文钊同志将“大年简历”带来。《致苏联读者》带到时已是 5 月中旬了。这时出版社催稿更急，于是贝列罗莫夫又把我请到他的办公室，让我协助他们把《致苏联读者》译成俄文。在办公室等候的还有《文选》主译者之一 H. 费奥克季斯托沃依先生，我们三人就开始译了起来。

《致苏联读者》讲清了《文选》俄译的来龙去脉，文字也不长，现照录如次：

---

① 原载《近代史研究》1998 年第 2 期，第 306—312 页。——编者注

致苏联读者

朋友们面前的这本小书，是我在不同时间里写的几篇文章的集结。1986 年 10 月，苏联科学院举办关于孙中山的学术讨论会，中国同行应邀出席。在一次座谈中齐赫文斯基院士、季塔连科教授，要我找一本自己的书译为俄文，介绍给苏联读者。他们两位的提议，使我后来拿定主意，出版了一部《刘大年史学论文选集》。这本小书也就沿用了那个名称。

中苏两国山水相连，文化学术交流久远，不用备述。俄国文学和学术著作译为中文的指不胜屈。苏联汉学家阿列克谢耶夫院士翻译过许多汉文书籍，人们叫他“阿翰林”，传为美谈。这部小书内容有限，却也不妨看作双方交流长渠中的一点一滴。

大家可能都同意，文化学术和经济领域的交往合作不一样。经济项目要求产生物资效益，并且要立竿见影。学术交流即使是很重要的项目，也只可以抱有一定的期望值，无法使用计量单位显示出它的效益。我们是在谈论社会历史学说。历史者，无休止的矛盾运动也。社会矛盾运动有多复杂，社会历史学说就有多复杂。其中栖居狭谷层崖的，以为平原千里不过是他人妄说；习惯于寒冬凛冽的，菲薄春和日丽，芳草芊芊。然而它们的矛盾对立，并没有成为人们追求历史客观运动认识所无法克服的障碍。相反，倒成了那种追求的必要条件。历史运动、客观世界是可以认识的，不同国家、民族间的观念、情感是能够沟通的。问题在于不能像《桃花源记》上“鸡犬之声相闻，老死不相往来”那样。我们应该打开门窗，让空气流通，来实现认识历史，认识世界和沟通各民族人民的观念、情感。学术文化交流和经济领域合作不同的现实价值，也许就在于此吧！

贝列罗莫夫与尼克苏两位教授翻译这本书付出了可贵的劳动，我向他们两位谨致谢意。①

刘大年

1991 年“五一”前夕　北京

---

①收入俄译本《刘大年史学论文选》中的《致苏联读者》，删去了最后一段对译者感谢的话，不能不说是一个遗憾。

这篇短文除了讲了俄译刘大年文选的由来，还提到了中苏源远流长的文化学术交流，特别论述了文化学术交流的特殊性及其意义，这些都引起了我们三人的兴趣。很自然，文中所提到的内容，也就成了我们三人在翻译过程中的话题。

贝列罗莫夫很健谈，讲一口流利的汉语，有浓重的苏北口音。他的中文名叫嵇辽拉。其父嵇直，江苏镇江人，是我党20年代的老党员，在苏期间与俄国妻子生嵇辽拉。后嵇直回国工作，嵇辽拉随母留俄。因有些家庭背景，嵇辽拉从幼年起就对中国文化产生了深深的爱恋。他在莫斯科大学东方学院毕业后，着力于中国秦汉史研究，获博士学位，曾任苏联科学院东方学研究所列宁格勒分所所长，是苏联颇有成就的汉学家。在主持翻译刘大年文选时，他是苏联科学院远东研究所资深研究员、研究室主任，正从事中国文化传统研究。当谈到这本俄译《文选》的由来时，他又说他是“工具”。

他说，你看，齐赫文斯基和季塔连科承担下来的活儿，由我们来具体干。我们是“工具”，工具是什么，就是奴隶嘛！翻译这工作也很苦，没名没利。你看尼克苏，他干了一辈子翻译，就想到中国去亲眼看看他所热爱的中国文化和现实的中国，可至今也去不了！

尼克苏就是前边提到的费奥克季斯托沃依的中文名。他个子不高，很瘦削，两眼有神，思路敏捷，对中文文献的熟悉程度令中国人也感到惊讶。在《致苏联读者》中提到的《桃花源记》，他能背出其中有关的句子，并能说出“老死不相往来”这一典故的原始出处。但为人谦和，沉默寡言。嵇辽拉那段关于翻译工作的话是用俄语讲的，看来主要是说给他听的（尼克苏中文口语不及嵇氏，听力也差一些）。尼克苏听了只是淡然地笑了笑，不住地吸烟。

我说，中文“工具”一词，俄文为“средство”，恐怕还有“中介”的意思。中介就是桥梁。刘大年不是说“不同国家、民族间的观念、情感是能够沟通的”吗，沟通就得借助于工具，或叫手段 средство，其实就是桥梁——мост，你们就是“桥梁”。毛泽东曾说翻译是移山填海，你们正做着移山填海的工作。

说到这里，两位学者都笑了。我们的话题也就转到了中苏文化交流方面。关于这一话题，他们给我讲了阿列克谢耶夫院士的一则逸事。

嵇辽拉告诉我，大年提到的那位阿翰林，其实，他的一生的大部分时间都用到翻译中国文化典籍方面。最能体现这位大院士人生价值、他自己最为珍视的也正是这方面的工作。他生前留下遗言，将孔子著名的格言“人不知而不愠，不亦君子乎”的中文原句刻在他的墓碑上。至今这些文字仍完好如初。

我们三人都沉默了，都为阿院士的精神所感动。我更为文化交流所产生的巨大力量所震撼，对文化交流的特殊意义也有了一点新的体会。民族间的情感是能够沟通的，但只有把对方的文化思想融于自身，两个民族的情感才可以说是真正沟通了。但翻译工作却是这一切的前提。瓦西里·米哈依洛维奇·阿列克谢耶夫（1881—1951）38岁就当选为苏联科学院院士，一生研究中国语言文学、中国考古学和文化史，发表著作多达260种，当然是俄国学术界的出类拔萃者。他所熟悉的哲人不知凡几，但他将孔子的格言作为修身之本，终身孜孜以求，至死不衰。之所以如此，恐怕就是因为中国的文化思想在很大程度上已化为他自己的思想意识。像阿院士这样致力于翻译、介绍中国文化学术的俄国汉学家真是指不胜屈！俄国人民也正是通过他们默默的工作认识了中华民族！这其中的价值怎可以用金钱来衡量呢！再看在座的嵇、尼二位学者，不正是像阿院士一样，正为介绍中国学术而尽心竭力地工作吗？我特意引尼克苏的话题，想听听他的见解。他依然不住地吸烟，仔细地琢磨译文，不时讲出他译好的句子。

就这样，我们边谈边译（其间，嵇辽拉还不时地接出版社打来的电话，交谈关于《文选》出版的具体事项），不到一个上午，《致苏联读者》就译完了。嵇辽拉告诉我，尽管经费紧张，纸张涨价，但这本书是重点书，会印得很好，不久即可印出，并让我转告大年同志。

《文选》的另一主要译者是刘永安教授。因总不凑巧，我始终未能见到他。他1916年出生于黑龙江省绥芬河市，主要从事中国近现代革命史研究，也是很有成就的华人汉学家。

那年6月底，我回国前夕，曾询问《文选》出版没有，想顺便带回几本。因出版遇到了问题，未能如愿。是年初冬，当时任近代史研究所副所长的张海鹏与徐辉琪二同志访苏，特向三位译者转达了所里的谢意，彼此相聚甚欢。但《文选》却仍然没有印出来。到年底，苏联解体了，我心想，《文选》的出版恐怕要功亏一篑了。

出乎我的预料，1993年冬嵇辽拉夫妇来我院作学术访问，将两本印好的《刘大年史学论文选》带到了近代史所。其出版时间是1992年，共209页，未标明出版册数。出版责编、编者和前言作者为贝列罗莫夫，译者为刘永安和费奥克季斯托沃依，刘永安还编了附录。收入《文选》的有《评辛亥革命与反满问题》（刘永安译）、《孙中山——伟大的爱国主义者与民主主义者》（刘永安译）、《孙中山与中华民国》（刘永安译）、《亚洲历史怎样评价？》（刘永安译）、《中国“全盘西化”说的历史答问》（费奥克季斯托沃依译）、《侯外庐与马克思主义历史科学》（费奥克季斯托沃依译）、《一个历史学家的地位》（费奥克季斯托沃依译）计7篇文章。

出这本《文选》，苏联史学界是将刘大年作为“中国杰出的马克思主义历史学家”介绍给苏联读者的。[①] 事情的缘起，除刘大年同志在《致苏联读者》中写的情况外，刘的《美国侵华简史》《美国侵华史》1953、1955年曾先后由苏联学者译为俄文出版。六七十年代中苏争端中，苏联报刊上常有对刘的批评，齐赫文斯基院士《我的一生与中国》对此即有记载，这一切也可能使一些学者对刘并不陌生。中苏两国关系日渐正常化，苏方的加快改善中苏关系的步伐在学术交流方面先行一步，这当然是更直接的背景。因此远东研究所对编译这本《文选》十分重视。但从1991年下半年起，苏联社会发生了急剧变化，到年底苏联解体，这本书也饱经了苏联解体的波折。首先在分量上被大大地压缩了（我见到最初收入俄译《文选》的目录，所收入的文章有十几篇），大部头变成了小册子，精装本变成了极普通的32开本。装订得也很匆忙，就在《前言》部分把页码搞错了。记得在刘大年同志会见贝列罗莫夫时，我曾对该书的印制提了些问题。大年同志打断我的话说：能印出来已经是很不容易了。这句话是公正的。当时苏联的情况，不用说出版外国学者的学术著作，就是出版本国著名学者的著作也是难上加难。这本书终于印了出来，真不知道远东所的有关学者们做出了怎样的努力！也正是他们的努力，使中苏两国源远流长的文化交流的长渠中又增加了一滴水！

去年我有幸再访莫斯科，兴冲冲地赶着去看令人敬重的尼克苏先生，还给他带了两条他喜欢的中国烟，谁知他已溘然谢世。这篇短文也是对他的一点小小纪念。

---

① 贝列罗莫夫为俄译《刘大年史学论文选》写的《前言》，见该书第5页，莫斯科科学出版社1992年版。

刘大年忆郭沫若①

刘　潞

我父亲刘大年从50年代初调入中国科学院，在郭沫若院长直接领导下工作，至郭老去世，前后二十七年，除“文化大革命”最初几年外，一直与郭老保持联系。在郭老的领导下，经历了建国后学术界的一些重要活动。父亲当年曾任中国科学院党组成员、学习委员会党组副书记、学术秘书处秘书、哲学社会科学部委员、学部党组成员、近代史研究所副所长等职，是科学院初创时期的成员之一。父亲至今还保留有郭老写给他的一批亲笔信和一些工作上的批件，此文即以这些信件为线索，结合父亲的回忆，记录一些从父亲与郭老交往中反映出的郭老为新中国学术建设所倾注的心血和有关情况。

在思想改造运动中

在父亲保存的郭老信件中，最早的一封是写于1952年6月的：

刘大年同志：

四位副院长的文章，我都看了。李副院长的Ⅳ、Ⅴ两章，文字再加润色，如得他同意，似可发表。其他三位的，觉得都有不便，在处理上望仔细斟酌。报告会何时可以召开？我在二十二三恐又须出国。我须领头报告，望于廿日以前连续召开。今晚八时如有暇，请约丁瓒、曹日昌等同志来我处一谈。

敬礼！

郭沫若

六、九

① 原载《百年潮》1998年第4期，第58—65页。——编者注

这是一封涉及中国科学院50年代初进行思想改造运动的信。

1951年，中共中央在全国知识界开展了一场思想改造运动。年底，科学院召开了思想改造动员大会，郭老在会上作了动员报告。整个报告洋溢着郭老在建国初期迸发出来的率领广大科学家自我改造，跟上时代，投身伟大祖国建设的热情。当时成立了“中国科学院研究人员学习委员会”，郭老任主任委员，李四光、竺可桢、吴有训、陶孟和四位副院长任副主任委员。下设办公室，父亲任办公室主任，专管思想改造运动的具体工作。这时他是近代史所研究员，算是暂时借到院部工作。

对于科学院的思想改造运动，党中央一直很关注。主管科学院的中宣部专门在院里成立了思想改造学习党组，派科学处副处长赵沨任书记，父亲任副书记。父亲一上任，便走访了副院长竺可桢、语言所所长罗常培、编译局局长杨钟健等老科学家，听取他们对思想改造运动的意见。可以说，当时中央的态度、郭老动员报告的基调以及学习办公室的具体做法，使科学院的思想改造在政策的把握上比较稳妥，与一些高校的做法有很大的差别。《竺可桢日记》曾记载（1952年7月14日）：“据刘大年交来思想改造计划，把检讨会分为三种，一种是副院长、厅局长的检讨，限于各所所长、副所长到会，不过二十人，第二种是各所所长、副所长检讨，限定所中研究员、副研究员及若干代表到会，第三种是对于突出的个别人，如×××之检讨，全院指定人参加。说明院中检讨和大学不同，是和风细雨。”

虽然如此，仍有人在自我检讨中将自己过去的功绩抹杀，而将错误片面夸大。当时四位副院长向学委会交上的检讨文章，有的也有此倾向。郭老前信中所说“李副院长的Ⅳ、Ⅴ两章，文字再加润色，如得他同意，似可发表。其他三位的，觉得都有不便，在处理上望仔细斟酌”，即指此事。了解了科学院思想改造运动的前后经过，再读此信，会感到这寥寥数语，充满了郭老对知识分子的关切爱护之情。

建立三个历史所

历史学是中国两千多年的传统显学，但是在科学院初创时，却只有考古（附设中国古代史）和近代史两个研究所。加上语言和社会研究所，社会科学方面也仅有四个研究所。不过，社科方面的人才却相当集中。1949 年新中国成立前夕，原中央研究院人文组的众多院士中，除胡适、傅斯年、董作宾、赵元任等十人赴台或滞留美国外，其余均留在大陆，而且“人心向院”。

史学界的情况更有自己的特点。如何发挥诸多非马克思主义史学工作者的作用和积极性，在当时成为一个比较突出的问题。

1953 年 9 月 21 日，中国历史问题研究委员会在北京文津街中国科学院院部举行第一次会议。党中央决定成立这个委员会，最初是由于高教部提出各地历史教学中有些问题无法解决，需要组织一个委员会来讨论。在会议讨论机构设置问题时，记录上说：“中宣部提议设立三个历史研究所，从远古到南北朝为第一所，以下为第二所，近代史所为第三所。这不是历史阶段的划分，是工作范围的区别。第一所郭老兼所长，第二所请陈寅恪先生担任所长。”

因父亲当时既是历史问题研究委员会成员，又是科学院党组成员，这件事就由他具体操作。

据父亲回忆，陈寅恪先生这一人选，是胡乔木提出的。乔木同志原为清华大学学生，陈寅恪是他钦佩的清华教授之一。同时，历史问题研究委员会提出“聘请研究人员的范围不要太狭”，要“把历史研究的阵容搞起来”，因而也主张提名陈寅恪。

这件事，由中宣部与北京大学党委联系，委派陈寅恪以前的学生、助手，北大历史系副教授汪篯协助办理。汪篯于 1953 年 12 月赴广州，行前曾跟父亲及科学院有关同志联系，问有什么要求和问题。在陈寅恪谢绝应聘后，汪教授返京，先向范文澜、翦伯赞和父亲作了口头汇报，后又提交书面报告，由父亲转呈郭老。对此，父亲说，书面报告内容已了无记忆，只记得口头汇报中说，陈先生提出，请毛、刘二公（即毛泽东、刘少奇）允许他不讲马列主义。汪教授还带回陈先生的两篇文章、四首诗，文章很快发表在《历史研究》上，诗是给北大邓之诚教授的，有“会议”“经史”“文章”等题，反映出作者对共产党还很不了解；其中多用历史掌故，由翦伯赞先生注释后刊登在中宣部的内部刊物上。由于陈寅恪谢绝担任历史二所所长，此职后由北京师范大学陈垣校长出任。

建所的其他筹备工作也同时展开。如向西北局函调西北大学校长侯外庐先生任二所副所长，向复旦大学商调顾颉刚先生至历史所任研究员等，均由父亲负责办理。

经过上述筹划、协调，三个历史所于1954年正式成立了。

创办《历史研究》

筹办史学刊物《历史研究》，是与三个历史所的筹建同时进行的。还在讨论成立三个历史所时，为了更好地贯彻百家争鸣方针，历史问题研究会就决定创办这个全国性的史学刊物。三个所建立后，《历史研究》也筹备就绪。

父亲作为刊物第一任副主编，曾就他保存的郭老的一些信件，在《历史研究》创刊40年纪念刊上写过回忆文章，内容不再赘述。这里仅补叙一下文章中没有提到的两点：

第一点是第一届编委成员的确定。

历史问题研究委员会明确了“百家争鸣”的办刊方针后，郭老对编辑部的成员有过设想。但据父亲回忆，正式的编委人选，是他和尹达参考当时中国史学会主编的《中国近代史资料丛刊》总编辑委员名单和其他因素确定的。“其他因素”主要有二：一是历史问题研究委员会提到的一些人；一是科学院于1950年成立的顾问性质的有关专门委员会的委员。当时历史学科专门委员会下设近代史组和历史考古组，人员包罗甚广，名单至今俱在。最后形成的《历史研究》第一届编委成员为：郭沫若（召集人）、尹达、白寿彝、向达、吕振羽、杜国庠、吴晗、侯外庐、胡绳、范文澜、陈垣、陈寅恪、夏鼐、嵇文甫、汤用彤、刘大年、翦伯赞。

第二点是关于稿件的组织。作为编委会召集人，郭老非常关心稿件的组织工作，不但经常为杂志推荐文章，有时还亲自阅改（如创刊号上浦江清先生的《屈原生年月日的推算问题》），下面是有关的两封信：

刘大年同志：

感冒大体上好了，还有点咳嗽，体温不稳定，有时高过三十七度。汪籛同志的报告看了。浦江清先生和杨向奎先生的文章都跳着看了一遍。浦文是费了大工夫的，我认为可以发表。（作为一个单行本印行，也是办法。）这是一个很麻烦的问题，提供出来可让学者们继续研究。杨文，问题比较多，断定《周礼》“无论如何不是王莽‘时代’的伪造”，很难使人信服。《周礼》和《左传》，是刘歆利用了大批的原始资料而加以改编，也窜杂了己见，大体上是可以成为定论的。

敬礼！

郭沫若

十二、十四（1953）

刘大年同志：

上海李平心先生去年寄我的一篇东西（《居延汉简奴隶考》）（似稿又似信），内容颇好。凡关于汉简出处，我已仔细据《汉书》校正了一遍。所引别的书籍，可能亦有误记处，我就没有工夫仔细校对了。这稿子，我觉得《历史研究》里面可以选用。此致

敬礼

郭沫若

十一月三日（1954）

此稿如用，望直接通知李君，问他有无补正处。李通信处见附上原信。另外有一篇《伊尹、迟任、老彭新考》，我觉得太牵强了，不好。

由于这一创立背景、办刊方针及编委成员诸因素，《历史研究》自然地成为五六十年代史学界最高水平的刊物，得到当时持各种学术观点学者的重视和支持。

科学院设立学部

学部是中国科学院各学科的学术领导机构，学部委员为当时国内最高的学术荣誉称号。学部的建立及学部委员人选的确定，前后历时二年。

学部的设立，起因于1953年国家派出新中国成立后第一个科学家代表团访苏。此次访苏的一个结果，便是学习苏联，在科学院院务会议下，设立学

术秘书处和筹备成立代表全国科学界的学部。

学术秘书处在筹建学部中起了很重要的作用。他们调查了全国乃至国外中国籍科学家的学历简历、发表的论著，向中央有关部门呈交了筹建学部的报告及学部委员推荐名单。

父亲是秘书处里唯一社会科学领域的学术秘书，所以哲学社会科学部的筹建工作，很多是由他具体操作的，如主持起草了学部成立大会上的报告中的哲学社会科学部分。郭老曾写信对此报告初稿提出意见：

大年同志：

报告稿大约是集体创作，文词、气势不大一致。我只在文字上修改了一下，但整个地说，我对这稿子不大满意。

三项重点的提出是好的，但第一项的提法似乎应该从积极方面来说加强马克思列宁主义的学习，树立工人阶级的思想领导。反对唯心主义思想的斗争是一种学习方式，即所谓“不破不立”。此点请考虑一下。第三项对哲学以下各部门的分述，看不出重点，和所标示的提要不适应。请考虑一下，似可归为第四项现有社会科学各部门中所存在的问题，作为一个网篮包括进去，可能更有归宿一点。

是学部成立大会上的报告，关于学部的任务和作用似乎说得太少，不大集中。

我这些意见并不成熟，仅供参考。

敬礼！

郭沫若

五月廿三日（1955）

关于学部委员人选，父亲回忆说：“第一届学部委员的产生属于协商性质，是协商产生的。自然科学方面的人选是科学家推荐，但推荐不是选举。”“社会科学方面是在提出名单之前，征求了各学科主要人物的意见。我当时参加了这些活动，主要在北京地区找有关人士谈。北京以外的就没有去找，是书面征求意见的。我记得当时找了这样几方面的人：哲学方面有杨献珍、艾思奇、张如心、汤用彤；语言学方面有王力、罗常培、丁声树、吕叔湘；历史学方面有季羡林；经济学方面有狄超白，等等。当然不止这几位，还有一些我现在记不清了。在征求意见时，我们首先把科学院的精神告诉他们。当时提出的人选标准主要有这么两条：一条是政治的标准。社会科学的政治标准主要是拥护社会主义，拥护共产党。另一条是学术标准，即在本学科中是否有成绩。所谓成绩就是看他的著作，及群众对他学术著作的评价。根据这个要求，来征求他们认为适合做学部委员的人选来。然后，党组根据这些意见拟出名单。”

关于学部委员提名问题，在父亲收藏的郭老信件中，有这样一封：

寅恪先生大鉴：

学友杜守素先生来京，获悉尊体健康，并蒙慨允担任中国科学院社会科学学部委员，曷胜欣幸！

学部乃科学院指导全国科学研究工作与学术活动之机构，事务不多，不致影响研究工作。目前正积极筹备，详情将由守素兄返粤时面达。

尊著二稿已在《历史研究》上先后发表，想已达览。《历史研究》编辑工作缺点颇多，质量亦未能尽满人意，尚祈随时指教，以期有所改进。尊处于学术研究工作中，有何需要，亦望随时赐示，本院定当设法置备。专此

著祺！

郭沫若

九月三十日

这是父亲代郭老起草、郭老略有修饰的一封信函，写于 1954 年 9 月 30 日。此信涉及近年来学界注目的史学家陈寅恪的一件事，即“慨允担任中国科学院社会科学学部委员”。

确定陈寅恪为学部委员，曾经历了一番曲折。由于陈有“请转告毛刘二公，允许我不宗奉马列主义”的话，在被推荐提名为学部委员后，引起争议。据科学院当时的党组书记、副院长张稼夫回忆：“在这个工作中，矛盾最尖锐的是研究隋唐五代史的历史学家陈寅恪。他是这个学科的权威人士，不选进学部委员会不行，他下边一班人也会有意见。若选他进学部委员会，他却又一再申明他不信仰马克思主义。我们只好请示毛主席，毛主席批示：‘要选

上。'”张稼夫还说，“不选上，首先陈毅就通不过（陈毅副总理当时分管科学院工作）”。

中央最高层领导的鲜明态度，为陈寅恪是否担任学部委员的争论画了句号。不过，还有一个陈先生本人是否接受的问题。基于数月前陈寅恪谢绝出任历史二所所长之前鉴，这次的信息传达，郭老和科学院党组都认为，由被郭老称为“墨者杜老”的中共中南局宣传部副部长杜国庠（即杜守素）承担较为适宜，因杜老与陈先生私交不错，且兼具郭沫若旧学友及广东地方党和学术团体领导人等多重身份。随后，郭老又向中山大学发出关于提名陈寅恪为学部委员的推荐信。这一次，陈先生欣然接受了。为此，杜国庠特别致函张稼夫：

稼夫同志：

陈寅恪先生已答应就委员职。日前给您电报想已收到。第二日晚到达北京，现住北京饭店，有暇请约谈，当以详情奉告。

敬礼！

杜国庠　拜上

九月四日（1954）

上引郭老致陈寅恪的信，便是这次请杜国庠返穗时带回的。

顺便提及，陈寅恪先生出任科学院学部委员这一事实，在《陈寅恪的最后20年》一书中没有记述。而且，该书在披露陈寅恪拒任历史二所所长的经过时，还有一段极具情感色彩的描述：“12月1日上午，陈寅恪与汪篯作了一次正式长谈。这个上午的长谈，表明陈寅恪向北京最后关上了大门，关闭之严密，没有留下一丝余地。它更意味着陈寅恪在63岁这一年已决意选择一条余生只能是更加孤独的生命之路。”看来，说陈寅恪“向北京最后关上了大门”，且“没有留下一丝余地”，似乎跟陈先生的做法不大一致。

制定科学发展远景规划

1956年参与组织制定十二年全国科学发展远景规划，是父亲在郭老领导下所做的另一项重要工作。

1956 年 1 月，中共中央召开了一次关于知识分子问题的会议，周总理在会议报告中提出了“向现代科学进军”的问题，并要求尽快制定 1956—1967 年科学发展远景规划，使到会的科学家深受鼓舞。

这次会议一结束，科学院立即成立了自然科学规划办公室和哲学社会科学规划办公室，分头组织制定规划。父亲任社科办公室主任。他回忆说，规划是在办公室的组织下，于 1956 年 2 月至 10 月，请全国各学科有代表性的学者来京讨论制定的。参加制定规划的科学家们多半住在西苑饭店，也就在那里开会讨论。他常于晚上散会后到郭老家中汇报，听取指示。社科规划开始仅限于哲学、历史、经济、文学等学科；随着讨论的深入，规划面越来越大，将戏剧、音乐、舞蹈等艺术门类也纳入了。每增加一个学科，就要找一些相关专家来讨论。像戏剧家欧阳予倩、舞蹈家戴爱莲等，都参加了规划的讨论。有些未能直接参加讨论的专家，也以其他形式积极提出意见或建议。

在此期间，参与讨论制定规划的苏联专家、国务院文教总顾问马里采夫，曾提出邀请有关的中国负责人，为来京开会的各地高等院校的苏联专家作几次理论性的专题报告。此事经陈毅副总理同意，拟请郭老作有关社会科学规划的报告。郭老致信我父亲，要他起草报告的文稿。信中说：“请你帮忙写一篇关于社会科学的研究计划的报告为祷，详情由康白同志面达。这又是一项繁重任务，但如你不写，便没有人能写了。”父亲写出后，郭老来信说：“报告稿子读了，我觉得可以用。我只在字句上做了一些小的修改。请您再斟酌一下。”父亲又作了一些增补送上后，郭老再次来函：“报告仔细读了。关于培养新生力量的补充，觉得很好，很有必要。”

十二年规划于 1956 年 10 月基本完成。一二百名科学家近八个月的劳动成果，最后以蓝皮书（自然科学规划）和白皮书（社会科学规划）的形式上报中央。后来在中共八大的报告与决议中，都提到了科学规划的制定。

以后的实践证明，自然科学的规划基本符合中国国情。到 1963 年，规划中的项目就大部分完成了，极大地推进了我国科学事业的发展。社科规划的命运则大不相同。由于 1957 年以后以阶级斗争为纲的政治背景，社会科学研究受到极大的干扰，规划基本上没有实施。

编写《中国史稿》

父亲在郭老领导下，除了做以上各方面的科研组织工作外，参与郭老主编的《中国史稿》也是一项重要工作。风风雨雨，此项工作竟历时二十年之久!

关于《中国史稿》这部书的起因，有说是1955年7月第一届全国人民代表大会第二次会议期间，毛泽东主席向郭老提出，为县团级干部编写一部中国历史。1956年，成立了由全国36位史学家组成的中国历史教科书编辑委员会，由郭沫若、陈寅恪、陈垣、范文澜、翦伯赞、尹达、刘大年七人组成该编委会的编审小组，负责组织撰稿和审稿；同年7月1日，郭老邀请50多位史学家和哲学家座谈编写中国历史和哲学史教科书的问题，会上，确定编写历史教科书作为高教部的任务，委托科学院负责；1957年初，科学院的三个历史所进行了具体分工，分别开始组织编写。但据父亲说，编写这部书还有如下背景：三个历史所成立之后，为推进史学界的百家争鸣，确定由范老继续编写他的《中国通史简编》，而由学术观点不同的郭老再主编一部通史，就是《中国史稿》。按照分工，父亲主持近代史部分的编写。1962年夏天，《中国史稿》第四册近代史部分完成。郭老在北戴河看过清样后，感到满意，特地写信祝贺：

大年同志：

八月廿一日信接到，谢谢您的关注。《中国史稿》第四册清样，火速看了一遍，写得扼要、明确、流畅，有吸引力。反帝、反封建的一条红线，像一条脊椎一样贯串着，这是所以有力的基本原因。我只在枝叶上加了一些小小添改，请看29—30页、58页、149页、208页、237页等处。书中凡关于条约、章程等，有的打了《》号，有的没有打，有的打了又勾了，不划一，我觉得宜一律打。又“借”“藉”二字，简化与不简化之间有些混乱。有些处本宜用“借”字，却又改成了“藉”。这些虽是小节，似乎还值得再斟酌一下。手中无书，此外提不出什么意见。好在是“史稿”，将来可以不断琢磨、改润。

谢谢您和执笔同志们的辛劳，并祝贺您们的成就。

……专复。顺致

敬礼！

郭沫若

八月二十六日

照原计划，《中国史稿》近代史部分，还要接着第四册继续往下写，但“文革”一来，不得不搁置。直到1971年，郭老提出中国通史的撰写应该重新上马，父亲才由河南干校被正式召回北京。当时“四人帮”正在肆虐，社会动荡不已，有关政治运动的安排、会议一场接着一场，写书进展甚微。直至1976年唐山大地震后，或许大自然的震撼令郭老产生了某种忧虑，他召集所有编写者开会，语重心长地说：“要抓紧，一万年太久啊！”会上父亲提出，近代史部分分量比较大，希望能独立出版。郭老同意了这个意见。

1977年后半年的一次全国人大常委会上，父亲最后一次见到郭老。父亲回忆说：“那时老人身体已很衰弱，腰弯背驼，行动迟缓。散会后委员们都走了，我留下来搀扶郭老。他紧紧地抓着我的手，一句话也没有说。我扶着他，从南门一楼西大厅慢慢地走到电梯口，看他慢慢走进电梯去地下停车场。那是和他最后一次见面。”一代宗师、文化巨匠郭沫若，就这样走完了他辉煌而又曲折跌宕的人生旅程。

1978年，在《中国史稿》基础上编就的《中国近代史稿》第一册，交由人民出版社出版。郭老是在这本书排印时去世的。因此，该书改“郭沫若主编”为“中国社会科学院近代史研究所编”。书稿终未能经他审定，实在是件憾事。

郭老对人的关怀

父亲在郭老领导下工作的那段日子，经常感受到郭老对学界前辈、老知识分子以及故友的关心爱护之情。

50年代郭老住在西四大院胡同5号，他南房会客室的东墙上，挂着几乎一面墙那样大的一幅国画，画面是一棵大树下九位身着长衫的老人。父亲听说四川有“五老七贤”之说，认为画中均为四川老人，就问郭老：“这里面哪一位是您啊？”郭老说，我还没有这个资格。后来知道那是傅抱石先生画的《九老图》。还有一次谈到杜甫草堂的联语，父亲说，杜甫草堂的联语，郭老写的会挂在显著的位置。郭老却笑答：“啊不不，我可没有那个资格！”足见郭老对前辈的敬重。

在1953年12月15日郭老给父亲的信中，有一段谈到周孝怀老先生：

> 昨天，何北衡来访。谈及周孝怀老先生有信给他，提到两件事。一件是译经工作，马一浮（陈毅同志曾到杭州去访问他，并邀他去沪游览）到上海，周与马谈及，马也赞成。就是把《十三经》译成白话文，我看这工作是可以做的。周意每月需几百万元（按，指旧币）开支，这数目也不大。我请他拟一个详细计划来。譬如成立一译经组，摆在上海，让周主持。他可以推荐些人来，怎样进行分工，房屋是否需要等等。何北衡答应把这意见转达。我意，在上古史所中附设一“译古组”，恐有必要。老先生们搞的，或许不一定合用，只要他们肯搞，也好。让他们搞出后，再看。《十三经》等是不失为研究古代的资料的。

周孝怀是清末四川巡警厅厅长，谙熟朝野掌故。解放后住在上海。对于周孝怀老先生及其建议，郭老确实挂记在心。1953年冬周老先生来京，住在前门外一旅馆，郭老特别要父亲陪他一起去看望。1954年父亲到上海办理顾颉刚先生调京事，行前郭老又叮嘱，到沪后务必去探望周孝怀。父亲到上海后，通过华东局、市委宣传部、统战部，几经辗转，才在一条小弄堂里的一间小房中，找到端坐在自己大幅清官服画像下的周老先生。老先生仍执着地关心着他的建议。

郭老对故友、同仁的关心爱护之情，不少人都有体会，尤其身处困境时，那种感受终生难忘。父亲自己就有过体验。“文化大革命”中，郭老本人虽未被列入“打倒”之列，但心情压抑，处境困难，自不待言。然而，只要条件允许，他仍尽可能地要为同事或朋友提供一点帮助。父亲于1966年6月3日受到《人民日报》未点名的批判，1967年1月又受到《人民日报》通栏大标题“周扬刘大年之流是叛徒哲学的辩护士”的点名批判，从此成为“永世不得翻身"的"走资派"。1971年，"文革"进入所谓"斗批改"阶段，气氛有些松动，父亲被郭老以编写中国通史的名义召回北京。但这还不能表示父亲已被"解放"，因为名字未见报，而名字见报与否，当时已成为是否摘掉"敌人"帽子，重获人民资格的一种标志。这年恰逢父亲的老友、日本史学家井上清先生又一次访华，郭老抓住机会，将父亲列入接待人员名单，并上报周恩来总理批准，这才使父亲的名字以不再是"敌人"的形象出现在报纸上。

考古学家夏鼐"文革"中提前获得"解放"，也是郭老一手促成的。1971年阿尔巴尼亚出土写有某种古文字的羊皮经书，无人能识别，寻求中国帮助。郭老利用此机，提出将夏鼐由五七干校调回北京，并派往阿尔巴尼亚。

郭老在"文革"中无力影响科学院大局，但就这些有限的举措，也给哲学社会科学部的学者们传递了一些希望的信息。

父亲经常讲，他是在郭沫若、范文澜等老一辈马克思主义史学家领导下工作、影响下治学的。他在纪念侯外庐先生的一篇文章中说，若非时代造化，使我受到诸老教育、启迪，对于世界和历史的了解，我不知道能否有一天终于凿开混茫。后来学得了一点东西，那是受赐于伟大的革命时代，也是受赐于郭老在内的马克思主义历史学的诸位先驱。

对世界历史科学发展做出卓越贡献者——刘大年[①]

姜 涛 刘 红

最近，俄罗斯历史工作者全国委员会主席、俄罗斯科学院院士齐赫文斯基教授与俄罗斯科学院远东研究所所长、俄罗斯科学院通讯院士季塔连科教授联名致函我院近代史研究所名誉所长刘大年，告知他在6月2日召开的纪念俄罗斯科学院成立275周年大会上被一致选举为俄罗斯科学院历史专业外籍院士。信中说："鉴于您对世界历史科学发展所做的卓越贡献，特授予院士荣誉称号。您关于中国近代史著作在我国广为人知，其中许多被译成俄文，促进了中国知识在俄罗斯的传播。"

刘大年，1915年8月1日出生于湖南华容一个小康的读书之家。1936年肄业于长沙湖南国学专修学校。1938年赴陕北进中国人民抗日军政大学学习，同年加入中国共产党。1939年抗大第五期毕业后，曾长期在冀西和冀南抗日根据地工作。1950年中国科学院建立，任中共中国科学院党组成员、科学院编译局副局长、近代史研究所副所长、中国科学院哲学社会科学部学部委员、中国科学院哲学社会科学规划办公室主任等职。"文化大革命"中他被当作"走资派"批判。1978恢复工作后，任中国社会科学院近代史所所长，社科院研究生院教授、博士生导师。1980年中国史学会重建，当选为第二、第三届史学会主席团成员、执行主席。任中国抗日战争史学会会长。从1964年起，连续当选为第三届至第七届全国人大代表，第四届至第七届全国人大常委，第六、第七届全国人大教科文卫委员会委员。

刘大年从事历史研究已近50年，可以"文化大革命"为界，分为前、后两个时期。

从1947年到1966年，刘大年先后撰写和主持撰写了四部历史著作。第一部历史著作是《美国侵华史》。此书出版后，苏联、朝鲜、捷克斯洛伐克、

---

① 原载《中国社会科学院院报》1999年7月6日。——编者注

民主德国相继出版译本，在50年代初产生了相当大的影响。这部书是他开始研究中国近代史的标志，也奠定了他于新中国建立之初在中国近代史学界的地位。1955年，刘大年与丁名楠、余绳武等人合作，编著出版了《台湾历史概述》。此书后来被授予中国科学院学术奖金。此后直到“文化大革命”，刘大年除发表一系列学术论文外，还主持编写了《中国史稿》第四册，出版了《中国近代史问题》。

“文化大革命”十年动乱结束后，刘大年继续研究中国近代史和历史学理论问题，其代表作是《中国近代史稿》《赤门谈史录》《刘大年史学论文选集》以及即将出版的《抗日战争时代》。

刘大年的史学理论，为国外学者所关注。1992年，俄罗斯东方文献出版社用俄文出版了刘大年的《历史科学问题》一书，系统地向俄国学术界展现了这位中国历史学家的史学理论研究成果。

从50年代起，刘大年就担任研究生导师。80年代又担任我院研究生院博士研究生导师。他将社会阶级、阶级斗争以及它们相互关系消长变迁作为历史研究对象的思想，也充分体现在他所指导的几篇博士论文，如《洋务知识分子研究》《近代中国人口研究》《近代中国通商口岸研究》之中。他在学术问题上强调实事求是的态度。他说：“学术研究的功能在于寻求知识，增加人对世界事物的认识。”谈到治学感受，他说：“研究学问和从事革命事业中的任何其他工作一样，要取得相当成绩，环境当然有关，但关键在人的追求、奋斗。”这是他的肺腑之言，也正是他学术生涯的生动写照。

刘大年与佐藤猛夫重逢记[①]

刘　红

1998年金秋时节，我有幸作为刘大年先生的陪同人员，随北京中国社会科学院中日历史研究中心代表赴东瀛访问。同以往相比，这次出访的一个最大收获，是意外地亲眼目睹中日两位老人晚年重逢的动人情景，使我感动不已。

一

两位老人，一位就是担任代表团团长的刘大年先生。

大年先生是享誉海内外的著名历史学家，也是一位受人尊敬的长者。他已83岁高龄，还每天笔耕不止，在学海探索追求。他著书立说，提携后进，处处显示一代大家学者特有的风范。出访前，一位知名学者同我谈到大年先生，他说：大年先生是一位长于理论思想的史学家。唐代刘知几写《史通》，论史家有：史才、史学、史识。刘大年先生大概属于史识一类。不过，根据我读大年先生的著作以及平日和他的接触，如果再加上清代章学诚在《文史通义》标举的“史德”似乎更为确当。

大年先生生于湖南省华容县一个中小地主家庭，6岁入小学，大部分时间念私塾。1936年于湖南国学专修学校肄业，1937年夏为寻找职业到了武昌。当时的形势是平津失陷，日军发动大举进攻，国家危在旦夕。抗日战争时局的大变动改变了国家的命运，也改变了个人的命运，他决定去延安。1938年从家乡到长沙八路军办事处，八月间到达陕北，进了陕北“抗日军政大学”，加入了中国共产党。他在“抗日军政大学”第五期毕业后，分配到冀西和冀

① 原载台北《近代中国》第133期，后收入刘大年《我亲历的抗日战争与研究》，中央文献出版社2000年版，第116—141页。——编者注

南敌后区工作，以后长期生活、斗争在河北平原和太行山上。

战争年代，即使在敌后区生活也是不安定的，常常流动、迁徙。但不管条件怎样不好，大年先生从不放下书本，走到哪里就把书本带到哪里，刻苦研读。他读的书很多，有马克思主义著作，有哲学、社会学、历史学著作。他回忆这段生活，还记得他读的第一本马克思主义原著是《共产党宣言》，读的第一批历史学著作是李达的《社会学大纲》、郭沫若的《中国古代社会研究》、吕振羽的《史前期中国社会研究》《殷商时代的中国社会》及苏联人、日本人讲中国社会历史的书。如果说研读马克思主义作品，确立了他马克思主义的思想基础，那么，研读史学则为他奠定了抗战胜利后走上史学研究道路的知识基础。大年先生的史学道路，从而铸就了战士型学者的素质。这种素质，仅仅依靠读史书是锻炼不出来的。

就是在大年先生铸成一个战士型史学家的生涯中，发生一段和这次访问具有戏剧性关系的生动故事。大年先生深情地回忆着这段生动的故事：

“七七”事变六周年前夕，大年先生奉命来到河南涉县（今属河北）附近“北方局”太行分局所在地——赤岸。这是八路军一二九师驻地。与他同来的是中共冀南区党委组织科长刘国平，接待他的是干部科长刘建勋。刘建勋要他先休息一下，然后好好谈一谈。刘建勋并说他已经从刘国平那里知道了他希望去延安，或者在太行学习的想法，认为这两种想法都可以，但建议大年先生不妨休息几天，了解些情况再作决定。大年先生表示一切服从当局的安排。接着大年先生告诉刘建勋一个情况：上山以来忽然每天都咯几口血，已经连续三四天了。刘建勋促他赶快到师部医务室诊查。医务室的医生诊断是肺萎缩。大年先生觉得不一定准确。于是决定先到一二九师卫生部医院检查，再作决定。

八路军总部、北方局驻地，在涉县以北清漳河畔山西辽县（左权县）麻田镇。涉县上溯清漳河到麻田约 70 华里。八路军总部卫生部与一二九师卫生部的野战医院前此已经合并，地点在更北面约 30 华里的隘峪口村。从赤岸出发，第二天中午以前就到达了麻田。

休养所所长看过太行分局的介绍信，由护士领大年先生到靠近村边的一间病房住下，等待安排检查。这里一共三间南房，只有一位病情不重的休养员。据他说，医院共分四个所，这里叫一所，医疗水平较好。一二九师卫生部就位于河滩对面的东隘峪口村。大年先生此刻唯一希望是检查结果不是什么肺萎缩或肺结核这样严重的病，而能够平安去延安。

第二天早起一切如常，上午突然胸口发热，还没来得及想是怎么一回事，一股血流奔口而出，又从鼻孔往外喷。大约五分钟后血量才减少。护士看到这种情况，马上把所长找来。所长见到地上一大摊血，忙让大年先生静躺下来，要护士用凉毛巾敷住胸口，观察情况。大约两小时以后，血又大口往外冲，情形跟上次一样。大年先生忙用一路上吃饭喝水用的搪瓷缸接血，待吐血渐停，一看竟有近半缸的量。医生马上吩咐护士注射葡萄糖液。下午和往后两天，情况仍然没有好转，上厕所时甚至晕倒了，被人抬回病房。大年先生心想，书中常有某人“吐血而亡”的说法，此时自己面临的正是这种情况，如果不出现奇迹，恐怕延续不了几天了。不仅大年先生这样估计，实际上医生也是这样预测的。第四天上午，休养所的指导员来到病床前，这是一位当过红军的老同志。他关切地问：“你有什么话要说吗？”大年先生很平静地回答说：“没有。”然后又轻声地说了两句：“没有死在战场上，却死在医院里，有点遗憾。事后请通知我们单位一下。”指导员安慰他说：“心放宽些，你的病我们会想办法治。”又说：“医院里医务主任白云，是个日本医生，很有经验，我们已经去请他了。”指导员走后不久，白云主任、医生、护士一同来到病房。病人的情况，白云主任已经听别的医生谈过，又问了问，回头对医生说，如果能够找到白阿胶，也许还有点希望。白云主任个子不高，显得很温和，会说几句简单的汉语。那位医生想了想说，医院以前好像有白阿胶，一个多月前藏到山洞里去，不知能否找到。白云主任态度十分坚定地说：“一定要设法找到，没有别的办法。”这位白云主任，后来知道他叫山田一郎，也就是本文一开始提到的两个老人中的那位日本老人。他的真名叫佐藤猛夫。

大年先生大出血第四或第五天以后，人已经奄奄一息，眼睛也快睁不开了。在这个紧急关头，医生终于从山洞里找来了一块拳头大小的白阿胶，对大年先生说：“这都归你了。”并嘱护士把它熬成浆，叫大年先生一天喝四五汤匙。等熬好后，护士把像浆糊样的满满一缸白阿胶放在大年先生面前。大年先生也不管味道难闻，管用不管用，头一天就喝了近三分之一，两天全喝完了。说也奇怪，出血居然渐渐减少。四五天以后，吐血竟完全停止了。大年先生原来不敢存太大希望的“奇迹”，看来终于要出现了。

西隘峪口村南一二百米有片杨树林，一条清浅的小溪沟从树林下穿过。轻微的伤病患者三三两两，常在树林下、溪沟边乘凉聊天。医生、护士偶尔也有来洗衣服或散散步。大年先生吐血完全停止后，不需要卧床，但严重气喘。后来勉强一步一步移动，到树林中去，听人家聊天。病友们对大年先生的病情看法不一，多半认为白阿胶是不能止住肺结核出血的。有位病友还建议说："你的病只有找钱部长才能确诊。"卫生部钱信忠部长医术高明，常常为医院附近的农民治病，人们都称他为"活神仙"。大年先生问怎样才能找到钱部长？他们出主意说："你先找唐兮凤医生看病，漂亮的唐医生是钱部长的爱人。她解决不了，就会把钱部长找来。"有一天恰逢唐医生到溪沟洗衣服，大年先生就跟她谈起看病的事。几天后，唐医生果然带着部长到他的病房。钱部长问明出血情况，仔细听诊胸部，斩钉截铁地说："你的结核病不严重，大出血是人工破裂。"然后又说："破裂口不容易短期愈合，休息一段时间再看看吧。"大年先生这才明白过来，何以上山以后忽然咯血？原来是在来的路上，因带路人带错了路，误走到山顶日军碉堡脚下，眼看天已拂晓，身处绝境，只得从悬崖陡坡往下跳。这样连续下跳、翻滚，造成肺部内伤，也就是钱部长所说的"人工破裂"。这个诊断对他来说太重要的。虽然肺结核疑虑没有完全排除，但至少不严重，心理负担大部解除，心情也就好多了。本来，战场上死人是不可避免的。当初决心到敌后来的时候，就准备要"马革裹尸"。能够和同处一个环境里的其他人一样幸存下来，不过是个偶然。这次与日军遭遇，又把自己推到了死亡的边缘。只是碰上山田一郎、钱信忠部长两人，又幸运地活了下来。这难道不是奇迹吗？这个奇迹使得他存活下来，对他以后的生涯起了极大作用，是他终身难忘的。

大年先生后来同山田一郎有过几次简短交谈。对他的医术，除了他亲身的感受，也耳闻其他病人的好评。不久以后，他从西隘峪口转移到附近一处名叫石暴的小山村疗养，便和这位有救命之恩的医生分离，此后也不知道山田什么时候离开医院的。想找到他，感谢他已不可能，从此心中总有一个未解的结。后经打听，知道山田一郎是八路军的俘虏，经过教育成为日本反战同盟成员，为反战工作。了解这些情况，大年先生更萌生希望与这位同志和朋友再见一面的迫切心情。

1963 年 12 月，已经成为著名史学家的刘大年先生参加中国学术代表团访问日本。代表团团长张友渔因病临时住进代代木医院。按照接待实行委员会的安排，代表团访问日共总部，然后大年先生和侯外庐先生等一起去医院探视团长的病情。因时间仓促，没有余暇打听山田一郎情况，更没想到医院有什么可以留意的地方。不久，又举办国际“北京科学讨论会”，大年先生是中国代表团团员，钱信忠是副团长之一。老朋友见面十分高兴，在一次交谈中，大年先生问钱信忠部长，知不知道山田一郎的下落？钱答道：“知道，他现在叫佐藤，是日共代代木医院的院长。”听到这个消息，大年先生懊悔极了。在代代木医院，二人本来有机会见面，然而自己却毫无所知，真是失之交臂。十年“文革”内乱期间，根本没有联系的可能。后来又几次访问日本。但这时日共与中共又断绝来往，不便打听山田近况。只是心中时时怀念，每与人谈到抗日战争中的经历时，大年先生总要说：“我在日本不只有学术界的朋友，也有战场上的朋友。”这位战场上的朋友首先指的就是他始终没有忘怀的山田一郎。当然，也包括在冀南敌后区一起活动的反战同盟的朋友。

所以，这次大年先生率中国社会科学院历史研究中心代表团赴日访问，久盼与山田一郎重逢的机会终于来到，其心情之激动是可以想见的。而我恰好躬逢了这一动人的场面。

二

11月的日本湿润而温暖，好天气带给人好心情。11月10日上午，到达日本的第二天，我陪同大年先生拜会了山田一郎即佐藤猛夫先生。我们一行四人，大年先生和我，我们院日本所的高洪先生及日中友好会馆的尾形洋一先生。尾形是一个很热情的人，负责这次赴日代表团在日本的活动安排，大年先生和佐藤先生见面就是他牵的线。几个月前，大年先生托他代为寻找、联系。他按照大年先生提供的线索，很快就与佐藤先生联系上了，并在代表团赴日前先期拜访了他。一路上乘出租车前行，大年先生显得很兴奋、激动，和我们谈佐藤先生，说他的经历。也不断回答我们的询问。当他听到尾形说已见过佐藤先生，忙问：“他身体怎么样？生活怎么样？”尾形先生说：“佐藤先生身体不错，只是前几年得过脑中风，说话行动有些迟缓，现在和夫人生活在一起，夫人身体很好，可以照顾他的生活。”大年先生宽慰地说：“这很好，这很好。”并再一次对尾形先生的大力帮助表示感谢。还直说佐藤先生救了他。说话间，车驶到一条较宽的路上，不一会儿，又拐进一条僻静的街道，过了一小段又往右转，在一黑色木格门前停了下来。门框边有一行小字：目黑区三田—2—15—2。我留意到门前石板由于经常踩踏，很亮，很洁净。尾形先生前去叩门，一位女士应声拉开了门。我想这定就是佐藤先生的夫人了。刚才在车上谈论时就听尾形说过佐藤先生89高龄，夫人也应是这个年纪的样子，没想到显得很年轻，白皙的皮肤，不胖不瘦，年轻时一定很美。后来谈话中她介绍自己已七十几岁。看到是约好的访客，夫人忙热情地把客人一一往门里让。按日本习惯，我们依次换了拖鞋，此时佐藤先生早已站在客厅门口迎接。一下子，两双八十几岁老人的手紧紧握在一起。我赶快把相机对准他们，连连按动快门，唯恐漏掉这难得的极为感人的一瞬。接着大年先生又把预先准备好的鲜花捧送给佐藤先生，佐藤先生高兴地接过这束饱含深情的鲜花。他们的手再一次握在了一起，我马上又按动快门。此时我似乎变成一个熟练的摄影师，不是由于我有熟练的技术，而是因为我从这两双紧握着的老年人的手上，感到一种内心的使命，我必须把这幕感动人的一刻记录下来，交还给历史。

随后客主落座，佐藤夫人拿出上好的日本清茶款待我们。大年先生和佐藤先生早已经过翻译高洪热切地交谈起来。

佐藤先生的家十分雅致，房屋不大但干净、整洁。客厅迎面墙摆放一排书柜，装着满满的书。中间沿茶几摆着一圈日式沙发，右侧窗台柜上摆着淡粉色的干花，门口右侧摆着一架钢琴。为不影响他们谈话，征得女主人同意，我就坐在钢琴旁自动做起了记录。

佐藤先生个子不高，瘦瘦的，带了一副眼镜，虽说89岁了，前几年又得了病，动作有些迟缓，但仍显得很有精神。大年先生回忆说他怎样受伤，怎样到八路军医院，怎样由白云主任看的病，特别提到白阿胶的奇迹，及钱信忠部长又怎样做了诊断等等。听了这些，佐藤先生的眼睛泛起亮光，激动地插话说：“我那时确实用白云这个名字。只用了很短时间，知道的人很少。”这时大年先生也显出少有的激动，便说：“这就对了，当年我们在隘峪医院相识，这是确凿无疑的了。感谢，感谢！”他们不约而同地再一次紧紧握起了手，久久没有放下。大年先生原本还有一些担心，至此释放了。毕竟时隔55年半个多世纪，谁能保证对过去的一切都记得那样清清楚楚呢？佐藤先生救治过那么多伤病患者，怎能记住所有的病人。正如大年先生在他回忆佐藤先生的文章中所说：“医生天天给人看病，不可能记住患者谁叫张三李四；相反，病人由于亲身感受，很容易记住医生，不论是庸医、名医。”佐藤先生未忘记这件事，足见这段经历在他一生中所占的位置，大年先生给他留下了多么深刻的印象。他们共同回忆着在八路军医院的生活工作情况。谈到原卫生部长钱信忠先生，佐藤先生说："记得那时我和钱部长是上下级关系，他总把自己称为四万万同胞之一，我也就把自己称为四万万同胞之一。60年代钱部长邀请我到中国访问，见到了他，我非常高兴。时隔多年，不知道他现在怎么样了？"大年先生说："他身体很好。他曾到苏联学习卫生行政，后来当了多年的卫生部长，还授了少将军衔。前几年因为他计划生育工作有功，得了联合国人口奖。这两年退休在家。"佐藤先生听后颇有感触地点点头，目中散发了一种欣慰的光芒，表现出他对这位老上司的敬仰和情谊。大年先生接着说："当时我是病人，接触许多医院的负责人，他们都没有把佐藤先生当外国人。我还讲个故事，请夫人见谅。那个时候佐藤先生是一个人，在中国叫光棍。"说到这里，佐藤插话说："其实我参军前一周才结婚，被俘后加入了八路军。"大年先生说："可中国人认为您是'光棍'。那时医院有个护士很漂亮，想介绍给先生，不知夫人知道不知道？"听到此，大家都笑起来。大年先生诙谐地说："这个故事说明中国人没有把佐藤先生当外国人看。"

接着佐藤先生让夫人取来一本厚厚的发黄的旧相册，翻到其中一页，指着一张照片对我们说："这是我在八路军时在延安宝塔前照的照片，当时是日本人民反战同盟成员。1942年我提出加入中国共产党，但按规定要考验一年，1943年6月正式加入了中国共产党。"听到高洪翻译出"考验"一词时，我们又都会心地笑了。数十年来，无论是在战时还是在和平年代，无论是在硝烟弥漫的战场上，或在敌后从事革命斗争，抑或在和平年代的工作岗位上，要加入党的组织或团的组织都要经过"考验"，所以"考验"这个词，是人们常常使用的。但这个词从一个外国人嘴里说出来，感到特别新鲜。听的人，或许觉得有趣，但说的人，它却是一个很有分量的词。照片中的佐藤先生，当年的白云主任、山田一郎先生，身着八路军军装，目视前方，眼中透出一股坚毅的神态。看着照片，时空似乎发生了倒流，人物活动起来了，我也仿佛看到了佐藤先生活跃在八路军医院为伤病患治病的情景。

两位老人谈兴愈浓，回忆的层次也越来越深刻，从照片又谈到相识的日本反战同盟的朋友。佐藤先生对他们很熟悉，这些人有的已故去，很多人还健在，虽然年事已高，但仍然十分活跃。这些当年的反战同盟成员每年都要聚会三四次。佐藤先生还拿出一本书对大年先生说："这本书中有记录反战同盟会员事迹的内容，送给您留作纪念。”又说：“数十个反战同盟会员中，有医务知识分子，更多的是纯朴的青年，他们历尽沧桑，为和平事业做出了贡献。这一段历史有必要记录下来，特别是日共、中共两党恢复关系后，要把不易的和平事业坚持下去，维护持久的双方友好、和平，我们的工作是很有意义的。”他还强调说，他不久前刚刚辞去代代木医院总院长职务，正在写回忆录，出版后再送大年先生。由于受脑中风后遗症的影响，他做事吃力，行动迟缓，平日写东西都是他口授夫人执笔。这次他例外地拿起了笔，颤颤抖抖地在封面上题写了自己的名字。字写得很慢，几个字写下来竟用了一两分钟。看他签名时那种神态，坚定、执着、诚挚，真叫人感动。“这是难得的历史性纪念！”我的心灵又对我下了命令，于是我忙拍了这个镜头。大年先生也拿出他的《抗日战争时代》送给佐藤先生，在扉页上郑重题写了这样几句话：“佐藤猛夫先生指教。55年的老朋友见面，感谢你对我的帮助。”这本论文集是大年先生晚年研究抗日战争历史的心得。1982年在日本发生修改教科书事件，引起中国、东南亚各国以及世界舆论的关注，也引起了大年先生的严重关切。这个在抗日战争洪流中成长起来的八路军战士，不能不把历史研究的眼光转到抗日战争这一段历史上来。从1982年到1996年他发表了多篇有关抗日战争史的论文，引起了国内外的重视。《抗日战争时代》就是这些论文的结集。以后他又组织并主持编写了《中国复兴枢纽——抗日战争的八年》这本学术著作。晚年的大年先生一刻也没有把自己的眼光从抗日战争研究移开过。

一位日本老人，拿出记录他亲身参加的日本军人反战同盟事迹的书，这是他和他的战友用自己的心血撰写的；一位中国老人，拿出一本论述也是他亲身参加的抗日战争的书，这也是他用自己的心血撰写的。两位老人，一位曾经是八路军战俘，一位是八路军军人，而历史的结局却是这位八路军军人怀着深深感谢之情来到日本，拜访这位日本老人。因为这位“战俘”，早已不是“战俘”，而是八路军的一名军医；他为这位中国军人治病，更成为可贵的战友，为了一个共同的理想而战斗的同志。我仔细地领会大年先生写的“55年的老朋友见面，感谢你对我的帮助”短短的几个字，似乎是一部中日两国人民友好史的浓缩。

在结束拜访的时候，大年先生满含深意地对佐藤先生说：“我们都是80多岁的老人了，经历过伟大的时代，经历了历史的变迁，我们所做的是对中国、对日本有益的。我们还要为两国人民的世代友好继续做下去，只要一息尚存，就要继续努力。”他祝福佐藤猛夫先生“活到百岁，比一百岁还要长。一百岁是第一步”。佐藤先生对大年先生也表示了同样的祝福，并请大年先生转达对钱部长的问候。

从佐藤先生家出来已近正午，坐在车上，大年先生没有丝毫倦意，我们一路交谈着各自的感受。我感觉岁月虽然把他们从当年的青年时代带入老年时代，但他们的精神绝没有衰老，他们的活力仍然不减当年，他们为理想而奋斗的意志更加坚定。这种意志的铸成，两位老人的经历虽不尽相同，却也“殊途而同归”。也正因为如此，我也就渴望更多地了解这位日本老人的内心世界，渴望知道他何以能够从一个八路军俘虏变成一个坚定的反战同盟成员、中国共产党党员，回国后又加入日本共产党，继续为他所追求的理想信念努力不懈。

按行程安排，当日下午是日中专家委员会委员的见面。在见面会上，尾形先生在报告会馆日中历史研究中心工作之前，充满感性地讲述上午的事。他讲了佐藤先生的经历，讲了两位老人本可以见面但却失之交臂的1963年，讲了他未负大年先生所托而找到佐藤先生的喜悦心情。他说：“佐藤先生是在八路军教育下开始他政治上的第二人生，并从事反战运动，用他的医术为正义而战。大家都熟知白求恩的故事，觉醒的佐藤正是日本的白求恩。”听到他这样评价佐藤先生，使我感到既新鲜又亲切，一种更加渴望了解佐藤先生的心情强烈地撞击着我的心扉。

三

回北京后不久，尾形先生便寄来了刚刚出版的佐藤先生的回忆录《一个幸运的男人》。

翻开书首先映入眼帘的，是永井洁先生写的前言。永井洁先生是佐藤先生的老朋友和画家，这本书的插图均出自他的手笔。他这样写道：“我的母亲生前非常尊敬佐藤猛夫先生。佐藤先生平时不善言语，看上去是位温和的绅士。他待人谦和、平易近人。这样的人品绝非一朝一夕所养成。”

这本书是一部“自传”体裁的日本近代史，描述15年的战争史，也是一部从战时到战后发生戏剧性转变的珍贵历史见证。特别是在八路军生活的经历，真是波澜壮阔，意味深长。

这本书不仅叙述了作者自己思想转变的过程，而且还从一个侧面展现了中国共产党的历史。作者以生动的笔触细腻地描写了那一幕幕令他难以忘怀的经历。

山田一郎（佐藤猛夫）先生，1910年12月28日生于日本神奈川县横滨市。“七七”事变前以优异成绩毕业于东京大学医学部，就业以后潜心研究医学。1938年5月刚结婚一周，即以陆军军医中尉身份被征召入伍，编入日本华北派遣军，驻扎山东兖州、汶上县等地。1939年8月随部队“扫荡”梁山一带的八路军，被八路军包围，激战一昼夜，日军大队长以下二百人皆覆没；他头部负伤，与另外四名日军一同被俘，两个月后，他在微山湖小岛逃跑，再次被俘。

被俘后，佐藤先生来到河南省涉县清漳河河畔的王堡村——晋冀鲁豫八路军司令部所在地。当时，那里已有在数月前被俘的日本兵，接受着“这场战争是日本帝国主义的侵略战争”的教育。经过学习，他们组成了“觉醒联盟”，后改为日本人反战同盟。那时，他们虽然取名叫“觉醒联盟”，佐藤先生却没有真正“觉悟”，思想上仍然深信这场战争是为了日本，为了亚洲各国和平的“圣战”，不认为是一场侵略战争。

书上说那里有许多关于社会主义的书，包括河上肇的《贫乏物语》《日本历史读本》《列宁主义的基础》《唯物辩证法》以及小林多喜二的小说等。佐藤先生对这些书感到新鲜，起初只是浏览一下，并没有努力地去体会、理解。内心还认为那些参加“觉醒联盟”的人是些无知的日本人，自己决不能放弃自己的信念。

后来，在太行山区佐藤先生患了伤寒病，高烧持续三天三夜，几乎失去意识。在护士的精心护理下，身体渐渐恢复。从病危到康复，他认为他获得了一次新的生命。尽管如此，他内心里还是认为在这种环境下生活，早晚得死。但有一个问题引起他苦苦思索，八路军为什么那样执着地信仰着共产主义呢？他感到很不解。凭着一个医生的科学态度，他决定不管怎样先研究再说，真的领会不了，再死也不迟。

之后，他阅读了《辩证唯物论和历史唯物论》（米丁·鲍里索维奇著，广岛安吉译）一书，深深被书中有关物质、空间、时间等这些辩证唯物主义的概念所吸引，并为书中严谨的理论推理所折服，有时还一边读一边做笔记，直至深夜。连打仗行军，这些书都放在他的背囊里，变得破破烂烂了。他仍然十分珍惜地当作宝贝，伴随自己度过那段岁月。有了这样的基础，过去曾抱着浏览态度读的一些书对他有了新的吸引力，他重读了这些书，又认真反复阅读了许多新书。1940 年到八路军医院工作后，还读了毛泽东的《论持久战》、刘少奇的《论共产党员的修养》以及《新华日报》旬刊等。

随着思想的逐渐转变，他确立了要做一名共产主义者的信念。在困难的环境中，他专心致志地为伤患治疗。他用医院里仅有的一台显微镜进行血液、细菌和尿的检查，使用一本德文诊断教科书开展教学工作。这时的佐藤先生已经不是单纯以一位医生在工作，而是以一名反战军人在工作了。

由于日军轰炸、破坏，医院不得不常常转移地方。1940 年夏天，被日军烧毁的模范医院修好，他们又回到医院原址羊角村，医院也改名为“白求恩纪念医院”。白求恩于 1939 年不幸逝世，医院是为纪念这位援华著名医生而改名的。医院的正面，悬挂着白求恩一边吃土豆一边考虑工作的画像。一些介绍白求恩大夫事迹的小册子也多了起来。佐藤先生虽然当时还不是共产党员，但白求恩的事迹使他很受感动。用他的话说，“白求恩的事迹是难以用语言来表达的”。

通过学习，他也在考虑“在今天这种困难的环境下，如何才能做好医疗工作”。面对缺少医药的现实，他通过努力，想出了许多办法。如在羊角村，有数十名肺结核患者接受治疗，但只能每日注射盐化钙和进行一般性治疗。他绞尽脑筋，制造出一个像玩具样的人工气胸装置。这种治疗方法对一批有“长征”经历的老干部有显著的疗效，受到他们的表扬。

这里值得一提的是，对治疗精神病佐藤先生是外行，但他利用学生时代所学的知识，使用磺酸胺，试着采取持续睡眠疗法，患者反映效果居然不错。

有一天，部队挖掘出一个长埋在地下的大药品箱，从里面找出几个布满泥土的小瓶子。佐藤先生看后确定是 Light 氏染色液，使用它可以诊断各种病症，他高兴得几乎跳起来。使用这种染色液后，医院也开始出现了关于血液化验的书。它对诊断各种血液病发挥了作用，特别是对疟疫和猩红热病原体感染的分析有重要的参考价值。这些医疗的经验，经过总结，就成为医务人员和学员们的教材。

1942 年春天，佐藤先生被任命为医院的医务主任，每月同院长一起到三个分院巡诊一次。除了听取分院长的近况报告外，还与主治医生商量对危重病人的治疗方案。对于需要做手术的病人，他就和院长亲自实施手术，并提出转院等处理意见。到了晚上，院长召开分院的干部大会，除讨论人事问题外，主要讨论有关物资不足、医疗药品短缺等反映的问题，院长一件件记在本上，最后拿出解决的方案。遇到难题，就要长时间讨论，直到找出解决方法。这种深入实际，全心全意为病人服务的作风，给佐藤先生很大的启发。每次出席这样的会议，都加深他对八路军的了解。这对改变他的思想起了很大的作用。佐藤先生是一位很善于学习、敢于联系自己思想的人。在这里我特别介绍一下他的一段日记，来说明他的这个特点：

一九四二年九月十九日

今天又重温了《论共产党员的修养》（刘少奇著）一书。读到第十一页第九行的“弄得别人落后甘心……”时，感触颇深。在今天的八路军里，特别是在卫生部门，别人认为我的医术高明，我也自认为比一般的同志技术高，恐怕在晋东南一带也算是屈指可数的医生。我之所以孜孜不倦、干劲十足地工作，是因为在我心中，自己是一位深受别人称道的医生。假如现在有三位、五位、十位比自己医术还要高明的人，自己这种工作热情还会有吗？想到这里，不禁一身冷汗。这种心态确实存在。

佐藤先生思想改变这样有成效，和他对自己的严格要求显然是分不开的。

1942年6月，佐藤先生郑重申请加入中国共产党，经过一年的预备期（大概就是他在五十多年以后仍然深深记得的“考验”），1943年6月也就是在隘峪口医院给大年先生看病前不久，转为中共正式党员。在预备期内，他对党的认识又怎样呢？下面再摘录几则他抽空用传单纸背面写的日记：

一九四二年七月二十九日　于河南省武安青塔

我感到长期以来不彻底的思想意识，好像终于见到了彻底解决的曙光。可以说，在两年多的时间里，我作为一名日本军人被俘后，在八路军一直接受着共产党的教育，自己不仅在理论上有了相当程度的提高，而且原来的思想意识也在不断地发生着动摇。

也许在昨夜的梦中看见了患病的母亲，白天阅读了革命小说《母亲》。阅读《母亲》是偶然的事情。但是，在想念母亲、思念妻子时，我发觉至少现在她们想不到我做了如此无法无天的事，是用不着辩解的事情，向她们做出说明，决不是我的真正目的，而只有成为一名彻底的优秀共产党员，才是对她们最好的解释。在日本劳动大众中间，有相当数量的人还在为祖国、为天皇陛下而不动摇信念，并把我们视为卖国贼。但是对广大民众能够讲清楚的道路只有一条，就是自己要成为一名彻底的共产党员。舍此还有什么呢？在我们的身后，有无数亲爱的日本人民的总体意志，成千上万的日本共产党员正在积蓄力量，他们高呼着“八路军队伍里的日本同志们，加油！战斗到最后一滴血”。那些兴奋的脸庞，在我的眼前不时地闪现出现。

一九四二年十月十二日　于西隘峪口

我想无论如何要成为一名优秀的共产主义者，要朝着自己认定的真理的道路迈进。

但是，每当想起日本国内成千上万的同胞正在流离失所、家破人亡，特别是男女老少那可怜的爱国心，正在以战胜中国为目标拼命地挣扎着……想到此处，我认为必须提高进一步把握真理的信念。

拯救我们亲爱的同胞的道路在何处呢？日本帝国主义军部的失败已是既定的事实。为了使军部失败的日子早日到来，为了减少日本人民的牺牲，为了资本主义的崩溃，社会主义社会的尽快来临，我们要加倍地努力工作。

从这里我们看到当时一个共产党人的信念和斗争精神。

际遇很有趣，当年主持他入党转正会议的支部书记曲跻武先生，就是我们单位的一位离休干部，说起来令人感到格外亲切。地球真是很大又很小，处处都能遇到老朋友。

作为一个日本籍的中国共产党党员，佐藤先生与中国革命知识分子有着共同的经历，同处困难的环境，遭遇同样的危险。但这种困难、危险对他又是别有一番滋味在心头。1943 年 5 月，日军对太行山再次大“扫荡”，反复搜山。他与卫生部工作人员隐藏在山洞里，日军的脚就在眼皮底下，刺刀往山洞里捅。在这种九死一生的险况下，他沉着镇定，不惊不慌，唯一想到的是：如果被日军发现，是喊“中国共产党万岁”，还是喊“日本共产党万岁呢”？他想到，如果真的要牺牲，他要让这些日军知道他是日本人，他是一个日本的中国共产党党员。

看到这里，一个高大的日本人的形象在我的脑海中浮现了出来。我真庆幸自己有机会耳闻目睹这位高大的日本人的风貌。

1944 年，在佐藤先生的再三要求下，他被批准赴延安，进入冈野进［野坂参三］任校长的日本工农学校。他掌握了日本将战败的情报，考虑回日本后要为祖国的民主革命贡献力量。从野战总预备医院出发，两个月后的 12 月 9 日到达延安。第二天便拜访了住在王家坪的冈野校长。1945 年 4 月中国共产党召开第七次代表大会，他同工农学校的高山教务主任参加旁听。“八一五”日本投降，他已是要回国的冈野进的三名助手之一。临行前，由毛泽东主持，朱德、周恩来作陪，为他们举行了告别宴会。之后，他们一行四人从延安乘飞机至东北，转往莫斯科，1946 年 1 月经朝鲜回到日本。1946 年 2 月 10 日加入日本共产党，后来在三田医院任内科医生，同时经常受邀请参加座谈会和演讲会，并翻译中国共产党的文献。后由三田医院退职，创办日共管理的东京代代木医院。办医院的同时，他积极参加社会活动。在战争中从事反战活动的日本军人回国以后，组织起“八四友会”（取八路军、新四军各一个字命名），追求和平民主，反对复活军国主义。日本投降 50 周年，“八四友会”出版《战争体验》专刊，其中叙述成员们的主张和目标说：“我们之中的很多人以前被欺骗，为日本军部侵略中国所利用，自从作了八路军、新四军的俘虏，我们认识到了侵略战争的本质。为了实现中日两国的和平，我们在中国的战场上，与中国人民并肩作战，冒着生命危险，参加了反战活动。”“战后，日本与世界形势都发生了很大的变化，但是，这期间的日本历届政府，拒不承认过去的战争是侵略战争，而是跟在美国后面企图推进军国主义复活，扩大向海外派兵。我们一定要阻止日本再次踏上悲惨的战争之路。”

“八四友会”的成员们反对当局篡改日本军国主义侵略中国的历史，主张中日两国人民和平友好相处，这与日本众多抱有良知的国民、占主流地位的历史研究者的认识是一致的。但是，侵略战争到底是什么样子的？他们来自血与火交融的战场上，来自对中国人民家破国亡、灾难痛苦的亲见亲闻，这使他们又是具有独特条件来认识侵略战争的本质。佐藤先生是“八四友会”活动的组织者、推动者之一。1983年、1987年，他先后发表文章，指名批评中曾根。他说自己在青年期间，认同了“为日本而战”的欺骗民众的帝国主义思想，那种思想和独裁制度非常可怕。“中曾根内阁提出战后政治总决战的口号”，反动活动猖獗，应该与这种反动活动斗争到底。他回忆说，在“八一五”日本投降后，欢送延安日本工农学校学生回国的会上，周恩来曾说：各位回国，我们没有赠送什么珍贵的礼物，“我们送去的，是为建设新日本而发挥作用的青年”。佐藤先生正是这些青年中的一分子。他和他的同志，是日本法西斯给自己播种下的否定自己的充满活力的种子。

佐藤先生在“后记”里讲述了书名《一个幸运的男人》的来历。他说，那个时代的青年，被拉到违背自己意志的战场上，从这个意义上来讲，大家都遭到了厄运，许多人成了天皇制咒语下的牺牲品。相反，回顾自己选择的后半生，由衷地感到满足。后半生给自己带来了好运。

读罢佐藤先生的自述，不知是出于巧合，还是作者有意安排，我相信是作者有意的安排。书的末页标明出版时间是1998年12月28日，而88年前的这个日子正是佐藤先生诞生之日。我想，他是想以此对自己人生作一总结。这使我在初闻尾形先生说“佐藤先生是日本的白求恩”时产生的那种新鲜感之外，更增添了一份由衷的敬仰。他和白求恩都是外国人，都是医术高明的医生。白求恩是加拿大的共产党员，受加拿大共产党和美国共产党的派遣，不远万里来到中国，帮助中国的抗日战争。佐藤先生则是为侵略者到中国来打仗，经过反省成为正义之士，在战火中经受考验，加入中国共产党，成为革命队伍中的一员，用他的医术服务于中国的抗战。一个日籍中国共产党党员，用他的医术帮助中国的抗日战争，这难道不是日本的白求恩吗?

四

大年先生回国后，很想把他同佐藤先生重逢的消息告诉钱部长。

1999年1月，一个寒冷的日子，我陪大年先生如约来到了钱部长的家。这是一个整洁的院落，漆着砖红色的铁门，一排南房，二间西房。钱部长亲自出迎大年先生到作为书房的西屋。今年已87岁的钱信忠部长，身材硕健，一点也看不出那个年纪的人常见的龙钟老态。落座后，大年先生拿出我已加洗好的照片给钱部长看。他看得很仔细。在他看照片的时候，我环视了一下这间书房，有窗的那面墙呈半圆形，靠墙摆着几把藤沙发，沙发两边各放了两个花架，靠右侧墙摆着一个较大的写字台。一组书柜把这间厅和里厅隔开。窗台上摆着干花和一些奖状。其中有一铜制奖状用篆书写着八个大字“德高望重，功同医相”。“功同医相”出自范仲淹的“不为名相，即为名医”，即不能在仕途上有所成就，就要做一个有名的医生，为社会服务。“功同医相”即称赞钱部长无论是做领导还是做医生，都表现很出色。大年先生问钱部长“看出来他那个样子吗”，钱部长说看出来了。接着大年先生讲述会见佐藤先生的情况。钱老回忆说：那时医院里有两个外国人，一个德国人，很好，但年轻，是来实习的；另一个就是佐藤先生，他很有经验，在医院里，外科手术我自己做，内科由他主治，很负责任。大年先生对当年钱部长在没问病情、也没有仪器的情况下，果断地做出诊断很感纳闷。钱部长说：你那么吐法是血管破裂的吐法，又没有肺空洞。联想看到的奖状，钱部长确实医术高明。接着，大年先生又谈到尾形先生在会上宣布说佐藤先生是日本的白求恩，钱部长认为“可以这样说”。这是又一位中国老人、佐藤先生的老上司对佐藤先生的高度评价。

告别了钱部长，在送大年先生回家的路上，三位老人——两位中国老人，一位日本老人，轮番地出现在我的脑海中。我突然觉悟到，这不就是一部近代史，一部抗日战争史的缩影？我转眼望视大年先生，似乎看到的不仅是学者的大年先生，还看到老八路军的大年先生。我对自己说：唔！这就是我原来所朦胧认识的战士型史学家。

附注：白阿胶，中药之一种，原产于山东。系用驴皮熬成胶，有滋补养血效用。或叫作驴皮胶。

刘大年与中国史学会[①]

王玉璞

中国史学会筹建于1949年7月1日，时称中国新史学研究会。正式成立于1951年7月28日，定名为中国史学会。20世纪60年代中期以后有十多年停止了活动。刘大年同志与中国史学会前期的关系我不很清楚，这里讲的是1980年中国史学会恢复活动以后大年同志与中国史学会的关系。当然，也不可能做全面介绍，只能讲些自己的所见、所闻、所感。

一、中国史学会恢复活动

1979年冬，时任中共中央书记处书记、中国社会科学院院长的胡乔木同志访问罗马尼亚。罗马尼亚领导人在会见乔木同志时指出，1980年将要在布加勒斯特召开第十五届国际历史科学大会，这是第一次在东欧社会主义国家举行这样的学术会议，希望中国给予支持，派历史学家代表团出席。大年同志告诉我，乔木同志意见，以中国史学会的名义组团出席为好，但中国史学会已经停止活动多年，应尽快重建。乔木同志委托梅益同志（时任中国社会科学院秘书长兼规划联络局局长）、大年同志负责重建中国史学会的工作。大年同志完成在日本东京大学的讲学任务，于1980年1月11日回到北京后即投入这项工作。

大年同志回国前夕，筹备工作已经启动，中国社会科学院关于召开重建中国史学会征求意见座谈会的通知已经发出。这个座谈会是1980年1月15日在中国社会科学院一号楼二层大会议室召开的，邀请参加会议的有第一届理事会在京理事陈翰笙、叶蠖生、裴文中、白寿彝、尹达、夏鼐、季羡林、吕

---

① 原载中国史学会秘书处编《中国史学会五十年》，海燕出版社2004年版，第618—631页。——编者注

振羽、侯外庐、翁独健、楚图南（因事未能到会，送来书面意见）；知名专家和有关负责同志顾颉刚、尚钺、邓广铭、陈庆华、胡华、戴逸、何兹全、王仲殊、安志敏、梁寒冰、林甘泉、刘大年、黎澍、李新、刘桂五、刘思慕等。出席座谈会的第一届理事和一些知名专家，大多已是高龄，有的身体有病，有的是坐着轮椅来的。梅益同志主持会议，传达乔木同志的意见，并就召开中国史学会代表大会，选举新一届理事会问题谈了初步设想。大年同志发言说，中国史学会在60年代停止活动，现在要重建，需要有一个合法的程序，那就是召开全国代表大会，选举新一届理事会，请各省、市、自治区历史学界派代表来北京开会。这项工作宜快不宜慢，因为第十五届国际历史科学大会将于1980年8月举行，还要做许多准备工作，时间紧迫，力争在3、4月间开会。大年同志还强调，开代表大会，不能只投投票，选出理事会就算完成了任务，还要有学术活动，要讨论一些历史学界共同关心的问题，学术活动的内容要充实一些，要精心组织，等等。这次座谈会气氛热烈，与会同志个个喜形于色，异口同声赞成恢复史学会的活动。会后成立了中国史学会代表大会筹备处，参与领导工作的还有梅关桦（中国社会科学院规划联络局副局长），承办具体工作的除我以外，还有当时在规划局工作的曲熹光同志。筹备工作的主要内容是商定代表大会的规模，代表名额的分配，开会的时间、地点，修改会章，理事会如何组成，采取什么样的领导体制，等等。经过两个多月紧张的筹备，中国史学会代表大会于1980年4月8日至12日在北京京西宾馆举行，全国各省、自治区、直辖市和有关单位的125位代表出席，同时邀请香港史学界牟润孙、李锷、赵令扬教授参加。经过无记名投票，选出71位理事。根据中国社会科学院建议、代表大会主席团决定，中国史学会理事会实行主席团制。在理事会选举常务理事、主席团和秘书长时，乔木同志建议，不提候选人，请各位理事自由选举。大会主席团决定选举常务理事15人，主席团5人、秘书长1人。选举结果，出乎意料地集中，郑天挺、周谷城、白寿彝、刘大年、邓广铭当选主席团成员，其中大年同志最年轻，时年65岁。实践证明，这次民主选举产生的主席团成员、秘书长和常务理事是众望所归的。

胡乔木同志在大会开幕式上发表了重要讲话，这个讲话一直指导着中国史学会的工作方向，指导着我国历史科学研究工作。

由于筹备工作的时间短，学术活动只能侧重于交流信息。在代表大会期间，孙毓棠、郑天挺、李新分别报告了《大百科全书·历史卷》《中国历史大辞典》和《中华民国史》的编写情况。这三个报告是大年同志亲自向有关同志商定的，这是当时史学界共同关心的问题，特别是《大百科全书·历史卷》和《中国历史大辞典》的编纂工作，几乎动员了史学界所有力量，因此，在中国史学会代表大会上请有关负责人报告两书的编纂情况，不仅受到与会代表的热烈欢迎，而且引起史学界更大的关注，对进一步推动工作的开展起了积极作用。

在代表大会期间举行学术活动，这次是开了一个头，以后则形成了一个固定的模式。第三次代表大会召开时，举行了首届学术年会，两会与会人员220人，以“马克思主义与历史科学；爱国主义教育；历史遗产和社会主义精神文明”为主题展开讨论。大年同志亲笔致函邀请胡耀邦、胡乔木、邓力群同志莅会讲话。耀邦、乔木同志因事忙，委托力群同志出席开幕式，并作重要讲话。

在筹备召开代表大会期间，大年同志就惦记着中国香港、台湾地区的历史学工作者，邀请香港三位史学家在会，前边已经说过。由于条件不具备，不可能邀请台湾学者与会，为此他建议代表大会致信台湾史学界，表达大陆史学工作者的心情。信中说：

> 全国各地历史学界代表于一九八〇年四月八日聚集北京，举行中国史学会代表大会，旨在加强团结，切磋学术。此实我国历史学界之盛会。全国各地代表共聚一堂，情绪至为热烈。所可惜者，惟未能聆听诸先生教益耳。
>
> 史家之贵，在明治乱之迹，通古今之变。我中华民族历史悠久，文物灿然，夙具极大生命力与凝聚力，虽多经内忧外患，此种力量迄未消衰。每当国家统一、民族团结之时，国力即臻强盛，对世界文明贡献亦大。凡此皆诸先生所熟悉，无待赘述。阐发台湾大陆骨肉渊源，研讨中华民族发展历史，促进祖国统一早日实现，自为我历史学界同仁神圣责任，愿与诸先生共勉之。

这封信是大年同志委托林甘泉同志起草，由他修改定稿，提交代表大会通过的。全文发表在1980年4月13日《人民日报》上。

有一个问题需要作一点说明：

1980年4月召开中国史学会代表大会时叫作重建中国史学会。会议名称为：中国史学会代表大会。1980年4月13日《人民日报》发表新华社讯，标题就是“中国史学会在京重新建立”。通讯称：“来自全国各地的一百二十五名史学工作者参加了这次成立史学会的代表大会。”当时学会会程规定代表大会三年举行一次。到1982年春，在考虑筹备下一次代表大会时，就碰到一个问题，按规定将于1983年召开的代表大会怎么个叫法。如果从1951年第一次代表大会算起，明年应该是第三次，而1980年叫作重建，称为“中国史学会代表大会”，没有排序。如果确定是重建，明年应是第二次代表大会。关键问题不在于是第几次，而是涉及如何看待中国史学会的历史问题。大年同志要我同秘书长梁寒冰、副秘书长李侃同志商量一下这件事。经过商议，得出一个看法，中国史学会由于人所共知的原因，于六十年代自行停止活动，没有宣布过解散，上级领导机关也没有宣布撤销，因此，中国史学会的历史应该从1949年筹建算起，1951年是第一次代表大会，1980年是恢复活动，应是第二次代表大会。规范的说法应该是中国史学界第几次代表大会。这里实际上是解决了两个问题，一、是“恢复活动”，不是“重建”；二、应该是“中国史学界代表大会”，不是“中国史学会代表大会”。准确地说，是中国史学界代表大会选举产生中国史学会理事会，它代表全国的历史学工作者，是全国历史学界的最高学术团体。大年同志认为这个说法是合理的，要我报告梅益同志，梅益同志赞成这种解释，因此，中国史学会秘书处在1982年4月1日《关于召开中国史学界第三次代表大会筹备工作纪要》中，就将定于1983年4月召开的代表大会，称作“中国史学界第三次代表大会”，以后照此延续下去。

中国史学会第二届理事会实行主席团制，每年一位执行主席，主席团成员一致推举周谷城为首任执行主席。主席团会议上也明确了中国史学会的日常工作由梁寒冰秘书长主持。但凡遇有重要问题，寒冰同志都主动同大年同志商议，拿出方案，再报执行主席。寒冰同志是长期担任过宣传战线领导职务的老同志，有丰富的实际工作经验，但到中国社会科学院历史研究所工作较晚，是“文化大革命”以后调来的，对院内的和全国史学界的情况不够熟悉，而主席团五位成员中四位是大学的教授，只有大年同志是中国社会科学院的老人，对院内各方面情况都比较熟悉，同全国史学界也一直保持着密切联系，因此，寒冰同志多找大年同志商量工作，是十分自然的事情。这一段时间，我的突出感受是主席团成员之间以及他们和秘书长之间相互尊重，团结和谐。轮值主席认真负责，不挂虚名，但又处事谨慎，尊重上级主管单位中国社会科学院，所以，在他们对一项工作表示了明确态度之后，一般都要说一句话：请大年同志再斟酌。而大年同志更是既谦逊又周到，尽管周谷老、郑天老分别住在上海、天津，凡需要执行主席出面的问题，大年同志决不越过，或者写信或者通电话，周到地商妥之后再办。如召开第二次常务理事会的地点问题，最初，大年、寒冰同志为避免周谷老旅途劳顿，建议在上海开，周谷老表示赞成，大年、寒冰同志为去上海开会积极筹划，不久，周谷老又建议，趁全国人大常委会开会的机会在北京开，免得多数常务理事往上海跑。大年同志说，按周谷老的意见办。这次常务理事会的议程也是大年同志同寒冰同志商议后，提出方案，经周谷老同意后才发出正式通知。中国史学会第二次代表大会至中国史学界第三次代表大会之间的三年，实际上是中国史学会恢复活动以后的起步阶段。这期间的主要工作有：组团出席第十五届国际历史科学大会；举办纪念辛亥革命七十周年国际学术讨论会；全面推进《中国历史大辞典》的编纂工作；在天津市举行中学生历史知识竞赛；正式接手编辑《中国历史学年鉴》；向国际历史科学委员会递交加入该会的申请报告，并于1982年9月获得批准。通过这一系列的工作，中国史学会恢复活动开局很好，卓有成效，开始在国内外赢得较好的声誉。在学会内部，由秘书长主持日常工作的格局，也初步形成。第三届理事会由李侃同志任秘书长，他在史学界和出版界都享有较高声望，在他主持下，继续开展了许多工作，取得了明显成绩。

二、举办纪念辛亥革命七十周年国际学术讨论会

1980年7、8月间，大年同志和梅益同志商议向中央报告，建议1981年10月在全国举行辛亥革命七十周年纪念活动，主要内容有举行纪念大会、举办大型展览、出版书籍、拍摄影视片等等。其中一项是由中国史学会负责举办国际学术讨论会，希望中央将讨论会纳入纪念活动计划之中，所需经费列入纪念活动的总预算。中央批准了这个建议，由全国政协主持。此后在辛亥革命八十年、九十年纪念活动中，均照此办理。向中央的建议报告是梅益同

志请大年同志代中国社会科学院起草的。9 月 13 日，中国史学会常务理事会召开第二次会议，讨论决定了辛亥革命七十周年国际学术讨论会的筹备工作。1961 年，中国史学会曾同湖北省社会科学界联合会共同主办了全国性的辛亥革命五十周年学术讨论会，所以这次仍拟由两个团体合作。这时，湖北省社会科学界联合会尚未恢复活动，大年同志约请湖北省社会科学院副院长密加凡同志来北京，列席中国史学会常务理事会第二次会议，共同商议举办辛亥革命七十周年学术讨论会的事。不久，湖北省委批准湖北省社科联恢复活动，密加凡同志任副主席，主持日常工作。筹办纪念辛亥革命七十周年国际学术讨论会，实际上促进了湖北省社科联早日恢复。

大年同志在筹备纪念辛亥革命七十周年国际学术讨论会的工作中，表现出了卓越的组织才能，真正是以学术的方法组织领导学术活动。他首先抓的问题是确定讨论会的主题，他说，这次讨论会能否取得成功，关键在于能否确定一个对全面推进辛亥革命研究起积极作用的主题。为做好这件事，他约请近代史研究所资深研究员钱宏、何重仁、刘桂五等同志多次商议，反复斟酌。最后确定以“辛亥革命时期的中国资产阶级”作为辛亥革命七十周年学术讨论会的主题，并请钱宏同志起草围绕主题的 30 多个题目，供撰写论文的学者参考，经大年同志修改定稿随征文通知发出。

为什么以“辛亥革命时期的中国资产阶级”为主题？大年同志在不同场合，多次谈到这个问题，据我的记忆，主要的意思是说，资产阶级是辛亥革命的领导力量，以往学术界的研究在这方面做了很多工作，但是仍有不少问题需要深入研究，如辛亥革命时期中国资产阶级的经济实力，辛亥革命中资产阶级各政治派别及其活动，资产阶级各阶层在辛亥革命中的动向，资产阶级同群众自发斗争的关系，以及辛亥革命时期的思想文化和社会思潮等，或者研究很少，或者看法分歧。当然，最根本的分歧是辛亥革命是不是资产阶级革命。抓住这个主题，加强研究，深入讨论，有可能将辛亥革命的研究推进一步。为了把过去对资产阶级研究状况作一个总体的回顾，他趁在上海开会的机会，专门约请上海市社会科学院副院长兼历史所所长陆志仁同志商议落实这项任务。经过陆志仁同志亲自组织，上海市社会科学院经济研究所的杜恂诚、周元高撰写了《建国以来资产阶级研究概述》，受到与会中外学者的欢迎。

实践证明，以“辛亥革命时期的中国资产阶级”为主题，有力地推动了辛亥革命研究的深入开展。在提交讨论会的论文中直接从经济史的角度阐发这一主题的有11篇，占全部入选论文的八分之一。在这次讨论会的推动下，一些史学工作者开始把注意力投向研究资产阶级发展的原始资料——商会档案。由章开沅、刘望龄、叶万忠主编的《苏州商会档案丛编》第一辑（1905—1911）一百多万字于十年后问世，并赠送给参加纪念辛亥革命八十周年国际学术讨论会的学者。在此前后，天津商会档案也出版了。

为了筹备这次讨论会，大年同志经常约请钱宏、何重仁、刘桂五同志商讨，我因承办具体工作，几乎每次都能列席聆听。大年同志关于办好这次讨论会的许多意见，大都是在这种场合下说的，比如，关于如何征集论文，大年同志提出，要跳出我们熟悉的圈子，不要局限于社会科学院系统的历史所、大学历史系的专业人员，要在更大范围内征集论文，在其他部门工作的，非专业史学工作者只要有研究，都可以写论文，来了就收，不要拒绝。

实践证明，大年同志是有远见的，征文来稿，作者当然多数是专业中国近代史研究者，但是也有非专业的人士，还有在读的大学生等等，其中有的论文被选中，由此改变了作者的工作方向，如有一位在工厂中学任教的作者，由于论文入选，引起有关研究机构的注意，此后即调任专职研究人员。

关于评选论文问题。大年同志提出，对征文要采取评选的办法，不是有文章就请出席讨论会，要强调学术水平，够水平的论文入选，请作者出席讨论会，这样做有可能发现新人才。他说："评选论文的唯一标准是学术水平，不照顾资历、名望、地位，对所有应征论文一视同仁。"这个信息传出去以后，很快就有人说，这是一些学霸要垄断辛亥讨论会。也还有一些同志不以为然，他们认为，不过是说说而已。因为七十年代末、八十年代初那几年，历史学界空前活跃，讨论会很多，有篇文章就可以参会，当时有一个形象的说法，叫作"写篇文章，换张门票"。稍有名气的，没有文章也可以参会。大年同志对这种状况很不满意，认为长此下去，必然败坏学风。因此，在他主持筹备辛亥革命七十周年学术讨论会时下决心改变这种风气。讨论会采取评选论文的做法，恐怕在我国学术界，起码是在史学界是前所未有的。当时参加评选工作的十几位学者也有不同程度的顾虑。为了解除顾虑，大年同志做了两件事，第一是把胡绳同志和他自己的论文要我带到评选组，并明确表示，他们两人的论文和所有征文一样，参加评选，够水平就取，不够水平就刷掉；第二，他要求参加评选的同志出以公心，不管作者背景，只看学术水平。对不同学术观点的论文，只要持之有故、言之成理，就应该取，要切实贯彻“百家争鸣”的方针，提倡不同学术观点的自由讨论。他说，如果有人要骂，我顶着，一切责任我承担。当然，由于我们水平不高，有眼无珠，好文章给漏掉了，人家要骂，理所当然，我们应该挨骂。

有两点需要特别提及。第一点是由于大年、胡绳同志的示范作用，评选组成员的论文一律参加评选，其中一位成员的文章未能入选。我想这是参加评选的专家们出以公心的有力证明。应该说，在端正学风方面，开了一个好头。第二点是评选的结果，“学霸”并没有垄断这次讨论会，参评论文近200篇，入选81篇，除一篇因为约稿时间较晚，未能参评，而由评选组指定几位同志会后审定外，其他80篇（96位作者），都是从近200篇应征论文中选出来的。按作者年龄分，61岁以上12人，占作者总数的12.5%；51—60岁的27人，占28%；41—50岁的39人，占41%；40岁以下的18人，占18.5%。在40岁以下的作者中，有在读的研究生6人，大学本科生1人，这位就是时年27岁、云南大学历史系四年级学生唐克敏，现在是上海辞书出版社的业务骨干、领导成员。评选的结果证明，知名老专家只占百分之十二多一点，相反，一批名不见经传的中青年史学工作者脱颖而出。在以后的20年中，这批中青年作者大都成了业务骨干，相当一些人担负了大学、研究所、历史系的领导工作。这次讨论会能够涌现出一批人才，毫无疑问，得益于评选论文。如果照传统的做法，提名邀请，那就可能埋没了一批人才。

大年同志领导的1981年纪念辛亥革命七十周年国际学术讨论会，在办会的原则、方针、方法方面都有开创性的发展。此后他又在主持孙中山诞辰一百二十周年、辛亥革命八十周年国际学术讨论会，再后是金冲及同志主持辛亥革命九十周年国际学术讨论会中不断完善，逐步形成了一整套的方针、原则、办法。归纳起来，有以下六点：

1. 在征集论文方面形成了16字方针：即“广泛征集，重点组织，专家评审，择优入选”。“广泛征集”，在作者范围和专业范围方面都有较大的拓展，三次辛亥革命讨论会，每次收到论文都在200篇上下，有较为充分的选择余地。“重点组织”，是指那些支撑讨论会的重点题目，有计划地组织确有研究者撰文，这些论文是讨论会的骨干文章，是保证讨论会具有较高学术水平的关键。虽是特约文章，一样参加评选，实际上这些文章都在评选中起了标杆作用。“专家评审”，约请从事政治史、经济史、社会史、思想文化史等方面的专家15人左右，用一周的时间进行评选。对专家的选择也有明确的原则，那就是确有学问，学风好，可以平等讨论，容易合作共事。二十年实践证明，每次的评选班子都是深孚众望的。“择优入选”，除优秀论文入选外，还特别关注具有开拓性的新课题，哪怕不够完善，只要在一两点上有可取之处就入选，以鼓励人们勇于探索新问题。

2. 贯彻“百家争鸣”的方针。对不同学术见解，不同学术观点，一视同仁，只要是持之有故，言之成理，确有研究的论文，尽管与评委见解相左，均予入选，这就保证形成一种活跃的学术氛围。

3. 采取回避制度。两个回避，一是评委的论文，不在他所在的小组评议，而是易组评议。二是对评委所在单位提交的论文，评委不参加评选。这样就保证做到公开、公正、公平。

4. 加强保密，创造一个自由讨论的空间。在评选论文时，评委畅所欲言，不同意见，充分讨论甚至争论，对分歧较大者，扩大评议范围，听取更多评选组成员的意见。所有这些意见和争论只局限在评选组内部，评委回到原单位没有传达任务。对论文的评选结果统一由学术讨论会组织委员会秘书处给作者发书面通知。入选的和未能入选的都发通知。对未能入选论文的作者还要表示感谢他对讨论会的支持。多次评选证明，凡是这一条做得好，各方面的关系就好处理，稍有疏忽，就会产生一些消极因素。辛亥革命七十年、八十年讨论会的论文评选在这方面可以说是做得很好的。

5. 论文评选以后，大年同志接下来抓如何组织好讨论。主要抓两个环节：一是按问题分类，编好小组，问题大体相同或者有内在联系的论文编为一组，便于讨论。二是选好小组召集人，使讨论会能生动活泼地进行。

6. 抓好会务工作。在学术准备大体就绪之后，大年同志腾出手来抓会务组织、后勤保障，对食、宿、接待过问得很具体，要求很严格。在组织学术讨论会时，大年同志一贯强调两点，首先是学术论文，这是他下大力气抓住不放的头等任务。他说，一次讨论会成功与否取决于论文水平的高低，没有一批高水平的论文，就是吃住再好，讨论会也是失败的。其次，当论文问题得到解决以后，他又强调必须搞好会务，他更多的是强调软件，就是要求秘书处工作人员热情周到的服务，在力所能及的条件下尽力把生活搞好一些，不要使与会学者们感到生活上不便。对会务工作他要求注重效率，要高度重视与会学者的意见和建议，凡能解决的，抓紧解决，他对拖延不办的事十分恼火。辛亥革命七十周年讨论会时应发的资料、图书中的一部分，由于协调方面的原因，在开幕后两天尚未发下去，他几次催促，仍不见效，一天午饭时责成我，立刻亲自动手，组织力量，在晚饭前必须发下去。他说办事拖拉，不讲效率，影响不好。他要求我举一反三，其他事情有无类似情况，作出检查后向他报告。我们遵照他的要求，在晚饭前把应发的资料、图书全部发到与会学者手中，并于当晚在秘书长办公会上逐一检查了秘书处的工作，发现尚无类似事情，向他报告后，他才放心。

1981年纪念辛亥革命七十周年国际学术讨论会是中国近代史领域学术活动中的一次盛会，与会中外学者，特别是海外学者，对这次讨论会学术水平之高，学术气氛之活跃，会务组织工作之周到，都给予了高度评价。法国巴斯蒂教授在二十年后举行的辛亥革命九十周年国际学术讨论会上致词时还说："我至今对1981年的会议还记忆犹新，备感亲切。"中国史学会和它组织的学术活动也由此而传播海内外，历经二十年，形成了一个"知名品牌"。一些海外学者不惜推掉其他会议前来参加，有的外国学者自费来华参会，并预定十年后还要来。

一个学术讨论会，产生如此之大的吸引力，因素当然很多，而大年同志在组织领导方面，由于采取了正确的原则、方针、方法，由此而产生的一批又一批高水平的学术论著，是一个重要因素。中国史学会组织的辛亥革命讨论会，树立了学术讨论会的一个样板，得到了真正做学术研究的海内外学者的真诚赞佩。台湾"中研院"近代史研究所张玉法研究员在纪念辛亥革命九十周年国际学术讨论会开幕式上的讲话中说："我听说这一次国内各地的学者至少有100多篇的好文章都被淘汰掉了，都被审查掉了。我个人希望下一次再开学术大会，也把海外学者的文章一起拿来审查，如果不够格的话还是把它淘汰掉，这样才能增进我们学术的进步。"

大年同志倡导、主持的纪念辛亥革命七十周年国际学术讨论会，开创了史学讨论会的新风，留下了好的传统，这是中国史学会的一笔财富，继承下来，弘扬开去，继续推动中国史学会各项工作前进，以不负大年同志为中国史学会的建设发展付出的心血。

刘大年与中国抗日战争史学会[①]

朱　薇

20世纪80年代以来国内形成的抗日战争研究热潮，是中国史学史上的一个重要的现象。从那时起，国内对抗日战争的研究，由传统的党史研究、中国革命史研究和民国史研究的分散研究，逐步整合，形成了中国历史研究中的一个相对独立的分支学科，聚集了一支有力的研究队伍，研究的指导思想也更为明确、科学，取得了前所未有的丰硕学术成果。它开辟了中国历史研究中的一个重要领域，也对中国当代的政治生活具有深远的影响。在这个过程中，由著名的政治家、史学家、军事家等共同推动创立的中国抗日战争史学会，有力地推动了这个领域研究的发展。

中国抗日战争史学会成立于1991年1月23日，学会的宗旨是正确研究抗日战争史，科学地总结反法西斯斗争的历史经验，推动中国史学的研究。学会的首任会长刘大年在创建学会、克服传统思维对抗战研究的影响、确立科学的指导思想方面，做了大量的工作，对推动抗日战争史研究起了重要的作用。

一、参与筹建中国人民抗日战争纪念馆

中国抗日战争史学会的发起成立与中国人民抗日战争纪念馆的建立紧密联系，从某种意义上说，抗战馆的筹建，酝酿和催生了抗日战争史学会。刘大年在抗日战争纪念馆筹备和修建过程中，也做过不少重要的工作。

20世纪80年代，抗日战争过去了近40年，历史似乎正在被淡忘甚至歪曲。建立一个全国性的抗日战争纪念馆，以集中揭露日本帝国主义的滔天暴行，颂扬中华民族在那场伟大战争中显示的伟大民族精神，寄托对抗战英烈的

① 原载《史学史研究》2005年第3期，第1—10页。——编者注

哀思，启迪后人，提到了议事日程，成为一件十分必要和相当紧迫的事情。

1983年12月，中共中央政治局委员胡乔木在视察卢沟桥时，向陪同的北京市副市长白介夫提出，要在宛平城里修建一个抗日战争纪念馆。同时胡乔木还特意嘱托白介夫，如果有什么事情需要帮忙，可以找刘大年。[①]

此后不久，时任六届全国人大法律委员会副主任委员的张友渔致信刘大年，再次谈到抗战馆的筹备事宜：

> 去年十二月，乔木同志曾指示北京市建立抗日战争纪念馆，北京市政府指定文物局顾问陈鼎文同志同有关方面进行联系。因乔木同志谈话时，一再提到如何进行，可多请您指导，他迫切需要向您汇报情况，并有些问题须向您请教，请您帮助。现特函介绍，务希接洽，并大力支持！[②]

1984年4月20日，北京市文物事业管理局陈鼎文给刘大年来信说：

> 谨把议后修订的给胡乔木同志的报告抄送给您，请核阅，并盼答复我们，我们是很企望您给以大力支援……

两天后，刘大年给胡乔木写了一份关于倡议修建抗日战争纪念馆的长信：

> 北京市文物局陈鼎文同志写给您的信，由他抄了一件给我，要求签注一点意见。他们建议在宛平城修建一个适当规模的抗日战争纪念馆，我觉得完全有此必要。您去年十二月视察卢沟桥关于这个问题的讲话，我没有看到记录，自必阐述周详，高瞻远瞩。照我的认识，解放战争是中国一百一十年反帝反封建的总决战，它的胜利基础是由抗日战争所直接奠定的。在那以前，日本军国主义成了世界列强宰割、奴役中国的急先锋。打败日本侵略者，证明中国人民

---

① 据采访中央文献研究室王玉璞先生的录音。

② 张友渔致刘大年，1984年4月14日。按：本文如未特殊说明，引用书信均根据刘大年所藏书信原稿或底稿，刘大年先生书函由刘潞保存，即将由中央文献出版社出版。

也可以打败所有帝国主义。抗日战争是中国人民大觉醒的表示。抗日战争的胜利，使我们的人民，我们的民族从长期受摧残、受压抑中第一次获得了精神大解放。因此，可以说，抗日战争是中国人民革命斗争传统的光辉篇章，是我们民族恢复自尊自豪、锻炼爱国主义思想感情的里程碑。过去、现在的经验，都证明建设两个文明必须一齐抓。革命精神、共产主义思想教育与四个现代化都是百年大计、千年大计。办好卢沟桥抗日战争纪念馆是一件具体的事，但却是一件关系振奋民族精神的带有关键性的事。对这方面的投资，是对我们事业长远精神力量的投资。它将和物质建设投资一样，造福子孙后代。现在不办，后人甚至会责备我们。我赞成陈鼎文同志的信里所提到的具体建议，希望能够实现。

刘大年从抗日战争奠基了解放战争的胜利，振奋了中华民族民族精神的角度，远见卓识地看到了办好抗日战争纪念馆功在当代，利在千秋。

此后，抗战馆的筹建加快了步伐。1987年7月6日，中国人民抗日战争纪念馆举行落成典礼。

抗战馆落成后，为更好地推动抗战馆工作的开展和抗日战争历史的研究，成立了由有关专家和领导组成的顾问组，这个顾问组包括刘大年、朱穆之、白介夫、焦若愚、李东冶、马宾、叶锋、贾亦斌、刘述礼、陶西平等一批亲自投身过抗日战争的老同志。作为历史学家，刘大年特别重视抗战馆资料的搜集整理，在每年的顾问会议上，他总是殷切希望抗战馆能够加强这方面的工作，努力建成为全国抗日战争史的资料中心。抗战馆在他的启示下，成立了专门的资料中心，尽管当时条件有限，但是也取得了一定的成果。①

1988年后，中国人民抗日战争纪念馆开始不定期地举行学术研讨会。②学术规模越来越大，研究成果也越来越丰富。1988年7月5日，“七七事变”爆发51周年前夕，抗战馆围绕如何评估我国抗日战争史研究现状，以及抗日战争纪念馆的研究方向，举办了首届抗日战争史学术研讨会。刘大年以全国人大常委的身份在会上做了专题发言，他基于马克思主义史学家的眼光，强烈

① 据采访中国人民抗日战争纪念馆原馆长张承钧先生的录音。

② 据采访张承钧先生的录音。

呼吁“集中力量写出一部水平较高的、内容充实的抗日战争史和一套完整资料”[①]，得到了与会者的热烈拥护。

抗战馆自成立以来，抢救了一大批珍贵史料，整理出版了一批抗战史研究专著，团结和稳固了一支专门的研究队伍，为抗日战争史的研究搭建了一个平台。中国抗日战争史学会的创建也随之提上日程。

二、创建中国抗日战争史学会

改革开放以来，随着学术界的思想解放和百家争鸣，抗日战争研究也迎来了自己的春天。尽管最初的研究仍然分散于党史、革命史和民国史研究的范围，但是学界已经开始客观科学地重新审视这段历史。1985 年抗日战争胜利 40 周年纪念活动肇始的抗日战争史研究热潮的出现，学术成果和研究队伍的不断扩大，使抗日战争研究作为近代史研究的一个独立分支学科的趋势日显。

随着中日两国间的交往日益密切，日本国内的声音此时也更多地传到中国，两国关系中一些现实问题越来越引起中国学者的关注，成为推动抗日战争研究发展的外部动因。抗日战争在中国近现代发展中的作用和对中国现实的影响，也得到更为深刻的认识。为了推动这项与国家命运、前途密切相关的学术研究，在胡乔木、刘大年、白介夫等老一辈史学家、政治家的倡导和组织下，抗日战争史学会及其会刊《抗日战争研究》得以产生。

成立抗日战争史学会最初是胡乔木提出来的。1988 年 4 月 27 日上午，他在审查抗战纪念馆“卢沟桥事变”半景画馆时，就纪念馆的抗战史研究工作说：“关于研究机构，可以成立一个非实体性的范围较广的研究机构……研究机构的主持人，还是由大年或穆之同志担任为好。”[②]

80 年代末，海外的华人华侨敦促国内成立日本侵华暴行研究会对抗日战争史学会的成立也有过一定的影响。1989 年 8 月 30 日，胡乔木在信中曾提出让刘大年出面组织类似的研究会：

---

①《中国人民抗日战争纪念馆筹备委员会简报》1988 年 7 月 15 日。

②《中国人民抗日战争纪念馆筹备委员会简报》第 1 期，1988 年 5 月 3 日。穆之，即朱穆之。

美国南伊利诺大学华裔教授吴天威，多次提议要成立日本侵华暴行研究会，这是一件好事，赞成的人（尤其海外华人）很多，成立的类似组织也不少。今年四月我和赵复三访美时，吴偕齐锡生教授专程到华盛顿商谈此事，希望由国内正式发起组织，作为中心。我曾与赵说此事最好由你出面牵头，请近代史所推出几位热心的同志负责进行，建立一个民间性的团体，以便与海外各方联系，同时在国内选几个重点题目调查分别成书。回国后一直未能与你联系，赵亦匆忙出国。现吴又来信，请考虑可否挑起这个担子，并望与胡绳同志一商。

据当时协助刘大年筹备抗日战争史学会工作的近代史研究所所长张海鹏回忆说，胡乔木在美国访问期间，吴天威曾对他说起美国华人成立有日军暴行调查委员会，还创办了自己的刊物——《日本侵华研究》。吴向胡乔木反映：生活在美国的华人学者认为中国学者也应成立一个学会，办一个刊物，要发出声音。胡乔木回国后不久就给刘大年写了上面的这封信，此后又多次邀刘到家中商谈有关事宜。

胡乔木最初提出的名称是“抗日战争史研究会”。但是因学界一般以“研究会”命名二级学会，所以张海鹏建议改为“抗日战争史学会”，得到刘大年的同意。抗日战争史学会最初框架是由胡乔木任会长，推选几位元帅、大将、上将做主席团成员，当时首推聂荣臻；同时还打算成立抗日战争史学会基金会。张海鹏负责起草了申请报告，并仿照宋庆龄基金会的章程拟定了史学会基金会的章程。①

1989年11月8日，胡乔木在给刘大年和白介夫的信中再次提到：

暴行调查事，请先与介夫同志商议，分别依托社科院近代史所和抗战纪念馆作一些组织上的准备，包括指定专门负责人（将来专职但不脱产），拟出初步重点调查计划，经费收支匡算，经常参与合作单位人员，基金会日常工作和管理办法（会计账目收据奖状等）等项。秘书长人选正在从抗日名将中物色，不必着急，上次说主席

① 据采访张海鹏先生的录音。

团或董事会名称名单亦请商定草案，以便说话时易于作出决定。请酌。

12月12日，刘大年复信胡乔木：

最近同白介夫同志和其他同志一起，草拟出了给中央的报告等三个文字稿，并设想了一下主席团、基金会的两个名单草案，一并送上，请予以查阅修改。基金会名单中香港何人参加尚须斟酌。理事会的名单我们想可以广泛一些，不必经中央批准，待下回再提出。介夫同志精力充沛，情况熟悉，是承担研究会实际工作的最适合人选。因此我有个想法，秘书长不妨有两位，吕老参加主席团兼秘书长，介夫同时也任秘书长，便于活动，开展工作。我做理事会成员就行了，不需要其他名义，实事求是。研究会明年一月成立，看来太仓促了，预定在二月间比较从容一点。往下的工作，是否等中央批准报告以后，您找有关同志谈一次，然后进行。

然而筹备工作并非一帆风顺，胡乔木因为身体状况的原因，无法倾力成立学会。1990年2月20日，他在给刘大年的信中说：

去年十二月十二日和今年二月十九日两信均收到。十二月的信没有回，因为当时正值神经衰弱旧疾复发（主要表现为疲劳），希望过些时好些再面商。不想此次病情近日不但没有好转，反而更见加重，看来不大可能再恢复到去年谈论此事时的健康水平。明天要住院（与此病无关，动个小手术），只好先回此信。（一）成立抗日战争史研究会和基金会的建议不能由我个人提出，似只能由社会科学院党组提出。此事原则上是否可行，请先与郁文、胡绳同志一商。（由于目前国内外形势，研究会、基金会这类组织，中央现在能否同意亦是问题。）如获同意，再考虑报告如何写法。现在的稿子似觉冗长了一些。……（二）我由于健康状况对有关事项现已积极不起来，谈话写信现都很感吃力，故坚决不想再在研究会尤其基金会中列名或实际参与。我希望胡绳同志能任会长并在实际上起牵头作用，他以社科院院长和政协副主席身份发起名正言顺。此外，我现在认为基金会名单也不需要那么多的人，如果实际上能成立的话。这里说的都是大实话。自己提出倡议自己打退堂鼓确实很难堪，但实情如此，别无良策。万望鉴原。

首倡者对其初衷虽有所修改，但刘大年却没有放弃。3月16日，他致函社科院领导：

胡绳、郁文同志：送上乔木同志倡议组建抗日战争史研究会的来信，和我同白介夫同志原拟的给中央的《报告》稿。乔木同志对他原来的设想有了修改，主张由社会科学院来出面组织推动。我觉得他的意见可行，具体办法要重新研究，请考虑决定。我给乔木、冯至同志的信各一件，一并附去。如果约人先谈谈，需要的话，我可以参加。又，白介夫同志对此热心，也有一些想法。

他又致函全国政协副主席吕正操：

吕老：您好。乔木同志信一件，转上请一阅。抗日战争史的研究需要采取措施加以推动，我对此确信不疑。乔木同志现在略为修改了他的主意，要按照上次谈话的设想去做，显已碍难行通。我在找有关同志商量，俟有头绪，当即奉闻。

1990年春天成立学会事宜再度提起，会长人选确定为刘大年。主席团改为顾问，由吕正操、杨成武等10位将军担任。

成立学会，创办刊物，经费问题首当其冲。刘大年为此找到当时分管此事的中国社会科学院副院长郁文商谈。郁文明确地表示，社科院原则上不再接受新的学会，但可以对抗日战争史学会网开一面。至于学会及创办刊物的经费则须自筹。①

1990年10月5日，刘大年再次致信胡乔木，请他担任抗日战争史学会的

---

① 据采访张海鹏先生的录音。

名誉会长，并请转信至当时的国务院总理李鹏，请财政部支持：

办刊物的费用社会科学院无法解决。我和介夫同志给您和李鹏同志写了一封信，现送上。如无不妥，请加几句话转给李鹏同志，多少有一点钱以后，酝酿了两年的研究会就终于可以活动起来了。由您担任名誉会长，我们觉得同时也设名誉理事，这样，学会可以更有影响些。名单草案见另纸，请考虑，加以增减。已与介夫同志达成协议，我遵命暂居会长名义，介夫担任执行会长兼基金会会长。理事待与学术界协商产生。学会名叫"抗日战争研究学会"，刊物就叫《抗日战争研究》。明年下半年发刊。争取今年十二月把研究会成立起来，并筹备明年的讨论会。

刘大年、白介夫请胡乔木代转致李鹏的信内容如下：

乔木同志并转李鹏同志：关于成立一个民间的抗日战争史研究学会来推动抗日战争研究的事，我们和有关同志讨论了几次。大家认为现在应该赶紧行动起来，实在不可以再拖延下去了。乔木同志答应担任研究会名誉会长，大家很受鼓舞。我们争取在今年年底建立学会组织，开始工作。明年计划做两件事：一、开一个"九一八"六十周年国际学术讨论会；二、出一个刊物，发表成果，推动研究。学会开办和经常费用我们去设法募集，明年开讨论会与办刊物，马上需要一笔钱，想提请李鹏总理批准，由财政部拨人民币七十万元，给予补助（不久前许立群同志主持的《真理的追求》就是由财政部拨给三十万元得以办成的）。二十万元开讨论会，五十万元维持刊物出版。

抗日战争的研究不仅有重要的学术意义，更有重大的现实意义。抗日战争是中国近代历史，也是我党历史的一个重大的转折。它的胜利，准备了新中国与旧中国的决战，加速了中国走进社会主义。抗日战争体现了中华民族空前的爱国觉醒。我们要宏扬爱国主义，那段历史是极为宝贵的教材。抗日战争是全民族的战争，开展这项研究，对于做好台湾和海外华人的工作，增强向心力，十分有利。

历史的教训更需要牢记。半个多世纪过去了，日本国内的旧势力仍然坚持军国主义思想，企图为日本帝国主义侵略中国和亚洲翻案。日本由经济大国走向军事大国，步伐在明显地加紧。我们主张中日两国人民世世代代友好下去，但不能忘记历史的经验教训。台湾和海外学术界也重视这方面的工作。海外华人出有专门刊物，开展日军侵华罪行调查。他们多次来信，对我们没有组织起来与他们联系协作，表示不满。今年八月在香港举行的一次中日关系国际讨论会中，台湾学者提出，一九九二年两岸共同召开卢沟桥事变五十五周年学术讨论会，经费由他们申请蒋经国交流基金解决。这是对我们的挑战。凡此种种，都要求我们把抗战史的研究认真开展起来，愈快愈好。我们这些当初投身抗日战场的青年，今已白发苍苍。回顾那段历史，深感自己应该抓紧时间，尽一分责任。

目前国家财政很紧，大家充分理解。在推动抗日战争研究这样的事情上少量花一点钱，支持一下，是有充分理由的。我们一经得到批准拨款补助的通知，便可着手筹备明年的讨论会和安排刊物出版的具体工作。学会理事会章程、名单将尽快提出，向乔木同志汇报，并办理登记手续等事宜。

11月1日，国务院秘书局约中宣部、财政部、民政部和社科院等部门的有关同志，专门就成立“中国抗日战争史学会”、出版《抗日战争研究》和要求中央财政补助等问题进行了研究。10日由国务院秘书长刘仲藜报请李鹏批准。李鹏16日批示：“仲藜同志：原则同意处理意见。这类事必须严格掌握。”①

1990年11月28日，中国抗日战争史北京研究会工作会议在抗战纪念馆举行。根据代表们的提议，第二天临时召开了中国抗日战争史学术筹备会议。刘大年在会上“阐述了筹备成立中国抗日战争史学会的重要意义及工作内容、提出学会明年要做好两件事：一是开好‘九一八’事变六十周年国际学术讨论会，他说这个讨论会必须有明确的主题，所邀代表应有相当的学术地位，如果这个会开好了，中国抗战史学会的影响就扩大了；第二，学会应有自己的

① 据刘大年所藏报告和批示原件。

刊物，要力争在明年下半年正式出版”[①]。

抗日战争史学会于1991年1月23日在人民大会堂成立。胡乔木任名誉会长，刘大年任会长，白介夫任执行会长。聘请萧克、杨成武、吕正操、杨得志、郭化若、张震、邓力群、胡绳、周谷城、程思远、郑洞国、侯镜如、张国基为名誉顾问。学术委员会由丁守和、马齐彬、王淇、王庆成、白介夫、刘大年、刘建业、齐世荣、李侃、张海鹏、何理、罗焕章、金冲及、戴逸等人组成，刘大年为召集人。[②]

不久，抗日战争史学会创办了自己的刊物——《抗日战争研究》，刘大年担任编辑委员会召集人。其实，早在1985年8月10日，刘大年已经就创办专门的抗日战争研究的刊物，致信胡绳：

> 日本舆论界关于日本侵略中国，目前左、右两种态度，两种观点，斗争相当激烈。最近应历史所邀请来访的广岛大学教授杨启樵（台湾出生），在社会科学院一次座谈会上发言，说中国到处都是小报、刊物，多达几千种，内容什么都有，就是没有刊载日本舆论界上述状况的文稿，令人无法理解。台湾这方面的报导也少，但比大陆多些。相反，倒是日本的左派揭露日本侵略军屠杀残害中国人民的种种暴行，谴责侵略者，大义凛然，替中国人讲话，等等。我觉得杨教授的讲话很能代表一种看法，建议主持前述座谈会的同志整出准确材料，向上面主管部门反映。

随抗日战争史学会成立而创刊的《抗日战争研究》，刘大年作为主要的负责人，从第一期开始就做了很多工作。1991年4月26日，他在信中和胡乔木商讨刊物创刊号的编排问题：

> 昨天面陈的三件事，再简述如左：一、《抗日战争研究》请您写的文章，应该是发刊辞。文章稍短无妨，希望六月上旬见到稿子。

---

①《中国人民抗日战争纪念馆简报》第19期，1990年11月29日。

②《中国抗日战争史学会在京成立，〈抗日战争研究〉即将创刊》，《近代史研究》1991年第2期，第314页。

二、请小平同志、聂帅为刊物题辞的信，烦为转达。三、拙稿一件，请您翻翻，予以指教。①

聂荣臻很快寄来了题辞：“研究抗日战争史，加强爱国主义教育。”

胡乔木决定，把在抗日战争史学会成立大会上的书面发言稿修改后作为《抗日战争研究》的发刊词。刘大年对发言稿提出了具体修改意见：

《致中国抗日战争史学会成立大会的信》在成立大会上宣读过，现送上，请再过目。两个办法：（一）不用信的形式，以中间三段为基础，略加充实，成一简短发刊词；（二）即用原信，注明代发刊词。当然希望您选择前一办法。但决不要太费事，以免劳累，几百字就可以了。刊物本月中旬发稿，祈酌定示复。

1991年9月，由中国抗日战争史学会主办、中国社会科学院近代史研究所编辑、近代史研究杂志社出版的《抗日战争研究》创刊了。作为全国抗日战争史研究的唯一学术专刊，《抗日战争研究》力求反映抗日战争研究中的前沿成果。该刊发表的论文，内容涉及抗日战争期间的政治、军事、经济、文化、外交、社会、日本侵华罪行以及战争遗留问题等方面。论文作者，有海峡两岸知名专家、中青年学者、亲历抗日战争的老战士，以及日本、韩国、美国、加拿大等国学者，论文内容涉及理论性研究和实证性研究，不少文章引起了学术界的重视。

抗日战争史学会的成立和《抗日战争研究》的创刊，引起了国内外普遍的关注。美籍华裔历史学家唐德刚1992年春节给刘大年的贺年片上这样写道：“抗日战争史学会在先生领导下，必成将来世界史中之显学。”

“张学良及东北军史研究会”名誉理事长郭维城，在学会成立的当天就写信给刘大年：“今天晚报报载：中国抗日战争史学会今在北京开成立大会，谨致庆贺。”最后，他还向刘大年询问“我们是否可以用团体或个人名义参加中国抗日战争史学会？以便为中国抗日战争史做出微薄的贡献？请考虑”。

---

①信件原稿是竖行毛笔书写。拙稿指刘大年在抗日战争史学会成立大会上的发言:《做什么，怎么做？》

刘大年也热情地向海外朋友介绍《抗日战争研究》的刊物，他在1993年5月8日给学者荫飞的信中说：

> 诚如大札所云：为使中日两国人民世代友好下去，很有必要加强中日两国的交往史，特别是加强近代史的研究。我们出版《抗日战争研究》，这是主要任务之一。抗日战争涉及的面很广。日本有关的出版物，如档案资料、重要的回忆录、新的专著等，均为研究者所必需。我们希望与日本同行和热心人士合作，使这项工作取得进展。

中国抗日战争史学会的成立，《抗日战争研究》刊物的创办，大大推动了抗日战争史研究向纵深方向发展。“发表的论文、出版的著作、研究者的队伍，都达到空前的规模；研究的水平和质量大大提高。这样一种状况，对于在我国国民中普及历史知识，进行爱国主义教育，以及对于提高近代史学界的学术水准，显然都是有益的。如果从这个角度看，刘大年先生在其中发挥的作用，更应当加以重视了”①。

三、90年代中日关系的系列研讨会

抗日战争史学会成立之后，在90年代组织了一系列学术研讨会：“九一八”事变60周年国际学术讨论会、第二届近百年中日关系史国际研讨会、纪念抗日战争50周年学术讨论会、“七七”事变60周年学术讨论会等。自此，抗日战争史研究更加蓬勃发展。

1991年9月17日至20日，由中国抗日战争史学会，辽宁、吉林、黑龙江三省社会科学院等六家单位联合发起的“九一八”事变60周年国际学术讨论会在沈阳召开。这是抗日战争史学会成立后主办的第一次会议，也是史学界一次重大的国际学术讨论会。会议以“抗日战争与中国历史”为主题进行了

---

①张海鹏：《战士型的学者，学者型的战士——追念刘大年先生的抗日战争史研究》，《抗日战争研究》2000年第1期，第32页。

广泛热烈的讨论。中国抗日战争史学会名誉会长胡乔木给讨论会发来了贺电，刘大年致开幕词。在开幕词中，刘大年阐明了这次学术讨论会的主题："研究抗日战争归根到底要解决两个根本性的认识问题，一是'认识中华民族这个近代积弱而又伟大的民族'，二是'认识抗日战争在中国历史上的重要地位，它与往前往后中国历史的关系'。"[①]

刘大年为这次会议提交的论文是《抗日战争与中华民族的统一》。他在文章中重新审视了"武汉战役以后，国民党是消极抗战，积极反共"这一传统的定位，认为"消极抗日也还是抗日"，而且国民党以后实行的"还是抗日第一，反共第二"。在对国民党抗战评价尚未完全开放的90年代初期，这种提法自然使在座的专家学者感到震惊，认为刘大年说出了他们想说而不敢说的话。从此，学界对于国民党抗战，对于正面战场的评价越来越趋于客观和公正。[②]

与会的学者对这次讨论会有较高的评价。"他们认为，这次学术讨论会上，在大陆学者之间，在中国海峡两岸学者之间，在中外学者之间相互交流了研究成果，增进了了解，这对抗日战争史研究的进一步开展和学术交流的进一步扩大无疑有很大的推动作用"[③]。

1993年1月4日至7日，由中国抗日战争史学会、中国社会科学院近代史研究所、美国日本侵华研究学会、美国伊利诺州立大学联合举办的第二届近百年中日关系史国际研讨会在北京举行。来自我国海峡两岸和美国、日本的中外学者90人出席了这次会议。刘大年致开幕词，他指出：近百年中日关系一系列大事，不仅直接影响"中日两国间的历史演变"，而且"还影响到近代国际关系的局势，造成远东国际关系一个又一个热点"。所以，"前事不忘，后事之师。对近百年的中日关系，我们检讨得越是彻底，认识得越是深刻，就越是能够知道两国今天应该怎样相处，如何更好地推进中日两国关系

① 京中：《九一八事变60周年国际学术讨论会综述》，《抗日战争研究》1992年第1期，第230页。

② 据采访中国社会科学院近代史研究所张振鹍先生的录音。

③ 京中：《九一八事变60周年国际学术讨论会综述》，《抗日战争研究》1992年第1期，第248页。

的发展”。[①]最后，他对学术界近百年中日关系历史的研究提出了要求和希望。在这次会议上，除了近代中日经济文化关系、中日甲午战争、孙中山与日本的关系、中日外交和日本侵华谋略活动外，与会学者讨论最多的，是第二次中日战争中的问题，比如日本侵华和中国抗日两个方面。

第三届近百年中日关系史国际研讨会原定计划1995年在日本召开。1993年8月20日，日本原国立神户大学文学部教授、东方学会会员、日本中国学会会员山口一郎致信刘大年，感谢中国方面在北京会议期间的诸多照顾，然后提到了关于日本将要承办的第三届近百年中日关系史国际研讨会的事宜，并约刘大年面晤。[②]

后来日本因为种种原因，承办第三届研讨会计划搁浅。我国台湾学人希望争得这个机会。1993年10月11日，美国南伊利诺斯州大学教授吴天威受台湾学人委托，致信刘大年，申述他们的想法，说：

> 借悉日本方面筹办第三届中日关系会受阻，根据山口一郎及伊原泽周两先生在京与先生等之会谈纪要，嘱弟与台北有关学人联系，期能如期举办，免使此一关系近百年中日关系史之学术会议中途而辍。弟于十月一日抵台北，六日应金禾出版社郭俊鉌先生欢宴，有关近百年中日关系之学人多应邀出席，借机讨论第三届会议之举办问题。与会学人一致赞成由台北主办，将于一九九四年秋季于台北召开……又，与会同仁虽对台北主办第三届近百年中日关系史会议抱定决心，惟对经费之筹措不无困难，乃决定会议之规模可视经费筹集之结果而定，但决尽力以赴。首先应分别向香港之杜学魁先生及京都之山口一郎先生函告台北方面学人集议之经过，并吁请竭力资助。尤以日本方面既曾一度决定主办，当有一定之筹备基础，更应大力支持台北接办之举。遂决定由弟专函先生致书山口一郎，建议日本方面资助第三届会议两万美元（只为日本方面主办会议预算五分之一），并为协办单位，共襄盛举。时间迫切，至祈。先生本

---

①刘大年:《第二届近百年中日关系史国际研讨会开幕词》,《我亲历的抗日战争与研究》,第284页。

②山口一郎致刘大年，1993年8月20日。据刘大年所藏书信原稿，伊原泽周译。

与山口一郎先生数十年之交，并以在日本学术界之崇高威望赐予照办，致使第三届会议能顺利召开，裨益学术之推进，吾侪后学实感激无涯矣。

经过一段时间筹备，1995年1月12日至14日，第三届近百年中日关系史会议在台北举行。我国海峡两岸和日本学者参加并在会上发言。大会获得了圆满成功。

1995年是抗日战争和世界反法西斯战争胜利50周年，5月15日，刘大年以中国抗日战争史学会会长的身份，与执行会长白介夫共同致信中共中央总书记江泽民和政治局各委员：

从把握今日的国际局势和我国发展机遇出发，我们建议，在我国为纪念抗战胜利50周年安排的各种活动中，增加两个节目：由全国人大常委会通过一项法律，规定每年8月15日为抗战胜利纪念日；今年8月15日那天，泽民同志到卢沟桥和抗战纪念馆去视察，哪怕10分钟也好。①

1995年8月15日，江泽民总书记视察了中国人民抗日战争纪念馆。

抗日战争胜利50周年到来之际，80高龄的刘大年忍受着折磨了他10年的脉管炎，一连写了三篇长文：《民族的胜利，人民的胜利》《抗日战争的几个问题》《抗日战争与中国近代史基本问题》。每篇文章从资料查找到最后誊写，都是他亲自动手。

1995年7月5日，中国史学会五届二次理事会在北京召开了纪念抗日战争暨世界反法西斯战争胜利50周年学术研讨会。刘大年做了即席发言："抗日战争时期阶级矛盾降到民族矛盾之下，但并没消除。抗战之所以取得胜利，是由于中国共产党倡导并促成的抗日民族统一战线没有破裂。抗日战争是中国复兴的枢纽，国共双方力量发生了变化，它为战后民族独立和近代化的前途开辟了道路。"在论及抗战胜利与世界反法西斯战争的关系时，他分析道："在中国抗战的前四年半，世界反法西斯战争只有一个东方战场；后三年多的

① 参见刘大年所藏报告及报告复印件。

抗战是和同盟国联系在一起的，任何一个国家都不可能取得单独的胜利，同样也不能因美苏对日参战而降低中国的地位。在反法西斯集团内部存在着许多矛盾，它们的发展演变过程是值得学术界加强研究的一个课题。当前，在日本‘大东亚战争肯定论’‘东京审判否定论’等妄图篡改历史的谬论仍很猖狂，应引起我们的高度警惕。”①

1995年8月30日至9月2日，由中共中央党史研究室、中国社会科学院联合举办的全国纪念抗日战争胜利50周年学术讨论会在北京举行，会议的主题是“抗日战争的胜利与中华民族的振兴”。江泽民等党和国家领导人接见了与会学者；中共中央政治局常委刘华清在开幕式上讲了话；刘大年在会上做了重要发言。

1997年7月4日至6日，由中国抗日战争史学会、中国史学会、北京市社会科学联合会、中国社会科学院近代史研究所和中国人民抗日战争纪念馆共同举办的“纪念七七事变60周年国际学术讨论会”在中国人民抗日战争纪念馆召开，中国海峡两岸以及日本、美国、韩国、澳大利亚、加拿大等国家的100多名学者参加了会议。时年82岁高龄的刘大年在开幕式上做了题为《伟大的转折》的主题报告。他不仅自己预先准备论文，还亲自致信杨尚昆主席，请他参加讨论会的开幕式：

> 谨颂健康，并祝九秩荣寿。我是胡乔木同志生前担任名誉会长的抗日战争史学研究会的会长、中国社会科学院近代史研究所名誉所长，是一九三八年参加八路军的一名战士。今年“七七”届满抗日战争六十周年。研究会和有关单位筹办的纪念“七七”国际学术讨论会订于七月四日在卢沟桥抗战纪念馆举行，有台湾地区及日本、美国学者参加。会议以阐述民族觉醒、民族团结，弘扬爱国思想为主题。我们十分希望届时您能出席开幕式，并发表简短讲话。讲话稿我们当代为草拟，送请指正。“七七”五十周年您在《人民日报》发表纪念文章，大家记忆犹新。如今“七七”过去了六十年，当时担任重要领导职务的革命老前辈已经寥若晨星。如果您能够出席这

① 晓今:《中国史学会举行纪念抗战胜利五十周年学术研讨会》,《抗日战争研究》1995年第3期，第231页。

个纪念性会议，必将使大家备受鼓舞，广传影响，不知能否作出安排。[①]

杨尚昆因年事已高、行动不便，未能出席这次会议。

1998年7月16日至17日，中国抗日战争史学会会员代表会在北京召开，会议开幕式由学会副秘书长张海鹏主持。执行会长白介夫做了学会成立以来的工作报告，他从组织有关人员编著抗战史专著，组织国际国内学术研讨会，编辑学术刊物，坚持与全国抗战史研究人员的联系，建立研究网络等几个方面进行了总结，并对今后工作提出了几点建议。刘大年在会上发言强调，抗战史研究任重道远，要求学会在今后将学术研究放在第一位来抓，每一位会员都应以高度严谨的科学态度从事研究工作。最后出席会议的代表选举了新一届领导。刘大年再次当选为会长。

1999年11月15日，刘大年躺在协和医院的病榻上，北京中国抗日战争史研究会（原名中国抗日战争史北京研究会）会员代表大会在中国人民抗日战争纪念馆召开。会上，代表们一致推举德高望重的刘大年、白介夫为北京研究会的名誉会长。然而奋斗一生的刘大年却从此告别了他晚年呕心沥血的抗日战争研究。

1999年12月28日，刘大年病逝于北京协和医院。他，在千禧年前纷飞的大雪中离去。然而，新世纪的钟声并没有警醒日本右翼的军国主义幽魂复活之梦。先生泉下有知，当不弃刑天之干戚。[②]

---

① 刘大年致杨尚昆，1997年6月4日。据刘大年所藏书信底稿。

②《山海经·海外西经》："刑天与帝至此争神，帝断其首，葬之常羊之山。乃以乳为目，以脐为口，操干戚以舞。"

刘大年与中国抗战史研究①

刘　潞

父亲刘大年是一位研究中国近代史的专家。1982 年日本文部省下令修改日本历史教科书事件，把他“逼”上了抗日战争史研究的路上。至 1999 年去世，他陆续写有三四十万字的关于抗日战争的文章，更参与规划、实施了中国人民抗日战争纪念馆的建立、中国抗日战争史学会的建立、《抗日战争研究》杂志的创建，以及多个重要的国际学术会议。

筹建抗日战争纪念馆

组建学会、举办学术讨论会，在中国经济崛起的今天，已经是小事一桩。但在十几年前，在国家经济拮据、人们对抗日战争研究的认识还很模糊的情况下，则并非寻常。在父亲留下的与有关领导和前辈学者的往来信件中，我得到了这种感受。

1984 年，当时的全国人大常委会法制委员会副主任、著名法学家张友渔先生给父亲写了一封信：

大年同志：

去年十二月，乔木同志曾指示北京市建立抗日战争纪念馆，北京市政府指定文物局顾问陈鼎文同志同有关方面进行联系。因乔木同志谈话时，一再提到如何进行，可多请您指导，他迫切需要向您汇报情况，并有些问题须向您请教，请您帮助。现特函介绍，务希接洽，并大力支持！此致

① 原载《百年潮》2005 年第 11 期，第 36—42 页。——编者注

敬礼!

友渔

四月十四日

张友渔先生在信中提到的胡乔木同志的谈话,是指当时任中央政治局委员、中国社科院院长的胡乔木在视察卢沟桥时，对建立抗日战争纪念馆的意见。胡乔木为什么让找我父亲，没听父亲说过。或许跟日本文部省下令修改历史教科书后，当过八路军战士又身为历史学家的父亲第一个发表文章严厉批判有关。

父亲对抗日战争史的研究虽然始自1982年对日本文部省的批评，但致力于抗战史研究的学科建设，应该说是在接到友渔先生信之后。

1984年4月20日，北京市文物局陈鼎文同志来信说：

大年同志：

谨把议后修订的给胡乔木同志的报告抄送给您，请核阅，并盼答复我们，我们是很企望您给以大力支援，义举共襄。

敬礼

陈鼎文　上

四月二十日

两天后,父亲就给胡乔木同志写了一封赞成建立抗日战争纪念馆的信,并表达了自己对抗日战争对中国发展的历史意义的看法：

乔木同志：

北京市文物局陈鼎文同志写给您的信，由他抄了一件给我，要求签注一点意见。他们建议在宛平城修建一个适当规模的抗日战争纪念馆，我觉得完全有此必要。您去年十二月视察卢沟桥关于这个问题的讲话，我没有看到记录，自必阐述周详，高瞻远瞩。照我的认识，解放战争是中国一百一十年反帝反封建的总决战，它的胜利基础是由抗日战争所直接奠定的。在那以前，日本军国主义成了世界列强宰割、奴役中国的急先锋。打败日本侵略者，证明中国人民也可以打败所有帝国主义。抗日战争是中国人民大觉醒的表示。抗日战争的胜利，使我们的人民，我们的民族从长期受摧残、受压抑中第一次获得了精神大解放。因此，可以说，抗日战争是中国人民革命斗争传统的光辉篇章，是我们民族恢复自尊自豪、锻炼爱国主义思想感情的里程碑。过去、现在的经验，都证明建设两个文明必须一齐抓。革命精神、共产主义思想教育与四个现代化都是百年大计、千年大计。办好卢沟桥抗日战争纪念馆是一件具体的事，但却是一件关系振奋民族精神的带有关键性的事。对这方面的投资，是对我们事业长远精神力量的投资。它将和物质建设投资一样，造福子孙后代。现在不办，后人甚至会责备我们。我赞成陈鼎文同志的信里所提到的具体建议，希望能够实现。

敬礼

刘大年

一九八四年四月二十二日

中国人民抗日战争纪念馆从 1983 年 12 月月底胡乔木同志提议兴建，至 1987 年 7 月 6 日举行落成典礼，历时三年半。其间不仅完成了馆址居民搬迁、3 万平米馆舍建设，还完成了自 1931 年“九一八”事变到 1945 年抗战胜利 14 年间的一千余件抗战文物的征集与陈列；这在 20 年前，应该说“飞速”了。这其中倾注了那一代抗日老战士大量的心血。纪念馆落成典礼那天，杨尚昆、胡乔木、万里、秦基伟、王震、廖汉生、洪学智、吕正操等老将军、老战士都去了。这里面当然也包含了作为抗日战争纪念馆顾问组成员的父亲的心血。记得他曾对我讲过，他以前在苏联访问时，见到苏联红军纪念碑前苍松翠柏繁茂，长明灯终年不息，令瞻仰者肃然起敬，情景使人终身难忘。1998 年抗日战争纪念馆二期工程竣工揭幕那天，我陪父亲去参观时，见到一个半圆形大厅，沿墙排列着数十盏长明灯，立柱式灯座上，镌刻着在抗战中牺牲的中国各阶层、各党派烈士的名字，仿佛一曲无声的交响乐，荡气回肠。父亲问我感觉如何，我说设计得真好！他颔首微笑。我想这是设计师采纳了父亲关于为抗战烈士设长明灯的建议。

搭建深入研究抗日战争史的平台

抗日战争纪念馆建起后，国人有了一个追思抗战英灵、缅怀抗战先烈的场所，但是还缺少一个对抗日战争进行深入研究的平台。还是胡乔木同志最早提出成立相应的研究机构。据抗战馆1988年的《简报》记载，当年4月27日，胡乔木在审查抗战纪念馆卢沟桥事变半景画馆时，针对纪念馆的抗战史研究工作说："关于研究机构，可以成立一个非实体性的范围较广的研究机构……研究机构的主持人，还是由大年或穆之同志担任为好。"

胡乔木同志提出要加强抗日战争史研究，大环境是国内这方面的研究还没有深入展开。父亲在1985年写给胡绳同志的一封信反映出当时一些人士对抗日战争史的态度：

胡绳同志：

范作申（范文澜同志孙女）同志的信转去，请赐阅。最好您能说句话，使信上提到的两本书能够及时印出来。

日本舆论界关于日本侵略中国，目前左、右两种态度，两种观点，斗争相当激烈。最近应历史所邀请来访的广岛大学教授杨启樵（台湾出生），在社会科学院一次座谈会上发言，说中国到处都是小报、刊物，多达几千种，内容什么都有，就是没有刊载日本舆论界上述状况的文稿，令人无法理解。台湾这方面的报导也少，但比大陆多些。相反，倒是日本的左派揭露日本侵略军屠杀残害中国人民的种种暴行，谴责侵略者，大义凛然，替中国人讲话，等等。我觉得杨教授的讲话很能代表一种看法，建议主持前述座谈会的同志整出准确材料，向上面主管部门反映。

敬礼

刘大年

一九八五年八月十日

根据父亲保留的几封与胡乔木同志的往来信件可以看出，提出这个问题的直接原因，可能是考虑到海外华裔学者的意见。1989年8月30日，胡乔木同志来信：

大年同志：

美国南伊利诺大学华裔教授吴天威，多次提议要成立日本侵华暴行研究会，这是一件好事，赞成的人（尤其海外华人）很多，成立的类似组织也不少。今年四月我和赵复三访美时，吴偕齐锡生教授专程到华盛顿商谈此事，希望由国内正式发起组织，作为中心。我曾与赵说此事最好由你出面牵头，请近代史所推出几位热心的同志负责进行，建立一个民间性的团体，以便与海外各方联系，同时在国内选几个重点题目调查分别成书。回国后一直未能与你联系，赵亦匆忙出国。现吴又来信，请考虑可否挑起这个担子，并望与胡绳同志一商。兹托秘书徐永军同志前来面陈，希接洽。

祝好。

胡乔木

八月三十日

这年的2月18日，发生过日本首相竹下登为裕仁天皇开脱战争责任，为日本侵略中国辩护之事。父亲在其后两天举行的全国人大常委会上，义正辞严地给予批驳。第二天国内各大报及日本的《朝日新闻》《读卖新闻》，法国的《世界报》，美国的《中报》等都有过报导。胡乔木同志这时再次提出抗日战争研究最好由我父亲牵头来做的意见，或许与此也有关系。

仅仅两个月后，胡乔木同志给父亲和白介夫同志的信中又一次谈到成立抗战研究机构之事：

大年同志并介夫同志：

十月二十九日诗收到，很好。……暴行调查事，请先与介夫同志商议，分别依托社科院近代史所和抗战纪念馆作一些组织上的准备，包括指定专门负责人（将来专职但不脱产），拟出初步重点调查计划，经费收支匡算，经常参与合作单位人员，基金会日常工作和管理办法（会计账目收据奖状等）等项。秘书长人选正在从抗日名将中物色，不必着急，上次说主席团或董事会名称名单亦请商定草案，以便说话时易于作出决定。请酌。

胡乔木

十一月八日

据此，父亲与白介夫同志着手搭建抗日战争史研究的平台——筹备抗日战争史研究会和基金会。不久即将有关情况向胡乔木汇报：

乔木同志：

最近同白介夫同志和其他同志一起，草拟出了给中央的报告等三个文字稿，并设想了一下主席团、基金会的两个名单草案，一并送上，请予以查阅修改。基金会名单中香港何人参加尚须斟酌。理事会的名单我们想可以广泛一些，不必经中央批准，待下回再提出。介夫同志精力充沛，情况熟悉，是承担研究会实际工作的最适合人选。因此我有个想法，秘书长不妨有两位，吕老参加主席团兼秘书长，介夫同时也任秘书长，便于活动，开展工作。我做理事会成员就行了，不需要其他名义，实事求是。研究会明年一月成立，看来太仓促了，预定在二月间比较从容一点。往下的工作，是否等中央批准报告以后，您找有关同志谈一次，然后进行。……

敬礼

刘大年

十二月十二

1990年2月胡乔木同志的一封信，提出了他新的考虑：

大年同志：

去年十二月十二日和今年二月十九日两信均收到。十二月的信没有回，因为当时正值神经衰弱旧疾复发（主要表现为疲劳），希望过些时好些再面商。不想此次病情近日不但没有好转，反而更见加重，看来不大可能再恢复到去年谈论此事时的健康水平。明天要住院（与此病无关，动个小手术），只好先回此信。

（一）成立抗日战争史研究会和基金会的建议不能由我个人提出，似只能由社会科学院党组提出。此事原则上是否可行，请先与郁文、胡绳同志一商。（由于目前国内外形势，研究会、基金会这类组织，中央现在能否同意亦是问题。）如获同意，再考虑报告如何写法。现在的稿子似觉冗长了一些。调查日军暴行一事在国际上已有多人进行，中国自应积极进行。而为了调查所以需要征集基金，这个道理似乎看不清楚。

（二）我由于健康状况对有关事项现已积极不起来，谈话写信现都很感吃力，故坚决不想再在研究会尤其基金会中列名或实际参与。我希望胡绳同志能任会长并在实际上起牵头作用，他以社科院院长和政协副主席身份发起名正言顺。此外，我现在认为基金会名单也不需要那么多的人，如果实际上能成立的话。这里说的都是大实话。自己提出倡议自己打退堂鼓确实很难堪，但实情如此，别无良策。万望鉴原。

敬礼

胡乔木

二月二十日

根据胡乔木同志"此事似乎只能由社会科学院党组提出"的意见，父亲同时给社科院党组和吕正操将军写信：

胡绳、郁文同志：

送上乔木同志倡议组建抗日战争史研究会的来信，和我同白介夫同志原拟的给中央的《报告》稿。乔木同志对他原来的设想有了修改，主张由社会科学院来出面组织推动。我觉得他的意见可行，具体办法要重新研究，请考虑决定。我给乔木、冯至同志的信各一件，一并附去。如果约人先谈谈，需要的话，我可以参加。又，白介夫同志对此热心，也有一些想法。

敬礼

刘大年

一九九〇年三月十日

吕老：

您好。乔木同志信一件，转上请一阅。抗日战争史的研究需要采取措施加以推动，我对此确信不疑。乔木同志现在略为修改了他的主意，要按照上次谈话的设想去做，显已碍难行通。我在找有关同志商量，俟有头绪，当即奉闻。

敬礼

刘大年

一九九○年三月十日

经过多方努力，社会科学院终于同意上报成立抗日战争研究会，但明确表示拿不出任何经费。没有钱，研究会即使在民政部挂名通过了，也无法开展工作。父亲和白介夫同志致信李鹏总理请求支持。给李鹏总理的信是请胡乔木同志代转的，在信前还附了一封短信：

乔木同志：

办刊物的费用社会科学院无法解决。我和介夫同志给您和李鹏同志写了一封信，现送上。如无不妥，请加几句话转给李鹏同志，多少有一点钱以后，酝酿了两年的研究会就终于可以活动起来了。由您担任名誉会长，我们觉得同时也设名誉理事，这样，学会可以更有影响些。名单草案见另纸，请考虑，加以增减。已与介夫同志达成协议，我遵命暂居会长名义，介夫担任执行会长兼基金会会长。理事待与学术界协商产生。学会名叫“抗日战争研究学会”，刊物就叫《抗日战争研究》。明年下半年发刊。争取今年十二月把研究会成立起来，并筹备明年的讨论会。当否，请示复。

敬礼

刘大年

一九九○年十月十五日

乔木同志并转李鹏同志：

关于成立一个民间的抗日战争史研究学会来推动抗日战争研究

的事，我们和有关同志讨论了几次。大家认为现在应该赶紧行动起来，实在不可以再拖延下去了。乔木同志答应担任研究会名誉会长，大家很受鼓舞。我们争取在今年年底建立学会组织，开始工作。明年计划做两件事：一、开一个“九一八”六十周年国际学术讨论会；二、出一个刊物，发表成果，推动研究。学会开办和经常费用我们去设法募集，明年开讨论会与办刊物，马上需要一笔钱，想提请李鹏总理批准，由财政部拨人民币七十万元，给予补助（不久前许立群同志主持的《真理的追求》就是由财政部拨给三十万元得以办成的）。二十万元开讨论会，五十万元维持刊物出版。抗日战争的研究不仅有重要的学术意义，更有重大的现实意义。抗日战争是中国近代历史，也是我党历史的一个重大的转折。它的胜利，准备了新中国与旧中国的决战，加速了中国走进社会主义。抗日战争体现了中华民族空前的爱国觉醒。我们要宏扬爱国主义，那段历史是极为宝贵的教材。抗日战争是全民族的战争，开展这项研究，对于做好台湾和海外华人的工作，增强向心力，十分有利。历史的教训更需要牢记。半个多世纪过去了，日本国内的旧势力仍然坚持军国主义思想，企图为日本帝国主义侵略中国和亚洲翻案。日本由经济大国走向军事大国，步伐在明显地加紧。我们主张中日两国人民世世代代友好下去，但不能忘记历史的经验教训。台湾和海外学术界也重视这方面的工作。海外华人出有专门刊物，开展日军侵华罪行调查。他们多次来信，对我们没有组织起来与他们联系协作，表示不满。今年八月在香港举行的一次中日关系国际讨论会中，台湾学者提出，一九九二年两岸共同召开卢沟桥事变五十五周年学术讨论会，经费由他们申请蒋经国交流基金解决。这是对我们的挑战。凡此种种，都要求我们把抗战史的研究认真开展起来，愈快愈好。我们这些当初投身抗日战场的青年，今已白发苍苍。回顾那段历史，深感自己应该抓紧时间，尽一分责任。目前国家财政很紧，大家充分理解。在推动抗日战争研究这样的事情上少量花一点钱，支持一下，是有充分理由的。我们一经得到批准拨款补助的通知，便可着手筹备明年的讨论会和安排刊物出版的具体工作。学会理事会章程、名单将尽快提出，向乔木同志汇报，并办理登记手续等事宜。

敬礼

刘大年　白介夫

一九九〇年十月十五日

关于这封信，近代史研究所所长张海鹏先生有过如下的回忆："经过刘大年与白介夫同志等多次讨论，我也参加过这些讨论，初步决定成立中国抗日战争研究学会（我建议改为中国抗日战争史学会，大年同志采纳了）；创办《抗日战争研究》刊物；在1991年9月举办九一八事变六十周年国际学术讨论会。大年同志交代我，要把这些意思给李鹏总理写一封信，取得支持，经费问题就好解决了。给李鹏总理的信，是我起草的，经过大年同志修订。这封信送出不久，李鹏同志把这封信批交国务院秘书长刘仲藜同志处理。有一天，在中国社会科学院科研局史学片担任学术秘书的高德同志告诉我，要我同他一起到国务院第八会议室参加一个会议。那个会议是刘仲藜主持的，除了高德和我外，还有民政部社团司司长、财政部文教司副司长以及国务院办公厅会议处的工作人员。我在会上陈述了成立抗战史学会、创办《抗日战争研究》刊物以及召开九一八事变国际学术讨论会的理由。刘仲藜同志当时没有明确表态，只是说将会给李鹏同志汇报。但是我知道，事后李鹏同志还是批了这70万元的预算。用这笔钱，我们创办了《抗日战争研究》学术刊物，并且在1991年9月在沈阳举办了纪念九一八事变六十周年国际学术讨论会。"

这年的11月10日，国务院秘书长刘仲藜同志报请李鹏总理批准。李鹏16日批示："仲藜同志：原则同意处理意见。这类事必须严格掌握。"

经过两年多的努力，至1991年1月23日，中国抗日战争史学会终于得以成立了。成立大会是在人民大会堂举行的，父亲在会上宣读了他的论文《做什么，怎么做?》。他满怀激情地读道："现在到了战争和战后两代人共存的最后时代，（这个时代）每天都在缩短，亲历过战争的一代人每天都在减少……今天的人们想要尽自己的一份责任，就不能放过这最后的时代。""一个国家一个民族要自尊自信，要有合理的信念信仰，'国无信不立'，就是说一个国家必须以大信大义鼓舞规范众人，作为精神支柱、人格力量。"在论文中他旗帜鲜明地指出，研究抗日战争的目的主要是："一，认识我们中华民族这个伟大的民族；二，认识抗日战争在中国近代历史上的独特重要的地位。"会上，父亲被选为这一届的理事会会长，从此，开始了他在抗日战争史研究领域中有计划的组织与研究工作。

在抗战史研究中，刘大年的两个重要观点

从上面摘录的父亲保存的有关信件可以看出，父亲和他的同辈学者、志士，是抗日战争史研究的开拓者。父亲在这个领域的研究，哪些是科学的，是具有“原创性”的，我没有能力评判。但是有两点在当时给我留下了深刻的印象：一是指出抗日战争是中国复兴的枢纽，二是肯定国民党和蒋介石在抗日战争中的积极作用。

对于抗日战争，父亲在1984年4月22日给胡乔木同志的信中曾提到：“抗日战争是中国人民革命斗争传统的光辉篇章，是我们民族恢复自尊自豪、锻炼爱国主义思想感情的里程碑。”1994年在《抗日战争的历史意义和民族精神》一文中说，抗日战争作为中国历史的根本转折，表现在两个方面：“一是近百年间，中国抵抗外国侵略的战争无不遭受失败，抗日战争第一次取得了反侵略战争的全面胜利；二是八年抗战决定性地改变了中国内部政治力量的对比。”所以“抗日战争是中国复兴的枢纽，抗战胜利准备了新中国与旧中国的决战，加速了新中国走进社会主义”。“枢纽”一词，是不是父亲首先提出的，我无法证实，但使用“中国复兴枢纽”来概括抗日战争在中国近代史的地位，后来得到了广泛的认可。

对研究抗日战争来说，当时面临的一个重要问题就是如何客观评价国民党、蒋介石在抗日战争中的作用。以往的主流思想，对国民党和蒋介石在抗战中作用的看法，基本上都是消极的。能不能根据历史事实，对此给予客观评价，是在抗日战争研究中能不能坚持历史唯物主义的一个试金石。但是在90年代初期，提出这个问题，不但需要科学精神，更需要胆识。

1987年中日两国学者在京都和东京共同举办的七七事变五十周年国际学术研讨会，父亲向这次会提交的论文是《抗日战争与中国历史》，提出“武汉失守前，（国民党）抗战是积极的……是在为保卫祖国而战”，“在蒋介石国民党全部22年统治中，那时它达到了值得称赞的最高度”。1991年9月在沈阳召开的九一八事变六十周年国际学术讨论会上，他在提交的论文《抗日战争与中华民族的统一》中又说：“消极抗日也还是抗日”，而且国民党以后实行

的“还是抗日第一，反共第二”。“抗日战争、民族统一实现的力量来自何方呢？……来自中国阶级关系的大变化，来自中国民族的觉醒。……蒋介石原来反对抗日，但他毕竟在民族灾难大风暴来临时转变过来了。……成了那个统一力量的领导者。这是事实。没有蒋介石政权的参加，就谈不上全国的抗日行动，中国民族就仍然是分裂的民族。蒋的转变给中国带来的，不是旧篇页的重复，而是新篇页的谱写。”有人认为这种看法是学界客观评价国民党和蒋介石领导的正面战场的开始。但是，这些以基本事实为依据的论断，在20世纪八九十年代尚不为主流所接受，还确实存在一些“禁区”。

到1991年抗日战争史学会成立，他在谈学风会风时，又强调“抗日战争去今未远，关系复杂。某些问题看法不但矛盾对立难以避免，而且可能触发人们情感激动。这就需要百家争鸣和在争鸣中使方向趋于端正。……必须坚持实事求是，反对在新见解或其他什么名义下否定基本事实”。记得他在家中审阅当时编写的一些有关抗战史书时，多次听他说过：“这不是抗战史的写法，是党史的写法啊！”“写法”当然不止是如何写，更主要的是如何认识的问题。父亲反复强调抗日战争是全民族的对外战争，显然与当时学界主流尚缺乏这种认识有关。1995年是抗战胜利50周年，他已80高龄，但仍忍受着折磨了他多年的脉管炎，写了三篇论文。其中一篇《抗日战争的几个问题》发表在某大报上。文中谈到蒋介石国民党主导正面战场的作用，但在发表时，被报社删掉了。我曾向父亲询问原因，但他什么也没说，只是叹道：“写得心在滴血啊！”并说以后再也不给他们稿子了。看着父亲苍老的脸颊，当时我只感到心酸，以为他是在为学术贬值叹息，不理解他那执着背后的深刻用意。10年后的今天回过头再看，如果那时我们能够实事求是地对待抗日战争，海峡两岸的对话可能会另有一番风景。

为坚持科学研究、认识抗日战争，第二年他又写了近三万字的长文《照唯物论思考》，从方法论的角度阐释抗日战争史研究的指导思想。文中，他特别用了“蒋介石何以转变抗日的问题”“共产党斗争对蒋转变的作用问题”两个章节论述蒋介石对抗战态度的转变及其作用。说明蒋介石的转变，并非如某些文章所说，是“受中国传统文化熏陶、民族主义思想、个性和权力欲望等”，而是“适应民族运动兴起大势，保住大地主大资产阶级掌握的权力”；而“推动蒋介石国民党终于抗战的力量，来自全国抗日救亡民族运动洪流。这个洪流汇集着包括国民党某些派系的各种力量，并非只有共产党一个力量”。

对蒋介石转变在抗战中的作用，父亲认为："由于抗日战争时期，蒋介石国民党基本上掌握着全国政权，抗日战争不能没有国民党蒋介石参加，也就是不能没有它参加领导。"

在隆重纪念抗战胜利 60 年的今天，在对抗日战争已经有了比较深入研究的今天，我深深感到，父亲在近 20 年前能够获得那些客观认识，只能是源于他所坚持的"照唯物论思考"。也正是"照唯物论思考"，他才会在 1982 年批评日本文部省修改历史教科书的《历史是伟大的教师》一文中预见："日本的旧势力逆潮流而动，某一天使中日正常关系严重倒退，是可能的。"

作为历史学家，父亲是基于"近百年中日关系一系列大事，不仅直接影响中日两国间的历史演变"，而且"还影响到近代国际关系的局势，造成远东国际关系一个又一个热点"。而"前事不忘，后事之师。对近百年的中日关系，我们检讨得越是彻底，认识得越是深刻，就越是能够知道两国今天应该怎样相处，如何更好地推进中日两国关系的发展"，则明确地说明了父亲晚年放弃熟悉的近代史研究而转向抗战史研究的目的。功过由人评说，但父亲的抗日战争研究贯穿着他一生实践的信念：坚持历史唯物主义和"讲过去的事，回答现在的问题"，应当是无需争议的。

处处有路透长安
——姜涛研究员访谈录[①]

李卫民

关于晚年刘大年——“马恩责我开生面”

李：2009年是刘大年先生去世十周年。关于大年先生，我最感兴趣的是他在晚年的学术探索。您是大年先生的入室弟子，还曾在近代史所与大年先生共事近十年，对这方面的了解，一定很多，能否请您就此谈一谈。

姜：你在提纲中用了“晚年刘大年”。这个提法，我以为很好，因为大年先生晚年的治学，很有他的特色。大年先生，和胡绳先生一样，是属于那种创立学派的领军人物。这些创立学派的领军人物，即使是在其晚年，与那些守成的、他们的下一代学人相比，差别还是很显然的。他们具有高度的学术使命感，始终坚守在学术前沿，始终保持着对前沿问题的学术敏感性，经常会提出一些高屋建瓴的见解。之所以是这样，用大年先生自己的说法，用他自己写在卡片上的诗句，那就是“马恩责我开生面”。

刘大年先生是1915年生人，我在1985年考取他的博士研究生时，他已年届七十了，但仍然有着敏锐的思维，对一些理论问题的思考可能已有多年的积累。他在1980年代前期接连写了很多文章，其中以“历史研究的……问题”为题的一组文章，如《历史研究的指导思想问题》《历史研究的对象问题》《历史前进的动力问题》《历史上的群众与领袖问题》《历史研究的时代使命问题》《历史学理论的建设问题》，等等，都已收入《刘大年史学论文选集》（人民出版社1987年版）。

---

①原载《晋阳学刊》2009年第2期，第3—18页。这里只选用了访谈录中有关刘大年学术思想的部分。——编者注

这些文章中，给我印象最深的，是《历史研究的对象问题》这一篇，原题作《论历史研究的对象》，是提交第16届国际历史科学大会的论文。全文约59000多字，是以上那组文章中分量最重的。这篇文章发表在1985年第3期《历史研究》时，作了较大幅度的压缩。我认为这篇论文所提出的问题是相当深刻的。从那时到后来的很多历史学家都没有涉及这个层面、没有达到这个深度。

他说，今来古往的历史家们很少有人专门论述历史研究的对象是什么，但事实上每个研究者、著述家，都有一个事先挑选的对象。历史研究的对象，有说是人事，有说是社会，也有说是文化，是规律，等等。大年先生把这些观点一个个条分缕析，最后指出，历史研究的对象只能是人们的社会关系、社会联系。他对系统观、系统理论，很有其独到的见解。他到苏联访问，俄国人对他的见解也很感兴趣。苏联解体以后，俄罗斯科学院在很困难的情况下还是坚持出了刘大年的论文选集。在那样的情况下，还坚持出一个外国学者的论文集，对他们来说也是前所未有的事，这说明人家确实很看重他的东西。历史研究，不管是研究人，还是研究事件，都离不开研究各种各样的关系、联系。现在有人提"问题史"。所谓问题史，首先得有问题。一个个问题提出来，再逐一去解决。而解决问题，就必须找出问题中所蕴含的各种关系、各种联系。解决的方法也就自然地包括在里面了。所以这种种关系、种种联系，既是研究的对象，也是研究的方法。对象和方法，是不能截然分开的。这在自然科学界，已经是不成问题的问题了。但在史学界，似乎还是有相当一些人不能自觉地认识到这一点。

大年、胡绳这一代学者的博大襟怀，还表现在他们的理论体系、学术见解，并不是故步自封、一成不变的。反倒是一些后来者往往作茧自缚。比如说，研究中国近代史的人，恪守中国的近代只能是半殖民地半封建社会，认为这个体系就是金科玉律，万万不能打破。甚至不是太久之前，还有人坚持20世纪50年代关于中国近现代史的划分，把1840—1919年间的历史叫作中国近代史，而把1919—1949年间的历史叫作中国现代史。其实即使从半殖民地半封建社会的理论体系来讲，1919年也绝不是一个什么不可逾越的界限。还是在20世纪50年代，近代史研究所的荣孟源先生就已经进行过论证。后来，也是近代史研究所最早把1840到1949年打通，把这110年的历史，都叫中国近代史。

大年先生之不囿于成见，不受束缚，我深有体会。《近代中国人口研究》，这是我博士论文的题目，刚一开始的时候，也是想从1840年开始。大年先生也正是这么交代的。但我在经过一段时间的摸索之后，发现根本没办法只做1840到1949，必须大大向前延伸，不伸不行。因为人口的发展有其自身的规律。大年先生同意我把研究的上限延伸至清初。他指出：人口史的划分可以不同于政治史的划分。这就打消了我的顾虑。试想一下，如果连时间范围都不能突破，还谈得上什么人口史的研究！所以我很感谢大年先生的开通。

而且，在1990年代人们讨论近代史理论体系时，有些人恪守他原来的那些原则，但大年先生自己突破了。比如说，他明确提出了"近代中国的两个基本问题"，一个就是民族要独立，再一个就是要近代化和工业化。当然，这也是要看由谁来提这个问题。我们的年轻研究员崔志海博士，早在1990年、1991年时也提出来过，他的文章发表在广东的《学术研究》上。但那时他人微言轻，人家不听他的。近代社会这两大基本问题，从表面看，只是增加了一个"近代化"问题。可不要小看这一问题的增加。因为这个问题一加上去，近代史体系就完善了。但我们现在回过头来看，其实"两半"论，也即"半殖民地半封建社会"的提法本身，在结构上已经有了向这两个问题伸展的内在机制：半殖民地的对立面，它的另一半是半独立；而半封建所隐含的对立面正是半资本主义。

胡绳先生也是这样。他在主持编写《从五四运动到人民共和国成立》这部书的时候——不过很可惜，这部书没写完——就多次和编写人员提到要加强对"中间力量"的研究。原来的有关这段历史的著作，只写对立的两极，要么是革命的一方，要么是反革命的一方。后来胡绳先生就提出来必须要研究中间力量。他们这一代人的意识，至少从学术层面看，是相当开放的。大年先生、胡绳先生在20世纪90年代都有对理论问题的进一步探讨，发表过不少文章。

大年师让我走上近代人口史研究之路

李：80年代，人口史研究可能还是一个比较敏感的课题，特别是在近代史领域里搞人口史研究，可能还会有一定的政治上的风险。据您了解，大年先生是出于什么样的考虑让您研究近代人口史呢？

姜：在我当年做这个题目的时候，从政治上来说，已经没有什么风险了。但是，从学术上来讲，这确实是一个全新的领域。主要的，是无从下手，不知道究竟应该如何去做。

我硕士阶段是1978年到1981年，在南京大学从事太平天国史研究。1985年我考取中国社会科学院研究生院的博士生以后，就得考虑博士论文的问题了。记得大年先生和我谈博士论文选题的时候，把王庆成先生也请了去。王庆成先生也是我的老师，但他在大年先生面前是晚辈。我当时准备了两个方案，一是把太平天国史继续往下做，我对太平天国史已经相当熟悉了，看的资料也非常多。记得在南京大学历史系的时候，茅家琦先生曾将有关太平天国史的资料集中在一个房间里，我就利用时间抓紧看，那里面的书基本都翻了一遍，其中有些资料，比如南京图书馆所藏资料的手抄复本，我还很仔细地读了一遍。但大年先生说，太平天国史就不要做了，没什么意思了。于是我又提出来，能不能做一下太平天国的对立面。我在做太平天国史的时候，他们的对立面，我也不可避免地要接触呀，像曾国藩啦，像恭亲王奕䜣，慈禧太后，等等。曾国藩研究，我知道我们政治史室的朱东安先生已经在做。但奕䜣、慈禧太后等人，至少当时我还没看到什么有分量的论著。《恭亲王大传》等等，那都是后来才出版的。但这个研究方向，他也不赞成。最后，他直截了当地提出来，你给我做做近代人口问题怎么样？他也没有让我立刻表态，而是让我先摸摸资料，摸摸底，思考一段时间再答复他。他给了我一份费孝通先生关于人口问题的讲话，原来他早就有所考虑了。我的硕士论文题目是《太平天国前期赋税政策的发展演变》，与社会经济史有些关系，可能大年先生据此认为我有可能去做近代人口史的研究。我也喜欢有挑战性的问题，于是说，那就试试吧，尽量去做。当时，对这个课题，真的是很不熟悉，当然也不是一点也不知道，不过如果稍微多了解一点的话，也许我就不敢去做了，真可谓初生牛犊不怕虎啊！或者说，是无知者无畏呀！从大年先生家一出来以后，王庆成先生就对我说：太平天国怎么不能做？当然能做！可是当着大年先生的面，在大年先生家里时，他却始终没有说这句话。王庆成先生当时主要也是做太平天国史的研究，后来他招的第一个博士生夏春涛，博士论文的题目就是太平天国的宗教。

李：王先生现在也转到社会史里了，他做的华北农村史，近些年在《历史研究》《近代史研究》发表了很多文章，非常引人注目。

姜：王先生是社会史，首先是社会学研究的前辈，解放前夕他在南京中央大学，学的专业就是社会学。中国社科院研究生院社会学系，也就是我们的社会学所，开始招博士生时，陆学艺他们还不是博导，当时还没资格带博士。招生的时候，还是挂的王庆成先生的名字。

大年先生让我先做起来。后来他在给我的信里面，又把一些想法归纳了一下。我在大年先生这里读博士，就感到他和硕士时的老师带法不一样。硕士期间，因我对史学研究还刚刚迈入门槛，老师有些很具体的指导。但我自己对历史研究，尤其是史学方法，还只是掌握一些皮毛，所以还是感到很吃力。但到博士阶段，自己的领悟也开始多了些，这时我就感到，大年先生确是高屋建瓴，抓住要害问题。大师就是大师。他当时提出来，要解决两个问题，第一个就是"摸清"近代中国人口到底是个什么状况，这个要弄清楚。当然，这不是最终目的，关键还是要弄清楚第二个问题：人口和历史发展是否有关系，如果有，到底是一种什么样的关系。要把这个问题弄明白。这个问题提出来了，但这是一个很难回答的问题。后来我的那两本书，第一本《中国近代人口史》，就是在博士论文的基础上修改而成的，基本上还只是回答了第一个问题。对博士论文的题目，我也感到比较难定。大年先生说，这好办，就叫《近代中国人口研究》吧。但这还只是回答了第一个问题，近代人口到底是一个什么样状况的问题。

至于第二个问题，人口与历史的关系，以我当时的学养、学识，还不足以回答这个问题。感到无从下手，无法回答。但突然有一天，系里一位老师带来了大年先生给我的信。信中专门讲了博士论文应该怎么写的问题。大年先生说，科学研究中，"是否"的问题当然是要回答的，但可能不那么容易说清楚。比如学术界前不久讨论人民群众是否创造历史的问题，不同意见相持不下。但如果把题眼或题珠放在"如何"和"怎样"上，问题可能容易说清楚一些。道理很明显，"如何""怎样"的问题解决了，"是否"的问题也就真正解决了。大年先生的这封信对我的启发很大。历史的研究，按照我自己的理解，就是一种"过程流"的研究，因此，归根结底，就是要弄清楚"如何""怎样"的问题。不仅历史学科本身，其他学科，凡是牵涉到"史"的研究看来也都是这样。中国科学院自然科学史研究所在2007年庆祝建所50周年，据他们的介绍很有意思。1957年，在历史所之下成立了自然科学史研究室，这就是自然科学史研究所的前身，开始对中国古代科学技术史进行较为系统的研究。一开始，他们也是满足于定性，试图回答“有什么”“是什么”的问题。你那里不是有一个高斯方程吗，我这里就有一个杨辉三角。你那里有一个毕达哥拉斯定理，我这里就有一个商高定理、勾股定理。整个20世纪五六十年代，甚至直到70年代，就这样过来了。但这仅是初步解决了定性的研究。到了80年代，他们也进入到解决“如何”和“怎样”的问题上来了。他们的总结很有意义。我不知道他们是否看过大年先生给我的那封信，因为那封信发表得比较早，不知他们的提法是否受到大年先生的启发。但我觉得，即使他们没有见过大年的那封信，只要是潜心深入研究，总归是会走到这条路上来，会得出类似的结论的。

中国近代史研究从何处突破？——上梁与筑础 ——经济史与社会史

李：听了您这么多讲解，我更佩服大年先生了。他当时要求您开始研究人口史，让您进入了社会史研究的领域。20世纪80年代，冯尔康先生、乔志强先生等人开始提倡社会史研究，您也是国内较早的近代社会史研究者之一。大年先生是不是当时已经预感到社会史研究将来会成气候？

姜：我觉得他主要还是从经济史的角度提出来的。早在1981年，他就在《中国近代史研究从何处突破？》一文中提出：可以考虑从近代史研究中最为薄弱、最为繁难而又最为重要的内容方面来寻找突破的关键。他认为应该狠抓中国近代经济史的研究，因为近代经济史研究之薄弱、繁难，大家有目共睹。至于为什么说经济史的研究最重要，大年先生举了盖房子的例子：中国人盖房子，把“上梁”看得最要紧，所谓“上梁不正下梁歪”。但西方人盖房子，很注意打基础，就是注意“筑础”的问题。这个“上梁”与“筑础”的关系问题，最初是孙中山在讲演民权主义时说的，大年先生用它来说明研究历史，上梁、筑础都很重要，经济史研究就是一种筑础的工作。按照马克思主义史学理论体系，经济史研究，是讲社会历史的物质基础部分的，应该包括社会史研究在内。本来中国社科院的经济研究所，在中央研究院的时候，就叫社会科学研究所。后来“科学”两字被拿掉了，“科学”没了，只剩下“社会”，成了社会研究所。1950年中国科学院成立后，社会所也和近代史所一样，是最早设立的13个所之一。这13个所是：近代史、考古、语言、社会、近代物理、应用物理、物理化学、有机化学、生理生化、实验生物、水生生物、植物分类、地球物理。社会研究所不久即改名为经济研究所。1978年改革开放以后，经济所经济史研究室的那些老专家，像严中平他们那些老先生，社会所的老人们，知道大年先生有这个意思，就想到近代史所来。也就是说，整个经济史研究室要来近代史所。这些老专家资格很老，经济所也不好反对，没有理由阻拦。后来他们想出了一个釜底抽薪的办法：“人可以走，资料不能走。”这些资料很多都是那些老先生从抗战前就开始搜集的，有些还是从故宫档案里抄出来的。资料来不了，这些老先生们人也就来不了了。罗尔纲老先生，本来也是社会所的，但他到近代史所来得很早，20世纪50年代初就来了。

大年先生提倡经济史研究，和后来那些先生们提倡的社会史研究，在我看是同一个思路：就是扩大研究面，做好打基础的工作。当然这只是我个人的理解。你也可以争辩，说经济史和社会史确实有很多不同。一开始，他注意到这个基础的问题，后来他提出来要研究各种联系、各种关系，也有这个考虑在里面。

严中平先生他们过不来，近代史所只好自己成立了经济史研究室。王庆成、从翰香，都曾是经济史室的负责人。后来还有虞和平、夏春涛，也都是从经济史室出来的。也出了一些人才。

关于《陈寅恪的最后二十年》——《论再生缘》与“务观赵庄之语”

李：大年先生确实是高瞻远瞩。但是，目前的情况却是认真学习大年先生史学思想和方法的人并不多。近些年来，很多中青年史学工作者特别关注“史学二陈”，陈寅恪先生和陈垣先生。

姜：二陈都是有成就的前辈史学家。大年先生当年对他们也是很尊重的。比如说，20世纪50年代中期成立历史研究第一所和第二所（近代史所当时改称历史研究第三所），决定聘请陈寅恪先生当历史二所所长，具体工作就是大年先生负责的。他派汪篯去见陈先生，汪是陈的学生，这都是大年先生安排的。

记得陆键东的《陈寅恪的最后二十年》那本书一出来，我就介绍给大年先生了。那时候，我已留所工作，每隔一段时间就会去见一见老师，顺便把一些邮寄到所里的信件杂志什么的给他捎带过去，有时也谈一些见闻。那次，我就把这本书的内容告诉了他。他说，他对陈寅恪的情况，都是清楚的，是他派汪籛去请陈的。后来陈寅恪提出了一些在当时根本无法满足的条件，所以他也未来就职，改由陈垣任所长。

刘先生家里就有陈寅恪《论再生缘》的油印本，那个本子很难得，因为是油印，数量很少，并且封面还是陈夫人唐筼题的字。大年先生在那个油印本上做过一些批注。如陈先生在文中自述："自是求医万里，乞食多门。务观赵庄之语，竟'蚤为今日谶'矣。"大年先生在此处即批注："按：陆游（务观）诗有：斜阳古柳赵家庄，负鼓盲翁正作场。"陆游原诗是七绝，后面还有两句是："死后是非谁管得？满村听说蔡中郎。"蔡中郎即东汉蔡邕，字伯喈（他是蔡琰，也就是蔡文姬的父亲）。在宋以后的民间讲唱文学中，有说蔡邕做官后，弃其故妻赵五娘，而为牛相国赘婿事。其实这根本不符合史实。但人死后的是非谁又能管得呢？后来在 1999 年 11 月，大年先生在病中，已到了自己生命的最后时刻，他在为张友坤所著《张学良世纪风采》口述序言的时候，还念了陆游的这几句诗。可见大年先生晚年的心境，与陆游、与陈寅恪，都是相通的。

我和大年先生说起陆键东的那本书时，他当时似乎并没有太大的反应，但他的外孙女丹丹很快就给他把书买来了。而我下次再去拜访时，他已经把书看完，并和我说起了他的感想。他对陆键东书中的一些提法，也就是一些表述并不满意，但对陈寅恪最后二十年的遭际，尤其是"文革"中的遭际，还是表示了极大的认同感。可能他们在"文革"时的遭际很有相似之处吧！

刘大年与《评近代经学》

李：为什么现在尊陈的人多，学刘的人却不是很多？

姜：我想，这可能与刘先生戴着一顶"马克思主义史学家"的大帽子有关，因为有着这么一个限定词，有些人就敬而远之了。马恩之时兴、不时兴，是一个时代思潮的问题，不是任何个人所能左右得了。刘先生确实是学马列、用马列，而且很自觉、很认真。像大年先生这样的高级干部，《马恩全集》《列宁全集》，都是公家发全套的，但有些老干部根本就不看。记得刘潞师姐对我说过，她的同学有次到他们家玩，看到大年先生的《马恩全集》《列宁全集》里面，夹的纸条密密麻麻，很好奇，翻开书一看，里面用红铅笔、蓝铅笔画的一道一道的，就说："哟！你们家老爷子还真的看呀！"

我以前曾写过一篇文章《马克思主义史学家刘大年》，发表在《史学理论研究》上，对大年先生的情况有所介绍。后来他的《评近代经学》遗著发表，我也写过文章。《评近代经学》经反复多次修改，从十几万字删到七八万字，但我的评介性文章就有两万多字。虽也想再作精简压缩，可就是压不下来，可见功力还是不够。后来，2007年《评近代经学》在日本翻译出版，改题作《近代中国儒学思想史》，我的文章作为附录，一并收入了。

李：《评近代经学》还在日本出版了！但这部书在国内学术界的影响似乎并不是很大。

姜：每个人可能都有自己的学术影响范围，汤志钧先生，还有姜义华、朱维铮他们，都是研究经学的。大年先生是直到晚年才重新进入这个领域，有些观点，看问题的视角，甚至于表达的方式，和他们也不一样。他们对大年先生，还是很尊重的。但在学术上是否听他的，认同他的，那就很难说了。其实这也很正常。我看过毛主席20世纪50年代的一个讲话，关于红白喜事的辩证法，说中国人很懂辩证法，死了人也叫作"喜事"，当然是"白"喜事了。比如说孔老夫子，他老人家如果不死，到现在两千多岁了，也往怀仁堂里这么一坐，那我们在座的就很不好办。毛的这篇讲话的记录稿，我还是在"文革"中印行的《学习资料》中看到的。我们现在的这个时代，是没有大师的时代，可能也出不了大师。学术上，现在可以说是战国时代。旧的体系，原有的学术正统、学术规范，逐步被人放弃、抛弃，这倒不是说，原有的体系就是错误的，或者有多大问题，并不是这样的。不知你是否看过库恩（T.S.Kuhn）的《科学革命的结构》？支持原有体系的人们逐步老去、逝去，而新的一代又只熟悉新的体系……

我自己是个不肖弟子。作为学生，努力得也很不够。老师是开创的一代，我也希望我自己能够有所创新，能够站在学术发展的前沿，探索一些新的东西。有些我还是要继续思考。

刘大年与抗日战争研究

李：大年先生在晚年还大力推动抗日战争研究，这方面，他不仅是写文章，还领导成立了研究会，您能介绍一下相关情况么。

姜：抗日战争史，刘先生晚年确实很重视。他于 20 世纪八九十年代写过不少文章，后来结集成《抗日战争时代》和《我亲历的抗日战争与研究》等书。他还主持过抗日战争史大型研究丛书的编写，我招的一个学生朱薇，她现在中央文献研究室工作。她进所前，我们就和她说好，论文是要做刘大年的，但做什么，怎么做，还是后来才逐渐明确的，她最后定的题目是《刘大年：抗日战争的亲历者和研究者》。从这里也可以看出抗日战争的经历和抗战史研究于大年先生之重要。而朱薇做这个题目，除整理、征引文字资料外，还花了很大的精力去采访录音，做口述史料；她还写信给外国学者，主要是日本学者，以求证某些事实。

抗日战争，大年先生不仅参加了，而且，照他自己的说法，还曾经是一名光荣的八路军战士。他的军龄其实很短，也就是在抗大第五期不到一年的时间。那是他正式穿军装的日子。抗大毕业以后，他由太行山到冀南敌后根据地，就不再是部队编制了。虽然也打仗，打游击，有时还打得很艰苦，但不是在部队了，主要是在地方做行政工作。

他研究抗战史，主要也是因为 20 世纪 80 年代，日本有些人，尤其是日本当局中有人对过去的中日战争，不但不进行深刻的反思，反而公然否认日本对中国的侵略，一直到现在还有人在这样做。作为抗日战争的亲历者，他对研究那段历史有着义不容辞的责任，为此他不惜停止了尚未完成的《中国近代史稿》的编写工作。

未完成的《中国近代史稿》

记得还是在 1989 年，我博士论文答辩的时候，他特意提醒我：做近代中国人口史研究，一定要做完，做好。不要向我学，我的那几本书，像《中国近代史稿》，没有做完，看来也做不完了，千万不要学我这一点。当时，《中国近代史稿》已出到第三册。现在来看，还是很有参考价值的。但就是不完全，只写到1901年。前不久我和张海鹏老师商量，看能不能在既有的3册的基础上，在原第四、第五两册的初稿中再找出一些内容，延长到1912年清帝逊位，就可以算是一部晚清史了。因为就算是按最初的计划到1919年，作为近代史体系，那也是不完整的。海鹏同志说，这也是个办法。在原书的基础上整理整理，也很好。

李：这个创意确实好。您和海鹏先生是否已经开始运作这件事情呢？

姜：现在还没有。即使上马后，也会根据现在的情况，有一些新的思考，会有一些修订补充。原第四、第五册的初稿不能用，已出版的3册也要作一些修改，但肯定要以原来的那个体系作为参照。这部《中国近代史稿》，大年先生他们最早做的时候，还叫《中国史稿》第四册，那是一本十几万字的小册子，是纳入郭沫若主编的《中国史稿》体系的。篇幅不大，按分工写到1919年五四运动之前，脉络非常清楚。第五册主编是田家英，内容是1919到1949年，也即当时所说的现代史的部分，但这部分田家英并没有写出来。《中国史稿》第四册，实际上成了当时高等学校的中国近代史教科书。它的缺点，是光有骨头，没有肉，因为作为教材来说，字数确实嫌少。后来的《中国近代史稿》经郭沫若提议，从《中国史稿》独立出来，其目的，就是想把它做成一个有血有肉的东西。大年先生确定的《中国史稿》第四册体系，或者说《中国近代史稿》的体系，究竟是根据什么定的呢？大年先生说过，近代史所曾设想过一些框架方案，但最终还是决定根据《清实录》的纪事，也即按照历史事件发展的自然顺序。用我先前的表述，就是要强调对“过程流”的描述，解决“如何”“怎样”的问题，这样才能把握事物发展的全过程，把握历史发展的脉络。早在春秋时代，我们的前人就提出要“始衷终皆举之”，反对“一问三不知”。为什么“一问”会问出“三不知”的结果呢？这“一问”就是问事物发展的全貌、总的情况，而“三不知”就是不知始、不知衷、不知终，就是说不知道开始怎样、后来（中间）怎样、最后怎样。也就是什么也不知道。这段话的原文见《左传·哀公二十七年》：“文子曰：‘吾乃今知所以亡。君子之谋也，始衷终皆举之，而后入焉。今我三不知而入之，不亦难乎？’”大年先生在主编《中国近代史稿》的时候，就特别强调，要把历史的过程按其发展顺序说清楚。北大历史系讲近代史，他们的体系，是两次鸦片战争放在一起先讲，然后才是太平天国。这样讲，教学上可能较为方便，比较好处理，但自然历史进程被人为地割裂了。近代史所的体系，是先讲第一次鸦片战争，再讲第一次鸦片战争后的社会状况，然后是太平天国革命运动的兴起，再后才是第二次鸦片战争。还是按时间顺序讲的。

李：《中国近代史稿》后两册在80年代中期搁置起来，从这到大年先生去世，还有十几年时间，最终没有搞出来，原因主要是什么？

姜：对不起，我不太喜欢用“搞”这个字眼。尤其是对于历史的研究，很不愿意用“搞”字，你看我的文章中，都是尽可能避免用这个字眼的。起因是1978年，我考取南京大学历史系的研究生，在复试的时候，按照当时的习惯用语，说了一句愿意“搞历史”。那时王栻教授还健在，是他主持的复试，他当即很客气但又是非常认真地问了我一句：“请问历史怎么个搞法？”这句问话使我警醒，从此不敢再去“搞”历史了。

还是回到你的问题上来吧。当时的情况，大年先生作为主持人，是终身不退的。但是那些写稿人，提供初稿的人，都已先后退休了。有将无兵。而且，有些稿子也不太理想，第四册的稿子到了张海鹏手里，海鹏同志觉得拿不出来。第四册初稿有了，第五册也有了一部分初稿，第五册是要写到1919年的。但是，第一，他们本身写稿子的人，有些人没完成任务；第二，大年先生也没这个精力了。近代史所的书的主编，像现在蔡美彪先生主持的《中国通史》还是这个风格。你别的人只能提供初稿，提供原料，提供素材，必须由主编来改写或是重写，这样改写或重写以后，原稿的面貌，基本上就看不出来了。《中国近代史稿》大年先生改得非常彻底，有的地方完全是重写，这要花费很大功夫，精力消耗得太大。海鹏同志说，第四册的初稿不行了，第五册更不行，那些人也退休了。海鹏同志建议停掉，大年先生也没办法。而在《中国近代史稿》搁置后，他就毅然决然地转到抗战史研究上来了，组织学会，创办刊物《抗日战争研究》。

关于《中国复兴枢纽——抗日战争的八年》

李：这就又有一个问题，大年先生在20世纪90年代以后主要研究抗日战争，但是他最后的著作是《评近代经学》，而不是以抗战史方面的文章来结束的。

姜：1995年是抗日战争胜利50周年。1997年又是抗日战争爆发70周年。在那之前一直到1997年，大年先生都忙于抗战史。而在1997年之后，就有了相对空闲的属于他自己的一些时间。大年先生这才重新捡起了《评近代经学》，想把它做完。这个问题在他的心里已萦绕了多年，想把这个问题梳理一下，以了却自己的心愿。他自己在《评近代经学》一开头就说："王国维在告别他心爱的哲学研究时说：'余疲于哲学有日矣。'近代经学这个题目，我捡起来，又搁下，反反复复，耗费了不少精力和时间。现在要作个了结。不过没有可能像王国维那样从此开个新的头。"而抗战史研究，在他那里，在《中国复兴枢纽——抗日战争的八年》一书以及与之配套的一系列研究丛书出版之后，就算告一段落了。

1995年《中国复兴枢纽》出第一版。当时我主动请缨，协助张振鹍先生做了一些通稿的工作，出书之后，又参与对原书的增补修订。张振鹍先生建议增加"国内人口迁徙和海外华侨支援抗战"这个部分，共两个内容，并提议由我来写。后来我补写了这部分内容，成为修订本的第四章。修订本于两年后，也就是1997年正式出版，但版权页上还是题作第一版，即1997年第一版。这部书对抗战史研究影响很大。但"中国复兴枢纽"这个提法，后来好像还是没有多少人响应。

李：为什么没有人响应呢？

姜：有些人可能觉得过于刺激。比如这部书的日译本，以《中国抗日战争史》为书的正题，而把原书的正题改作副题，并改译作《中国复兴之路》。我记得在访问神户大学时，他们的一个教授，对中国很友好的，也问过我这个问题，说，为什么一定要用"复兴"的提法，而且要把抗日战争作为复兴的枢纽呢？国内的近代史学界，也有人不赞成以抗日战争作为枢纽，也就是说，不赞成把抗日战争作为中国近代的关键，或发展的转捩点。

还有一点很重要，就是有相当一部分抗战史的研究者，是持抗日战争十四年说的。而这部书，是旗帜鲜明地持抗日战争八年说。军事科学院的某些同志，研究抗战史的专家，尤其东北的一些同志，一直在强调，抗日战争要从"九一八"，也就是从1931年算起。他们很强调东北局部抗战、强调东北抗日联军的作用。近代史所对此是有不同见解的。大年先生的分析呢，即1931年九一八事变后，东北的局部抗战，虽是全面抗战的源头，但毕竟还不是全面抗战的本身，它没有影响到中国内部阶级关系、政治阵线的全局。而1937年七七事变的前后，却是两个截然不同的历史阶段。中日两国的民族矛盾与中国国内的阶级矛盾，在七七事变前后有着实质性的变化。历史不能割断，但也不能把部分相同的内容当作全体相同去看待。我是赞同大年先生的见解的。我们当然不否认抗联的历史贡献，不否认东北局部抗战是全国全面抗战的前奏，不否认东北人民为此所做出的巨大牺牲和奉献，但局部毕竟不是全局。研究学术问题，还是必须全面地看问题，处理好局部与全局的关系。

李：这些年来，大部分学者都是在做微观研究，确保研究成果能够比较扎实。“中华民族”这么宏观的问题，没有人敢接了。

姜：也没那么大气魄了。作为中国的史学家，研究中国的历史，还是应该要有宏观视野，全局观念。研究问题，可以微观，具体而微，但一定要有全局观点。对古代大史学家司马迁说过的那三句话：“究天人之际，通古今之变，成一家之言。”我是非常赞赏的，赞赏到了崇拜的地步。我还和朱东安先生研究过那第一句话，因为“究天人之际”，有的版本作“究天地之际”，司马迁究竟说的是“天地”还是“天人”？天地人三才，人乃天与地之间。所以说“天地之际”也是讲得通的。当然后来，我们又找到了司马迁在别的场合说的话，讲的还是“天人”，这就印证了“究天人之际”是对的。司马迁的这三句话，就是一种宏观思维。科学研究，就是要有宏观的、开阔的视野。历史学的科学性，离不开宏观视野。我在中国社会科学院院报发过一篇文章，讲历史学的科学底蕴，其中就引了司马迁的这三句话。

李：现在大家都信奉胡适之先生提倡的，做细小的研究，像罗尔纲先生那样。

姜：胡适先生提“小心求证”，并不是提倡做“细小”研究，而是提倡实证。何况“小心求证”之前还有一句“大胆假设”。这就需要有大气魄、全局观点，要有宏观视野了。记得过去有一篇报道《为了六十一个阶级兄弟》，就是写你们山西，写山西平陆的。事件的起因及其定性可能还有一些争论，但那篇文章确实写得感人，主要就是以小见大。用那篇报道本身的说法，就是从一滴水可以见到太阳的光辉。为了抢救不幸中毒的61个民工，山西平陆方面如何披肝沥胆求救，北京药店怎么争分夺秒找药，空军方面又是如何毅然决然出动飞机空投。一个个具体事件、具体情节串起来，就体现出了一个宏大的主题，用今天的话来说，就是以人为本这个主题。

李：20世纪80年代，在近代史领域里，关于研究范式的争论非常激烈，现代化研究范式和革命史研究范式，各有一部分学者支持，双方激烈交锋，当时，大年先生却保持沉默。

姜：他在思考。他有他的思考，有他的看法。后来，到20世纪90年代，他就提出了近代中国的两个基本问题。这我在前面已经说过了。

《刘大年传》序[①]

金冲及

我一直希望能读到一本《刘大年传》。这个愿望现在终于实现了。

大年同志是我尊敬的前辈。大家都说，他既是一位杰出的学者，又是一位坚强的战士，这是事实。在某种意义上，治学可说被他看作也是战斗的重要武器。我很难忘记：当同他作最后告别时，礼堂里播放的不是哀乐，而是雄壮的《在太行山上》的合唱歌曲，仿佛又回到他青年时经历的那个战斗岁月。这使我十分感动。新中国成立后，他在近代史研究领域内的突出贡献，他作为史学战线重要领导人和组织者的作用，是有目共睹的。

我第一次见到大年同志，是在半个多世纪前的一九五六年。他已是中国科学院学部委员，正在北京西苑饭店参与编制全国十二年科学发展远景规划。我还是个二十多岁的年轻人，正在复旦大学讲中国近代史的课。那时，能从上海来北京的机会很少。我借一次难得的赴京机会，要求能见他。大年同志爽快地答应了。这次谈话给了我很多教益。四十多年后，偶然同他谈起这件事，他对当时的地点和情景记得清清楚楚，可见他对年轻人的热情关怀。以后，又见过多次。改革开放以来，同他的接触就越来越密切。我负责中国史学会工作和担任孙中山研究会秘书长时，遇到重要事情总要到他家里去，向他请教。他的意见总是直指要害，观点鲜明，思虑周密，令我茅塞顿开。他离开我们很长一段时间内，遇到重要问题，我总有这样的感觉：要是大年同志还在，他一定又可以给我们许多自己原来没有想到的指点。

正因为这样，我常在想：他为什么能够成为这样一个人？也就是说，刘大年为什么能够成为刘大年？以往见面时，他很少谈自己，更少谈自己的过去。我很遗憾，为什么没有在那时当面多问问他。以后，虽然读了他所写的《我亲历的抗日战争与研究》和《刘大年来往书信选》，多少知道了一点，但

---

① 原载周秋光、黄仁国著《刘大年传》，岳麓书社 2009 年版，序一。——编者注

仍不很了然。感谢周秋光和黄仁国同志写出了这本《刘大年传》。作者花了很大力气，利用大年同志写的自传、录音回忆、访谈记录、在东京大学的自我介绍，参考他家乡的乡土史料、中国科学院档案、有关人的回忆等，经过细心梳理，清晰地勾勒出大年同志人生经历的基本脉络线索，又对一些重要问题作了生动细腻的描写。大年同志晚年的事，许多是我亲身经历或知道的，觉得书中的叙述符合当时的实际。读一读这本书，不仅可以对这位杰出学者战士是怎样一步步走过来的有清晰地了解，而且可以通过此书从一定程度上看到那个剧烈变动的大时代中许多爱国的革命知识分子的共同人生道路，可以加深对新中国史学发展历程的了解。

刘潞同志要我为这本书写几句话，写下这些，也可以说是自己读了这本书稿后的感想。

金冲及

2009 年 9 月 7 日

《刘大年传》序①

李文海

刘潞同志寄来周秋光、黄仁国著《刘大年传》书稿，嘱写一篇序言。大年同志是我素所景仰的学术前辈。在他逝世10周年之际，出版一本他的传记，是一件很有意义的事情。作为后学，写一点学习和缅怀的文字，当然是义不容辞。只是我同大年同志个人接触与交往并不多，对他的了解，主要靠听他的报告和读他的论著，所知有限，谈一点想法，不免浮光掠影，难中肯綮，于读者未见得会有多大助益。这是心里颇有点忐忑不安的地方。

大年同志是我国成就卓著的马克思主义史学家。评价大年同志对中国历史学的贡献，应该考虑到两个方面：一是他的学术研究；一是他所做的学术组织和领导工作。我个人以为，不论从所花的时间和精力来说，也不论从客观影响和效果来说，后者都是更加重要的一个方面。即使谈他的学术成就，如果不考虑他那些具有深邃思想和丰富内容的作品，是在大部分精力投入各式各样行政工作和社会工作的情况下完成的，也就难以真正理解他为此付出的艰辛和表现出来的毅力。

大年同志的一生，除了“文革”期间以及晚年一段很短的时间外，几乎从未有过完整地可以用来潜心进行学术研究的时候，这对于一位学者来讲，实在是一个最大的苦恼。他所做的各种学术组织、领导工作，这本传记里有详细的记载，一看就可以很清楚。这里需要特别说一说的是，大年同志做这些事情，决不只是挂个名，说几句不痛不痒的官话，作一点没有错但也没有多少实质内容的所谓“原则指示”，而是认真负责，真抓实干。许多事情都是精心谋划，思虑周详，多方协调，具体落实，有的则是亲力亲为。就像本书引用金冲及同志所说的一段话：“今天，在我们社会科学领域里边，做学术领导和组织工作，能像大年同志那样，能够做得那样好的，还真是不多见。而

① 原载周秋光、黄仁国著《刘大年传》，岳麓书社2009年版，序二。——编者注

他所倡导的许多方法，直到今天我们还在受益，常常还是按照这些方法来做的。”（第14章第4节）我们可以举两个例子。一是“文革”前大年同志担任中国科学院近代史研究所副所长，协助范文澜所长工作。为了保证范老的研究，大年同志把主要的行政工作承担了起来。这种情况，从范老1957年6月2日致中国科学院党组书记、副院长张劲夫的信中，讲得很明白：“我今后仍将致全力于写作上，领导我所的工作，仍像过去那样，由大年同志负担。”（《刘大年来往书信选》上，第173页）范老是大学问家，在大年同志看来，保证范老的研究时间，是十分必要、十分值得的，他甘愿为此作出牺牲，这也正是他令人敬重的地方。二是大年同志主持和组织的几次重要的学术讨论会，他从主题的确定、论文的征集与评审、与会者的邀请、会议的开法等等，无不一一筹划，悉心布置。这方面的情况，本书也有十分详尽的记述（参阅第14章第4节，第15章第1节）。这几次会议，在国内外产生了重大的学术影响，这确实同大年同志的组织指挥工作分不开。

俗话说：一心不能二用。要同时做好学术研究和学术领导这两方面的工作，是极不容易的，必须克服常人难以想象的困难，作出比通常加倍的努力。但客观上又要求把二者统一起来，就像周谷城同志所说：“一个领导者，要做到尊重知识，尊重人才，自己也得有点知识。做领导工作的人，如果自己没有知识，往往会对人家的学问进步成为一个障碍。”（《领导者有知识才能尊重知识》）大年同志通过自己的艰苦的、不懈的奋斗，很好地解决了这个矛盾，在学术上作出了令人瞩目的成就。

就治学而言，大年同志对我影响最深的，除了那些具体的学术观点、学术见解外，主要有这样三点：一是对史学社会功能的深刻认识，二是对唯物史观的坚定信仰，三是对实事求是优良学风的身体力行。

大年同志研究历史，并不是为学问而学问，而是把它看作是改造社会、服务人民、资政育人的一种手段、一种工具。中外学者中，很有几位都曾把大年同志称作“战士型史学家”的，这不仅因为他曾经亲身参加了抗日战争这场伟大的民族解放运动，是一位驰骋疆场的名副其实的八路军战士；更因为他从事学术工作以后，并不改变献身民族解放和民族振兴伟大事业的初衷，依然将学术作为武器，通过潜心的研究，探求历史的真实，揭示历史的真相，为中国人民的解放事业和社会主义事业提供历史的启示和借鉴。他在1983年3月12日致胡耀邦的信中写道：“不论是搞革命还是社会主义现代化建设，都离不开中国的‘国情’，都要从中国的实际出发。而这个‘国情’和‘实际’，都不能割断中国的历史。回顾过去我们所受到的某些重大挫折和失误，究其原因，不少是与脱离实际、割断历史有关。历史不是与现实生活绝缘的东西，它与社会现实生活密切相关，重视现实与尊重历史是对立统一，是不可分割的两个方面。”同时强调：“我们祖国的历史，不论是光荣史还是受侵略、受压迫的苦难史，都是培养人们爱国思想的源泉之一。研究、讲授历史，提高人们的爱国主义觉悟，增强民族自尊心和自信心，这是历史工作者义不容辞的光荣职责。我们自己应当在这方面作出最大的努力。”（《刘大年来往书信选》上，第 333 页）在另一封信中，他还指出：“如果有一门知识是大家都应该有所了解的，那就是人文社会科学、我们祖国的历史文化。一个人的行动要受灵魂支配，人文社会科学就是支配我们了解过去，辨认祖国的现在、前途命运，自觉地在社会主义道路上胜利前进的灵魂。”（《刘大年来往书信选》下，第 659 页）

1980 年夏，当大年同志收到一位名叫戴广田的青年的信，称赞他的文章体现了“坚定的原则性，渊博的学识，严肃的战斗态度，充分明快的说理”，在巩固马克思主义史学阵地，“为祖国历史科学的繁荣开拓园地、培植土壤、武装新军方面将起到非常有益的作用”时，大年同志回信说：“马克思主义知识只有那么一点点，不过是对这门无产阶级革命的科学确信不疑，肯定要终生受其鼓舞而已。”（《刘大年来往书信选》上，第 303、304 页）前一句是自谦，后两句则是其一生的真实写照。这是可以从他的全部学术活动中得到生动证明的。所以，我在大年同志逝世一周年时，讲了这样一段话：“大年同志是一位著名的马克思主义史学家。令人尊敬的是，他不随风摇摆，而是凭着自己对唯物史观的坚定信念，努力按照科学的观点和方法，去认识历史，解剖历史，说明历史。他不但在社会主义处于高潮、马克思主义十分吃香的时候是这样，而且在一些国家出现严重曲折，社会主义处于低潮，在有些人看来，似乎马克思主义‘就要消失了，没有了，失败了’的时候，也依然是这样。这实在是非常难能可贵的。”

大年同志十分注意学风问题。所谓学风，是指治学的态度、方法和作风，对于史学工作者来说，很大程度与“史德”有关。优良学风的核心是实事求是。坚持实事求是，在史学研究中就能够做到尊重历史的真实，一切从客观实际出发，以史料为根据，不杜撰，不虚构，不曲解；潜心钻研而不急功近利，锐意创新而不哗众取宠；评析历史时不虚美，不隐恶，不褒贬任意，不好恶随心；敢于坚持自己的学术观点，也勇于改正已被实践证明了的错误。在这些问题上，大年同志给我们作出了榜样。在他的一些通信中，曾经谈了许多很有见地的话。如："学问没有秘诀，谁立大志、下苦功，不为身边次要的事羁绊束缚，谁就有可能达到一定的境界。""研究工作是老老实实的工作，谁肯下功夫，谁就必将终有所获。""学术问题一是一，二是二，我不愿隐瞒自己的观点。""我一向主张，马克思主义的社会科学研究，在追求革命真知。既求知，就不能墨守旧闻，食古不化。反之，也不能赶时髦，看风色行情著文立说。不管别家如何，只要自家了然于怀，成竹在胸，就当秉孟子所说：虽千万人吾往矣。一些读者嘲笑、厌恶的东西，也许恰恰为另一些读者顶礼崇信。不这样，大概就不叫社会科学了。"（《刘大年来往书信选》，下，第606、421、538、432页）这些话，确实都是肺腑之言。尤其令人感叹的是，大年同志为对于荣孟源和尚钺同志所作的错误批判，多次公开道歉，并不以政治大背景为理由而原谅、开脱自己，表明了一个共产党人的光明磊落的胸襟和情怀（见本书第10章第1节及第2节）。

学术是薪火相传的事业。正像大年同志在庆祝中国史学会成立50周年大会上的讲话所说，"一代人只能完成一代人的任务"。在新的时代，站在新的历史起点上，继承老一辈学者的优良传统，充分发挥历史学认识世界、传承文明、资政育人、服务社会的重要作用，努力争取中国历史学的进一步繁荣发展，应该是对大年同志的最好的纪念。

李文海

2009年9月3日于世纪城时雨园

《刘大年传》跋①

张海鹏

1999 年 12 月 28 日，革命家和历史学家刘大年先生走完了他作为战士和学者的光辉一生，与世长辞。次年，归葬他的故乡湖南华容。2009 年，他故乡的年轻学者周秋光、黄仁国撰写的《刘大年传》完稿，即将付梓，大年先生女公子刘潞责我作序。我从青年时期起就在大年先生领导的中国科学院近代史研究所工作，虽然后来担任过这个研究所的副所长、所长，我自认为始终是在刘大年先生的领导和影响下工作，前后长达三十五年。作序之责，似不能辞。但是，大年先生是长辈，是史学大师，我是晚辈、后学，哪里可以为先生的传记写序呢！好在金冲及先生、李文海先生已经有序，足况先生学问人生之精义，置诸先生传记之前，可资荣彩。再加其他，不免添足之嫌。

面对这本传记，思虑再三，我不能不写几句话。我想请刘潞女士和作者同意，让这点文字殿诸传后，勉作为跋吧。

大年先生生前和身后，我曾撰写过几篇介绍和论述先生学术生平与贡献的研究文章。在这篇文字里，不想重复过去讲过的话。读者如果有兴趣，可以参考。

1999 年，中国社会科学院要为本院著名学者出版学者文集，先生即在首选。先生非常重视，认真准备文集的编选工作，并且确定了编辑方针。这年 11 月某日，我去协和医院看望躺在病床上的大年先生，我们谈起这本文集的编辑工作。先生希望我来完成文集的编辑，并且示意把我写的先生的传记文章作为附录收在书末。原来，此前中国社会科学出版社组织编辑《中国社会科学院学术大师治学录》，选出了在中国社会科学院工作过的在世和过世的院长、学部委员、一级研究员 32 人，请人撰写相关传记。近代史研究所入选的是首任所长、学部常委范文澜，继任所长、学部委员刘大年，以及一研究员

① 原载周秋光、黄仁国著《刘大年传》，岳麓书社 2009 年版，第 717—734 页。——编者注

罗尔纲。我承乏撰写大年先生的传记。我写成《战士型的学者，学者型的战士——记刘大年的学术生涯》一文，送呈大年先生阅正。先生略改数字，表示认可。此文后来收入《中国社会科学院学术大师治学录》，略作修改，题目按照该书编辑原则，改为《刘大年》。遵嘱收入《刘大年集》时仍用原题。先生过世一年，《近代史研究》编辑部为了纪念，约请学者撰写怀念文章。我写了一篇《编辑〈刘大年文选〉的回忆与思考》，发表在该刊2000年第6期。在这篇文章里，我写了一小段话："我从1964年8月进入近代史研究所，迄今已经36年，大部分时间都是在他的领导下工作。1994年我当了所长，刘大年同志是名誉所长，他从不干预我的工作。为了开展本所学术活动，我有时要向他请教，常常要借助他的丰富经验和在国内外学术界的不可替代的名望。最近10年，本所主办或参与主办的一些国际学术讨论会，都请他担任组织委员会主席，请他作主题报告，他都积极从事，给了我们很大的帮助。在'文化大革命'10年中，我与他之间有着复杂的关系和感情纠葛，我现在还没有精力和心情来回顾这一节，要留待以后有机会再叙述。"

我想借这个机会，讲一些陈年旧事，把我在近代史研究所的经历与大年先生有关的地方，作些勾勒，也包括上面所讲我与他在"文革"中的复杂关系和感情纠葛，借作谈资。

1964年8月，我离开武汉大学到中国科学院近代史研究所报到。那年从全国各高校调集到近代史研究所的文科毕业生大约40人。负责人才培养和调集工作的是黎澍副所长。他曾在所里大会议室接见所有新进所的年轻同志，逐一认识并谈话。刚进所的时候，所里派我和郭永才到西颐宾馆（今友谊宾馆）去为"1964年北京科学讨论会"哲学社会科学组做服务工作，郭永才被分配到历史组，那里有郭沫若、范文澜、刘大年等中国历史学家；我被分配到政法组办公室作刘思慕先生（"文革"后担任过世界历史研究所所长）的秘书，那里有张友渔、刘思慕、刘桂五、廖盖隆等前辈。会后才知道，这中间只有刘桂五先生是近代史所的学术秘书。政法组活动期间，我认识了日本早稻田大学的安藤彦太郎教授和日本代表团的中文翻译岸阳子小姐。事后得知，正是在会议期间，历史组的中国历史学家刘大年、侯外庐等做了安藤和岸小姐的月老，两位此后成为夫妻。两位也成为我数十年来的朋友。但是在会议期间，我无缘与大年先生直接见面。

1964年10月，我参加了甘肃张掖乌江公社的农村社会主义教育运动，刘大年先生是公社工作队的副队长（队长由甘肃一位县委书记担任），我只是其中一个大队工作队（副队长是蔡美彪）的见习队员，也无缘与大年先生直接对话。在张掖8个月后，又分配到山东黄县（今龙口市）大吕家公社于家口大队劳动锻炼七个月。1965年11月回京的时候，姚文元的《评〈海瑞罢官〉》已经发表，全国已经面临“文革”前夕的形势。那时候，所里又组织了去江西的“四清”（即农村社会主义教育运动的略称）。黎澍先生把我留在“西郊组”（对外称中国近代史讨论会），那是一个专门研究中俄边界历史的机构，为外交部中苏谈判代表团的谈判工作提供学术上的服务。黎澍先生找我谈话，出题目要我写一篇评论《海瑞罢官》的文章。我写出来了，送给黎澍先生看过，黎澍先生告诉我，知识还不够，还要多读书。原来这时候风声很紧，对吴晗的学术批判正在被政治批判所取代。

我想，直到这时，大年先生是否知道近代史所有我这个人，也许还是不确定的。

在报纸上开展批判“三家村”和《燕山夜话》的时候，中国科学院哲学社会科学部领导也安排了批判学部副主任兼政治部主任杨述的《青春漫语》，向各所印发了相关材料。《青春漫语》也是在《北京晚报》上开辟的专栏，由一系列散文组成。学部要求各所开批判会。近代史所也开了批判会，我是发言人之一。这大约是在1966年4月至5月间。

巨大的变化是从1966年6月1日开始的。这一天《人民日报》第一版用大字标题发表了社论《横扫一切牛鬼蛇神》，配以北大哲学系的报道，标志着“无产阶级文化大革命”的开始。6月3日，《人民日报》出人意料地发表了《夺回资产阶级霸占的史学阵地》的社论，报纸还配发了史绍宾撰写的长篇文章，矛头都是直接针对近代史研究所。社论中所谓东霸天、西霸天，一般人认为指的是刘大年和黎澍。这天早晨我在西颐宾馆中馆听中央人民广播电台新闻联播，听到了社论的内容，异常震惊，心情难以平静。谁都知道近代史研究所的前身来自延安马列研究院，来自根据地和解放区的北方大学、华北大学。著名的马克思主义历史学家范文澜是这个研究所的所长，刘大年、黎澍都被认为是我国历史学界，特别是中国近现代史学界的领导人，他们都是高举毛泽东思想伟大红旗的，他们领导的研究所怎么是资产阶级霸占的史学阵地呢？那时我是离开大学校门、走进研究所不久的青年学子，27岁，风华正茂，对新中国，对中国共产党和他的领袖毛泽东充满了无限热爱之情。这篇社论给了我很大的冲击。近代史所和他的领导者，我当然是崇拜的，但是我更崇拜党中央和他的机关报《人民日报》。我以为这篇社论传达了党中央的声音。

如果没有6月4日学部召开的批判杨述《青春漫语》的大会，也许就没有后面的故事。恰恰在6月4日学部已经安排了在王府大街首都剧场召开学部大会，批判《青春漫语》。近代史所推荐我和另一位年轻同志作为大会发言人，我已经接到在大会发言的通知。我想到我作为近代史所的代表在6月4日大会发言，要不要提及6·3社论？如果只是批判《青春漫语》而不提及6·3社论，会不会受到大会质疑？我带着这个问题请示、征询中国近代史讨论会负责人余绳武同志的意见。他略一沉吟，说可以结合社论表示一点态度。可是晚上又传来消息，近代史讨论会内部有不同意见，是否联系社论，由我作为发言人自己决定。

第二天，学部大会如期召开。各所人员全部出席。大年先生作为学部分党组成员与各位学部负责人在主席台就座。发言按事先安排依次进行。我大约是第四个发言。我在发言结尾处，结合6·3社论，质问近代史所为何成为资产阶级霸占的史学阵地，刘大年同志应该负什么责任。话说到这里，台下就起哄了。主要是来自哲学所和学部资料室的一些参会人员起立起哄，甚至冲上主席台，要求刘大年下台，对刘大年先生颇多不敬之词，使得坐在主席台上的大年先生极为难堪。会后，学部各所，主要是哲学所、历史所、学部资料室人员到近代史所张贴大字报，"揭发"刘大年、黎澍先生。5月底有大字报说，1964年3月以《光明日报》评论员名义发表的《让青春放出光辉》的评论员文章，是一篇修正主义的大毒草，文章的作者是黎澍先生。我早已读过这篇文章，但不知道它是"修正主义"。现在看到有人指它为修正主义，我便起草了一张二三百字的大字报，质问黎澍为何写出修正主义的评论，要把青年引向何处。大字报贴出后，又有六七位在大字报上签字。就这样，我成了近代史所的造反派。

6月14日，近代史所临时党支部通知，在第二天召开全所大会，部署开展"文化大革命"。会议如期在6月15日举行。支部书记按照学部统一口径部署开展"文化大革命"工作。四平八稳的工作部署，引起了与会人员的反感。许多年轻人发言认为，工作部署应该围绕6·3社论精神进行。发言越来越激烈，要求通过民主方式，重新选举大会领导班子。这个建议为与会者鼓掌通过。党支部已经失去了掌控局面的能力。经过与会者逐一提名，通过了七人组成大会主席团。我是七人之一。七人被拥上主席台，临时推举我为会议主席。会议结果，要求按照党中央的要求，发动群众，揭盖子，开展本所的“文化大革命”。刘大年先生出席了这次大会。出席大会的还有派驻近代史所工作组组长王瑞琪（中组部办公厅主任）、副组长时代（中联部处长，相当于今局长）、李唯一（中组部干部）。工作组肯定了这次会议。这次会议，后来被认为是近代史所“夺权”会议。此后近代史所“文革”工作，就在大会主席团领导下进行。中共中央关于开展“文化大革命”的“五一六通知”发表后，近代史所按通知要求成立了本所“文化大革命领导小组”。我不是党员，当了副组长；另一位是党员，当了组长。在小组以下，还成立了办公室、材料组等机构。材料组组长组织材料组人员，搜集刘大年、黎澍公开和未公开的文字，搜集了所内外大字报上的揭发材料，编写了他们所谓“反革命修正主义分子的罪行”材料，作为大批判的资料。

此后，“文革小组”领导了近代史所的“文化大革命”。组长当时以较多精力，投入学部“文革”活动，我的主要精力放在所内。所里批判“走资派”、批判“反革命修正主义分子”的会议大多是我组织并主持的。刘大年先生、黎澍先生往往在会议上处在被批斗的地位。这样的批斗会，在 1966 年 8 月底以前举行过数次。尽管大多数批斗会是我主持的，但是在会下，我没有同刘大年、黎澍两位先生发生过个人联系，也没有同他们单独谈过话。

1967 年 1 月 8 日，《人民日报》发表署名“晋群新”的《周扬、刘大年之流是叛徒的辩护士》一文，对周扬和刘大年两位先生作点名批判。《人民日报》还开辟了通栏大字标题。这个“晋群新”是近代史所“文革小组”组织的写作班子的笔名。要写这样的文章当然是《人民日报》提出并且派人来联系的。写作班子是哪些人组成，我已经失记了。我自己没有参加写作组是肯定的。当然，那篇文章的基本观点同样也反映了我当时的认识。

1967 年年初，学部红卫兵联队开始发生分裂。我参加了反对林聿时、吴传启、王恩宇一派的斗争，另外拉出了组织。这年夏，因为王力、关锋的垮台，这一派跟着垮了。我这一派坚持到 1968 年 2 月，因为戚本禹的被隔离，也垮了。1968 年 12 月，工军宣队进驻学部，进驻近代史所。1969 年初，军宣队对我还礼貌有加。10 月，我就被隔离审查（美其名曰进毛泽东思想学习班），有八个月时间被关起来，完全失去了自由。1970 年 5 月底，我被工宣队押解到河南息县东岳公社学部五七干校。1972年7月，学部五七干校按照周总理指示，全部撤回北京。1974年12月，军工宣队在高音喇叭里宣布了对我的审查结论："文革"中犯了一般性路线错误，不记档案，不给处分（大意）。从此我就算自由了。从1969年10月到1974年12月，我被作为"五一六反革命集团"的骨干分子，经受了差不多六年的审查，六年中我基本上失去了人身自由。六年中，尤其在那八个月，专案组的车轮战、逼供信、批斗和谩骂，甚至拳脚，一样也不能少。这是我此生最痛苦的时期，最无奈的时期，最无助的时期；今天看来，也是最值得我反复回味的时期。

在这个时期里，唯一安慰我的，是我感受到的刘大年先生对我的爱护。这是一种并未直接言明的爱护，又是一种可以体会的爱护。先是，在1969年年中，军工宣队正在所内组织清查"五一六"专案组，我正处在被公开宣布审查的前夕。我已经明确地感受到了压力。有一天王明湘同志（后来调到重庆，曾任红岩纪念馆馆长）偷偷告诉我，他到大年同志家里谈话，在他家里吃过饭，听大年同志讲起1966年6月15日的"夺权"。刘大年同志自责自己是官僚主义，说近代史所有那么好的青年，我怎么没有发现。他说，所里临时党支部做了那么多的准备，被一帮青年一下打垮了。他在王明湘面前指名夸奖了我。在我受难的时候，王明湘的话使我很感动。因为照常理，刘大年有最多的理由参与对我的批判，这也是当时最常见的现象。王明湘的话，我虽然无法证实，但我受到的感动是真实的。后来在息县学部五七干校，王明湘担任连（由近代史所和考古所编成）指导员，他又一次偷偷对我透露了上述谈话。这使我感到温暖和安慰。在连里，我被编在二排八班。这个班是特殊的人员组成：除了专案组人员担任班长外，包括了尚未"解放"（但已相对较为自由）的老干部数人和正在接受审查的"五一六反革命分子"，其中就有刘大年、黎澍、张海鹏和蒋大椿。当时人们在私底下说，这是由新老"反革命分子"组成的一个班。我们连在东岳公社的塘坡。白天要参加沉重的体力劳动（打砖坯、烧窑、盖房和种地等），晚上或者休息日要接受批判。在八班的小组批判会上，我和蒋大椿总是受到指名批判，一般是被指责为反周总理，反毛泽东思想，反革命。在这样的批判会上，我低头不语，心情沉重。我印象深刻的有几次，听到刘大年发言，他说：我们是职业革命家，我们过去革命道路上也犯过许多错误，我们应该把我们犯错误的经验教训告诉今天的年轻人。他的发言，连"五一六"三个字提都不提。在有人天天骂你是反革命的时候，听到这样的话，你内心不感到温暖吗？这也似乎给我传出一个信息：对待所谓“五一六反革命集团”，至少刘大年是有不同看法的。1971 年春（现在查明是 4 月），我记得有一天在明港军营里（干校已经从东岳公社迁移到明港镇，住在军营里，集中精力清查“五一六反革命集团”的罪行），碰巧只有我和刘大年先生两人在。大年先生忽然对我说：“我后颈脖长了一个瘤，可能是癌，我明天就要回北京治病。”我不知道如何回答，只是啊了一声。我内心震动的是，就这一句话，几乎是我自 1964 年进所以来，大年先生对我一个人说过的唯一的一句话。我联系到王明湘说过的话，联系到在八班听到他的发言，我把他对我说的这句话当作是对我的明白无误地示好，极为感动。刘大年离开后，就听说军工宣队要掀起清查高潮，本来确定请刘大年担任清查领导小组负责人，他却借故走了。后来知道，大年先生离开，除了治病外，还有其他原因。这就是郭沫若院长为了迎接京都大学著名马克思主义历史学家井上清教授来访，组织了接待机构，参与接待人员获得周恩来总理批准。刘大年在这个名单中。那时候的惯例，只要接待外宾的名单在报上发表，这个人就算“解放”了。当时我心里明白，大年先生此走极为高明，他可以不承担这个清查领导小组的任何责任了。果然，大年走后，清查领导小组换了别人，我又成为再次清查的重点对象，吃的苦头就不用提了。

1974 年年底，我被解除了审查，基本上变成了一个自由人，尽管心情仍然沉重，因为我随时会感受到来自专案组人员的异样的眼神。1975 年夏，所里近代史组何重仁、龙盛运两位同志多次找我谈话，要我到近代史组工作。我几曾犹豫。两位后来向我透漏，要我去近代史组，是大年的意思。我一听到这里，便毫不犹豫表示我愿意去近代史组。

1975 年 9 月，我正式进入近代史组。这时的大背景，是毛主席发表理论问题谈话后，新闻媒体正在报道毛主席关于《水浒传》的谈话。近代史组集体学习讨论，联系太平天国历史，认为应该写一篇评论李秀成的文章。组长指定我来写这篇文章。

我进近代史所差不多十二个年头，未能参加任何研究工作。这是我离开大学以后第一次执笔写学术论文。近代史组的负责人何重仁先生给了我两个月的时间。我花了两个月阅读报刊上发表的有关太平天国的文章，并检索当时能找到的太平天国史料，用一个月写出了文章初稿。文章中有的观点是针对梁效和罗思鼎的文章的。但在当时的政治气氛下，免不了从整体上带有“文革”时期的时代氛围。我先把这篇文章送给组里主要负责人看过，他们通过了。我又送请刘大年先生审阅。刘大年先生那时已在工宣队、军宣队安排下担任了中共近代史所总支书记。他认可了我的文章，只在文章段落结构上提了调整意见。我遵照他的意见做了修改，然后把文稿当面交给了重新主持《历史研究》编辑工作的黎澍先生。黎澍先生当时已接受了从国务院科教组接办《历史研究》杂志的任务。1975 年年底和 1976 年年初，他召开了几次接办刊物的学术座谈会，都是我做的会议记录，会后整理会议纪要。这篇文章随后发表在黎澍先生重新主持的《历史研究》1976 年第一期上。

也许由于这篇文章，刘大年先生觉得我还能做点事，吸纳我参加《中国近代史稿》编写组，协助他整理文稿、核对史实，偶尔也写几条带考证性质的注释。也许还是这个原因，黎澍先生也找我，希望我到《历史研究》编辑部去，不过我已下决心跟着刘大年先生工作，便借故没有去《历史研究》编辑部。

1962 年人民出版社出版了郭沫若主编的四卷本《中国史稿》。据说这是毛主席交的任务，是要为县级以上干部编写一本中国历史的简要读本。《中国史稿》前三册由历史所副所长尹达主持，第四册由近代史所副所长刘大年主持。1971 年 4 月刘大年由河南回京后，郭沫若院长提出了重写《中国史稿》的任务。近代部分还是交给刘大年负责。这时提出的重写方案，是由四册变成十册，前七册是古代史，后三册是近代史。大约在 1975 年，刘大年先生征求郭沫若意见，希望把近代史部分独立出来，郭同意了。所以《中国史稿》后三册就改名为《中国近代史稿》，独立出版。

《中国近代史稿》第一册在 1978 年出版，第二、三册在 1984 年出版。与人民出版社的工作联系由我负责。在此以前，我为了它的出版做了大量的编务工作，除了整理文稿（刘大年先生对所有初稿都进行了彻底改写）、核对史实、编写考证性注释外，还编写了书末所附的大事记、中外人名对照表，选用了历史图片。除了这些工作以外，还分配我绘制历史地图。先前，《中国史稿》的历史地图编绘工作，都交历史研究所历史地理室做，《中国近代史稿》独立以后，他们就谢绝了为《中国近代史稿》编绘历史地图的任务。那时候，我是新进《中国近代史稿》编写组的成员，年龄又最轻，编绘历史地图的任务自然就由我来承担。我从来没有摸过历史地图的编绘工作，从 1978 年年末开始进入学习状态。

当1984年《中国近代史稿》第二、三册出版时，我自己也出版了《简明中国近代史图集》（长城出版社）和《中国近代史稿地图集》（中国地图出版社），组织编辑出版了《武昌起义档案资料选编》三册，我的名义是统编。前两本书其实就是在《中国近代史稿》编写组工作期间的副产品。

这里补充一点。当我进入《中国近代史稿》编写组以后，我就有机会与大年先生发生频繁的接触，也有机会到他家里去谈话。我心里一直藏着一个愿望，总想对他谈谈我在“文革”初期的作为，算是对他的道歉。我记得，1976、1977年，每次见到他，我都想对他说点什么，每次鼓足了勇气，每次都没有开口。每次离开后，我又很懊悔、自责，为什么就张不开口呢？但是我对他的道歉终于没有说出口，直到他的辞世。非常有趣的是，从1975年一直到1999年，我同大年先生的所有谈话，大年先生从来不同我说一句有关“文革”的话，从来不问我一声为什么“文革”初期我那样对待他，从来不涉及《青春漫语》批判大会，从来不对我提及6·15“夺权”大会的事，从来不涉及《人民日报》批判他的文章和大字标题。我觉得他是有意回避这个话题，不愿意触及不愉快的那段岁月。我有时候感觉，他不如直接说我两句，哪怕说我那时幼稚、不懂事、鲁莽，等等，我可能心里都好受些。只有一次，他偶然对我说到被抄家，文稿丢失。可能意识到我在场，立即打住了话题。我很愿意他说下去，他却停止了。我没有对他表白，他家里被抄，已经不是我“当政”的时候，我只是愿意听听他的诉苦，他却把话吞下去了。今天想起来，我还是不知道如何形容我与他之间的那种感情纠葛。

1975年，在军工宣队安排下，刘大年担任了近代史所党总支书记，郭永才是常务副书记，黎澍、李新是副书记。此后，我不仅协助他做些《中国近代史稿》的工作，还协助刘桂五先生作了一些属于学术秘书范围的事情。也许当时的党总支对我寄予某种期望，可是没有人告诉过我。1975年党总支决定“开门办所”，要我做一点具体工作。我负责联系到北京郊区南韩继收割麦子（“学农”），到北京内燃机总厂联系参加劳动（“学工”）。那年我还陪同郭永才几次到大连造船厂，向那里的工人理论队伍取经。1976年，我推动与北京二十多家印刷厂职工联合办“七二一大学”，给学员讲授中国近代史，并且编写、印发了教材。陪同刘桂五先生到北大历史系、天津历史所调查了解他们开门办学、开门办所的经验。党总支研究某个问题的会议，有时候也通知我去参加，听取我的意见，尽管我还不是党员。1976年“四人帮”被粉碎后，《光明日报》举办座谈会，揭露和批判“四人帮”在史学界的罪行，所里党总支也推荐我去出席，我在座谈会上的发言刊登在报纸上。所有这些，给1977年中国社科院的“清理帮派体系”运动埋下了伏笔。“清理四人帮的帮派体系”是当时中央的精神。如何清理，如何正确处理“文革”结束后各种复杂的关系，端看各单位负责人的做法与因应。社科院指定李新先生为近代史所“清理帮派体系”领导小组组长。一时间，刘大年、郭永才、张友坤、张海鹏成为“四人帮的帮派体系”，刘大年、郭永才、张友坤靠边站。全所大会批判“四人帮的帮派体系”，给我戴的帽子是三顶：“五一六”一风吹、突击入党、突击提干。我找李新先生论理：我不是“五一六”，而且“五一六”不是我吹的，是军工宣队吹的，怎么是我的罪名呢？我没有入党，也没有提干，我怎么是突击入党、突击提干呢？“清理帮派体系”把我和大年先生连在一起，在全所掀起风潮。但是，我那时的了解，大多数人不支持这样的做法，许多人对我表示了支持，我一点也不感到孤立。无道之事行不远。近代史所的这种乌烟瘴气，到年底就烟消云散了。1978年，社科院院长胡乔木、副院长邓力群到近代史所召开座谈会，听取意见。事后我听出席过座谈会的丁名楠先生说，邓力群在会上说，对人还是要宽厚一些。1978年，社科院进行了改革，各所组建了研究室，组建了科研处（大体上等同过去的学术秘书），在近代史所也成立了科研处，任命了处长、副处长，我就不与闻其事了。1978年开始，我进入了真正的学者生活，努力抢救失去的时间，一心一意展开自己的学术研究。在这样的条件下，度过了我的十年黄金时间。

1979年，中国近代史学界组织了在南京召开的太平天国历史国际学术讨论会。大年先生是大会的主席，我约略做了一点会务工作，在会议期间担任简报组副组长。会前，大年先生找我，要我写一篇文章，谈谈阶级斗争问题，准备做他在南京大会上的讲话。我起草了一份稿子，大年没有采用，他没有批评我，也没有表扬我。他在大会上的讲话稿是他自己起草的。我这时候想到，“文革”期间有人揭露刘大年的文章是别人替他写的，我这时候表示了明确的怀疑。我知道，大年先生作为一个有精深古文修养的史学家，是很难接受别人起草的稿子的。《中国近代史稿》是由各位作者提供的初稿，大年几乎对每篇初稿都作了全面地改写，这是我在整理书稿时每天可以看见的。

1979年，刘大年先生接受东京大学校长的邀请，要去东京大学讲学。他在准备辛亥革命历史讲稿的时候，要我替他整理过个别资料。他还把1956年近代史所调查同盟会员的资料交给我，要我重新展开调查。我约了老朋友王学庄一起来做。这件事情我们做了两三年时间，向国内外发出、收到几千封信函。终于未能成功，是一个遗憾。我还替大年先生查阅过《民国十五年以前之蒋介石先生》，抄录过若干资料供他参考。

1984年，我写了一篇文章——《中国近代史的“两个过程”及有关问题》，送请大年先生阅改。大年先生在文稿上改了几个字，也订正了我的标题。那时政治史研究室各位都赞同这篇文章的基本观点。所里特别安排我在全所大会上作了一次学术报告。这篇文章最后在黎澍主编的《历史研究》上发表了。但是这篇文章的观点与黎澍先生有异，也与《历史研究》编辑部各位编辑的看法不同。一时引起一些议论，有人批评我不该写这篇文章。有人说文章是经过刘大年修改过的，反映了刘大年的观点。再进一步，就会牵扯到刘大年与黎澍的关系了。这时候，在人们的谈资里，就往往把我和大年先生联系起来了。

1985年，刘大年先生因前列腺发炎住进了协和医院，他找我到病房，对我说了一些很悲观的话，大意说，夏鼐、华罗庚是他的两位好朋友，已经先后故去，他现在卧病在床，恐怕也会不久于世了。他希望我把《中国近代史稿》第四、五册的工作抓起来。我表示，我会努力去做，但我感到要像刘大年先生那样去修改所有初稿，非我的学力所能。原来《中国近代史稿》的工作方式，是收到作者初稿以后，先由大年先生的助手钱宏先生作文稿处理，再交大年先生改定。《中国近代史稿》原定编写三册，后扩充为五册。后两册涉及辛亥革命和北洋时期历史。钱宏先生年龄大了，不愿意再接手后两册。大年先生的意思，如果他的身体不好，后两册就由我处理了。此后，我为这件工作投入了两年多的精力和时间。1988年9月我担任了副所长，事务冗杂，我就没有时间去做《中国近代史稿》四、五册的工作了。1990年，我向大年先生提到，辛亥革命历史，已经有章开沅、金冲及的本子，我们的书很难在总体上超过他们，况且有的作者还未交稿；北洋部分，利用档案还是不够，研究成果也不够，勉强出版，可能会出不良效果。他同意了。这时大年先生年事已高，精力不济，这部书的后两册终于未能出版。这是一大遗憾。在谈及类似话题的时候，他给我说过，他一生在组织写作班子上有不成功的经验，他举例说任继愈在这方面有成功的经验：一拨人不行，就要赶快换一拨。

1990年，近代史所政治史研究室党支部一致通过了我的入党申请。大年先生是介绍人之一。他在入党有关文件上写下了对我很高的评价，常常使我感到愧意。我在20世纪60年代初在武汉大学学习时，多次提出了加入中国共产党的要求。那时候中组部在大学生中发展党员掌握了很严的标准。我所在的学生党支部认为我有骄傲情绪，直到毕业也未发展我入党。但是把我在大学期间的表现材料转入近代史所。据了解情况的同志告诉我，大约经过“四清”和劳动锻炼，就可以解决我的入党问题了。1966年形势迅速转变为“文革”，事情就耽搁下来了。1975年我进入政治史组，再次向政治史组党支部送交入党申请。支部书记刘桂五找我谈过话。据说，李新先生不同意批准我入党，事情又搁下了。

1990年《求是》杂志第3期发表了我写的《如何看待中国近代史发展的基本线索？——学习毛泽东有关论述笔记》。这篇文章几年前发给了《求是》杂志。编辑以形势变化暂不宜发表相告。到1989年下半年又告可以发表。我重新作了修订后，送请大年先生审阅。某日上午，大年先生从人民大会堂匆匆来所，站在大门外，说他正在出席人大常委会议，时间很紧。随即把文稿交给我，说很好，可以发表，指出，文末最好强调一下近代中国反帝反封建问题。因为，中央高层有人说反帝反封建谈得多了，这是不对的，需要加以强调。说完，他就离去了。他没有在我的文稿上留下任何笔迹。我不知道他说话所指为何人，我接受了他的意见，在文末加写了一段强调反帝反封建的话。这个意见，在大年先生去世多年以后，我还强调了一次，这就是2006年3月1日我在中国青年报发表的《反帝反封建是近代中国的历史主题》那篇文章。

1990年是近代史所建所四十周年，所里决定召开以“近代中国与世界”为题的国际学术讨论会为之纪念，会务筹备工作由我负责进行。大年先生多次给我指点，如何邀请人，邀请那些人，出了许多主意。那次会议非常成功。从此以后，近代史所几乎每年举办各种学术活动，凡是请大年先生出席的，他都支持，需要讲话，讲话稿全部由自己起草，不劳他人。限于篇幅，这方面的内容从略。

1995年，是大年先生80华诞。我是研究所所长，决定联合中国史学会会长戴逸先生举办纪念活动。我将这想法报告大年先生时，他坚决反对。我说，我们举办活动，不只是为了你，不是为了给你贴金，你不需要贴金，我们是为了后来者，为了年轻一代了解你的奋斗一生，为了宣扬你坚持的那些学术观点和学术立场。他无以为辞，说我不管，反正你们的活动我不参加就是了。7月，近代史研究所与中国史学会合作，召开祝贺刘大年同志80华诞的学术座谈会，学术界的许多前辈学者前来祝贺，发表祝贺感想，我在会议上作了发言，进一步较为系统地介绍了刘大年的学术经历。中国社会科学院副院长汝信、中国史学会会长戴逸和知名学者龚书铎、余绳武、金冲及、张椿年、王汝丰以及大年的学生姜涛相继发言，胡绳院长请人代致贺词，白寿彝、李侃、蔡美彪作了书面发言，首都社会科学界领导和专家郁文、于光远、逄先知、白介夫、丁伟志、何理、郑惠、林甘泉、李学勤、廖学盛、任式楠、齐世荣、汪敬虞、吴承明、孙思白、丁守和等以及史学工作者120人出席。这次会议，作为寿翁的大年先生避席他去，表现了他的美德。除了座谈会，我还请人编了《刘大年论著目录》，请刘潞夫妇编了《刘大年存当代学人手札》一书（近代史所印制），在会议上散发。

最近20年间，我和大年先生之间的工作关系甚多，这里难以尽述。如协助他筹办中国抗日战争史学会，关于中国社会科学院中日历史研究中心专家委员会的工作，等等，需要专门叙述，此不赘。

1988年9月我担任副所长。那时候，所里房间紧张，我还是在原来的办公室，与别人同屋，工作有所不便。他主动把自己的办公室让给我，要我搬过来。我觉得很惭愧，他执意这样办，我只好遵嘱办理。此后，他就不容易经常到所里来。我有事，就到他木樨地的家里，与他商谈。有时，他会问我，你怎么来的？我答骑我的三轮车，他听了哈哈一笑，如此而已。我在担任研究所所长期间，使我感动的，是他经常提醒我，不管如何忙，都要挤时间写文章，不写文章，你在学术上就没有发言权，你就没有资格在学术上发挥领导作用。他说，20世纪50—60年代，政治运动很多，很难坐下来，他仍硬着头皮写文章。那个时候批判他是右倾机会主义，说他在党内是专家，在专家面前是党员。学部副主任刘导生（负责联系历史学各所）批评他不听招呼，说要在战时，就可以枪毙你。他回答刘导生说："谁让你把我安排在这个位置上呢？在这个位置上不写文章，就不如撤职。"刘导生同志无言以对。大年先生讲的这些故事，二十年来不断在激励我。我在处理大量行政工作和参与社会活动的时候，总是记住他的这句话。这些年来，我的学术成果不是很丰厚，但是我还是尽力了。

1998年12月，社会科学文献出版社出版了胡绳先生题写书名、刘大年先生作序的我的一本论文集。这本文集题名《追求集——近代中国历史进程的探索》。年初，我给中国社会科学院副院长汝信写信，表明希望出版个人论文集的愿望。汝信极为支持，指示社科文献出版社办理。我与大年先生商量，他非常赞成，《追求集》的书名就是他提出的。他说，戴逸的集子叫《繁露集》，我们的就叫《追求集》吧。所谓“追求”就是“追求真理”“追求历史真实”的意思。如何追求，就是运用马克思主义的唯物论的思想方法论去追求。这个意思，在他撰写的序言中说得很清楚。序言在解释唯物论的时候还指出：“唯物论是从人类社会共同生活里最基本的事实出发来认识历史的，和是从基因上带着永久开放性来认识社会历史的。事实的基本性，先天的开放性，浑然一体，无彼此之分。为什么唯物论面世之后，无日无时不受到反对、攻击，而迄今仍被追求认识人类社会历史规律的思想理论界奉为圭臬，就因为它的道理是推翻不了的。”

说到序言，是我主动请求的。我一向知道，大年先生并不轻易给别人的书写序，也不做挂名主编。我还是开口请求了。他立即应允，告诉我某日来取。序言评价论文集的是下列文字：“集中文字，论事观点鲜明，强调理论指导的意义，命题多有针对性，在具体问题的研究上不乏新意。它们的主要内容，既是解说上述中国近代历史两个基本问题的，同时也是密切联系现实社会生活实际的。社会科学要联系实际，决非如有人指责的是什么‘功利主义’之类。真正忠于历史科学的人，都会反对按照现实这样那样的需要去‘改造历史’，也不会认为对历史的简单类比推论有助于说明现实问题。但是我们的近代史研究，如果不反映时代发展中人们需要知道的与现实相关的过去，那很像有人说过的，他们是在回答谁也没有问过他们问题的聋子。就算这过于文学夸张也罢。”其他的内容，是阐述他对中国近代史基本问题的主张，对唯物论的解释。他说：“在历史研究、社会科学研究中，应当怎样去探索呢？我想说，那就是要照唯物论的本来面目坚持唯物论。”这是他一向坚持的基本结论。

说到写序，还有一件事可以补叙。1984 年，我主持编绘的《中国近代史稿地图集》在地图出版社出版。编这本地图集，实际上是他交给我的任务。出版前请他赐序，我想是应该的。我向他提出了请求。他答应了，还要我给他提供一个基础资料。我都做了。但是他最终没有写序。我猜想，可能有两个原因：一是他轻易不替人写序，给我写序有违初衷；二是地图集毕竟是一本工具书，有较多的技术性，他没有更多可说的话。他的文章，他的著作，他编的书，一向强调思想性，强调理论思维，在一本地图集上不好发挥吧。隔了几年，某著名的基金会为社会科学著作评奖。我有些心动，请大年先生推荐，他很爽快地答应，写了推荐意见。此外还有丁名楠先生、李侃先生也写了推荐信。这三封推荐信，给这本地图集相当高的评价。但是，最终名落孙山。此后我就下了决心，永远不再申请任何著作评奖。

1999 年 11 月，大年先生因发烧住进协和医院。我到医院看他，他正色说："你来做什么，还不回去抓工作！"后来听说他不愿意配合医生，不愿做进一步检查，我到医院去说服他，他听从了，配合医生了。但是医生仍然没有能够挽回他的生命。

1999 年 12 月 31 日，近代史研究所主办的"1949 年的中国"国际学术讨论会在北京开幕，我在致开幕词前，首先宣布中国社会科学院近代史研究所名誉所长刘大年先生三天前辞世，全体与会者起立默哀。会后，大年先生的朋友，日本著名学者山口一郎教授与与会的日本学者多人，在我陪同下，到大年先生府上吊唁，并致上唁函。大年先生与日本各界，与日本学术界有着深厚的联系，山口一郎先生等亲临吊唁，反映了这种联系。

俄罗斯科学院授予大年先生外籍院士，事在 1999 年 6 月，大年先生曾致函表示感谢。但是他没有等到颁发聘书的那一天。2002 年 2 月 16 日，专程来京的两名俄罗斯科学院主席团成员在俄罗斯驻华大使馆举行简单而隆重的仪式，代表俄罗斯科学院院长奥西波夫向刘大年先生颁发了印有俄罗斯科学院徽章的褐色证书。斯人已去，我代表他从俄罗斯科学院主席团成员手中接受了证书。这算是我替他做了最后一件事。

大年先生辞世已近十年。回忆往事，难免激动。这篇跋文，谨作心香一瓣，祭奠于先生之灵前。

呜呼！哀哉，尚飨！

张海鹏

2009 年 9 月 10 日于东厂胡同一号

追忆与刘大年先生的交往[1]

王 杰

与大年先生相识，是在1985年。转眼25年过去，先生已鹤去10年。追忆往事，仿佛重拾韶华时年。先生所赐予的厚爱与教诲，教人感悟山高天近，大象无形。

1985年夏秋间，大年先生考虑主编《孙中山书信手迹选》，欲物色一位助手。或许缘于1978年以来我一直参与《孙中山全集》和《纪念孙中山先生》（图集）的编辑，经中国社会科学院近代史研究所科研处处长王玉璞先生介绍，大年先生途经广州时，抽空从白天鹅宾馆给我打电话。

那年头，单位就一部电话，置于大门口。值班员（女性，年事已高，人称“四嫂”）听说北京的大人物要找小不点，以为是搞错了对象，因为王杰不过是初出茅庐的小辈一介，找的应该是所里的领导黄彦先生。结果闹得黄彦先生白跑了一趟。听说是大年先生有事相商，我如丈二和尚摸不着头脑。是找我买机票的吧？因为当时弄票我倒是有几分把握，但像大年先生这样的大人物也用不着找到我们这里来啊？因要从隔壁的一幢楼拐过来接电话，我边走边想。

及至打哆嗦的手拿起话筒，对方传来一口较浓重的湖南口音：“你是王杰同志吧，我是北京近代史研究所的刘大年。”听完应声，大年先生便开门见山谈及准备编辑《孙中山书信手迹选》、并想找一位熟悉的同志帮忙。他说：“我们素昧平生，希望通过编辑这本书熟悉起来。”按他的设计，让我根据要求先编出两个目录：一个是所有孙中山书信手迹的总目，另一个是从总目中编出《孙中山书信手迹选》的初目。他语重心长地说，搞资料很重要，要持竭泽而渔的态度，下“细棒磨针”的功夫，这是做学问的基础。基础做得好，学问就容易上手了。他举例说：“我带过研究生，有一位学生的毕业论文，就

---

① 原载《粤海风》2010年第4期，第50—52页。——编者注

是做一个专题的资料目录和一个研究综述[①]，则需要把该专题的档案文件、书信、笔记、回忆录、著作、学人研究论著等都收集齐全，然后做综述，就是一篇学位论文。论文做好了，对该专题的研究就有了发言权。你没有研究生的阅历，编辑《手迹选》，是一个很好的锻炼机会。”先生的电话不下半个钟，言下，教我不要轻视史料，做好两个目录；言外，破例收我读“半个”研究生（仅作“目录”，不作“综述”，我理解为“半个”）。最后，先生问我听懂了没有，我连声说：“懂了，懂了。我一定努力做好。”

为不辜负大师的殷切期望，当好“半个”编外研究生，我铆足劲儿，花了约三个月时间，编好三个目录的初稿，比大年先生要求的多编了一个。[②]于1985年初冬的一个星期天带作业上京“面试”，被安排入住近代史所的平房招待所。入住前有一小插曲：王玉璞先生原定与我在所里接头，因临时急务，便交代招待所的同志，说房子是给广州一位来给大年同志编书的客人预留的，客人来了就给住下。我到所里便直奔招待所，接待的女同志说：“对不起，住满啦！”我问：“王玉璞先生是否预订了房间？”答曰：“是订有一房间，那是留给广州来编书的，好像是一位老先生。”我正想追问广州来人为谁编书，但又不好意思出口。恰在这时，身后响起了爽朗的笑声：“房间就是为这位年青的‘老先生’预留的。”路过的张海鹏副所长一语解谜。

蒙王玉璞、杜春和（近代史所图书馆副馆长）两位先生无微不至的关照，愉快的合作悄悄溜过一月有余。此间，通过大年先生的关系，我到中国革命历史博物馆查阅了孙中山的手稿，并有新的发现。大年先生同我们开过两次会。有一次，他特意点名让我发言，说：“对编辑《手迹选》来说，王杰同志最有发言权，他花的时间和精力最多，对细节问题的考虑也多一些，我们要在充分考虑他的意见的前提下作全盘的定夺。”听得出，他是对第一线劳动者的尊重，也是不耻下问精神的弘扬。为集思广益，他还修函（毛笔手书）托我面呈中山大学陈锡祺先生，让我随时带着疑难登门请教。俟将《孙中山书

---

①按：我当时似乎未听清楚：究竟是先生亲自指导过这一学生，还是先生听说有人这样带过研究生。事后，我没做过调查，谨此存疑待考。

②这是一个范围更广的目录，即涵括孙中山所有书信的总目，有手迹的、无手迹的都入录，以给主编者一个更为广阔的视野，便于对最后入选手迹的整体把握与审择。比如孙氏给某某写过好些信，涉及多件大事，但所存的手稿仅有一二篇，内容却不大重要，收不收？是收“人”还是收“事”？这就是“问题”之一，需要提出来，请主编定夺。

信手迹选》（凡70多件）初稿送达大年先生审定，我便“解甲”南归。后来，从玉璞先生处知悉，大年先生于审稿过程中因病住院，手术后，躺在协和医院的病床上，逐篇筛选定稿，还亲自撰述“序言”和“后记”。稿子审定后，大年先生通过玉璞先生与我通气，同意将孙中山的自传（致翟理斯函）作为开篇，终篇即将孙中山于商团事件期间致胡汉民、廖仲恺两人的函件撤下，换上孙中山单独致廖仲恺的函（下称廖函）。大年先生的思想意境很高远——以孙中山最后与国民党左派往来的书信为伏笔，并借作引喻，揭示孙中山同国民党左派及共产党人合作的诚意与信心。

“廖函”不能用啊！听完王先生的电话，我忐忑不安，左思右想了一个下午，最后鼓足勇气，给大年先生写了一封长信，钢笔手写，4页纸，从时间、印鉴、信笺、字体以及原由五方面说明“廖函”系赝品，指出：纵然是革命博物馆的藏品亦不足为信[①]，长函寄出后，我愈发六神无主了，生怕冒犯先生的学术权威，起码是给先生多加思虑，增添烦恼，影响健康。

很快，玉璞先生来示了。大年先生认为，我的长信考证充分，论理有据，可以定论。同意将“廖函”撤下，而把“胡廖函”补上。这一撤换，理性克服了情感，小鬼说服了大师，先生实事求是之治学态度跃然纸上，同时也恒久印入我的记忆中……

该书出版前，我未见过“后记”，及至“一睹为快”时竟一脸惊惶，呆了

---

①孙中山于1924年10月从韶关回师广州平定商团之前，曾给镇守广州的国民党要员写过3封信，一致汪精卫、二致蒋介石、三致胡汉民和廖仲恺，内容是如何应对商团事变，措词相差不大。中国革命博物馆所藏的“廖函”，伪质明显，难以为信。一是时间问题，商团事件仅用短短3天时间（10月14—16日）便平息了，“廖函”所署时间为“十月廿一”，以公历算，事件已经过去五天，显为“多此一举”；按农历计，即更成了“马后炮”。此时间一项，便可证其伪。二是“孙文之印”印鉴的大小不同，即前3函所盖的“孙文之印”是一样的，“廖函”之印即有异样。三是前3函所用的信笺皆为“大本营公用笺”（竖排，左边印有“第　页”，中有红条行距，右有“中华民国　年　月　日”字样），“廖函”用的是一般的白纸。四是字体，前3函字体清晰，运笔流畅，浑然一体，“廖函”则显出模仿之痕，多处显露败笔。五是原由难以自圆其说，既然已有一函（第3函）联名致胡、廖，且“廖函”与“胡廖函”的内容只字不差，岂非又是“多此一举”？五项考证之中任何一项均可证其为伪也。概言之，“廖函”之假，别出有因，其弦外之音，或许与“政治”色彩相关。

很久，白纸黑字中我有了“助理研究员”的职称。[①] 因担心单位同仁说我在外面招摇撞骗、沽名钓誉——此前院内经见“前科”，急忙与玉璞先生联系，说明本人现在还不是助理研究员，恳望能给我的上司作一郑重解释，并强调本人确不知情。想不到，王先生给我的回答又是一段小插曲。王先生的来信，照录于下：

> 关于“助理研究员”一事的具体情节，我再说一下。大年同志写完《后记》对我说：你看看，应该感谢的单位和个人是不是都提到了，千万不要漏掉。我看过以后对他说：王杰同志是研究实习员，不是助理研究员，需要改一下。大年同志有些吃惊地说，怎么不是助理研究员？稍停顿，语气肯定地说：不改，我认为他够助理研究员。我说：那王杰同志在他单位里就难处了，不了解情况的人会产生误解。大年同志说：不关王杰的事，是我写的。我说：恐怕需要跟广东社科院的领导说明一下。大年同志说：你去处理吧。随即我给广东社科院领导写了一封信，说明王杰同志在协助大年工作期间的工作态度、工作成绩、业务水平，大年同志很满意，很感谢他的帮助，同时感谢他们的支持。关于“助理研究员”一事，我把事情的经过加以说明，并强调与王杰同志无关。信发出以后，我给张难生同志打电话，询问是否收到我的信，并特别强调说明“助理研究员”一事的经过。张难生同志说，信已经收到了，而且在全院大会上宣读了，感谢大年同志对王杰的信任和培养。并说，助理研究员的问题很快就可以解决了。[②]

《孙中山书信手迹选》面世当月，值纪念孙中山诞辰120周年国际学术研讨会在广东的中山大学和中山市接续举行，胡绳、大年先生联袂莅临主持会

①大年先生在1986年2月16日撰写的“后记”中如是道：“广东省社会科学院历史研究所助理研究员王杰搜集过去出版的多种书刊，编制初选目录，一些资料考证也是他担任的。在编辑工作中，他花的精力和时间最多。”参见刘大年主编《孙中山书信手迹选》，文物出版社1986年版。

②按：本文曾于2010年2月寄呈王玉璞先生审核，先生于3月12日复函。此函现为笔者保存。

议。期间，两位长者主动提出和与会的13名青年学者照相留念，大家兴奋异常，很快以长辈为中心，左右排开。瞬间，大年先生若有所思，提出动议，两位“老同志”各站一边。无论我们怎么不情愿，他们都坚持以青年为中心——身教胜于言传，这个微不足道的细节，于今仍烙印在我们的脑海之中。[①]

“列国春秋重见闻，膏肓难变假成真。太行风雪平原暑，我是山川路上人。”这是刘大年先生1996年在《〈抗日战争时代〉完稿自述》中写下的诗篇。[②]他晚年多次提及“所见世，所闻世，所传闻世”的《春秋》“三世说”，强调要从史家的角度，把亲历的史料保留下来，留给民族，留给国家。1997年4月，他为《近代史研究》创刊一百期题词：“民族生存，要知古今。不能盲瞽，尤惧陆沉。”史家之历史使命感，一览无遗也。

大年先生是中国抗日战争的亲历者、见证人。他把艰苦卓绝的抗日战争岁月比作“太行风雪平原暑”一笔带过，展示了他的“逝者如斯夫”的壮阔胸怀；把自己为中国抗日战争事业做出的贡献比作“路上人”，表露了一位伟大战士的“平常心”。2008年秋间，笔者聘请已从中央文献出版社社长位置退休的王玉璞先生南来，为本院中国近现代史专业的研究生作“《刘大年来往书信选》讲座”报告，谈及大年先生于1997年5月重返山西、河北等曾经工作、战斗过的地方，以了却重访太行山的心愿，其中细节，感人肺腑：

> 一行4人，另3位是近代史所办公室副主任刘宝林，他的长子刘衡山和司机杨富华。出发前，他交给刘宝林五千元，说这次出去的所有费用都从这里开支，不够用，回来补上，不要花公家的钱。刘宝林担心，大年同志82岁高龄，长途旅行，休息不好，生病怎么办？他找到我，问是不是有可能同山西有关方面联系一下，沿途各县有人接待，万一有事也好办。我同山西省委办公厅联系，他们很重视抗日战争时期在山西战斗过的老领导回去，通知了途经各县作好接待工作。第一站的县委书记、县长老早等候在宾馆，隆重接待。

---

①该照片由近代史所办公室副主任刘宝林所拍，地点在中山市翠亨宾馆的大会议室，与照者中所里有虞和平，余12人为刁五一、王杰、马敏、马自毅、卢仲维、李育民、陈国庆、郑焱、赵军、莫世祥、桑兵、韩明。

②刘潞：《读后记》，载《刘大年来往书信选》（下），中央文献出版社2006年版，第755—756页。

> 吃过晚饭，大年同志对随行的同志说，明天一早就走，我这次来不是公务，地方领导同志都很忙，不能麻烦人家。第二站的县领导在宾馆等候到很晚，仍不见大年同志一行的踪影，急得问省委办公厅，客人还来不来？办公厅秘书处又往北京打电话，说大年同志还没到，担心路上出事。我答复他们，不要等了，不会有事的，万一有事，他们会找你们帮助。从第二站开始，大年同志一行悄然而行，再没有接受地方的接待。①

先生的太行之行，如是心境，斯人风骨，委实留给我们这些治史的后学太多的感悟空间！

笔者所记之“亲历”，离大年先生之“史料”要求远矣，聊作一位晚辈依依不舍、痴情向往大师的一片小小的心瓣吧！

俗语曰，人生有三态：悲观、乐观、达观。悲观的人在山脚看世界，仅见幽冥小径；乐观的人在山腰看世界，看到柳暗花明；达观的人在山顶看世界，放眼天广地清。笔者之见，大年先生乃达观之辈，其达观，谱写了学术辉煌，传播了人生正道，令人高山仰止，心旷神怡。我把大年先生比作高山，他赐予我仁智；我把他誉为大海，他启与我淡泊……

---

① 按:《刘大年来往书信选》所载之“刘大年年表”仅记述大年先生于5月10—13日:“参观麻田八路军总部纪念馆并题词：民族之光。参观涉县八路军129师师部所在地将军岭，重访当年养病的石暴村以及河北正定的华北大学旧址。”王玉璞先生对此谈得很翔实。小文成稿后，为免出错，特地呈玉璞先生指谬，本段文字已经王先生核实。

十面湖山上此楼

——著名历史学家刘大年的家乡情①

张善亮

乡情是一杯酒，醇浓沁腹，良久回味。乡情是一个梦，依稀断续，永伴寤寐。从1915年出生，到1938年离开家乡奔赴延安参加革命，刘大年在家乡生活了23年。一方水土养一方人。23年，家乡的山山水水养育了他，给了他健壮的体魄；湖湘历史文化浸润了他，奠定了他史学研究的文化根基。家乡，是他心中不解的情结，是他心中永远的牵挂。

一副楹联：呈现赤子情怀

1984年3、4月间，岳阳楼大修后，刘大年应邀为岳阳楼写下一副楹联，并由时任湖南省书协主席、著名女书法家周昭怡书写张挂：

鲁肃兵轻，范公文远，万般气象观今日；

滕王歌歇，黄鹤踪杳，十面湖山上此楼。

楹联展出后，受到普遍称颂，引起很多人兴趣。湖南诗人肖伯科说："全联意境高远，气势磅礴，措辞简洁，吐属雄浑。以实情、实景、实事制胜；无牵强凑合、甚至'满天飞'之弊！不仅作者具备了才、学、识的慧力；而选者也独具慧眼，选的至当至公。"

刘大年对故乡人民的感情是深厚的。他的岳阳楼楹联问世后，收到群众来信，请其解释为什么湖山不是"四面"，而是"十面"？他热情地撰文，以《十面湖山上此楼》为题作答，他说："岳阳对我来说是桑梓之地。四十多年

① 原载《岳阳日报》2013年5月12日第2版。——编者注

以前我曾去岳阳楼浏览。那时国家民族不知何日才睹光明，湖光山色，景象萧瑟。现在祖国已经在伟大的社会主义道路上走过了光辉的三十多年。人民登上此楼，面对着的是一个改造了的旧世界的整个新世界。眼底心头，湖山何止‘十面’？各人的兴会有异，但美好的客观环境，一般总激发人们美好的情怀。”其情之切，意之深，使人深受感染。

“文学的推敲是思想感情和不同境界的推敲”。刘大年先生的联语中没有用“四面”，而是用“十面”，正是表现了他热爱故乡、热爱祖国、热爱新时代的感情。这不仅是一个游子对家乡的赞美，更是一个革命家和历史学家对祖国的赞美！

一封书信：传递淡淡乡愁

刘大年自1938年离开家乡奔赴延安，直到1984年7月才回乡一次。真是少小离家老大归。那次回乡，刘大年先生自费宴请了父老乡亲，心情非常激动。并写下了一段感念的文字：华容是我的家乡，祖祖辈辈居住东山。1938年，我告别父老乡亲，远往抗日前线。1984年回家一次。相隔46年后，重新踏上桑梓故土，目睹新兴景象，心中激动难以言传。当时不觉暗地把两句古诗颠倒过来，加以体味：“昔我往矣，雨雪霏霏，今我来思，杨柳依依。”但很快脑子里又闪现出一股焦思，日久不能平静。1938年外出时，我这一代兄弟姊妹四人，全家九口。有田约30亩，同那时平均人占田亩数接近。土墙楼息十余间，足供。周围自然环境与东山大部分地区一致，茂林修竹，山青水绿，够得上一个风景游览区。46年以后回到家里，老屋已经拆除，一分为五。饮用水也紧张起来，依靠稻田中一个小泉水坑维持。在房后山顶上，原来往南可以看到洞庭湖万顷汪洋，现在看不到了。因为湖的一边大面积变成了陆地；往北原来望不见长江，现在望得见一条白色苍茫了，那边人口激增，耕地锐减，生态环境恶化，问题十分突出。一村一乡一县的突出问题，也是全国性的大问题。从全国来看，那些矛盾尖锐而不具体，从一村一乡一县来看，它们又尖锐又具体。

这张手稿透露出刘大年心中一种淡淡忧虑。回京后，他给华容县委写了一封信：

坤山(时任华容县委书记卢坤山——引者注)同志、县委各位同志:

今年七月到家乡参观,一派欣欣向荣景象,同志们的工作成就显著,至感至慰。

金窝大队生产单一,资金积累甚少。连年筹划办电,至今没有办成。那里成了附近地区惟一不通电的大队,群众生产、生活受到不利影响。最近大队有人至北京,谈起此事,希望县里能给点支援或贷款,促成他们解决这个问题,不知有无可能?你们自然是很关心的,群众的心情我们也可以理解。

听说秋来山区受旱不轻,这大概又要给你们增加一些新的工作。

敬礼

刘大年

一九八四年十月十日

从刘大年给县委写信至今已近30年了。30年来,特别是自党中央提出科学发展观的重大战略以来,家乡人民在建设两型社会的道路上,取得了可喜成绩,有了长足发展。一个资源节约型环境友好型的美丽家乡,正呈现在人们眼前。如果刘大年知晓这一切,他的淡淡乡愁和忧虑,一定可以化为欣喜。

一块石碑:留下一段佳话

1991年3月,76岁高龄的刘大年最后一次回到家乡华容。这次来到老家,看到乡民在以前自己读书的山顶“鸡鸣阁”立了一块碑,碑的背面写着“雪窝山”,下面写着“雪窝山,刘大年出生地,刘任全国人大常委、中国近代史研究所所长”等字,当即将碑掀翻,表示反对。他热爱家乡的山山水水,眷念家乡的一草一木,挂牵家乡的父老乡亲,也深知乡亲们对他的厚爱。但是,一个离家多年参加民主革命的反帝反封建战士,一个严肃正直的历史学家,当然不愿意也不能够接受这种个人崇拜的行为。他的做法,最终得到了家乡父老乡亲的理解支持和赞扬。也在家乡留下了一段佳话。

但是,他对乡贤却十分推崇。1999年10月,他为家乡所建的何长工纪念馆，题写了自己一生所撰的最后一副楹联：“古邑新篇德业名隆洞庭水；会师制敌功勋世重井冈山。”

一库赠书：惠泽父老乡亲

1999年12月28日，刘大年因病逝世，享年85岁。2000年5月中旬，刘大年的子女将父母的骨灰送回家乡华容县，安葬在华容县烈士陵园的将军墓区。并且遵照刘大年的遗嘱，将他的图书全部捐献给家乡图书馆。

刘大年的捐书分两次进行，第一次捐书3023册，除大陆出版的外，还有部分是香港、台湾地区和日本出版的。2005年5月22日，刘大年教授捐书仪式在岳阳市图书馆举行。专程从北京赴湘的刘大年教授的长女——北京故宫博物院研究馆员刘潞与其亲属，和岳阳市党政宣传文化部门有关负责同志共百余人，出席了捐赠图书仪式。岳阳市人民政府向刘潞女士颁赠了《荣誉证书》：“衷心感谢著名历史学家刘大年教授给我市捐赠图书，造福家乡，惠泽万世。”2001年6月，刘大年亲属再次捐书613册。两次捐书现放置在市图书馆三楼的特藏书库，摆满两排长长的书架。

刘大年读书喜欢写读书批注，其捐书中有大量的读书批注，部分批注在捐赠前由其女儿刘潞复印保存。这些捐书及其读书批注，是刘大年留给家乡的宝贵财富。

（参考文献：《刘大年传》《华容博物馆刘大年资料介绍》）

“一辈子做了个爱国的中国人”
——记史学大师刘大年先生①

黄仁国

一辈子做了个爱国的中国人。感到最自豪的是当过一年零半个月的正规八路军战士……在国家民族危亡的时候不是个旁观者。

为人要有大局，为学更应有大局——国家的大局、民族的大局。坚持真理与大局一致。

——刘大年

大师简历

刘大年（1915—1999），杰出的马克思主义历史学家。中国社会科学院近代史研究所研究员、名誉所长，中国科学院哲学社会科学部学部委员，俄罗斯科学院外籍院士，第三届全国人大代表，第四、五、六、七届全国人大常委会委员。

刘大年是湖南省华容县人，少年时代积极参加了土地革命运动，1936 年于长沙国学专修学校肄业，1938 年赴陕北进中国人民抗日军政大学第五期学习，抗大毕业后长期在晋冀鲁豫抗日根据地的冀南抗日根据地从事抗日救国的宣传教育工作，抗战胜利后先后在北方大学和华北大学任职。新中国成立后，先后在中国科学院和中国社会科学院从事学术组织和历史研究工作。

---

① 本文是在《刘大年传》的基础上写成的，文中凡引自该书的不再一一注明。《刘大年传》作者为周秋光、黄仁国，岳麓书社 2009 年出版。此文原载中国老教授协会主编《大师风范》（人文社会科学卷）下册，高等教育出版社 2014 年版，第 881—916 页。——编者注

刘大年自1949年发表《美国侵华史》以来，在史学研究领域发表了大量论著，主持了数部近代史著作的编写，不仅对于近代史研究所，而且对于中国近代史研究学科的创建、发展和繁荣，对马克思主义史学理论的发展，对新中国史学学术组织和交流，都起到了不可替代的作用。主要著作有：《美国侵华史》、《台湾历史概述》、《中国史稿》（第四册）、《中国近代史问题》、《中国近代史稿》（一、二、三册）、《赤门谈史录》、《刘大年史学论文选集》、《抗日战争时代》、《中国复兴枢纽——抗日战争的八年》、《评近代经学》、《我亲历的抗日战争与研究》、《刘大年集》。

引　言

"辞别旧岁，迎接新春。抛弃谬误，拥抱真理。"这是湖南省华容县烈士陵园将军墓区的"中共党员、八路军战士刘大年、师力坤合墓"墓碑正面的刻文。词句来自刘大年先生1998年在《刘大年史学论文选集》扉页上的题词，上面注明是"居里夫人电影观后"。墓碑的背面是"一生征途逢盛世，十年风雨共重围。遗言家国无憾事，白发唯余后死悲"。来自1983年夫人师力坤去世后刘大年先生所作挽诗。

墓碑上的文字准确地展示了刘大年先生追求真理的一生，也展示了夫妇俩为中国革命和社会主义建设事业艰苦奋斗的一生。对此，我深有感触。

1997年，作为《刘大年传》写作的助手，我应邀到北京木樨地刘大年先生住处面谈。那时，我还是一名硕士生。初次见面的印象是，刘大年先生身体硬朗，声音洪亮，待人和气，没有一点大师泰斗的架子。他衣着简朴，穿着只有在以前湖南农村中才看得到的棉布衣服。他耐心地回答我提出的问题，遇到一些国学知识，我听不明白，他就亲自写在我的笔记本上，并注明"大意如此，查原文"。访谈结束后，我在近代史研究所打电话向刘大年先生辞行，他要我"多读书"。2009年12月，我在《中国社会科学报》上发表《大年先生要我"多读书"》，回忆的就是这次访谈。

1999年7月，我途经北京，本想找机会将我发的一篇文章送给刘大年先生审阅，但他当时并没有住在木樨地，而是住在离西站很远的北京语言大学女儿家中赶写《评近代经学》。他当时或许已经感觉到自己的时间不多了，希望能够尽快将经学的事情做个了结。我在电话中向他问好，讲了一下自己的情况。他的声音仍然是洪亮的，很难让我想象到病魔已经在长期折磨着他。他要我潜心学术，不要因为职称之类的事情随便发表文章，要厚积薄发。关爱之情令我久久难以忘却。通话后我把文章放进西站附近的邮箱，就此离开北京。没曾想到，这竟是我最后一次与他通话。

一、"早岁从戎荷大戟，中年乙部伐雄王"
——刘大年先生人生和学术经历

刘大年曾对采访者自我评价说："我的过去，第一，是革命的一个参加者。抗日战争发生，受爱国思想支配走上前线，是无数知识分子走过的共同道路。这没有什么可说的。第二，我是一个马克思主义的学习者、宣传者，通过研究历史宣传马克思主义科学，是职业上的分工。革命工作与学术研究是统一的，但也可以找到区别。恩格斯说，他和马克思是在书斋里战斗的。我常常想到恩格斯那句话与自己面前的现实怎样联系？"①那么，他是如何走上革命道路，又如何在书斋中战斗呢？

（一）爱好国学：早期教育以国学为主，兼习新学，自认为是"孔子之徒"，曾渴望当经学家，又对革命充满热情和向往，在苦闷彷徨中寻找机遇。

1915年8月，刘大年出生于湖南省华容县一户小康人家。父亲刘凤翥是家乡有名的知识分子，毕业于岳州府乙种师范。1921年上半年，刘大年开始念私塾。1924年底，全家搬到华容县城，他在县城的第一小学上学，直到1929年父亲去世。父亲在世时，刘大年就关注社会现实，对焚烧日货行为印象深刻，对中共湖南地下党领导人何长工在华容所办新式教育心生向往。

父亲去世后，家道开始衰落。当时，华容一带属湘鄂西苏区的一部分，刘大年参加了乡村群众团体的工作，当上了少年先锋队的秘书和队长。1931年

① 姜涛：《马克思主义史学家刘大年》，《史学理论研究》1998年第2期，第19页。

红军撤出湘鄂西苏区，他随亲戚逃避至岳阳，靠替别人帮工维持生活。这几年的经历成为他后来特别关注共产党的活动和马克思主义书籍的一个重要因素。

1931 年下半年，他回到家乡，先在县城上县立师范附设的补习班，补习算术、英语。从 1932 年开始，直到 1935 年，在华容县城万圣堂程姓大地主家上一种高级的私塾——爨学，学习“四书五经”等儒家经典和《资治通鉴》等历史书籍。他的记忆力超群，上《左传》时，能够一口气将《左传》十二公“隐、桓、庄、闵、僖、文、宣、成、襄、昭、定、哀”的有关文章全背出来。程家常年订有省城报纸，他渐渐对报纸也产生了兴趣，从最初只着重看与读书有关的内容，到后来要先看时事新闻。程老先生特别推崇他自己的同学共产党员朱婴，说朱婴是“做大事的人”，“是想改造世界的”，这更增加了刘大年对共产党的向往之情。

1936年，他以优异成绩考取长沙国学专修学校。该校校长是当时的湖南省主席何键。学校开设的课程有经史哲文，如文字学、今古文源流、宋元学案、史学等。经学讲《尚书》今古文异同、乾嘉学派等，哲学讲《宋元学案》。部分教师由湖南大学教授兼任，其中不乏湖南知名的“老师宿儒”。由于学校是官办学校，官方领导人常去讲课。何键给学生演讲《大学章句》，《党义》由国民党湖南省党部执行委员陈大榕主讲，南京国民政府司法院院长居正也到校讲话。三民主义和“党义”什么的并没有引发刘大年多大兴趣。当时，他真正感兴趣的是国学中的学术流派和学术争论。

1936 年 6 月，湖南发生战争，国学专修学校停办，他两次外出谋生都没有着落。彷徨中，他开始了自学。1937 年春夏之际，他出外寻找出路，又在武昌住过一段时间，读书看报，自学国学，也关注时事。

1937 年 7 月 7 日夜，卢沟桥事变发生，抗日战争全面爆发。7 月 8 日，卢沟桥事变的消息传到武汉后，当地人民在蛇山一带自发集会抒发抗日激情的热烈场面对刘大年震动极大，“书生报国”的愿望从此萌生。但在 1938 年前，他并没有找到合适的报国之路，也没有新的书籍可看，仍是拜访名师，学习诗句辞章。

1938 年 2 月，朱婴回到华容，创办学校，宣讲抗战形势，介绍中国人民抗日军政大学的学习生活。刘大年开始阅读当时能够看得到的革命书籍，特别是《唯物主义与伦理哲学》等马克思主义理论著作，感觉“太新鲜了”，“想从头求知”。看到介绍抗大的消息后，“好像一个人踯躅在暗洞中，忽然发现前面有个亮点，有个出口”。“忧虑国家民族命运，寻求个人出路前途，两者结合在一起”[①]，决定离开家园，到延安去。

（二）书生报国：走进新天地，抛弃孔学，接受马克思主义；投身抗日民族解放战争洪流，在“马背上”学习马克思主义，宣传新民主主义革命理论，奠定理论基础、实践基础和群众基础。

1938年5、6月间，刘大年赴长沙八路军办事处，在徐特立、王凌波指点和帮助下，办好了去延安的手续。8月，他进入陕西洛川抗大第五期学习，被编入五大队第二营七队，成为正规的八路军战士。10月，在第七队队长、老红军余克勤和区队长李源清的介绍下加入中国共产党，被指定为一个班“管军事”——站岗放哨、行军宿营、野外演习的副班长。

在洛川学习的时间共4个多月，全是思想理论课。课程分两类，一类是讲抗战的，如毛泽东《论持久战》《论新阶段》，以及随时加入的形势报告等；一类是讲革命思想观点的，如社会发展史、中国革命运动史、世界革命运动史等。这些课程，将马克思主义基本原理与中国社会历史实际、抗日战争的伟大实践紧密结合，提高了学员们马克思主义中国化的理论水平。这段时间，他如饥似渴地阅读了大量政治经济学、哲学、外国历史等方面的新书。通过那些学习，“仿佛大梦初醒，原来盲目崇拜孔学的观念，不知不觉烟消云散了”[②]。

1939年1月，刘大年等六千多抗大学员奉命迁往晋东南组建抗大一分校，一路东征，突破敌人的封锁线，到达八路军总部驻地附近。从此，学校重点转入军事教育，加上一些时事报告。4月到6月，八路军总部领导朱德、彭德怀、左权和北方局领导杨尚昆等，先后到学校作报告或讲课。这些领导人联系实际给学员上课，深受学员欢迎。

刘大年是抗大学员中出名的才子。1939年7月初，抗大一分校筹备毕业典礼，他写的叙述抗大一分校东迁的《东征四首》旧体诗，裱糊后被挂在检

① 刘大年：《我亲历的抗日战争与研究》，中央文献出版社2000年版，第14页。

② 同上书，第42页。

阅主席台上。但毕业典礼还没有来得及举行，便遭遇了日军出动5万兵力进犯晋东南抗日根据地的“大扫荡”。抗大学员怀揣着写有朱德题词“到实际工作中去锻炼”的毕业证书，跟随八路军总部向太行山转移，路上开始分配工作。

1939年8月，刘大年到达河北省临城县冀南行署太行办事处，协助办“冀西专区行政干部学校”，主持实际训练区村行政干部的工作。后来，又奉调冀南行署所在地威县，担任冀南行署文教处宣传科科长。宣传科长负责行署接收延安电报的电台和邮政检查，可以了解当时抗日战争敌我双方的最新动态。当时，他的工作主要是五个方面：一是草拟行署发布的行政公文、撰写国内外重要形势的宣传提纲和给报刊撰稿。冀南行署所办的《时事》半月刊上有一国际形势专栏，基本上由他负责撰稿。二是组织行署机关的理论学习、时事学习，参与收集整理和编辑冀南抗战史料。三是组织本地社会上的士绅座谈、讨论时政，宣传行署政策。四是发动群众支持抗日，参加抗日，包括召开群众大会、组织文工团、开庆祝会、慰问军队、随军宣传等。五是对敌宣传工作。如配合敌后武工队的工作，争取伪军，对日军官兵发动政治攻势等。宣传科长除了本职工作外，战时还要配合军事行动直接从军。他亲历了冀南反顽、百团大战和“四二九”突围等重大战争。除了任宣传科长（教育科长）外，他还兼任冀南抗战学院的政治教员和冀南政治学校专职教员。作为政治教员，他主要讲授社会发展史、中国革命运动史、哲学和政治经济学等课程。

冀南的工作岗位，客观上要求刘大年不断学习马克思主义基本理论。当时敌军“扫荡”频繁，但他都想方设法抓住行军宿营的间隙读书学习。那时宣传科长有一匹马，行军打仗的时候可以带几本书。国内学者的若干著作，如李达的《社会学大纲》、郭沫若的《中国古代社会研究》、范文澜的《中国通史简编》、吕振羽的《史前期中国古代社会研究》《殷周时代的中国社会》，以及苏联哲学家米丁等人的哲学著作译本、日本学者佐野袈裟美等人关于中国古代社会的书，他就是在平原游击战争的环境中读下来的。

1943年7月初，为了培养高级干部，冀南党委决定让刘大年等前往太行。途中经过日军最后一道封锁线时突遭险情，身负重伤，无法继续西行。于是，他在山西辽县八路军前方总部医院附近的石暴村住了下来养伤。伤势略好，他就要看书、读报，甚至骑在毛驴上也要背诵古文。这期间，他读到了范文澜的《汉奸刽子手曾国藩的一生》和郭沫若的《甲申三百年祭》，对他触动非常大，开始有了研究历史的想法。

（三）投笔从戎：在范文澜领导下工作，开始从事历史研究。痛恨美帝援蒋反共行为，以民族自信和文化自觉警醒国人亲美、崇美、恐美之病态心理，掀起马克思主义新史学“旋风”。

抗日战争胜利后，刘大年奉命参与晋冀鲁豫边区政府的高校筹建工作。1946年4月，中共在根据地成立了一所综合性大学——北方大学，由范文澜任校长，刘大年被任命为北方大学领导干部小组成员。1947年1月，范文澜接到中央指示，要他聚集人才，继续研究历史。于是，刘大年开始搜集中美关系的史料，正式从事历史研究。1947年8月，他写成《美国侵华简史》初稿。这时，北方大学在原历史小组的基础上成立了历史研究室，由校长范文澜亲自兼任研究室主任，任命刘大年为副主任。

1948年8月，晋察冀解放区的华北联合大学与晋冀鲁豫解放区的北方大学合并，组成华北大学。1949年8月，华北大学内部出版了《美国侵华简史》。很快，《人民日报》开始在五、六版以“美国侵华史”为名连载此书。接着，北京新华书店也初版和再版了《美国侵华简史》。华北大学在继内部出版《美国侵华简史》后，又以《美国侵华史》为书名正式出版，且一版再版。与此同时，各地也有翻印《美国侵华简史》的。这样，刘大年的头一本书逐渐在全国形成了很大的社会影响。此后，他又对该书进行增补修订，把下限延续到抗美援朝。这部书还被译成多种文字，在原苏联、东德、捷克斯洛伐克等国家广为流传。继《美国侵华史》后，他又与丁名楠、余绳武合作完成《台湾历史概述》一书。作为《美国侵华史》的姊妹篇，该书在1956年由北京生活·读书·新知三联书店出版后，1962年再版，1978年香港也出版了该书。30多年后，史学界普遍认为，《台湾历史概述》是20世纪五六十年代众多台湾史著作中比较有影响的一部。

《美国侵华史》之所以取得较大成功，主要在于其开创性、史料性和现实性。这部书是最早的比较全面和系统地运用历史唯物主义的观点来解释、分析中美关系一百多年历史的著作；比较注重史实，为同行提供了比较丰富的研究资料；在新中国建立前后适应了当时国内外形势的需要，现实针对性很强。刘著注重史实的特色，不仅使其在国内“脱颖而出”，也使其在国外受到重视。1953年，苏联科学院决定授予刘大年和华罗庚两人斯大林奖金。华是由于《堆垒素数论》，刘则是《美国侵华史》。此后，原苏联《大百科全书》

第 2 版第 21 卷（中国卷）历史部分收录了刘大年的《美国侵华史》内容。他这部书还被列入原苏联历史学家祖波克的《美国史纲》参考书目，其影响由此可见一斑了。

《美国侵华史》是刘大年研究中国近代史的起点，它奠定了刘大年在新中国建立初期在学界的地位。那时，运用马克思主义立场、观点、方法进行研究的学术著作在全国范围内都还不多。1951 年 3 月 15 日，《人民日报》发表文章称："在我国出版物中，以正确观点全面地、系统地总结了一百余年来美国侵华政策和史实的第一本书，是刘大年在 1948 年 11 月写成的《美国侵华简史》。"[①] 这部书对新中国社会科学的发展影响重大，尤其是在促进中国近代史研究、建立中国近代史分支学科方面起了重要作用。

（四）乙部耕耘：以中国科学院近代史所为家，协助郭沫若、范文澜从事新中国学术组织管理工作，为新中国马克思主义史学的发展呕心沥血。

1950 年 5 月，由解放区迁北平的华北大学研究部历史研究室划归中国科学院。刘大年随调为中国科学院近代史研究所研究员。当时，中科院聘任 113 人为专门委员，他是近代史组的专门委员。

1953 年春，刘大年作为新中国史学界代表和中科院党组成员，参加了中国科学院访苏代表团，重点考察苏联的历史科学和培养科学工作干部方面的工作经验，并在苏联科学院哲学历史学部作了《中国历史科学现状》的报告。这次访苏后，刘大年参与了学部筹建工作。1954 年 4 月开始，兼哲学社会科学部学术秘书，具体负责我国哲学社会科学学部的筹建工作。同时，他还参与中科院学术秘书处工作，是学术秘书处中唯一哲学社会科学领域的学术秘书，主要职责是联系并服务于全国社会科学界专家学者。1955 年 6 月，中科院哲学社会科学部成立大会上，他当选为学部委员，并从此参加学部常务委员会会议。1956 年，他担任中国科学院哲学社会科学规划办公室主任，负责组织制定我国历史上第一个哲学社会科学发展规划。

除了负责全国哲学社会科学方面的学术组织工作外，刘大年的学术工作

---

① 王大白:《评六种美帝侵华史》,《人民日报》1951 年 3 月 15 日，第 6 版。

重点是在史学界。新中国马克思主义史学的发展，无论是重要机构建设、发展规划，还是重大学术研究，他都是主要参与者。

1953年，中共中央决定成立历史问题研究委员会，责成中宣部提出委员会组成人员名单。7月26日，中宣部将提出的中国历史问题研究委员会名单上报，共11人：陈伯达、郭沫若、范文澜、吴玉章、胡绳、杜国庠、吕振羽、翦伯赞、侯外庐、刘大年、尹达。这份名单，基本上囊括了1949年后中国马克思主义历史学的权威人士。在委员会里，刘大年比大多数人都年轻。8月5日，中共中央正式批准成立了由这11人组成的历史问题研究委员会。

1953年9月21日，中科院召开了中国历史问题研究委员会第一次会议。会议决定设立三个历史研究所。刘大年作为筹委会委员兼秘书，具体参与了争取聘请陈寅恪担任第二所所长之事，以及顾颉刚、侯外庐的调京工作。1954年，三个历史所正式成立，从20世纪50年代中期开始，刘大年以近代史所副所长的名义挑起主持全所日常工作的重担。

中国历史问题研究委员会第一次会议另一个重要决定，是创办一份代表新时代历史研究最高水平的刊物《历史研究》。为此，组织了一个编委会，由郭沫若院长作召集人，具体工作指定刘大年和尹达负责。首届编委会成员，是18位代表了全国第一流水平的历史学家：郭沫若、尹达、白寿彝、向达、吕振羽、杜国庠、吴晗、季羡林、侯外庐、胡绳、范文澜、陈垣、陈寅恪、夏鼐、稽文甫、汤用彤、刘大年、翦伯赞。刘大年为《历史研究》杂志创刊做了许多实际工作。从1954年2月创刊至1966年停刊，刘大年一直担任《历史研究》的副主编，参与约稿或编稿工作。

运用马克思主义的立场、观点和方法编写历史专著、历史教科书，是新中国史学新规划中的一个重要组成部分。从20世纪50年代中后期开始，刘大年即开始了这方面的工作，他在搭建中国近代史新框架方面的最重要的贡献是主撰《中国史稿》第四册。《中国史稿》是郭沫若主编的通史。刘大年负责主持编写的《中国史稿》第四册是“半殖民地半封建社会（上）”，即从鸦片战争到五四运动。编写工作从1958年年底开始，到1962年10月由人民出版社出版，历时3年多。该书出版后，在当时被指定为高等学校教材，印数达3万册，是20世纪60年代最有影响的近代史著作。这部教材为中国近代史搭起了一个新的架子，给读者以全新的感受，并为以后的近代史著作所遵循。这个新架子的核心就是将历史作为一个整体运动来看待，即根据历史演变的时间顺序讲述事件：不仅讲政治事件，也讲经济基础、意识形态、文化发展；不仅讲汉族地区的历史，也讲国内各民族在斗争中与全国的联系和相互关系。

1982年8月下旬，《读书》杂志在承德避暑山庄邀请几位学者座谈胡绳的《从鸦片战争到五四运动》一书。有学者发言说："解放以后出版的近代史著作大约有三百多种（通俗性的小册子和内部教材不算在内），近代通史约四十种，现在回过头来看，比较有影响的通史有这样五六种。五十年代最有影响的是范老的《中国近代史》。……六十年代影响最大的，我看恐怕就是郭沫若主编、实际上是刘大年写的《中国史稿》第四册和翦伯赞的《中国史纲要》第四册。尽管当时同类书已出了不少，但这两部书章节清晰，立论严谨，简明扼要，适于作为大学教材使用，而且对于边疆和少数民族问题也都涉及到了，这是我们过去重视不够的。"①

在中科院时期，刘大年还写了大量的史学论文，部分论文结集为《中国近代史诸问题》，1965年由人民出版社出版，1978年再版时改名为《中国近代史问题》。其中《回答日本历史学者的问题》《亚洲历史怎样评价？》和《论康熙》三篇论文，引起过国内外的评论和争论。毛泽东看了《回答日本历史学者的问题》后，认为文中说的世界历史发展中心应该是世界人民革命斗争的主要潮流所在的地方，讲得很对。《亚洲历史怎样评价？》在巴基斯坦第15届历史学年会上即受到与会者欢迎，1965年在《人民日报》上全文发表后，又被《北京周报》英、日、德、法文版先后刊载，表明论文提出了许多读者关心的问题。《论康熙》发表后，由于当时史学界存在着"左"的倾向，以为刘大年讲帝王将相是想"反潮流"。苏联报刊也多次举出《论康熙》加以批驳。实际上，刘大年使用马克思主义唯物史观，观察和分析了康熙皇帝和清朝初期的历史，对康熙皇帝和清朝初期在中国历史上的地位，做出了客观的评价，这篇文章至今仍被史学界看作是历史研究的一篇范文。清史专家戴逸教授多次指出，《论康熙》一直是治清史的学者经常阅读的。

（五）再造辉煌：以中国社会科学院近代史所为家，通过重建和

---

①《学习祖国历史建设精神文明——史学工作者座谈〈从鸦片战争到五四运动〉》，《读书》1982年第11期，第5、6页。

筹建中国史学会、中国孙中山研究学会、中国抗日战争史学会等平台推进中国马克思主义史学走向世界。

1977年5月，中国社会科学院成立，刘大年出任近代史研究所所长。1982年，他从行政一线退出，担任近代史所名誉所长。在他主持近代史所工作期间，所内研究力量得到进一步充实，研究机构也得到了调整，学术上出现了空前的繁荣。

1979年10月至1980年1月，刘大年受邀到日本东京大学讲学。这是中国社会科学院成立后派出的第一位出国讲学的学者。这次讲学的主题是辛亥革命，是当时日本学者非常感兴趣的课题。在授课之余，他还对日本史学界学术流派、日本研究院的制度、日本的税收制度、民间基金会制度等，作了很多调查研究；并且实地寻访孙中山及中国同盟会在日本的故迹，还与当年支持过孙中山的日本友人如梅屋庄吉等人的后裔交流，将史料的收集扩大到文献领域以外，收集到不少难得的辛亥革命史料。1981年7月，人民出版社出版了他的《赤门谈史录》。

1980年1月，刘大年参加了重建中国史学会的决策工作，后被选举为中国史学会第二届理事会主席团中最年轻的成员。中国史学会恢复工作后，刘大年即以此为平台，引领中国史学会，推动中国历史科学的发展。其中他亲自负责具体抓的卓有成效的工作有：筹备1981年纪念辛亥革命70周年学术讨论会和1983年中国史学会首届学术年会，率领中国学者代表团参加1985年在联邦德国斯图加特市举行的第16届国际历史科学大会，率领中国历史学家代表团出席1987年在日本京都和东京为纪念七七事变50周年举行的以“近代史上的日中关系”为主题的日中学术讨论会。这些活动，对于推进中国史学发展和促进国际学术交流起了极大的作用。

中国史学会是刘大年从事史学工作与活动的一个重要平台。他所从事和倡导的孙中山研究和抗日战争史研究都与此密切相关。

1982年，根据中央领导同志指示精神，决定筹备建立孙中山研究学会。刘大年几乎承担了全部筹备工作。1984年1月，孙中山研究学会成立（1986年定名为中国孙中山研究会），刘大年任副会长。学会成立后，刘大年迅即组织了1985年的“孙中山研究述评国际讨论会”和1986年的“纪念孙中山诞辰120周年国际学术讨论会”，并且率领中国代表团出席了1986年10月在苏联莫斯科召开的“纪念伟大的中国革命民主主义者、苏联的朋友孙中山诞辰120周年学术讨论会”。直到20世纪90年代，有关中国孙中山研究会组织或参与的国际学术讨论会，他或作为组委会主任主持会议，或提交论文，或亲自在会议上作学术报告。他非常重视孙中山书籍的编纂，1986年9月，亲自主编的《孙中山书信手迹选》由文物出版社出版。10月，中国大陆还出齐了《孙中山全集》，比台湾出的《国父全集》多100多万字。

刘大年对抗日战争史的研究始自1982年。那年6月，日本发生修改历史教科书事件，刘大年撰写《历史是伟大的教师》，发表在《光明日报》上。同时，他在近代史所组织了一次大型的讨论会，专门讨论日本修改教科书问题，明确要求近代史所有关人员密切关注教科书事件的事态发展，做好资料积累的准备工作。教科书事件也引起了当时中共中央书记处书记、中国社科院院长胡乔木对抗日战争历史的关注，在胡乔木提议下，卢沟桥抗日战争纪念馆于1982年开始筹建。他向筹建者明确提出，有关建馆方针、史料征集、展品陈列等问题必须向刘大年请教。这样，一些与抗日战争相关的方针政策方面的问题，有关国共关系、中美关系等方面的问题，都由刘大年提出重要意见。1987年7月6日，中国人民抗日战争纪念馆建成，很快成为我国的一个重要的爱国主义教育基地，并在加强我国抗日战争史料的收集和抗日战争史的研究方面起了重要作用。

1989年8月，胡乔木给刘大年写信，希望他挑起成立一个民间性的日军罪行调查团体的担子，不久，又找他面谈，要他准备成立一个高规格的抗日战争研究机构和基金会，以便有条件支持对日军罪行的调查工作。11月，胡乔木就成立学会事给刘大年和北京市政协主席白介夫写信，表示此事要分别依托社科院近代史所和抗战纪念馆作组织上的准备。1991年1月23日，在人民大会堂举行了中国抗日战争史学会成立大会。学会由胡乔木担任名誉会长，刘大年任会长，白介夫为执行会长，全国知名的史学专家、从事抗日战争史研究的学者和工作者近百人任理事。学会设学术委员会，刘大年为召集人。会后，由中国抗日战争史学会学术委员会组成了《抗日战争研究》编辑委员会，刘大年为编委会召集人。9月，由中国抗日战争史学会主办、中国社会科学院近代史研究所编辑的《抗日战争研究》创刊。

作为会长，刘大年主持中国抗日战争史学会的一项重要工作就是组织和参加各种学术讨论会，其中比较重要的有：1991年9月在沈阳召开的“九一八事变60周年国际学术讨论会”、1995年7月在北京召开的“纪念抗日战争暨世界反法西斯战争胜利50周年学术讨论会”、1996年5月在北京召开的“抗日战争研究成果评论学术讨论会”、1997年7月在北京召开的“抗日战争爆发60周年国际学术讨论会”等。此外，他还组织编纂研究抗日战争历史的各种书籍。如，与中国人民抗日战争纪念馆共同协作编纂《中国抗日战争史丛书》。这套丛书的编辑委员会几乎囊括了抗日战争史研究及相关方面的国内一流专家。丛书共收书19种，均于1995年抗战胜利50周年纪念日前后渐次出版，刘大年为丛书撰写了总序，并亲自主编了丛书之一的《中国复兴枢纽——抗日战争的八年》。《中国复兴枢纽》不仅在国内产生了较好的社会影响，已经成为不少院校硕士生、博士生入学考试的重要参考书之一，还被日本广岛大学于2002年翻译成日文。

改革开放后，刘大年写了大量的史学理论的文章，一部分结集在《刘大年史学论文选集》中，一部分收录进《刘大年集》中。他围绕着“历史研究的指导思想问题”“历史研究的对象问题”“历史前进的动力问题”“历史发展规律问题”等展开研究，论述历史学怎么成为科学的问题。他主张历史研究必须坚持以马克思主义为指导，马克思主义是科学的理论体系。他认为，历史研究的对象是“与一定的生产力相联系的、以生产关系为中心的社会关系、社会联系及其运动、变迁”①。私有制时代历史研究的对象是“社会阶级、阶级斗争，它们相互关系的消长变迁，和以此为枢纽的全部社会关系的客观体系及其运动”②。关于历史前进的动力问题，他认为：“历史前进的动力，是生产力的发展，生产力与生产关系的矛盾，在阶级社会是表现为这种矛盾的阶级斗争。”③这种观点不同于“历史是由个人创造的”那种空洞的观点，而是指出了个人活动是由一定社会关系、环境决定的，它会使人认识到社会历史过程最终也是自然历史过程。关于规律问题，他认为，历史之所以成为一门科学，就在于它有规律可寻。研究历史，要先找出历史运动的本质，才能追寻人类社会发展的历史规律。

刘大年有关抗日战争研究的论文，结集为《抗日战争时代》。他对于抗日

---

①《刘大年史学论文选集》，人民出版社1987年版，第68页。

②同上书，第90页。

③同上书，第134页。

战争历史的观点主要有：中国抗日战争是在中国共产党倡导的抗日民族统一战线的旗帜下，以国共合作为基础，各阶级、各族人民团结起来进行的中华民族解放战争；两个战场的出现是决定抗日战争面貌和结局的关键；在抗日战争中，国民党、共产党两个领导中心并存；抗日战争是中国近代历史发展的一个根本转变，是近代以来中国第一次取得的对外战争的全局胜利，是中国复兴的枢纽。他主张抗日战争历史研究要照唯物论思考。为了给抗日战争历史研究留下宝贵的资料，他晚年还亲自撰写抗日战争时期的回忆录，并亲自赴太行山寻找当年的记忆，他已经写成的部分题目结集为《我亲历的抗日战争历史与研究》，在他去世后由中央文献出版社出版。

刘大年的中国近代史研究，在研究课题的选择上，研究方法和学术观点的运用上，不断关注国内外研究的进展，保持开放进取心态，反对故步自封，但又始终不渝地坚持以马克思主义为指导。这种既坚守又灵活的治学方法使他始终站在我国马克思主义史学研究的最前沿，成为新中国马克思主义史学家的杰出代表。

二、“鄙弃抱残守缺，勇敢坚持真理”
——刘大年先生治学特点

刘大年的史学研究成果在国内外都有着重大的影响。他的很多文章都有着不同凡响的气势。有学者在1995年回忆1978年初次读到《论康熙》时说：“尽管文章是1961年发表的，到我报考研究生时已有17年之久，但仍给我以耳目一新的感觉，并促使我一气将其读完。在这篇文章中，我首次领略到一种气势，一种只能出于历史大家笔端的宏大历史感。它使我想起了唐代大诗人李白的著名诗句——‘黄河落天走东海，万里写入胸怀间’。《论康熙》的语言是平实的，但它自有一股震撼人心、气吞山河的力量。”[①] 那么，这种力量从何而来？他的治学的主要特点是什么？对我们有什么启发呢？

① 姜涛：《受业的收益》，《近代史研究》1995年第5期，第21页。

（一）民族精神："中国外国的事实充分证明爱国思想是文明社会的通则。研究抗日战争，从根本上说，保持客观性与怀抱爱国主义，绝无矛盾，只有天然一致。"（《抗日战争时代》题记）

1999年11月22日下午，躺在协和医院病床上的刘大年对守护的儿女作口头遗嘱说："一辈子做了个爱国的中国人。感到最自豪的是当过一年零半个月的正规八路军战士，以后就不是正规的，在地方上，县团级。在国家民族危亡的时候不是个旁观者。"[①] 国学中的民族精神曾使刘大年投笔从戎，而接受马克思主义后，理性的爱国主义又使他"投戎从笔"，选择历史研究工作，至耄耋之年仍孜孜不倦、笔耕不辍。他献身于追求民族解放、国家富强的理想，致力于在史学领域宣传反对侵略、维护祖国统一、竖起中华民族脊梁、坚定地走中国特色的发展道路等爱国思想，主要著述都有着浓厚的爱国主义情怀，从《美国侵华简史》到《评近代经学》，无不如此，真正"一辈子做了个爱国的中国人"。他曾在稿子上写道："为人要有大局，为学更应有大局——国家的大局、民族的大局。坚持真理与大局一致。"

国家民族的大局观使刘大年特别关注时事，关注国际关系的现实走向，关注国内外学术界的研究现状，他的以史为鉴弘扬爱国主义的论著往往能够在国内外引起很大的反响，能够推动马克思主义史学的发展。20世纪60年代的《辛亥革命与反满问题》《论康熙》等文章，有着中苏论战的背景，但有力地推动了我国清史和辛亥革命史的研究。他的这一特点在推动抗日战争史研究中表现得尤为突出。

1989年2月14—18日，日本首相竹下登和内阁法制局长在回答在野党质询中，接二连三为裕仁天皇开脱战争责任，为日本侵略中国的战争辩解。为给为侵略战争辩解的日本政要以有力反击，在当月举行的七届人大常委六次会议上，刘大年手持日本出版的《日中战争与日中关系》一书，慷慨激昂地批判日本当局对战争责任的翻案。他的讲话在常委会上引起了强烈反响。当时的会场情况在其发言稿上曾有铅笔记录，大意是有二十多人联名致主席，提议由《人民日报》全文发表讲话内容，争论达一小时之久。2月21日，《人民日报》头版以"日本当局为何在侵华战争性质问题上倒退？"为题发表了他的发

① "1999年11月22日协和医院谈话"（打印稿），刘潞提供。

言，同版还发表了记者何平的新华社电稿《侵华历史不容歪曲　战争罪责岂能开脱　人大常委谴责日本当局翻案》。这次发言在国内外引起很大反响，众多媒体纷纷发表评议。国内的反响是一致支持刘大年反驳日本当局对侵略战争的无理辩解，《中国青年报》和《人民中国》的记者先后对他进行了采访。国外的反响虽然立论的角度不同，但无论是日本国内，还是法、苏、美等国，都像同一个声音似的，认为“战争是以日本入侵中国为开端的”这种说法难以推翻，一致谴责日本当局的无理行为。这次发言后，刘大年加快了推动抗日战争史研究的进程。

在改革开放的时代，如何处理历史与现实的问题，刘大年有过多次论述。1994 年，他在《抗日战争的历史意义与民族精神》中说：“我们从事社会主义现代化建设，要与世界广泛交往，要办外交，要做生意，要让外国人到中国来投资，要进行思想、文化、学术交流，要认识、了解世界多种多样的事物，并对那些事物有所评价。这不是少数人的事，是大家的事，至少是很多人的事。但不论进行哪种交往、交流、评价，我们都要有自己的民族精神，不可缺少民族精神。这个精神是什么，显然应该就是抗日战争所体现的、并因此取得了抗日战争胜利的竖起一条脊梁的精神。”[①]1997 年，他在《方法论问题》中又说：“现代的中国民族独立了，国家近代化的道路打开了。历史的经验告诉我们，中国的现代化必须坚持改革开放，坚持行之有效的一切对外经济合作，文化交流，坚持接受世界上一切先进的事物。”但是，“我们不要自我麻痹，自我陶醉”。“现在摆在我们面前的，仍有继续捍卫民族独立，不受外敌侵犯的问题，仍有保卫国家现代化在有中国特色社会主义道路上继续前进的问题，也就是说与中国近代史上的两个基本问题有关的斗争今天还在继续，而且这种斗争还会在相当的时间里继续下去”。[②]从这些言论中我们强烈地感受到，刘大年那种历史学家特有的忧国忧民情怀：既要把历史与现实区别开来，又要注意二者之间的相互联系。

（二）关注现实：“盲瞽不行，陆沉，闭目塞听，不识世务，更加危险。我们重视近代史研究，就有反对‘陆沉’的意思在里面。”（《赤

---

① 刘大年：《抗日战争的历史意义与民族精神》，《抗日战争研究》1994 年第 4 期，第 5 页。

② 刘大年：《方法论问题》，《近代史研究》1997 年第 1 期，第 20 页。

门谈史录》)

东汉王充在《论衡·谢短篇》中曾提及:“知古不知今,谓之陆沉”;“知今不知古,谓之盲瞽”。[①] 刘大年对此印象非常深刻,多次强调:“盲瞽不是马克思主义者,陆沉尤其不是马克思主义者。”1997 年 4 月,他在《近代史研究》刊行百期纪念活动中为该刊题祝辞说:“民族生存,要知古今。不能盲瞽,尤惧陆沉。”[②] 明确历史研究特别是近代史研究要反对陆沉、关注现实。这既是传统文化中直面现实的精神体现,又与马克思主义的实践性和科学性相统一的本质要求相通。

“述往事,思来者”,“欲知来,鉴诸往”,“通古今之变”,这些都是刘大年经常提及的词句。他认为,一个优秀的历史研究者,必须花必要的时间去了解社会现实,认真思考现实问题,从现实问题中找到历史研究的突破点。他不仅是历史学家,还是社会活动家。他经常走出书斋,与国内外各种类型的人打交道,耐心地倾听他们对社会现实的看法,并真诚地交流思想认识。每次出国访问,他都处处留心,做出访笔记。他五十余年坚持自订《人民日报》,从中了解国内外大事,对有关社会主义前途命运的大事尤为关心。1999 年底,他已病危昏迷在床,但清醒后第一句话竟是向在《人民日报》工作的大儿子询问俄罗斯总统叶利钦是否来华访问之事。多年后,我在拍摄他的遗稿时发现,很多报纸上都留有他的圈圈点点,多半与社会主义的命运、马克思主义的理论有关。

刘大年的著述,时间跨度达半个多世纪。由于他养成了关注现实的习惯,坚持历史研究必须是实践性与科学性相统一,他的作品视野都非常开阔。他很少人云亦云,而是把现实中似乎很平常的问题置于历史发展的长河中,放在广阔的社会背景下来考察,并由此揭示其蕴藏的深层内涵,得出与众不同的结论。因此,他对许多问题的看法站得更高些,看得更深些,使人读后引起联想,得到举一反三的启发。很多读他论著的人,都感觉到其中有一种宏大的历史感,并视之为一种上乘的学术境界。除了“文革”期间搁笔十年外,他在不同的年代都有产生重大社会影响的论著发表,为史学领域的马克思主义时代化作出了重大贡献。20 世纪 50 年代的《美国侵华史》不仅在国内产生

---

① 东汉王充著,陈建初、蒋骥骋、张晓莺译:《白话论衡》,岳麓书社 1997 年版,第 466 页。

②《近代史研究》,1997 年第 4 期,第 3 页。

重大社会影响，还被翻译成多种文字介绍到多个国家；60年代的《论康熙》，在当时就引起国内外学术界的广泛注意，至今也仍为治清史的学者所珍视；80年代的辛亥革命研究成果《赤门谈史录》，在日本引起很大反响，后来又被翻译成俄文；90年代的抗日战争研究，其影响超出周边国家，受到美欧等国学界和社会的广泛关注；他的绝笔《评近代经学》在他去世后还被翻译成日文。他的学术影响，一直就是国际性的，这与他始终将中国与世界联系起来关注和思考现实问题有关。正如有学者评价说："刘大年不是一个只坐在书斋里，钻进象牙之塔里做学问的学者。他像在前线作战的战士总是依据战线的实际而又迫切的需要，选取最重要的突破口那样，依据中国社会现实的急切需要以及从中国与世界关系发展的大局出发，提出课题，展开研究。"①

作为新中国史学工作的组织者，刘大年熟悉史学界的研究状况。20世纪五六十年代，他多次代表新中国史学界向国外学者介绍新中国史学研究的现状，向国内史学工作者指明研究努力的方向。他不仅个人的研究直面现实，而且引领史学界将历史研究与现实实际联系起来。1981年初，他在《光明日报》发表《中国近代史研究从何处突破？》一文，提出可以考虑从近代史研究中最薄弱、最繁难，而又最重要的内容方面来寻找突破的关键，即狠抓中国近代经济史研究。他号召重视基础的研究，对于尊重唯物论、转变学风起了良好的作用，也为近代政治史与经济史、文化史等研究的结合指出了方向。他在组织辛亥革命史和孙中山研究、抗日战争史研究的学术活动时，往往是在总结现有研究的基础上，又根据时代的发展变化提出新的研究思路，直接推动了这些领域的学术创新。特别是抗日战争史研究，由于他的引领，很快成为显学，并不断取得新的成果。

（三）求是求真："爱巢翡翠，望掣海鲸，鹿本非马，渭岂容泾。写实要实，写真要真，此事难全，端在力争。"（1998年《寄〈百年潮〉》诗）

实事求是马克思主义的精髓，也是史学研究的基本要求。关于传记写作，

---

①张海鹏：《战士型的学者，学者型的战士——记刘大年的学术生涯》，载《刘大年集》，中国社会科学出版社2000年版，第474页。

他反复强调的是要实事求是，保持客观的态度，不要受商品化的影响，并亲自在我笔记本上题词说："非则言非，是则言是，声闻过情，昔人所耻。"为了使传记写作能够真正体现实事求是，在材料引用方面他特别多次嘱咐我说："写作时，见过报的可以引用，书面文字可以引用，但回忆、口述没有形成文字的不能随便引用；口述必须要有资料来印证，否则不可信；回忆录是现在回忆过去，是用现在观点看过去，不一定正确。"

实事求是就是将马克思主义基本原理与中国具体实际相结合，运用马克思主义的立场、观点和方法去研究中国历史的客观实际。1978 年，为了弘扬马克思主义的优良学风，刘大年着手编辑范文澜史学论文集，并为《范文澜历史论文选集》写了长篇序言，在序言的末尾总结说："忠实地贯彻毛泽东关于马克思主义的普遍真理必须和中国具体革命实践相结合的思想，以客观存在为准绳，不以个别词句为依归，鲜明地表现在范老的科学研究和革命行动之中。范文澜的科学成就的获得，有其他条件，归根到底，这是最根本的一条。"①

1978 年底，他提出创办《近代史研究》杂志，发表研究成果，开展学术讨论，力主推进实事求是的马克思主义学风。

1980 年，他得悉北洋政府和国民党政府时期外交界的领袖人物顾维钧的口述回忆录完稿后可以出售，当即组织申请外汇购买，并提出要翻译出版，还特别邀请顾维钧的女儿女婿到北京磋商，明确表示"要全文翻译，全文出版"，"一字不删，一字不改"。② 该回忆录的英文打字稿有 11000 页，顾维钧的女儿听后非常吃惊。后来的事实证明，按这一方针翻译出版的《顾维钧回忆录》，在中国大陆和台湾学术界、舆论界都产生了非常好的影响。

1987 年上半年，国内抗日战争研究在政治上还有许多禁区和限制，学术上则是纳入到中国共产党党史或中国革命史、民国史等领域，没有形成独立学科；当时中日关系、两岸关系的现实走向都对抗日战争史研究产生这样那样的影响。在这种形势下，刘大年写成《抗日战争与中国历史》一文，明确肯定国民党在抗日战争中起了作用，对蒋介石政权在抗战初期的表现，作了大陆方面当时所作的合乎实际的很高的评价。文章先在 1987 年 6 月中国史学会

---

①《刘大年集》，中国社会科学出版社 2000 年版，第 269 页。

② 引自王玉璞未刊稿《〈顾维钧回忆录〉出版始末》。

和北京史学会联合召开的“纪念中国人民抗日战争爆发50周年学术讨论会”上宣读，接着又在同年赴日本参加纪念卢沟桥事变50周年的中日学者学术讨论会上宣读，产生了很大的学术影响和社会影响，用参与讨论会的一些学者的话说，是“令人震惊”的。

刘大年不仅自己在史学研究中坚持求实求真的学风，而且反复要求自己的学生要独立思考，解放思想，实事求是，不能迷信导师。1988年3月12日，他给当时的博士生姜涛写信，嘱咐姜涛和李长莉在学术问题上要坚持独立思考，信中说：“对于我写的什么，你们可以同意，更可以尖锐反驳。学术讨论中，得力的反驳推进科学。泛泛的赞同未必能增加新的价值。所谓得力的反驳，指有理有据，哪怕一枝一节，只要能收到辨讹纠谬之效。至于自己还根本没有弄懂的东西，就大发议论，反驳别人，当然不在此数。学术问题一是一，二是二，不管是对于谁人。”① 同月20日，又给博士生杜语写信说：“你必须根据自己掌握的事实，加以分析，独立判断，讲自己的见解。对我说的那一些，有几分可取就取几分；了无可取，就彻底干净抛弃之，毫不犹豫。在这里，来不得半点虚假、客气，千万千万。”“科学研究要解除思想束缚，坚持科学态度。谁有研究，谁就有发言权。问题是这种发言权，是要建立在踏实的科学研究基础上的，而不是信手抓来一点什么，就自以为实现了所谓突破之类。当然，别人讲的对自己有启发的意见，必须充分注意，充分汲收。”②

刘大年认为，实事求是是历史研究的基本准则，不管持什么历史观和方法论，都不能违反实事求是的原则。他在1996年发表的《照唯物论思考》中说：“历史研究中有不同的思想方法论，持不同方法论的研究者，也完全可以在一些方面，在各种具体问题上得出客观实在的认识。”“历史科学的研究，归根到底，一要坚持以事实为根据，二要具体问题具体分析。这样的要求是客观的，原则上带有共性的。不管你主张唯物论或别的方法论，都要遵循而不能排斥这样的要求。”③1998年，他作为中国社科院中日历史研究中心专家委员会代表团团长最后一次访日时，对日中友好会馆负责人和历史研究评议会的人说：“要尊重历史事实。中日历史研究课题的所有申请者以及所有从事

① 王玉璞、朱薇：《刘大年来往书信选》（下），中央文献出版社2006年版，第479—480页。
② 同上书，第485页。
③《刘大年集》，中国社会科学出版社2000年版，第202页。

近代中日关系史研究的学者，都要遵守历史研究的基本准则。这个基本准则就是实事求是，就是尊重历史事实。”“中日战争的基本历史事实是什么，就是日本军国主义发动侵略战争。”“在这个基础上，用什么历史观、什么方法论研究、解释历史都可以，结论不同也没有关系。这样做是符合逻辑的、是明智的。”①

（四）锲而不舍：“马克思主义是科学，不是宗教。如果有人一定要把马克思主义比作宗教，那我就像个和尚，一辈子就念这一本经了。”（刘大年先生在北戴河接待日本历史学家井上清时的讲话）

1983年刘大年的夫人去世后，他写了一首题为《遣怀》的诗：“船山学问旧难跻，借尔高言觅径蹊。不拟孤山闲放鹤，鹁鸪恰恰向人啼。”表达了自己虽年近古稀，还要继续探索的志向。同时，又写了一张纸签：“大道以歧路亡羊。”与诗笺一起压在书桌的玻璃板下。纸签上的话出自《列子·说符》“大道以多歧亡羊，学者以多方丧生”②。他在夫人去世、自己人生路上出现重大转折时，或许正是以此自勉。

刘大年做事富有决断力，一旦明确了方向，就矢志不移。他毕生信奉马克思主义，坚持以马克思主义为指导进行历史研究，从未动摇。早在改革开放初期的1980年8月，他在给河北某高校教师回信时就说过：“我做的工作很少。马克思主义知识只有那么一点点，不过是对这门无产阶级革命的科学确信不疑，肯定要终生受其鼓舞而已。我们都是‘平庸无奇’的人。但平庸的人，积以时日，刻苦努力，未必不可以做出‘天才’方可以达到的某些工作。……坚持下去，必有成就。”③

1983年，随着各种思潮不断涌入中国大陆，史学界也受到了很大的影响，一些以前坚持以马克思主义为指导进行历史研究的学者开始淡化甚至反对马克思主义的指导地位。针对这种现象，刘大年利用中国史学会的平台在多个场合发表讲话，旗帜鲜明地强调“历史研究要以马克思主义为指导”。他亲自撰写长篇学术论文，剖析马克思主义“过时”论的种种说法，用历史唯物主

---

①《中国社会科学院中日历史研究中心专家委员会代表团访日纪要》复印件，刘潞提供。

② 管曙光主编：《诸子集成》（第一部下），长春出版社1999年版，第425页。

③ 王玉璞、朱薇：《刘大年来往书信选》（上），中央文献出版社2006年版，第304页。

义和剩余价值学说分析资本主义的现实，指出“马克思主义又要发展，又要保持自己固有的革命本质”，坚信“全世界阶级消灭以前，马克思主义将保持旺盛的生命力”。这篇文章发表在1983年的《世界历史》上，后来收入《刘大年史学论文选集》时放在最前面。

1990年8月27日，刘大年在北戴河接待日本进步的历史学家井上清时，曾说：“我的研究计划里要写一部中国近代史，已经出了三册，还应该再写两本，我把它放下了。我感到这些书别人也可以写。最近十年来，我写的文章主要是讲要坚持马克思主义。有的朋友对我讲，一部书写不完很可惜。我认为，如果在宣传马克思主义方面做得少更可惜。我宁可不写那部书，还是要写我认识到的、应该讲的那些马克思主义的道理。总结到一条，中国还是要走社会主义道路。”①

苏东剧变后，刘大年继续利用各种场合宣讲“马克思主义是史学研究最根本的方法”，撰写了一系列论文，鼓励广大史学工作者发扬光大郭、范、翦、吕、侯“五老”的光辉业绩，将马克思主义历史学推向更高的境地。1999年9月24日，中国社会科学院举办“新中国社会科学五十年学术报告会”，这时刘大年的身体已经非常虚弱，但他还是坚持到会作报告，阐述马克思主义哲学社会科学的历史使命问题。他在发言中开宗明义地说：“我是主张马克思主义对哲学社会科学研究的指导作用的。”他用最新的材料来展示马克思主义的生命力，重点讲了马克思主义为什么还能够成为社会科学研究的指导思想的问题。他强调：“今天马克思主义哲学社会科学的历史使命，应当就是全面研究现代资本主义，加上全面研究现代社会主义，来攀登上一个全新的制高点，回答人们期望得到回答的当代社会生活中一些重要的问题。”②这是他最后一次会议发言。一个接近生命终点的人，“用枯瘦的双手举着他认真准备的发言稿，戴着老花镜，一板一眼地念着”，让听众感叹：“没想到大年先生的思想还真新鲜！”③这就是长期坚持马克思主义的力量！

---

① 王玉璞整理的《接待井上清简报》，刘潞提供。

② 刘大年:《马克思主义哲学社会科学的历史使命（代前言）》，载《刘大年集》，中国社会科学出版社2000年版，第1、5页。

③ 刘潞:《马克思主义的执著追求者》，《近代史研究》2000年第6期，第47、48页。

（五）与时俱进：“中国的马克思主义历史学开创者做了他们所能做的事。根据新的认识，不断丰富与推进中国马克思主义历史学的前进是后来者的任务。”（《刘大年集》）

刘大年特别重视马克思主义史学理论的发展创新问题。1988 年 7 月，他在中国史学会第四次代表大会上发表《鄙弃抱残守缺，勇敢坚持真理》的讲话。针对当时存在的“历史研究要以马克思主义为指导这种主张的有效性到底如何”的问题，他提出“鄙弃抱残守缺，勇敢坚持真理”的看法。他说：“抱残守缺与科学无缘，直接违反马克思主义。鄙弃抱残守缺，要求我们加强把马克思主义作为研究对象的观念，不只研究、分析它的个别论点，也研究、分析它的重要观点和原理。……马克思主义著作上即使很重要的论点，也并非铁板钉钉，不再松动了。……我们的研究一要毫无顾惜地放弃确实过时了的论点，二要用新的基本事实检验马克思主义创始人著作的结论，把它们只作为出发点，而不是作为终结点。”“与此同时，也要求我们加强勇于依据事实，明辨学术是非，捍卫真理的观念。……勇敢捍卫真理，辨明真理和伪理，只有依靠深入的科学研究和依靠充分发扬学术民主。”“一切科学都要前进。凡复古主义、保守主义，到头来无不归于没落、消失；凡有生命力的东西总要伴随人们的生产实践和社会实践的发展而发展。”①

他本着“鄙弃抱残守缺，勇敢坚持真理”的与时俱进精神写了大量的史学理论方面的文章，通过研究马克思主义历史学理论来推进马克思主义大众化。20 世纪五六十年代，他的有关史学理论方面的文章结集在人民出版社 1965 年版的《中国近代史诸问题》中。1978 年，该书以《中国近代史问题》为题由人民出版社再版，此后长期作为高校和科研单位近代史专业研究生入学考试的必读书籍。改革开放后，针对史学界出现的淡化马克思主义史学理论的倾向以及马克思主义“过时论”等观点，他围绕着“历史怎么成为科学”撰写了一系列的史学理论文章，后收入 1987 年人民出版社出版的《刘大年史学论文选集》中，其中专论史学理论的一组文章放在选集的最前面。苏东剧变后，学术界出现了“马克思主义还灵不灵”的疑问，一些非马克思主义甚至反马克思主义的思想观点不断冲击和干扰史学研究工作，但刘大年依然始终不渝

---

①刘大年:《鄙弃抱残守缺，勇敢坚持真理——在史学界第四次代表大会上的讲话》,《世界历史》1988 年第 6 期，第 139、140、141 页。

地在史学领域继承“五老”开拓的事业，旗帜鲜明地坚持马克思主义，将我国的马克思主义史学研究进一步向前推进。他在20世纪90年代写的很多文章中都强调要以开放、进取的心态坚持马克思主义科学真理，特别是《照唯物论思考》和《方法论问题》等文章，结合史学界的研究现状，集中论述了如何坚持马克思主义科学真理并勇于创新的史学理论问题，对于推进马克思主义史学的发展起了重要作用。

他晚年多次强调：“抱残守缺，只会停止不前；而抛弃马克思主义科学真理，又只会是引起倒退。”针对20世纪80年代后期出现的“崇儒反马”思潮，他不仅撰写了《马克思主义与中国传统文化》的文章，还竭尽生命之力，用晚年最宝贵的十年撰写《评近代经学》，从文化史的角度论述儒学与马克思主义的关系问题，警示世人：儒学已经不可能成为解决中国问题的主流意识形态，只有马克思主义才是中国人民的正确选择。在当时学术界对儒学与马克思主义关系的认识还存有诸多激烈争论的时候，刘大年认为，儒学与马克思主义有相通的地方，儒学中的合理成分（如现实精神和理性原则等）已成为中国化马克思主义的一部分。这种认识现在已经被学术界所普遍接受，但在20世纪90年代却很少有学者像刘大年那样选择一个难度非常大的经学问题去系统论证。

我在拍摄、整理刘大年的遗稿时，深深地感觉到：鄙弃抱残守缺不容易，勇敢坚持真理更需要克服重重困难。在刘大年留下来的大量笔记、卡片和读书批注中，我发现，他对很多问题进行了长时间的思考，也收集了大量的材料，但一些长期思考的问题他并没有发表相关文章。比如，关于近代买办阶级的文献资料，他所记下的读书卡片有厚厚的一大袋，比较系统的连续性的卡片多达数百张，但最终并没有成文。个中原因现在已经难以考证，不过他对于自己要发表的文字内容向来要求很严，没有考虑成熟的观点决不轻易写出来发表。《评近代经学》只有七万余字，前期思考过程不算，光写作就花了近十年，写作提纲多次修改，初稿完成后几次推倒重来，所用资料也不断更新，直到1999年，他仍在不断地查阅新的文献资料，参考相关报刊文章。

三、“自强不息，厚德载物”
——刘大年先生为人风格

刘大年长期从事新中国的学术领导和组织工作，金冲及谈及他的学术领导和组织能力时，颇为钦佩地说：“今天，在我们社会科学领域里边，做学术领导和组织工作，能像大年同志那样，能够做得那样好的，还真是不多见。而他所倡导的许多方法，直到今天我们还在受益，常常还是按照这些方法来做的。”① 显然，良好的组织沟通能力除了长期的经验积累外，更重要的是源自组织者为人处世的风格。刘大年的为人处世有何特质？对我们有什么教益呢？

（一）弘毅宽厚：“要同时做好学术研究和学术领导这两方面的工作，是极不容易的，必须克服常人难以想象的困难，作出比通常加倍的努力。”（李文海为《刘大年传》所写的序言）

1998 年 10 月 13 日，刘大年在中国社会科学院近代史所“老专家与中青年学者见面会”上发表《士不可以不弘毅》② 的讲话。他说：“科学研究，把工作做好，眼光放远一些。视野辽阔，不要在一个小圈子里。要克服困难，要有坚持下去的决心。每一步都有困难。谁克服的困难多，取得的成绩就越大。”他举了两个典故，一个是《论语·泰伯》中曾子的话，一个是王安石的《游褒禅山记》。

他援引曾子的原话：“士不可以不弘毅，任重而道远。仁以为己任，不亦重乎？死而后已，不亦远乎？”并解释其意思说：“读书人不可以不心胸宽广、意志坚强，他们责任重大，道路遥远。要把实现天下的仁德作为自己肩上的重任，难道这也不重大吗？努力到死才罢休，难道说不也遥远吗？”还援引朱熹的注释：“弘，宽广也。毅，强忍也。非弘不能胜其重，非毅不能致其远。”借此勉励大家：一是要做到“弘”，即宽宏大量，要有所成就，首先要

① 金冲及：《刘大年同志与孙中山研究学会》，《近代史研究》1995 年第 5 期，第 13 页。
② 该讲话稿的打印件由刘潞提供。以下凡引自该稿的地方不再一一注明。

有气量，要从宏观的角度看问题，不能只注意鼻子底下的细小的事；二是要做到“毅”，即有顽强的毅力，百折不挠，在困难和失败面前不退缩怯懦。他说：“探索是允许失败的。失败有小有大。失败了也是一个结果，说明这件事没有什么可以探索的。”为了说明治学要克服困难坚持到底，不要浅尝辄止或半途而废，他还援引了王安石《游褒禅山记》中的一些话：“夫夷以近，则游者众；险以远，则至者少。而世之奇伟、瑰怪非常之观，常在于险远，而人之所罕至焉，故非有志者不能至也。”他解释说：“凡是平坦的地方，游人多，但大家都看得到。到洞里，越走越困难，才能得到奇伟瑰怪的‘非常之观’，才能有意想不到的新的收获。”他强调说：“古往今来，真正有成就的知识分子，都要有弘和毅。”

刘大年能够在五十多年的史学生涯中矢志不渝地坚持推进马克思主义的中国化、时代化和大众化，“士不可以不弘毅”是其背后一个很重要的动力。作为史学工作的组织者，他常常从宏观的角度看问题，思考史学领域中的大是大非问题，对于那些“小花小草”、细枝末节的问题，他从来就没有什么兴趣；他的学术组织工作，也主要是以明确研究方向、确定研究主题为主。这种“弘”的特点使他能够比较敏锐、准确地抓住主要问题，并集中精力去解决重大问题，推动学术研究的发展。他长期担任各种学术组织管理工作，白天乃至晚上的很多时间都用来处理一些具体的事务，但他凭着顽强的毅力，不论多忙，都要挤出时间来进行学术研究，即便是在养伤期间，在“文革”靠边站的时期，他都坚持看书学习，积累研究的素材，很少浪费时间。这种对马克思主义如此执着的“弘毅”精神，是建立在洞悉中国传统文化和人类社会发展历史的基础上的，也是建立在长期观察思考国内外重大现实问题的基础上的。这种精神已经内化为一种坚定的信念，推动他不断创新，不断取得新的突破。

志向远大而待人宽大厚道，是推进“百花齐放，百家争鸣”学术方针的必备品格。作为“双百”方针的见证者和实践者，刘大年崇尚学术独立和学术自由，热心通过学术争论推进研究发展。他对陈寅恪的“某些繁琐冗长、其实际意义微小的考辨”并不赞同，但认为陈“怀抱高尚的志向，多才多艺，秉有大学问家的风范”；他评价陈著“主导的思想倾向”是“与传统文化并行的自由思想或自由主义；理性的客观性或客观主义；民族思想或爱国主义”，明确肯定其为“中国近代史学上一位重要的代表人物”。[①]1954年9月，由他起草、郭沫若“略有润色”的致陈寅恪的信中说：“尊著二种已在《历史研究》上先后发表，想已达览。《历史研究》编辑工作缺点颇多，质量亦未能尽满人意，尚祈随时指教，以期有所改进。尊处于学术研究工作中有何需要，亦望随时赐示，本院定当设法置备。”[②]长于考证的罗尔纲对近代史所有顾虑，1954年刘大年奉命赴南京办理其调动之事时，刚一见面，罗尔纲就急不可待地问：“今后还要不要考证？”刘大年当即表态说：“谁说不要考证！你写考证文章来，我给你发表。”[③]1963年，为了保护罗尔纲，刘大年毅然撰写《李秀成评价问题》，因此在“文化大革命”中被当作“叛徒的辩护士”而受到严厉批判。在“左”的指导思想干扰学术研究的时候，刘大年也犯过错误，但他“并不以政治大背景为理由而原谅、开脱自己，表明了一个共产党人光明磊落的胸襟和情怀”[④]。他在口头遗嘱中说：“一辈子哪能没犯过错误。‘文化革命’中那么多大罪，自己也确实犯过错误，写的东西都留下来了，该骂就让人家骂去。”[⑤]正因为他心胸宽广，他组织学术活动才能够一呼百应，真正推动学术研究的发展。

（二）甘为人梯：“他把大量时间花在了组织工作上，本来可以做出更多的成绩，但大量时间用在了为我们这些后辈、他的同辈和前辈创造条件或者说铺路方面。”（林甘泉2007年在中国史学会和中国社科院近代史所联合举办的《刘大年书信来往选》出版座谈会上的讲话）

甘为人梯，甘当铺路石，“俯首甘为孺子牛”，“衣带渐宽终不悔，为伊消得人憔悴”。这些词句用来描述刘大年的学术领导和学术组织工作是再恰当不

---

①刘大年:《一个历史学家的地位——纪念陈寅恪先生学术讨论会致词》,《光明日报》1988年6月29日，第3版。

②王玉璞、朱薇:《刘大年来往书信选》（上），中央文献出版社2006年版，第97页。

③罗尔纲:《我与〈历史研究〉》,《历史研究》1994年第1期，第7页。

④引自李文海为《刘大年传》所作的序言，载周秋光、黄仁国著《刘大年传》，岳麓书社2009年版，序二，第7页。

⑤“1999年11月22日协和医院谈话”（打印稿），刘潞提供。

过的了。

为了推动新中国社会科学的发展，他不仅自己扎扎实实地从事史学研究，还做了大量的实际工作，其中很多工作都是默默无闻的小事。1956 年 2 月至 10 月，他担任中国科学院哲学社会科学规划办公室主任期间，邀请全国各学科有代表性的学者来京讨论制定规划。社会科学规划开始仅限于哲学、历史、经济、文学等学科；随着讨论的深入，规划面越来越大，将戏剧、音乐、舞蹈等艺术门类也纳入了。每增加一个学科，就要找一些相关专家来讨论。有些未能直接参加讨论的专家，也以其他形式积极提出意见或建议。刘大年这段时间非常忙，所有时间都排得满满的。他既要完成行政工作，又要参与学术讨论：迎接安顿来自全国社会科学领域的专家学者，组织安排规划研讨会。不论哪方面的专家报到，他都要接待探望。越到后面人越多，参加规划会议的专家和工作人员几乎住满了整个西苑宾馆，还有些专家住在西郊宾馆。当时大家都是日夜加班。会上大家提出意见与建议，会后刘大年要组织进行整理、归纳，然后向上级汇报。常常是到了晚上八九点才到郭沫若院长家里汇报工作，等到回到自己家里，已是十一二点了。关于这段经历，曾任中国社会科学院副院长的汝信 1995 年回忆说："搞社会科学规划期间，大年同志做了许多组织方面的工作。我当时作为院部的一个年轻的普通工作人员，在与大年同志接触时，他给了我两个深刻印象，一个是对工作极其负责，另外一个是非常平易近人，我们这些普通工作人员找他，请教一些事情，他都是非常认真地接待，谈他的意见。"①

历史研究所第三所成立后，所长范文澜已年过六旬，他希望尽可能减轻行政工作负担，以便专心写书，这一要求得到上级同意。从此刘大年的主要精力用在了各种具体的事务上。1957 年 6 月，范文澜在给中科院领导的信中说："（1）我今后仍将致全力于写作上，领导我所的工作，仍像过去那样，由大年同志负担。（2）大年同志不能老是不读书，必须给他每周三四天工夫去做本人的研究工作（这是建立领导威信的必要条件），再有一两天做领导各组的研究工作（包括参加各组业务讨论和找研究人员谈话）。他现在的情形，他可以面陈，确实是整天忙碌，顾此失彼，出了大力却收效有限。对党内的

① 汝信：《祝贺刘大年同志 80 华诞》，《近代史研究》1995 年第 5 期，第 10 页。

工作，当然更是招架不过来，党内思想教育，实际上我们不曾进行。”①

负责近代史所日常事务以及其他学术组织工作的经历也培育了刘大年学术组织和管理的能力。改革开放后，他承担的学术领导和组织工作仍然很多，在组织学术讨论会的活动中，如何筹措资金，请什么人，人请来后怎么安排，从学术工作到后勤工作，这些繁重琐碎的事情他都有细致周到的考虑。他的办事风格，既深深地影响着周围的工作人员，更让参加会议的专家学者感受到温暖。他特别重视通过学术讨论会来切实地推进学术研究。1981 年他组织辛亥革命 70 周年学术讨论会时，首先是确定主题和重要问题，然后广泛征文。关于论文评选方法，他提出两点意见：“一是评选论文不看身份，不照顾名人，学术水平是论文能否入选的唯一标准，在学术面前人人平等。二是参加评选的同志要出以公心。”他强调：“只有这样我们才能无所畏惧。有人骂，不怕，我顶着，一切责任我来担。如果因为我们水平不高，漏掉了好文章，人家要骂，理所当然，该骂。”通过严格的论文评选，一批年轻有为的青年学子脱颖而出。由于真正做到了公正、公平、公开，学术面前人人平等，这次学术讨论会的做法形成了一个品牌，后来逐渐发展为评选论文的十六字方针：“广泛征集，重点组织，专家评审，择优入选。”②

刘大年特别关心后学。“文革”开始时，一个刚离开大学校门、走进研究所不久的年轻科研工作者曾在学部大会上质问刘大年“近代史所成为资产阶级霸占的史学阵地”他该负什么责任，引发对刘大年批判的升级。但刘大年却在他最痛苦的时期表示爱护之意，此后还对他耐心指引。

对于不是一个单位甚至不是一个学术圈的年轻学子，刘大年也备加关爱。1994 年《哲学研究》第 8 期发表了中国社科院哲学所王生平的《跳出“国学”研究国学——兼评〈论天和人的关系〉》一文，这篇文章引起了酷爱哲学的刘大年的注意。他在自己订的《哲学研究》这一期的目录页，用红笔在作者名下画了双杠，在题目旁边画了圈，并旁注“难能可贵之至”。整个 9 页的文章，几乎每页都画有红线、圈圈，并写有批注。有 8 处作了充分肯定：“好极了”“好”“极好”“对”“极是”等。之后还特意委托人辗转约王生平面谈。

---

① 王玉璞、朱薇：《刘大年来往书信选》（上），中央文献出版社 2006 年版，第 173—174 页。

② 引自王玉璞的访谈回忆。相关内容可以参看王玉璞《刘大年与中国史学会》，载中国史学会秘书处编《中国史学会五十年》，海燕出版社 2004 年版，第 624—631 页。

当王生平如约抵达刘大年寓所时，“防盗门和正门已经打开”。谈起文章，刘大年非常激动，连说“写得好”，并鼓励王“这样的文章多多益善”。临别时，还紧紧握着王生平的手说：“不要理会那些打听‘来头’‘背景’的议论。要独立思考。另外，再发表文章时，也寄我看一看。”[①] 奖掖晚辈之情溢于言表。

（三）谦逊朴实：刘大年先生的幼名“㧑谦”出自《周易》“谦卦”之六四爻爻辞“无不利，㧑谦”，意为“举止谦逊”。他谨记父母的教导，弘扬谦逊朴实的传统美德。

1988 年，在纪念侯外庐的一篇文章中，刘大年谈及他与“五老”的关系时说：“近来几次碰到有同志谈起‘五老’中某老的时候说，在那一辈人中你是最年轻的；或说，你们那一辈人如何如何。我必须郑重说明：我同侯老或其他诸老，根本不是一辈人，在工作的任何一点上，绝对不应当把我同他们放在一起谈论。侯老和其他诸老，是我的长辈、领导者和指引者，我是他们的后辈、被领导者和小学生。若非时代造化，使我受到诸老教育、启迪，对于世界和历史的了解，我不知道能否有一天终于凿开混茫。后来学得了一点东西，那是受赐于伟大的革命时代，也是受赐于外庐同志在内的马克思主义历史学的诸位先驱。”[②]1999 年，在中国社会科学院主办的“新中国社会科学五十年学术报告会”上，刘大年开场就说：“五十年前，我来到中国科学院近代史研究所工作。那时是一名小学生、一名实习生。时间过去了半个世纪，我仍然是一个小学生、实习生。虽然老迈龙钟，还是抱着与各位一起学习、交流的愿望。”[③]

他的这些言论是数十年来谦虚谨慎的一贯体现。长期从事学术领导和组织工作，他与国内外很多顶尖的社会科学家、自然科学家打交道，主要是谈具体的学术组织工作，很少谈及自己的学术研究和取得的成绩，也不对别人随意评论，轻易发表意见。2009 年，金冲及在回忆与刘大年的交往时不无感慨地写道：“以往见面时，他很少谈自己，更少谈自己的过去。我很遗憾，为

---

① 王生平：《悼刘大年先生》，《中国社会科学院院报》2000 年 2 月 18 日，第 4 版。

②《刘大年集》，中国社会科学出版社 2000 年版，第 302 页。

③ 刘大年：《马克思主义哲学社会科学的历史使命（代前言）》，载《刘大年集》，中国社会科学出版社 2000 年版，第 1 页。

什么没有在那时当面多问问他。”[①]

刘大年淡泊名利，生活简朴。出国访问时，常常想着如何给国家节约外汇，尽量把钱花在购买研究所需的资料和设备上。1979 年访日期间，观光地区、公园，凡是要花钱的地方一概不去，也没有进过电影院、剧场。他从节余的工资中花五十万日元给近代史所买了一台复印机，花十几万日元买书和资料，包括劲草书房版《中国共产党历史资料》12 册、日文版《蒋介石密录》（近代史所的中文本不全）、《明治文库》胶卷等。1985 年率团去联邦德国斯图加特开会，为了给国家节省外汇，住在一个乡村小客栈中，室内既无电视，也没有卫生设备，进城开会乘公共汽车。他因旅途劳顿，到了国外就生病，自己掏钱买药吃，以致囊空如洗，回国途中想买支圆珠笔也感到拮据。

1999 年，刘大年在口头遗嘱中说：“没有财产。去年给的院士费一万块，用丹丹的名字存着，给刘作为。你们两家情况都还不错，刘定情况不太好，帮他让刘作为上个大学。书全部交给华容县图书馆，刘潞说要留下几本，一点也不要留，本来就没多少。”[②]

（四）以情感人：“刘大年先生性情阔达、爽朗，近代史研究所的全体职员，从清扫卫生的普通工人，到享誉学界的著名学者，对他都不称呼‘所长’或‘刘先生’，而是一律称‘大年同志’。”（日文版《评近代经学》中安藤彦太郎的《跋》，李长莉翻译）

刘大年的朋友遍及国内外，举凡有关他的庆典活动，如八十华诞、逝世一周年纪念、《刘大年来往书信选》出版座谈会、逝世十周年追思会，都是来者甚众，与会者踊跃发言，对刘大年的为人为学盛赞有加。

在国内，刘大年不仅在社会科学界有着众多的朋友，还与不少自然科学家保持着长期密切的联系。在中科院实际主持思想改造运动的时候，他切实贯彻“和风细雨、自觉革命”的方针，以学习和讨论为主，后期的思想检讨只用检讨会形式，由检讨者在各种小型会议上作报告，参加会议的人提意见，无须经会议通过。当时高等学校中不少人说中科院是“防空洞”“避风港”。

---

① 引自金冲及为《刘大年传》所作的序言，载周秋光、黄仁国著《刘大年传》，岳麓书社 2009 年版，序一，第 2 页。

② “1999 年 11 月 22 日协和医院谈话”（打印稿），刘潞提供。

后来在《科学通报》工作时，也非常尊重科学家，对自然科学的学术问题很少发表意见。严济慈、华罗庚、张孝骞等都成为了他的好朋友，严济慈还把他的儿子送到近代史所工作。

刘大年非常重视国际学术交流。改革开放前，尽管史学界的国际学术交流并不多，但他仍然积极参加国际学术交流。20 世纪 50 年代，他以历史学家的身份出访苏联和民主德国；60 年代，他以中国出席巴基斯坦历史学年会代表团团长的身份两次出访巴基斯坦，还作为中国访日学术代表团团员访问了日本。他还多次在国内接待国外历史学家，并邀请外国著名历史学家访华，促进了史学学术交流。改革开放后，他既频频率团出国参加学术交流，也频频在国内组织了国际学术交流盛会。

1962 年刘大年率团参加巴基斯坦历史学会第十二届年会时，中巴关系尚未改善，这次学术交流活动成为巴基斯坦转变对华态度的一个良好机遇。刘大年一行在巴基斯坦境内活动达 28 天之久，所到之处受到热烈欢迎。他应邀到白沙瓦大学讲演时，在那里受到了最友好的欢迎——女生都除面纱相见。他写诗描绘道："琼玉生徒女讲官，绛纱卸后问君安。皆因海内存知己，那是书帏礼数宽。"[①] 这次访问巴基斯坦，刘大年共写了十首诗以为纪念，这十首诗很快以《访问巴基斯坦十首》为题在《人民日报》上发表。巴基斯坦大使见诗后欢欣鼓舞，迅即将刘大年的十首诗用电报发回巴基斯坦。当时中国外交部副部长耿飚高兴地将巴基斯坦大使发电报的事告诉了刘大年。由于这次访问非常成功，1965 年，巴基斯坦历史学会再次邀请刘大年率团访问。这两次访问活动都成为了中巴人文交流的佳话。

由于坦诚待人，刘大年在国外拥有不少至交。1957 年，刘大年与齐赫文斯基在北京相识。60 年代初，中苏两党之间发生了激烈的意识形态论战，两国史学界随之展开了二十多年的论战，刘大年与齐赫文斯基是对抗时期两国史学界的领军人物，彼此乱扣"帽子"。1983 年，两人在北京再次相遇，彼此都觉得"有话可说"，"坦率相对"，在讲辩证法、唯物论方面取得比较一致的看法，从此开始有了较深的接触。齐赫文斯基认为："他（指刘大年）是一个非常有趣的交谈者，甚为精通中国经典文学，对于千百年的中国历史真正拥有百科全书一样的知识，在人文科学知识方面也表现出卓越的聪明才智。此

---

① 刘大年：《访问巴基斯坦十首》，《人民日报》1962 年 4 月 26 日，第 6 版。

外，他对俄罗斯的状况和现代世界的社会政治进程尤其感兴趣。”[1]刘大年认为，两人之所以成为长时间交往的朋友，是由于“在学术研究上有共同的话题”，即“如何认识中国近代历史，以及相关的种种问题的讨论与交流”。[2]

刘大年与国外史学界交往最频繁的是日本，井上清是他最重要的日本友人。井上清生前访华30多次，几乎每次都要与刘大年见面，视近代史研究所为他第二个家；而刘大年每次访日，也要与井上清见面。他们之间相交很深，谈论的话题非常广泛。井上清是日本非常著名的马克思主义历史学家，对中国有着特殊的感情，非常关心中国的政治运动、意识形态、社会发展。2001年11月23日，井上清因病不幸去世。他生前曾对刘大年和近代史所所长张海鹏谈过，想在身后把自己的藏书捐献给中国社科院近代史所。井上清去世后，近代史所即派人与井上清夫人协商具体办理事宜。2002年12月27日，经过井上清生前精选的日文藏书，满载4辆密封卡车运抵中国社科院近代史所图书馆。这批捐赠的日文图书共计18000余册，包括日本自明治维新以来大量的学术著作和史料。

刘大年在日本讲学和访问期间，注意以文会友，以情感人。特别是在抗日战争史研究中，他团结了不少日本正直的历史学家。日本教科书事件后，他与日本学术界共同努力，推动了为纪念七七事变50周年举行的以“近代史上的日中关系”为主题的日中学术讨论会的召开。这次会议，日中双方共提交论文19篇，所有论文都基于一个共同的认识，认为围绕卢沟桥事变前后的日中之间的关系和战争，是日本的侵略和中国的民族抵抗。这是刘大年率领中国历史学家代表团，努力和日本几派历史学家达成的对抗日战争的正确共识，研讨会成果形成了《中日学者对谈录》一书，促进了抗日战争史研究。1989年4月，日本神田外国语大学教授田中正俊在为其即将出版的《战争·科学·人》写的自序中说：“谨以本书献给抗日民族解放战争的英勇战士，我们的老师刘大年先生；同时，作为一个日本人的我，虽尽力通过个人的亲身经历将日本军国主义的所作所为在本书中予以揭露，但由于认识和思想上的局限在所难免，尚请刘先生及各位予以指正。”“最后，我还以曾是日本帝国主义军队的

---

①〔俄〕C. 齐赫文斯基:《怀念同行与朋友刘大年教授》,《近代史研究》2000年第6期，第41页。

②《刘大年集》，中国社会科学出版社2000年版，第437页。

一个成员，向以中国为首的亚洲各民族在侵略战争中作出的牺牲的人们，表示深切的歉意。”[①] 这种认识，不能说与刘大年的影响没有关联。

“赠人玫瑰，手有余香”。刘大年以其对学术研究的孜孜不倦且勇于创新的追求和对学术活动的勤勤恳恳的奉献，赢得了国内和国外学术界的普遍尊重。

---

①〔日〕田中正俊著，韩一德译:《战争 · 科学 · 人》，黑龙江人民出版社 1990 年版，“自序”第 6 页。

七、学术研究

读刘大年的《如何评价张学良》①

张海鹏

张友坤同志继出版《张学良年谱》后，又有《张学良世纪风采》的画册编辑出版。该书图文互证，再现了张学良将军一生的爱国生涯。值此老人百岁华诞即将来临之际，将它作为生日礼物，这显然是非常合适的。

《张学良世纪风采》编辑杀青之际，张友坤索序于刘大年同志，大年同志慨然应允，他告诉友坤，一个月后来取。大年同志正在为完成他的《评近代经学》（约7万字）作最后的润饰，一旦工作告蒇，即可着手作序。事有未可料者，1999年11月3日，刘大年同志因发烧住进协和医院，从此一病未起。病榻上，大年同志还记得为友坤写序的事，多次反复口述大意，由陪护他的女儿刘潞、儿子刘衡山、外孙女丹丹记录整理成文。

看了刘大年同志的口述序言，我觉得他的思想还是非常完整而清晰。在评价汉卿先生的三条原则之外，再增加什么，都是多余的。这三条原则，是大年同志观察、研究中国抗日战争的基本指导思想的再现。按照我的看法，大年同志对于抗日战争历史，有如下观点：

中国抗日战争是在中国共产党倡导的抗日民族统一战线的旗帜下，以国共合作为基础，各阶级、各族人民团结起来进行的中华民族解放战争。当时国家权力掌握在蒋介石、国民党手中。抗日战争有蒋介石、国民党参加，才有了全民族的抗战。抗战期间，蒋介石虽然没有放弃反共，但也没有放弃抗战。从全民族战争的角度看，蒋介石、国民党在抗战中的重要地位和作用，应当得到客观的、全面的理解。同样，中国共产党领导的人民力量的存在和发展，是这场民族解放战争胜利的基本条件之一。而且，这个基本条件所发生的作用，贯穿在抗战的全过程。如果没有这个基本条件，全民族抗战是否能实现，或者一时实现了，能否坚持下去而不中途夭折，以及中国能否取得抗战的最

---

① 原载《中国社会科学院院报》2000年6月6日。——编者注

后胜利，就要打一个大问号。所以，人民力量的存在和发展这个基本条件的极大重要性，更应该得到客观的、全面的理解。因此，抗日战争这场民族解放战争的胜利，是国民党、共产党和全国人民共同奋斗争取得来的。

两个战场的存在是决定抗日战争面貌和结局的关键。抗日战争的特异之处是蒋介石政权控制的正面战场与共产党领导的敌后解放区战场并存。它们在战略上互相依托、互相配合，与强大的敌人角斗。两个战场是互存互补的关系，缺一不可。缺了一个，抗日战争的胜利都是难以想象的。有正面战场的坚持，又有敌后战场的强大存在，才有战争胜利的结局。两个战场的存在来自于国共合作，来自于抗日民族统一战线。在战争中日军由胜利推进转向失败，国民党和共产党的力量朝相反的方向运动，这种复杂的过程是从两个战场上开始和完成的。两个战场在战争中的不同表现，直接影响着全国的政治局势。因此两个战场的地位和作用，客观地表现了国民党和共产党在抗战中的地位和作用。既不要看轻国民党的作用，更不要看轻共产党的作用。

在抗日战争中，国民党、共产党两个领导中心并存。国民党与共产党在抗日战争中的领导权，是由抗战前两个敌对政治实体的关系嬗变而来的。说国民党、蒋政权发挥了领导作用，是因为它掌握着民族战争所必需的、国际国内承认的统一政权，它指挥 200 万军队，担负着正面战场的作战任务。它虽然积极反共，在抗日问题上严重动摇，但到底把抗日坚持下来了。说共产党发挥了领导作用，是因为它坚持了抗日民族统一战线，使民族战争所必需的国内团结能够维持下来，指挥八路军、新四军，担负着敌后战场的作战任务。他们所处的地位不同，能够起作用的方面不一样，也不表现为某种平衡，而又都是不可缺少的。在抗日战争这个整体大局中，国民党、共产党都起着领导作用。这个作用，都是全局性的，不是局部的、暂时的。双方这种都是全局性的领导作用，不是由于他们存在某种形式的共同领导或与之相反的分开领导来实现的，他们的领导作用是在又统一、又矛盾斗争中来实现的。在抗日民族统一战线内部又统一、又斗争的过程中，国共力量的消长发生着变化，总的趋势是人民的力量、共产党的力量逐渐增强，并且历史性地改变了国内政治力量的对比。这是对抗日战争中国民党、共产党的领导地位和作用的最终的说明。

抗日战争是中国近代历史发展的一个根本转变，是近代以来中国第一次取得的对外战争的全局胜利。这个胜利，改变了中国历史发展的航向。抗日战争中，军事上国内政治关系上同时并存着两个过程、两种演变：一个是日本的力量由强变弱，由军事胜利到最后的彻底失败；另一个是国内两大政治势力的力量对比发生了重大变化。前一个演变关系到中国亡不亡国、民族能否独立的问题，后一个演变关系今后是新中国还是旧中国、中国能否打开通向近代化前途的问题。这是两党在抗日战争中抱着积极和消极态度的必然结果。

这些看法，是大年同志对于抗日战争历史研究的一次思想总结，是一个八路军老战士、一个马克思主义的历史学家在他晚年的学术生涯中所达到的一个新境界。

结合对张学良的评价，可以对那三条原则稍微解释如下：

抗日战争历史时期，是日寇侵入我国大片国土、妄图灭亡中国的时期。日寇妄图灭亡中国这个基本事实，决定了中华民族与日本侵略者的矛盾是基本的矛盾，是决定和影响中国国内其他矛盾首先是阶级矛盾的主要因素。因此，对待日本侵略者的态度，基本上可以决定一个人是爱国的、不爱国的或者卖国的。如果一个人对待日本侵略者侵略中国的态度正确了，我们就可以肯定他是一个爱国者，这就叫作大节不亏。这就是说，在民族危亡的时刻，中华民族的利益是第一位的，阶级的利益、政党的利益，都要服从民族利益。国民党也好，共产党也好，如果都强调本党的利益，而不顾民族的利益，就要被人民淘汰，被历史淘汰。在日寇大举入侵的情况下，共产党呼吁联合起来抗日，是认识到民族利益第一这种政治现实；国民党不顾人民的呼声，迫使张学良、杨虎城将军“剿共”，显然是以国民党一党的利益为重的表现。张、杨二将军看到这种形势，在万般无奈的情况下，用“兵谏”的结果，扭转了中国历史，也改写了世界历史，只此一项，已足千古。他们的历史功绩是不朽的，应该受到历史的肯定，这个功绩，单靠国民党是不可能取得的，单靠共产党也是难以取得的。张将军虽然落得终身监禁，杨将军后来身陷囹圄并终遭杀身之祸，但是推动了蒋介石、国民党走向抗日，推动了国民党、共产党抗日民族统一战线的建立，推动了全国、全面抗战局面的到来，从天时、地利、人和的角度说，除张、杨以外，任何其他人也是做不到的。历史玉成了张、杨二将军。因此他们的功绩是没有人可以取代的。还需要指出，推动蒋介石参加抗战，是提高了蒋的历史地位呢，还是贬低了蒋的历史地位呢？很明显，蒋介石成为抗战领袖，是把蒋介石、国民党在中国历史上的地位提到了从未有过的高度。“如果没有西安事变，没有全国的大统一，没有惨烈的武装抗战，则人事全非。一个独裁专制的领袖，和一个忍辱含羞的政党，在历史舞台上以何种脸谱出现，我们写历史的人就很难妄测了”。抗战胜利后，在美国的扶持下，蒋介石、国民党一意孤行，肆意反共反人民，才从原有的历史地位上跌落下来。这怪不得共产党，更怪不得张学良和杨虎城。所以，刘大年同志说，只要不是“负鼓盲翁”，就很容易对张学良的是非功过做出判断。从民族大义去考虑问题，一切以民族利益为重，对抗战历史的认识，对张学良功过的认识，就一目了然了。

大年同志评价张学良的三条原则，实际上是我们评价抗战时期历史人物的不易之论，是一条法则。遵循这条原则去研究、思考问题，有什么疑团不能解决呢?

我受友坤同志委托，拜读了大年同志在病床上口述的评价张学良的原则，并试图遵循大年同志的思路加以解释，不敢稍有走移，借以纪念大年同志，并为友坤同志的著作出版祝贺。

“上梁”“筑础”与“大清史”的学术视野 ①

姜　涛

以晚清政治史为主的晚清史研究，既是中国近代史研究的重要内容，也是断代的清史研究不可缺少的组成部分。政治史的研究如何深入？政治史的研究如何与社会史的研究相结合？这是几代学人一直在思考、探索的问题。“晚清国家与社会”课题的提出与解决，将有助于相关研究的进一步深化。

早在1981年，著名马克思主义史学家刘大年就在《中国近代史研究从何处突破？》一文中提出，可以考虑从近代史研究中最薄弱、最繁难，而又最重要的内容方面来寻找突破的关键。他认为应当狠抓中国近代经济史的研究。近代经济史研究之薄弱、繁难，大家有目共睹。至于为什么说经济史的研究最重要，大年先生举了盖房子的例子。他说从前中国人建造房屋，与西方人不一样，中国人把上梁看得最要紧，西方人把筑础看得最要紧。上梁要紧，就是看重最高层的部分；筑础要紧，就是看重最基础的部分。这个比喻，是孙中山在讲演民权主义时说的，刘大年用它来说明研究历史，上梁、筑础都很重要。“但筑础的工作，对于马克思主义历史研究，显得尤其重要。因为它是讲社会历史的物质基础部分的”。刘大年号召重视基础的研究，对于尊重唯物论、转变学界学风起了良好的作用，也为近代政治史与社会史研究的结合指出了方向。对于马克思主义创始人来说，作为历史的决定性因素的“直接生活的生产和再生产”本身又有两种：“一方面是生活资料即食物、衣服、住房以及为此所必需的工具的生产；另一方面是人自身的生产，即种的蕃衍。”近年来包括经济史在内的对社会生活各个方面的研究，也即广义的社会史研究，就是这样的“筑础”工作，比起大年先生20多年前的号召，已大大前进了。

需要指出的是，中国古人并非不重视“筑础”。早在春秋时代，人们对物质资料生产与人口增殖这两种生产相辅相成、相得益彰的关系就已有了相当

---

① 原载《中国社会科学院院报》2004年12月2日第3版。——编者注

清醒的认识。据记载，晋公子重耳流亡到秦国时，司空季子劝他纳秦穆公之女怀嬴为妻，就反复强调了“义以导利，利以阜姓”（德义导致财利产生，财利用来使同姓壮大）的思想（见《国语 · 晋语四》）。“利”即财利，指物质资料的生产；“姓”即姓氏，家族。孔子在《论语》中所阐述的“不患寡而患不均，不患贫而患不安”，“均无贫，和无寡，安无倾”等思想，所体现的也正是两种生产均衡发展的辩证关系。我们的前人虽未为我们留下像西方那些信手拈来即可使用的若干统计资料，但作为一个成功地维系了世界最多人口的泱泱大国，依然为我们留下了大量的可资利用的宝贵史料。对于历史学家来说，决没有什么“无用”的史料，而是看我们有没有下功夫去发掘，有没有能力去理解和把握。

“晚清国家与社会”，本身是一个很广泛的论题。仁者见仁，智者见智。但我还是想借此机会讲一下“大清史”的学术视野的问题。

人们喜欢用“大清史”来称呼当前正在进行的清史工程。但我所理解的大清史，不仅是指这一文化工程，更是指这一工程所反映的一种全新的清史观，即综合原有的作为古代史的清史（实际上只是清代前中期史）及作为近代史组成部分的晚清史（狭义的从鸦片战争到五四运动的中国近代史，几乎就是一部晚清史），且纳入世界视野的崭新的系统研究。

大清史的视野，决不是清王朝的视野。从清王朝的角度看，不仅太平天国的洪、杨之徒乃大逆不道的奴隶造反，就连孙中山、黄兴辈的革命党人，也不可能给予正面的评价。清朝遗老们在民国新政府的治下修清史，但却依然视清王朝为正统，因此《清史稿》遭到民国时代人们普遍的诟病就不是什么奇怪的事了。

大清史，也不仅仅是清王朝的兴衰史。中国历史上的王朝，大体上都可以用“兴盛衰亡”四字来概括其发展周期。清王朝既有康乾盛世的繁荣昌盛，也有鸦片战争后的每况愈下直至甲午战争的一蹶不振。太平天国的兴起，适逢其衰。这可以说明奴隶们造反的合理性。“王侯将相，宁有种乎？”但还不足以揭示时代的特点。

大清史的学术视野，必须是纳入世界史的视野，必须注视西方资本主义的形成与发展，注视其近代科学技术的形成与发展。在世界史的视野之下，清王朝的“盛”只是相对的，未必是真的极其强盛。康熙时签订的中俄《尼布楚条约》，似乎是不应该纳入不平等条约的范畴，但实际上同样是作了大量的让步和妥协。清王朝的文治武功在乾隆时达到极盛。但就在歌颂乾隆平定准噶尔胜利的铜版画中，我们不难发现，画面上的清军将士们是以手中的大刀长矛等冷兵器来对付敌人的火器的。这些画面除了表明清军的英勇善战外，实际上也反映了清军武器装备上的落后，从而反映了清王朝在近代科学技术层面上的落后（顺便提一下，就连这些铜版画也是送到法国去制版的）。

康熙大帝的清帝国堪与彼得大帝的俄罗斯打了个平手。所以刘大年先生的《论康熙》底气十足，给了康熙皇帝以应有的高度评价（参见《历史研究》1961 年第 3 期）。但其后的两百年，中俄两国就走上了完全不同的道路：同样是在 19 世纪，拿破仑的曾经横扫欧洲的数十万大军，在侵俄战争中几乎丧失殆尽；但两次鸦片战争中，英法两国区区数万人的远征军却一再使得清王朝的精锐主力惨遭覆灭。这里面的种种偶然和必然的因素值得我们进一步探讨。而当时俄罗斯学西方事业有成，中国却因循守旧、故步自封，无疑是其重要的方面。

刘大年与《评近代经学》[①]

姜　涛

1999 年 12 月 28 日，刘师大年先生逝世，享年八十有五。在肃穆的告别仪式上，在高亢的《在太行山上》的乐曲声中，一本本带着纸墨清香的题为《评近代经学》的薄薄书册（《明清论丛》第一辑抽印本），默默地奉送给与会的人们。这是大年师生前亲自定稿的最后一部学术论著。

《评近代经学》并不是什么鸿篇巨制，最后改定稿的全文（连注释）只有 75000 余字，但却浸透着大年师多年的心血。据我所知，大年师从动手写书稿，到最后改定成文，前后不少于十年时间，较大的改动多达十余次。如 1993 年我帮助誊抄的那一稿，就有十几万字，题名《近代经学述评》，其篇章结构也和最后的改定稿不很一样。文章（书稿）像这样的反复增删修改，对于一位年过八旬的老人究竟意味着什么，是不言而喻的。大年师自己在《引言》的开头说：

> 王国维在告别他心爱的哲学研究时说："余疲于哲学有日矣。"近代经学这个题目，我捡起来，又搁下，反反复复，耗费了不少精力和时间。现在要作个了结。不过没有可能像王国维那样从此开个新的头。[②]

---

①原载中国社会科学院近代史研究所编《近代中国与世界——第二届近代中国与世界学术讨论会论文集》（第三卷），社会科学文献出版社 2005 年版，第 472—497 页。——编者注

② 刘大年：《评近代经学》，《明清论丛》第一辑抽印本，紫禁城出版社 1999 年版，第 1 页。按：《评近代经学》付排之际，大年师已重病住院，承马勇研究员和我一道为引文、注释出处作了一些查阅、核对的工作。但因时间仓促，仍有不少疏漏之处。2000 年 5、6 月间，根据大年师生前的最后两份手稿，我对《评近代经学》的全文又作了一遍较为过细的文字上的校正，但仍有极个别引文未及核对。本文所引《评近代经学》原文，页码均据《明清论丛》抽印本，但文字上已有所校正。这是需要在此说明的。

近乎“谶语”的开场白，本身已道出了这薄薄书册的沉重分量。

一个以马克思主义史学家著称的学者，一个长年“在书斋里战斗”的战士[①]，为什么要在晚年耗费那么多的精力和时间去研究近代经学？他又是如何对这个题目作“了结”的？这一事实本身就不能不引起史学界，尤其是研究近代史的人们的兴趣。由于我在近年间曾零星地参与其事（主要是帮助查找和借阅过一些相关资料，不久前又对全文作了一遍较为过细的校正），现不揣谫陋，将自己的心得体会汇报于后。不当之处，敬请批评指正。

一

大年师与经学的渊源，可追溯到他的青少年时代。

刘大年是湖南华容人，1915 年 8 月出生于一个小康的读书之家（土改时定为富农）。6 岁时入小学，后来大部分时间念私塾。1929—1931 年，湘鄂西苏区开辟至华容，少年时代的刘大年积极参加了土地革命运动，曾任少年先锋队秘书、总队长。苏区撤退后，一度被迫逃亡，后回乡继续求学，先是上乡村师范学校，未毕业又插入衡阳高中，继而又转入设在长沙的湖南国学专修学校，并于 1936 年从国学专修学校肄业。

青少年时代的这段曲折经历，对刘大年日后的影响有两个方面。

一是促使他于民族危难之际毅然投笔请缨，积极献身于民族解放、人民革命的斗争事业。大年师早年在回顾自己之所以投身革命的思想转变的历程时说：因在湘鄂西苏区参加将近三年的工作，对革命方面有些了解，苏区被摧残后遭到原来一些社会关系的轻视和敌视。在求学过程中也时常注意找到革命关系，得到一些进步书籍看，加入共产党的观念就更加明确与坚定了。[②]于是在抗日战争爆发后，他便经湖南籍的著名教育家、革命老人徐特立等人的指引，于 1938 年赴陕北进中国人民抗日军政大学学习，并于同年加入中国共产党。他从此确立起马克思主义思想基础和献身革命的人生道路。那条道

① 按：恩格斯说过，他和马克思是在书斋里战斗的。刘大年常以恩格斯此说自勉。参见姜涛《马克思主义史学家刘大年》，《史学理论研究》（北京）1998 年第 2 期。

② 见其 1946 年在晋冀鲁豫中央局组织部制《个人调查表》中所填《个人历史简述及思想转变的经过》。

路，最现实的就是到烽火连天的抗日战争前线去，从事民族解放的斗争，经受锻炼。那也是他们那一代许多有觉悟的知识分子所共同走过的道路。

二是为他后来从事历史研究工作打下了坚实的知识基础。

大年师自己说过：他从上小学直至湖南国学专修学校肄业，所受的基本都是旧式教育，因而把所谓“国学”看作是根本的学问，甚至在从湖南到陕北的途中，还提醒自己“不可忘记祖宗立国的根本”。他的子侄辈也提及：青年时代的刘大年治学极为刻苦，常把自己关进幽静的田间小屋，甚至连吃饭也靠别人送去。这一强烈的“国学”情结，也即盲目崇拜孔学的观点，是在到达陕北，如饥似渴地阅读了马克思主义的原著和其他大量的新书（包括政治经济学、哲学乃至外国历史）之后，才不知不觉烟消云散了。他在日后从事中国近代史研究并撰写相关论著时，常于不经意间显露出自己在传统文化方面深厚的学养修为，无疑得益于青少年时代刻苦治“国学”时所打下的基础。当然在某种意义上也可以说，他早年的治学经历，是为他晚年撰述《评近代经学》打下了“伏笔”。

但我要说的是，大年师晚年之所以撰述《评近代经学》，决不是突发“思古之幽情”而埋入故纸堆，也决不是为了偿还青春时代的什么“宿愿”而肩负十字架。他之研究近代经学，完全是因为有着强烈的对现实的关怀，是想从宏观出发，从运动中去认识、研究中国近代社会历史。还是在1989年11月间，也就是中国的改革开放和现代化事业遇到暂时的挫折和困难，而有人又在鼓吹亚洲一些国家和地区的经济增长“得力于奉行孔学”之时，大年师于《人民日报》发表旧体诗《见说四首》，对“到底是孔学可以指导现代化还是要把现代生活拉回到孔学思想里面去”提出了自己的看法。其中的第四首是这样说的：

一钱一果互相争①，现代微言未许轻。
泰斗为文呼祸本②，青天传语又时行③。

---

① 原注：梁启超说：孔教行二千余年，众人如群猿得一果，群妪得一钱，跳掷相攫，诟詈相夺，情状可怜。

② 原注：章太炎引述日人远藤隆吉的话：“孔子为支那祸本。”

③ 原注：韩复榘尊孔，说孔子又行时了。韩被杀后流行一本小册子，叫《如此韩青天》。

新儒有道推君子，老店无缘拜圣人。

我自沙滩楼下过，可怜德赛两先生。

《见说四首》直接表白了《评近代经学》的写作动机。而诗中所用之典，后来在《评近代经学》中也几乎都用到了。

在《评近代经学》的《引言》中，大年师是这样阐述的：

当前中国正处在现代化建设中，阐释孔子学说的经学与人们关心的现代化建设中的种种问题，相隔何止像隔山！如今为什么还要提出来评论呢？任何一种思想学说都有一定的范围。要求对历史上思想理论的评述，如全要直接和现代生活联系起来，将会最终取消学术研究，肯定行不通。孔子思想理论是中国包罗最广的文化资源。评论近代经学虽然不是讲的眼前的事，但它涉及对孔学的看法和认识问题。事物不是要从运动中去认识吗？中国近代社会历史剧烈变动，近代经学的状况、地位与作用迅速演变。在这个过程中，经学反映出的孔学思想理论的地位与作用是从其他地方看不清楚的。

中国近代社会历史的基本问题、主要矛盾斗争，一是民族丧失独立，要求从帝国主义侵略压迫下解放出来；二是社会生产落后，要求实现工业化、现代化。近代经学从传统文化深层解读出了近代社会历史的这种症结。……一般地说，每个民族走向现代化，都不能摆脱传统文化的根基。同样地，不彻底清理与批判古老的、主要是反映停滞社会生活的传统，便无所谓发展创新，更谈不到近代化。今天中国的现代化不是在脱离传统文化与周边环境条件绝缘的状态中进行的，它必定要碰到辨认传统文化的根基与彻底清理、批判其中阻碍发展更新的废弃物的问题。近代经学这个话题虽然已老掉牙齿了，我想，加以分析批判，我们从中还可以找到一些与今天相关的有价值的认识，只要不拿它当时事手册答问一类。[①]

这里需要说明的是文中有关中国近代社会历史两大基本问题的论述。90

① 刘大年：《评近代经学》（抽印本），第1—2页。

年代以后，大年师曾在多种场合阐述过：

中国近代史的研究，早已使我们得出了一个概括，一个明确的认识：近代中国历史的基本问题，一是民族不独立，要求在外国侵略、压迫下解放出来；二是封建统治使中国社会生产落后，要求实现工业化、近代化。这个概括来自种种具体问题的研究，它合乎历史事实，而又可以帮助我们分析、观察今天的现实。①

这是在新的认识基础上重新整合和统一起来的中国近代社会“两个基本问题”说，是大年师在1990年代研究中国近代史的最新心得。在《评近代经学》一文中，也多次强调了他的这一新说。如在阐述维新运动时期今、古文学派双方斗争的关键问题时，他是这样切入的：

中国社会的基本矛盾或主要问题是什么？这时由维新派用充满危机感的语言鲜明地提出来了。那就是“救亡图存”“维新变法”以及“振兴实业”的口号和要求。“百日维新”载湉颁布的一百余件诏令，关于“振兴实业”的占相当部分，包括政府设立铁路矿务部门、提倡私人兴办实业、奖励发明创造、许其专利等。也就是说，中国社会的基本矛盾或主要问题是中国濒临瓜分危机，民族遭受压迫，要求独立、解放；社会生产落后，要求实现近代化。严重的问题是，走什么样的路去达到民族独立、国家近代化的目的。②

于此可见，“民族独立”和“国家近代化”这两大基本问题，在大年师的心目中，确系缺一不行，不可偏废。它既是对那已经成为历史的110年重新审视的结果，实际上也是对正在成为历史的最近50年的经验教训的总结。

---

① 刘大年：《〈追求集〉序》，见张海鹏《追求集：中国近代历史进程的探索》，社会科学文献出版社1998年版。并参见刘大年《民族的胜利，人民的胜利》，原载1995年8月15日《人民日报》，收入刘大年《抗日战争时代》，中央文献出版社1996年版，第15页；刘大年《抗日战争与中国近代史基本问题》，同前，第125页。

② 刘大年：《评近代经学》（抽印本），第22页。

大年师每每强调历史论文的写作一定要有“题眼”或“题珠”，他所提出的中国近代社会存在两大基本矛盾或主要问题，而近代经学又是如何“从传统文化的深层解读出了近代社会历史的这种症结”，就是《评近代经学》一文的“题眼”或“题珠”。它贯穿于全文的始终，从而在本质上紧紧地把握住了中国近代这一危机四伏、内外交困而又日新月异、不断变化发展的时代。

今天的现代化是近代历史的继续。近代经学的历史命运可以给今天的人们以启迪。于是这一貌似“老掉牙齿”的话题，又具有了它的现实意义。

二

近代本身是个相对的概念。随着时间的推移，研究近代史的人们已公认从1840年鸦片战争爆发直到1949年中华人民共和国成立的整个历史时代都属于中国近代史的范围。但作为传统思想文化核心的近代经学，其兴衰演变的历史过程，并没有也不可能完全覆盖这一整个历史时代——早在五四新文化运动“打倒孔家店”的潮流下，它就不得不结束了自己的统治地位。

《评近代经学》全文按时段分四章对近代经学兴衰的历史过程进行了论述，即：一、今文经学传播，思想解放萌芽（鸦片战争前夕）；二、今文经学古文经学同时衰落，认识停滞（太平天国农民战争及其以后）；三、今文经学与古文经学并起，学术斗争与政治斗争相结合（维新运动到资产阶级革命运动兴起）；四、穷途末路，二千年儒学统治的终结（辛亥革命至五四运动）。对于有较大时间跨度的研究对象来说，按时段的划分无疑能更好地把握其发展演变的历史节奏。

评述近代经学自鸦片战争前夕始，也就是自龚自珍、魏源始，这已成了近代学术史研究者的一种共识。《评近代经学》也不例外。之所以如此，是因为龚、魏与前代的学者，已处于很不相同的历史条件；而他们的学术，也有着明显地属于那个时代的新的特点。

但其在正式评述龚、魏之前，又有一段并非多余的插曲，这就是在《引言》中花了很大篇幅评论美国学者艾尔曼的近著《经学、政治和宗族——中华帝国晚期常州今文学派研究》。[①]

艾著以清代常州的两个世家大族为对象，力图说明以庄存与和刘逢禄（庄的外孙）为代表的常州今文学派的形成，有其宗族的渊源和政治上的原因，并以此打通思想史与社会史的"断裂"，从而形成所谓"经学、宗族与政治的三向互动"。著者断言："常州的思想史反映出儒学一旦解决国家或地方性难题，必须依赖自身没有自觉意识到的社会结构"，"由于过度强调'现代中国'和康有为的思想，中国和日本史学家竟误解了清代今文经学的性质"。"我们应该以开端代替终结。这并非轻视今文经学在1898年改革维新里的重要性，而是要将开端当作开端去发掘。……庄存与和刘逢禄站在帝国晚期政治世界的舞台中心。相较之下，魏源和龚自珍乃是边缘角色。……我们必须从研究'康梁'转为研究'庄刘'"。[②]

艾著在如何解决思想史与社会史的"断裂"问题上确实进行了有益的尝试。他所提出的一些问题和研究的角度也给人们以启迪。大年师在《引言》中高度赞赏了艾尔曼的敏锐和勇气，也充分肯定了他"将开端当作开端去发掘"的工作，"给人们提供了新的知识"，却并不苟同他的一些结论。《引言》以令人信服的论证指出：清代的今文经学起因于庄存与同和珅的政治斗争说，虽不能排除，但疑点很多，因而迄今还只是一种假说。就个案而言，艾著的工作引人入胜，但仅凭对某些特殊大家族的研究，并不能解决思想史与社会史的"断裂"。因为家族内部是分裂的，它不是社会起决定作用的基础结构。儒学依赖的自身没有意识到的社会结构，只能是与当时社会生产力与生产关系相联系的普遍存在的社会基础结构。

至于艾氏怡然自诩的"庄存与和刘逢禄站在帝国晚期政治世界舞台的中心"，"我们必须从研究'康梁'转为研究'庄刘'"的论点，《引言》尖锐地指出：这实际上是认为"鸦片战争以前和以后，中国社会的基本矛盾、社会结构没有两样。社会基本状况依旧，占支配地位的政治思想学说当然也就依旧，……但是我们知道，这都是经不起历史事实反驳的"。"乾嘉今文古文两

---

①〔美〕艾尔曼（Benjamin A. Elman）著，赵刚译：《经学、政治和宗族——中华帝国晚期常州今文学派研究》，江苏人民出版社1998年版。原书英文版由加利福尼亚大学出版社于1990年出版。

②艾尔曼：《经学、政治和宗族》，《序论》，第3、7页；《中国文化史的新方向：一些有待讨论的意见（代中文版序）》，第12页。

派的共同点多于相异点，即都是在书本子上做文章，远离社会现实。近代今文学则不同。它是近代社会结构变动、社会现实剧烈矛盾斗争的反映”。乾嘉今文学和近代今文学“尽管都讲孔学，而所讲的精义都只是各自时代的产物”。[①]

紧紧抓住时代的脉搏，着意区分时代的差异，这便是《评近代经学》的鲜明特点。

被艾尔曼认为只是“边缘角色”的龚、魏，在《评近代经学》中受到了高度重视。

对于龚、魏以前的清代经学，当然是需要交代的。但大年师仅以一笔扼要带过，并立刻就转入对近代经学的论述：历史上长期沉沦的两汉经学，在清代乾嘉年间又勃然兴起，造就出一群学术界明星。它是一种特定的社会政治环境的产物，同时也反映了学术思想变化自身的某种规律。乾嘉年间兴起的经学同时有两派，一派是世称戴（震）、段（玉裁）、二王（王念孙、王引之父子），号为考据学“正统派”的古文经学派；一派是庄存与、孔广森、刘逢禄代表的今文学派。两派宗旨互异，分道扬镳。近代经学中，今文、古文并存。今文学的传播引起思想界的变动。[②]

龚、魏都治今文经学，而且都是直接从刘逢禄受《春秋》公羊学。他们研究经学的著作，或接近或就在鸦片战争的前夕。此时的中国，“封建统治制度、社会生产长期停滞的固有矛盾，与英国日益加紧输入鸦片，对中国社会生活造成严重破坏的矛盾，纠结在一起。一场不同于以往的社会危机的爆发，正在酝酿中”。作为积极地对待自己时代的新的一派，龚、魏理所当然地受到后世研究者的重视。但如果仅从他们的经学著作看，在本质上仍是宗经说经，与其前辈学者并没有什么不同。有评论者以为，魏源是清代今文经学的奠基者。但大年师认为事实并非那样。魏源所鼓吹的“气运嬗化”“天人合治”等等，根本不存在什么孔学古义，纯属今文学的糟粕；表现的不是起码的智慧，而是神学的愚妄。龚自珍对晚清的思想解放著有功绩，梁启超曾说过龚自珍引公羊义讥切时政，云云。但大年师也指出：那是梁氏把经学研究和政论混为一谈，结果造成了后来长期的误解。按照大年师的分析，龚、魏之不负于

① 刘大年：《评近代经学》（抽印本），第3页。

② 按：以下凡引自《评近代经学》的引文，不再一一标明出处。

他们所处的那个时代，主要表现在两个方面：第一，“龚、魏把前人对今文经学的研究继承下来，在一些主要问题上议论发挥，显出新奇可喜。这就告诉人们，孔学中尚另有天地，可供驰骋。对于在学术上有志追逐的封建知识分子，这是有吸引力的”。第二，“更重要的是，他们在讲今文经学的同时，注意讨论现实世界的问题，有些话大胆尖锐，骇人听闻。人们对他们讨论现实问题的注目，也就增加了对那些经学议论的注目。他们的经学研究也就由此突出起来了”。

大年师指出：龚自珍、魏源各有相当多的作品，是讲求所谓“实学”或“经世致用”之学的。它们与经学研究在龚、魏的撰著里都占有重要地位。除个别例外，他们很少在自己的政论、文学作品里引据今文经学的言词，或者相反地在公羊学的著作中直接谈论时事。但不能因此而把龚、魏的学术思想与其关于时务的思想截然分开。“不管他们怎样对待经学研究和观察社会现实的关系，公羊学的理论和思想方法，不可避免地要与后者发生某些联系”。“公羊学长于议论，思想不那么受到束缚。这很有利于他们深入观察现实。他们一只脚伸向传统学问，一只脚踩在社会现实矛盾上面，两者发生某种联系，‘改革’‘变法’的呼声，就这样喊出来了”。社会生活中的矛盾越发展，他们提出的问题，也就越发招引人们的注意。“龚、魏表现了他们是地主阶级的怀疑派或革新派。他们集今文经学研究和时务讨论于一身，一方面在尊崇、宣传孔学，一方面又间接批评孔学，近代思想解放因之出现萌芽。这是他们的功劳。但也仅仅到此为止”。

至于与龚、魏同时，或足称前辈的一些人，大年师对他们也作了一定篇幅的分析论述。他指出，这些人尽管著书满家，但思想仍是陈旧的空壳，“人们从他们那里得不到认识历史发展和了解社会生活的启示”。而“学术研究的价值，在于推进人对人类历史发展和社会生活的认识。学术研究提供的知识对于推进那种认识可以有直接的，可以有间接的，它们都要推陈出新，不能靠反复重演旧文去实现”。这就是为什么近代思想解放的最早萌芽只可以从龚、魏讲起，而不是要排列上同时的其他一连串公羊学家。

太平天国农民战争爆发及其被镇压后相当长的一段时间，是今文经学与古文经学“同时衰落，认识停滞”的时期。

据大年师分析，其原因有三：一是“地主阶级知识分子中的许多人直接投身到军事等实际活动中去，对抗太平军，并从这条道路上去求取功名利禄。

他们根本顾不上研究学问”；二是“清代经学发源和兴盛的地区，本来在东南数省。太平军与清军的战场恰恰长时间在东南地区。太平天国失败以后，那个地区并没有、也不可能马上形成有利于经学研究的环境和条件”；三是“经学经过以前的繁荣，如果没有新的思想，可做的文章已经不多了”。

当然经学并非就没有人研究了，那些研究，对于后来者也有相当关系。大年师所列举的这些承前启后的学者主要有邵懿辰、俞樾、戴望、王闿运等人。但他并没有按学派将这些学者予以分列，也没有花过多的笔墨去分析他们的思想主张，而是以精练的语言概括了他们在个人经历和与经学研究方面的两个共同特点：第一，“他们都与反对太平天国的支柱人物、讲求程朱道学、以封建文化的代表者自居的曾国藩有直接联系”；第二，“他们的讲论严格限于书本，思想停滞。他们或讲今文，或讲古文，各讲各的，从来没有争论。不但没有争论，而且能够密切合作”。这时不管今文学派、古文学派，在对待农民造反、保卫孔学上，他们是一个统一的派。“他们谁也没有越过统一界线的表示”。

值得注意的是作者花了相当多的篇幅论述了孔学经典对太平天国领袖洪秀全的影响。

大年师指出：孔学经典“六经”是中国古代历史、传统文化的基本部分。作为一种长久、普及的意识形态理论，不仅封建统治阶级能够利用，农民和其他阶级也能利用。洪秀全在他写于1847、1848年间的《原道醒世训》中，曾一字不漏地引述了《礼记·礼运》中有关“天下为公”，“是谓大同”的那段话。虽然在1853年太平天国删改孔学典籍时，这一段话被整个地删去，但事实上什么也没有改变，因为“《天朝田亩制度》规定的乌托邦已经使太平天国的整个面貌确定下来了”。洪秀全引用《礼运》并没有曲解或误解儒家经典，他不过拿它作了一次空前规模的空想社会主义的实验。于此也可以确切知道，太平天国改造社会的方案、理论完全来自中国传统文化。

大年师高度赞赏洪秀全对于《礼运》“大同”理想的“突破”性贡献。他指出：《礼运》大同、小康说，作为一种看待社会历史变迁的认识，“大同”作为人们羡慕向往的理想世界，出现以后似乎就长期沉沦，二千年间不为人所注意。不论汉学、宋学，今文、古文，都对它保持沉默。如今由洪秀全郑重其事提出来，并特别把“大同”倒过来，由原来是指原始社会的变为是指未来理想世界的。如果要说“突破”，洪秀全在这里倒是实现了一个突破。“在中国近代史上，洪秀全以后《礼运》屡次受到人们的推崇、评论。资产阶级改良主义运动领导人康有为、梁启超讲《礼运》，改良运动思想家谭嗣同讲《礼运》，资产阶级革命运动领导人孙中山也讲《礼运》，而且他们都实际上接受洪秀全的办法，也不认为要作什么解释，就是把本来想象的原始共产主义‘大同’倒过来，改变成了未来理想的共产主义——尽管他们只叫‘大同’不叫共产主义”。至于“大同”理想为什么会在沉沦两千年后重新在 19 世纪末、20 世纪初得到人们的重视，大年师没有作进一步的说明。我以为，这应是西方资本主义及其社会生产力的急剧膨胀，严重扰动了世界包括中国的原有秩序使然。大年师在文中也提及：钱穆批评康有为，说小康乃中国之故有，大同实则即西俗。这似乎也从一个侧面证明了这一点。

近代经学发展的第三个时期是 19 世纪末、20 世纪初，也即维新运动到资产阶级革命运动兴起的时期。

这一时期在时间跨度上不长，但适逢中华民族生死存亡的紧急关头。今、古文学派也于这时“突然打破沉寂，同时活跃起来”。作为古老文化核心的经学，显然又有了它暂时存在的价值。因为它和社会生活现实、民族命运、国家前途联系到了一起。这一时期也成了近代经学最为活跃的时期。双方出场的人物多，争论的话题多，学派纷争又与政治斗争搅和在一起，头绪纷纭，错综复杂。《评近代经学》理所当然地把这一时期作为论述的重点。全文总共 7.5 万字（含引言、结论以及注释），这一部分的论述就占了整整 4 万字，可见其所占分量之重。而在具体论述上，这一部分也和前后截然不同。首先是依照时序，将这一时期大的争论析分为前后相连的两场斗争，即第一场斗争“今文学挑战，古文学反攻”和第二场斗争“古文学派挑战，今文学派退出政治争论”；然后按有关学者及其著作、经学研究中的思想主张、两派争论的主要问题等再作条分缕析。这样，既照顾到时间上的连续性，也为展示双方出场人物及评述其思想主张留下了足够的空间。

戊戌政变前的那一段时间，也即文中所说的第一场斗争期间，可以说是晚清学术论坛和政治论坛最为开放活跃的时期，虽然为时很短，但呈现出空前繁荣的局面。今文经学和古文经学双方的活跃人物何啻数十！作者依照其影响、地位和学术贡献，于双方各遴选了六七位“出场学者”（如今文学派出场的主要人物是：康有为、梁启超、皮锡瑞、廖平，以及谭嗣同、徐仁铸、樊锥等；古文学派出场的主要人物是：张之洞、王先谦、叶德辉，以及朱一新、苏舆、梁鼎芬等），不仅简略介绍了他们的生平和代表作，还进一步评介了他们在经学研究中的思想主张。这些评介往往文字不是很多，但都能抓住有关人物及其代表作的主要性格特点。

如对康有为及其论著的介绍：

康有为（1858—1927），号长素，广东南海人，维新运动的发起者和思想家。1895年中进士，授工部主事。“百日维新”失败，流亡海外。他的《新学伪经考》（1891年刻成）、《孔子改制考》（1892年开始编纂，1896年出版）是引起思想界震动的两部书。另一部受人注意的著作《大同书》，成书时间较晚，性质是超今文学的。其他如《春秋董氏学》《春秋笔削大义微言考》《礼运注》等等，都不占重要地位。

如对梁启超经学研究思想主张的评介：

梁启超的今文经学出自康有为，但并不一味附和师说。康有为撰《新学伪经考》时时流露出武断，又好纬书，以神秘性解说孔子，梁启超均不以为然。他自己说，三十岁以后“绝口不谈‘伪经’，亦不甚谈‘改制’”。康有为流亡海外，倡议设立孔教会，定孔教为国教，国内有人赞成。梁启超著文反驳说：自汉以来，孔教行于中国二千多年，学者各自以为孔教，而排斥他人以为非孔教。如群猿得一果，跳掷相攫，如群妪得一钱，诟詈相夺，情状可怜。这是两千年来保教党所产生的结果。他在这里表示了与康有为截然不同的态度。

又如对张之洞其人的介绍：

张之洞（1837—1909），号香涛，直隶（今河北）南皮人，这时任湖广总督。他不屑于以经学家自诩，但对维新运动与经学的态度，极大地影响着两湖以至全国的动向。他先是插足维新运动，极力拉拢康梁（1896年他给梁写的一封亲笔信，称二十几岁的梁启超为“卓老”，阿谀奉承），很快又掉过头来极力反对维新运动。他实际上是古文学派反对今文学派的挂帅人物。1898年4月所著《劝学篇》刊行，强调“旧学为体，新学为用”，遵守封建纲常伦理。

再如对朱一新学术思想的评介：

朱一新《复康长孺孝廉》等五篇文字，都是反驳康有为《新学伪经考》的。他指出康曲解了西汉今古文争论的关键。“汉儒龂龂争辩者，但谓《左氏》不传经，非谓其书之伪也”。又指出康的方法也不对头。引用《史记》，出尔反尔，自相矛盾。那些信件都是平心静气的学术争论，摆事实，讲道理。据康有为记载：他与朱辩难颇多，经过交底，朱醒悟过来，同意康讲的所谓孔子大道。朱的公开言论和书札，不过是些门面话。只谈学术，不谈政治，在这一点上，朱一新就像今文学派中的廖平。

都是寥寥数语而入木三分。

对于在此期间今古文学派争论的主要问题，《评近代经学》也进行了爬梳归拢，归纳成两大类：一是以前今、古文学就有争论的；二是这次争论中新提出的，也就是双方斗争的关键问题。

属于第一类的有：古文经学是否出于刘歆的伪造？经学应该讲微言大义还是应该讲训诂名物，应该重视口说还是应该重视传记？《周礼》《左传》《古文尚书》等几部书的价值应当如何看待？讲求经学当抱何种主义？等等，计约八个方面的问题。大年师对这些问题，都分正反两方一一予以了详尽的论述。

第二类，是双方斗争的关键问题，也即“开新还是守旧，变法还是反对变法？”这是时代所提出的新的严峻课题。

前已引述过，大年师在这里再一次强调了中国社会的基本矛盾或主要问题，“这时由维新派用充满危机感的语言鲜明地提出来了”，那就是“救亡图存”“维新变法”以及“振兴实业”的口号和要求。而严重的问题是：中国究竟走什么样的路去达到民族独立、国家近代化的目的。

维新派的方案是“维新变法”，即改革封建专制政体，兴民权，直到仿效日本、俄国的君主立宪。顽固派和原来也主张枝节“改革”的洋务派一致反对。变法与反对变法，成了时局激荡的漩涡。由于维新派的领袖人物又是今文经学的鼓吹者，于是今文经学、古文经学两派的争论，也就同维新派与维新运动的反对派直接联系到了一起。

对此，大年师是这样阐述的：

> 他们把彼此间政治主张的对立，明确归纳为“开新”与“守旧”对立，实质上是主张变法与反对变法的对立。具体地说，是变法、民权和平等几个问题的对立。今文学派以及与他们抱着同样政治观点的人，主张开新，要求变法，提出民权、平等。古文学派以及与他们抱有同样政治观点的人，主张守旧或实际上要求守旧，反对变法，反对民权，反对平等。经学上“伪经”与“改制”与否的争论，不过是现实斗争的一种手段而已。

> 今文派不能概括维新派，但多数人物与维新派同属一个阵营；古文派不等于顽固派，但多数人物与顽固派同属一个阵营。今文、古文两派是各自阵营的理论家、代言人、宣传者。学术观点与政治立场、意识形态与阶级关系在这里紧密地结合在一起。

大年师于此的思想倾向十分清楚，那就是赞成维新变法而反对顽固守旧。但由于学派争论与政治斗争掺和在一起，作者并没有采取简单的价值判断或以春秋笔法予以褒贬，而是尽可能地援引论辩双方的言论。因此，尽管文中所得出的一些结论性意见，有些读者可能不会完全赞成，但由于作者真正做到了“从思想理论领域把那场斗争的全局和实质指示在人们面前”，读者从中所受的启发和教益依然是极为深刻的。

第一场斗争的结局众所周知。戊戌变法失败了，今文、古文两派斗争的形势也骤然一变。参与变法活动或讲“康学”的人，这时受到迫害，已不可能再从事原有的宣传讲论。现实的政治斗争也使经学不再成为他们制造舆论的手段。但就在“学术思想界形成一股反动的逆流”之时，出现了大年师称之为第一次斗争“余波”的事件。那就是一直讲今文经学但与变法活动全无瓜葛的廖平，此时站出来说话了。廖平一面不得不极力划清与康有为的界线，一面在公羊学、孔子改制、素王说等问题上，回答古文派的指责。大年师于此评论道：

> 在康有为及其讲今文学的同道被剥夺了发言权的情况下，廖平对古文派的追击作出一些回答，是做得对的。要不然，就只有向古文学一面倒了。在这个意义上，廖平的答辩，可算那场斗争的余波。但也只是余波而已。

因此，紧接下来的第二场斗争，也即“古文学派挑战，今文学派退出政治争论”，还是只能形成一面倒的局面。但大年师并不认为那些由于“在反动政变后获得政治上的利益，气势嚣张”的人们有资格发动这一场新的斗争，因为他们并没有反映社会前进运动的要求和趋向，从而也决不可能是真正意义上的胜利者。现在上场的古文派学者，是一些政治观点激进或暂时趋向激进的新人，是从古文学营垒走出的战士。“他们的活动是和历史演进的一个新的阶段相联系的”。这一场斗争的代表人物是章炳麟（太炎）、刘师培、黄侃，以及与章、刘关系密切的邓实、黄节等人。这几位从古文派营垒走出的新人，当然是和那些顽固、守旧的古文派前辈有着根本不同的地方，否则，惜墨如金的《评近代经学》是不会为他们立专节加以评述的。

他们在经学研究中的思想主张及对若干问题的具体争论不在这里介绍了。但大年师所概括总结的章太炎在经学研究中“明显超过康有为和他同时所有的人”的几点，还是有必要重复一下的：

首先，“头一次用新的眼光评价孔丘，把孔丘由一个完美无缺、至高无上的圣人，降到了一个普通的历史家的地位上。孔丘的形象由完全虚假变得比较接近真实了”。其次，“改变经学研究的性质，经籍由历来阐发、颂扬的教条，变成了客观研究、了解的对象”。再次，“强调指出孔丘和孔学的主要功绩，在于保存民族历史，保存民族文化，它们在长时间里，成了中国民族精神支柱的主要部分”。这几点，是章太炎讲经学的精粹。“它体现了古文经学的求实态度，在思想观点上又是迈越古文经学的。如何看待孔子和孔学，人们从这里头一次看到了一个科学性的评说”。

《评近代经学》的第三部分，还专门立有一节讨论两次斗争中的经学与西学。

处于民族危亡之际的近代经学，不仅有着今文学与古文学的“内战”，而且有其一致对外的地方，那就是必须共同面对西学的沉重压力。

那时的所谓西学，是以近代科学技术为其坚实基础的西方资本主义学术文化，它代表了当时人类认识世界、改造世界的最高水平及其最新成就。然而科学技术的进步，并非都是人类的福祉。杀人的新手段，枪械与火炮，正是在此期间取得了长足的发展。美国发明家马克沁（H.S.Maxim）所改进的机关枪，使得19世纪末期的“厚颜无耻的帝国主义者”对亚洲和非洲那些被污蔑为“劣等种族”的民族占有了空前的优势。正如当时所流行的一首歪诗中所说：“不管发生了什么情况，我们有马克沁，而他们没有……”[①]这首歪诗道出了帝国主义之所以成为帝国主义的科学技术因素，第一生产力的因素。

学习新事物，接受新事物，是不以人的主观意志为转移的。但西学挟枪械火炮之威而来，又迫使人们，尤其是讲经学的人们带着极为复杂矛盾甚至扭曲的心态去看待它。

1897年，年事已高的古文派学者俞樾无可奈何地说起，甲午战后的三年间，时局一变，风气大开，人人争言西学。他本人虽然坚持不讲西学，但也不打算反对他的学生去讲西学。大年师指出：“这反映了西方资本主义文化日益增强的冲击，导致中国思想界发生了中学与西学、新学与旧学的激烈斗争。作为中学核心部分的经学，必然要卷进这个斗争的漩涡里面。”在两次斗争中，今文派与古文派在讲经学的同时都不能不讲到西学，至少得夹杂着一些关于西学的议论。康有为、章太炎的学问，“在不同程度上是不中不西，或者中学表层涂抹些西学釉彩，亦中亦西”。康、章以外的两派经学家，多是拿中学比附西学，即认为西方的一些事物、学说是中国古已有之的。从西方把那些学说介绍过来，正好比“礼失而求诸野”。

“这些讲经学的人，这些孔教保卫者，为什么偏偏要拿中学比附西学呢？”大年师一针见血地指出：

> 他们中间有人说这是自大，不够谦逊。其实这种说法仍是自我夸饰。他们不是什么自大，而是内心慌乱和自卑，是在西学冲击面前无能为力的彻底的自卑。中学比附西学，把西方当今一些学说、

---

①〔美〕阿西摩夫（I. Asimov）:《生命的起源》(《自然科学基础知识》第三分册)，科学出版社1979年版，第48页。

事物指为与中国古代相合，与孔学一致，其实际的意义是，这时中国封建的文化已经丧失了独立的地位，它抵挡不了资本主义文化的侵袭，而要去攀附后者，寻求依据来保护自己的生存地位。纵然它含有抵抗西方文化侵略而发出呐喊的某种意义，但却表明自己是没有能力来抵抗那种文化入侵的。因为那种文化入侵来自外国资本主义的全面入侵。这不是单从文化思想上所能解决的。何况那种比附出于虚构捏造，强作解人，不能掩人耳目。

大年师在文中还进一步探讨了中西文化关系上“西学东源”说的来源。他指出：早在明代末年耶稣会传教士把欧洲一些科学知识带到中国的时候，以徐光启为首的少数知识分子即试图解决中学与西学的关系问题。他们的设想是“会通以求超胜”，先使两者“会通”，然后由中学“超胜”西学。但那个理想并没有坚持下去。清代前期是中国传统文化汲收新知和发展自己的一个机会。清代经学家们又错过了这个机会。当时出现了一种“西学东源”论，认为西学源出于中学。考据家兼数学家王锡阐、梅文鼎首先倡导这个说法，戴震、梅珏成（梅文鼎孙子）等人相继引申发挥。戴震并在《四库全书》天文算法类书目提要中列举资料，证明西方的某些算法是先从中土流入西方然后又转而流回中国的。“西学东源”由此差不多成了清朝官方学说。

戴震在清代学者中“最称巨擘，学术淹博，有新思想”。他对中西学术在方法论、认识论方面的差异最为清楚，在其实际的学术研究中，更是注意吸收西学之长而为己所用，可是他非但有意不去点破，反而极力鼓吹得到官方首肯的“西学东源”说。所以现代的研究者中，有人对他是颇有微词的。大年师注意到今人的这一批评，并痛切地指出：“《四库全书》编纂以后一百余年，近代经学讲论者仍在西学东源说上打转，而知识却远远落后于他们的先辈。这不止是经学的悲剧。”然而他在文中并没有追究戴震的个人责任，而是抓住被一般经学家们当作思维的最高方法的经学方法本身，进行了深入的剖析。

什么是经学方法？那就是唯书、唯上，引经据典。“凡有辩论，总要引证诗云子曰作为根据。孔学经典上的是非，就是他们认识上的是非”。独获创知的创造性思维，就这样首先从方法论上被扼杀了。经学家们也强调研究学问要“实事求是”。但他们的所谓“实事”，除天文算学等少数门类以外，只有儒家经典及其繁琐无边的考辨资料，自然界的诸般现象是被排除在视野之外的。大年师对此的结论是：在中世纪，西方经院哲学把自然科学变为神学的奴婢，清代经院哲学——经学则把历算科学变为孔学的奴婢。“西学东源”论盛行，说明从孔学体系羁绊下解放出来，是中国传统文化汲收新的方法论、认识论，更新自己的决定性关键。

但大年师通过史实的论证，对中国古代思想文化中有些内容传到西方，并产生过一定的影响还是表示了充分的肯定。不但如此，他还对英国学者李约瑟（Joseph Needham）通过自己的研究所得出的一个“新说”，即“辩证唯物主义渊源于中国，由耶稣会教士介绍到西欧，经过马克思主义者一番科学化以后又回到了中国”的说法极表兴趣，指出：“对于李约瑟的论断要继续研究，而它应当是有根据的。”而在《评近代经学》的“结束语”部分，更对此作了进一步的申论。

从辛亥革命到五四运动，是近代经学走向穷途末路的终结时期。

对于这一时期的近代经学，大年师同样也列出了两派学者及其著作、经学研究中的思想主张等细目进行了探讨。这一部分的论述还为我们勾勒出了近代经学的最终历史命运：自1905年科举考试废除之后，儒家经典实际上已失去了在意识形态领域的统治地位；1911年辛亥革命后，随着君主专制王朝的被推翻，经学更失去了政治上层建筑的庇护。所以，虽有袁世凯的尊孔闹剧，也虽有康有为与章太炎等人在是否定孔教为国教问题上的一时争论和在尊孔读经问题上的最终合流，但在五四新文化运动“打倒孔家店”的潮流下，近代经学还是走到了山穷水尽，不可能再作为特定的统治思想体系而发挥作用了。正如大年师所分析的：

> 近代经学是历史的产物，它完成了历史提出的必须完成的任务。今文学、古文学两派的激烈斗争，暴露了经学的重重矛盾和不合理性。这种矛盾和不合理性，是要由它的自我揭露来实现的，没有其他办法代替。五四新文化运动“打倒孔家店”的口号，宣告近代经学及其斗争成为过去；同时，是高声宣告了经学二千年统治地位的最后终结。

《评近代经学》的“结束语”，从四个方面对全文进行了总结，且有进一步的发挥。

一是指出了近代经学所具有的自我否定功能。经学原有的功能在于阐述孔学。而孔学的核心部分是建筑在小农经济基础上的关于血缘关系、等级制度、君权至上的伦理和统治秩序的教义。进入近代以来，经学封建意识形态的特性，决定它自己不能改造自己，去适应剧烈变化了和正在继续变化的社会生活的要求。但它又望风而动，参与到了尖锐的现实斗争之中。这说明它的封建性与民族性密切相关，二者难以分割。中国近代民族丧失独立，社会生产落后两大基本矛盾的突出，把一切都变得格外复杂了。近代经学在很大程度上所做的是破除旧思想桎梏，自我揭发、自我否定的工作。自我否定，同时也就取得了自我存在的价值。

二是揭示了近代经学所存在的形式与内容上的矛盾。经学是中国封建阶级的意识形态，近代经学中却朦胧出现了民权、平等等西方资产阶级的口号和字眼，众口喧腾。但这种形式与内容上的矛盾，并没有改变它的封建主义的意识形态的性质。这是因为，讲经学的主要人物的思想主张表明：孔学体系、封建意识形态，在经学讲论中仍然是压倒资产阶级意识形态的。近代经学中占主导地位的，是封建主义的纲常伦理、孔学名教和它的整个体系，而非民权、平等那些观念。民权、平等观念出现，给争论火上加油，带来了爆炸性的效应，但它根本谈不上与封建意识形态相匹敌。经学的性质没有改变，也不可能改变。

三是剖析了近代经学“来自基因”的双重性格：孔学的现实精神与复古主义。孔子学说的基本内容，是直接面对社会现实的。这是它的很大长处。同时，孔子生当礼崩乐坏乱世，要求恢复周礼，反对“攻乎异端”。这又使他主张复古，思想封闭。近代经学并不害怕与现实生活相接触。从龚自珍、魏源起，已经开始把原始孔学的现实精神显示出来。维新运动中的今文派、辛亥革命前的古文派，进一步发挥出了这个长处。这是近代经学最值得重视的部分。然而，就在一转眼间，今文学与古文学又都转而宣传复古主义、封闭思想。它们的提法不同，在对待孔学、对待社会现实上倒退，则没有两样。东、西汉经学道不同，不相为谋。它们都解说孔学，又各有自己的性格，壁垒分明。这也连及到近代经学两派的不同性格。

四是阐述了经学从历史舞台退出后，为什么最后只有马克思主义在中国得到广泛传播，并终于与中国固有文化结合起来。大年师分析原因有四：第一，中国先进分子一直指望向西方寻求到救国救民的真理，帝国主义残暴侵略中国的历史和现实，使那种指望破灭了。第二，俄国十月革命，布尔什维克建立起无产阶级领导的政权，马克思主义理论变为现实的社会制度。中国先进分子面前出现了一条新的道路。第三，马克思主义是一个科学思想体系。它关于基础与上层建筑的关系、生产力与生产关系的矛盾与适合、私有制社会里阶级矛盾与阶级斗争、社会制度由低级向高级发展的理论，深刻明晰。中国人依据自己的文化背景、现实生活，接受了这一思想，并把它作为改变半殖民地半封建中国命运的斗争武器。第四，马克思主义与中国传统文化中古典的朴素的唯物辩证法的思想是可以沟通的。马克思主义哲学中互相联系的两个部分，一是唯物论，二是辩证法。中国传统哲学，首先是经学里面，就流传着这两者的科学要素。中国古代的唯物论思想和朴素辩证法，带有臆测性和直观性，需要应用建立在近代科学基础上的马克思主义哲学来加工，使之完善化。

大年师最后指出：

> 马克思主义与中国传统文化相结合，是中国文化的自我更新，是中国文化现阶段的重要发展。孔子学说统治成为过去，近代经学结束，是历史朝前演进的必然，是合理的和不可避免的。为什么五四运动以后，西方各种牌号的新思想、新学说蜂拥进入中国，又都像昙花一现，转眼过去，唯有马克思主义终于落地生根，开花结果了？这四条就是回答。

三

以上虽花了较多的篇幅对《评近代经学》的内容进行了介绍，但它依然只是结合我个人的理解而描绘出的大致轮廓，目的也只是让读者对大年师究竟如何就《评近代经学》这个题目“作了结”有一基本的印象。对于这样的轮廓或印象，读者完全可以有不满意的理由。因为原著的内容极为丰富而文字又高度洗练，仅凭以上的介绍，是很难完满地展现其原貌的。详尽的介绍需要有更多的篇幅，而那样做还不如直接阅读原文。更何况原著一些具体论述的精妙细微之处，只有徜徉在上下文的语境之中才能真正体会到。

人们常将科学研究最终的成果比喻为冰山浮现出水面的那“一角”，这样说是很有道理的。对于大年师在《评近代经学》一文写作中的艰辛，那大量的“淹没在水面之下”的工作，虽“不足为外人道也”，但也不妨在此摭拾一二。

我印象很深的有这么一回事，那就是查找朱一新的有关材料。朱一新其人是金华学派的理学家，在近代经学的纷争中并不是什么至关紧要的人物，他只是在康有为显露头角之初和康进行过一些学术上的讨论。但问题是需要对他的生平事业有进一步的了解，而遍查现存的清人著述或清史资料对其都语焉不详。大年师不愿轻易放弃努力，嘱我再想想办法。我自揣无能再在浩繁的清史资料中捞针，便直接给浙江义乌市的方志办公室写信求援。但最终出现在《评近代经学》文中的有关朱一新的文字，只是极为简短的两小段话。

还有通读清末今文经学家廖平著作之事。廖平讲经学的名气很大，对康有为的经学主张有直接的影响。但其人学术观点多变，其著多牵强附会之作。我是一提到就犯怵，因为总要联想起“懒婆娘的裹脚布”之类的歇后语。但大年师为了更好地了解其人其论，还是决定将其通读一遍。记得 1999 年春间的那一次，我到木樨地大年师的住所去拜见他。他笑眯眯地告诉我：总算把廖平读完了。我当然知道这轻描淡写的一句话的真正分量。

大年师十分注意吸收现代学人的有关研究成果。不仅看周予同、杨向奎、杨伯峻、赵光贤等人的著述，更看相对来说较为年轻的学者，如汤志钧、李学勤、朱维铮、姜义华等人的论著。对中国台港和海外乃至其他学科的一些学者的相关论著也同样予以关注。如对乾嘉古文经学代表人物戴震，我见大年师原稿对其评价很高，就顺便说起自然科学史研究所已故钱宝琮先生对戴震其人有不同的看法，大年师很注意地听我所作的简略介绍，并立刻嘱我复印原文供其参考。

又如李约瑟所提出的马克思主义的东方来源之说。大年师曾见有报刊文章涉及这个问题，后来又见中央某领导在不同的场合一再提起，可是其人之出身、阅历是不大可能自己讲出这番话语来的。大年师便嘱我进一步在学术刊物中查找其原始出处，最后还是辗转请现任中国社会科学院研究生院院长的方克立教授帮助解决了问题。

文章写出来总是要让人看的，作者当然也乐于和读者交流自己的看法。

《评近代经学》一文使我感觉到，它与读者交流的方式也有其鲜明的特色：文章的高度洗练压缩，没有任何废话，可以使读者免去一些不必要的文字表达上的枝枝蔓蔓的缠绕，而直接融入作者的思绪；行文的平实风格和结论的自然形成，更使读者感到是在和一位睿智的老人进行平等的对话而无丝毫的压抑局促。

由于年事和阅历的关系，大年师对南宋爱国诗人陆游晚年的一些诗作，往往产生共鸣。如陆游的一首绝句：

斜阳古柳赵家庄，负鼓盲翁正作场。
死后是非谁管得？满村听说蔡中郎。①

大年师便常常提起。陈寅恪先生曾在《论再生缘》一文中述及“负鼓盲翁”之谶，大年师在作批时即指出此典的原始出处。②张友坤同志编就《张学良世纪风采》图文集，请大年师作序。他慨然应允，但因忙于《评近代经学》的前言，拖了下来，不久即因高烧不退而住院。半昏迷中他断断续续口授序言，内中又完整地引用了此诗。

的确，“死后是非谁管得”？由于自然规律，他和他的同代人已经或正在走向历史。生前是非已任后人评说。而我想说的是：大年师是无愧于他的时代的。从《评近代经学》的字里行间，我不仅体察到了一位年高德劭的学者生命不息，笔耕不辍的严谨治学精神，也仿佛见到了当年转战在太行山的千山万壑之中的年轻战士的身影，依稀听到了当年为自由之神而纵情歌唱的青年学子的心声。③

---

① 陆游：《小舟游近村舍舟步归》之四。

②陈寅恪先生在其所著《论再生缘》文中曾自叙双目失明之初的遭际：“自是求医万里，乞食多门。务观赵庄之语，竟‘蚤为今日谶’矣。”大年师在此页页眉上批注：“按：陆游（务观）诗有：‘斜阳古柳赵家庄，负鼓盲翁正作场。’”见其所藏陈著《论再生缘》（油印本）第38页下。

③ 按：《在太行山上》歌词中有“红日照遍了东方，自由之神在纵情歌唱”和“千山万壑，铜壁铁墙，抗日的烽火，燃烧在太行山上”等句。

曾彦修、刘大年关于《美国侵华史》的一次论争[①]

赵庆云

1949年11月，刘大年著《美国侵华简史》由北京新华书店出版。这是一本仅90页、不到8万字的小册子。因其具一定的学术底蕴，且高度契应了当时的政治形势，甫一问世即风行全国，产生了相当大的影响。1951年4月，刘大年得近代史所同仁沈自敏、丁名楠之助，将《美国侵华简史》修订成近17万字的《美国侵华史》，8月由人民出版社出版。同年苏联外国作品出版局印行了其俄文译本。奥夫钦尼科夫在《真理报》发表《叙述美国侵略中国的几本书》，予刘著以好评。苏联《历史问题》杂志也发表长篇评论。在当时的政治氛围中，苏联学者的揄扬和推介无疑扩大了《美国侵华史》的影响。朝鲜、捷克斯洛伐克和民主德国相继出版译本。苏联《大百科全书》第2版第21卷（中国卷）历史部分刊有记录。1953年，苏联科学院因《美国侵华史》决定授予刘大年斯大林奖金。斯大林去世后，授奖之事不了了之。

1954年12月，《美国侵华史》经过修改增订后由人民出版社再版，增加了抗美援朝的内容，篇幅增至24.1万字，已成一部颇具规模的专著。对于《简史》及《美国侵华史》，学术界与舆论界的关注度相当高，不少报刊发表书评。既肯定其价值，亦不避其粗糙简陋之处。事实上，刘大年对《简史》的修订，就在很大程度上接受了李光霖、王大白等人的批评意见。

时为人民出版社副社长的曾彦修与刘大年就《美国侵华史》有过一次剑拔弩张，却未曾公开发表的论争。曾彦修撰《评刘大年著〈美国侵华史〉》投稿《历史研究》，《历史研究》将曾的书评转刘大年，刘撰《关于曾彦修同志对〈美国侵华史〉的评论》辩驳。曾彦修的批评极尖锐：刘著“空论太多，全书虽有二十几万字，但材料却不很多。尽管满纸都是分析、论断，但在重要的问题上、关键的问题上，材料却很少甚至完全没有”；这是“一本充满了错

---

① 原载《读书》2009年第10期，第75—79页。——编者注

误的，在基本的观点与方法上是唯心主义与反历史主义的著作，是一本对大大小小的历史事件进行了一系列的随心所欲的解释的著作。它在政治上和科学上都传播了一种不好的作用。特别在科学研究上传播一种反科学的、主观主义的，随口而说的极坏的作风，大大地损伤了在阐述美国侵华史这个极为重要的问题上应有的严肃性和战斗性”，且指责《美国侵华史》“甚至在全书中却一点也不顾到党的政策和毛主席的指示”。

曾彦修撰此书评有一定背景。据沈昌文回忆，1955—1956年，三联书店规划大量出版学者著作。曾彦修认为燕京大学教授的卿汝楫所撰《美国侵华史》书稿比较实事求是，“可是，在当年那个时候，你还敢在刘大年之外再出一本《美国侵华史》吗？书名都一样啊。一般人是不敢的。可是曾彦修悍然不顾，讲出充分的道理，证明这本书的水平不低于刘著，说明出版这部书的重要性。最后，用三联书店的名义出版了这本书”。（《知道》，沈昌文口述，张冠生整理，花城出版社2008年版）窃以为，沈昌文回忆有不确处，卿汝楫的《美国侵华史》第一卷早在1952年5月已由三联书店出版，此处所述应为第二卷。但既然第一卷已出，则所谓“敢在刘大年之外再出一本《美国侵华史》”实难明其所指为何。唯据此可以大体推断，卿著第二卷是否出版在三联内部曾引发争议，而曾彦修对刘著《美国侵华史》的批评与此事密切相关。

曾彦修与刘大年在当时学术界均颇有影响，批评与回应的两篇文章都相当尖锐，且因掺和了政治因素而显得尤为敏感。刘大年曾写信给时为中宣部长的陆定一：“定一同志：《历史研究》编辑部转给我曾彦修同志作的《评刘大年著〈美国侵华史〉》一文，我读了以后写了一篇答复的稿子。我写的稿子中有的地方涉及到党的政策和当前的实际斗争，希望您能翻阅一下，给予指示。为了便于查看，把我的稿子连同曾彦修同志的文章一并送去。”并说明：“两篇稿子都已投寄《历史研究》编辑部，商定由尹达同志负责处理。”

尹达也不能擅作取舍，这次论争最后请范文澜、田家英仲裁。田家英又致函范文澜：

> 大年同志和彦修同志的文章，我最近草草地翻过一遍。彦修同志指出的《美国侵华史》一书的基本缺点（即把近代历史上帝国主义侵略中国的过程简单化了），我是同意的。这种意见一九四八年

在西柏坡村时我曾向大年同志提过。记得当时陆定一同志也向大年同志说过相似的意见。但是彦修同志的文章中有很大一个缺点，他只批评了刘著，而没有系统地摆出自己的意见，给人的印象是，在许多事实上辩论美帝国主义是否是侵华的主谋者，但说不出对于美国侵华历史过程的自己的看法。在这个问题只破不立是不成的。我同意您的处理，即暂不公开发表他们的文章，而邀集一些人进行讨论。为了使讨论会能够开好，我建议准备的时间不妨长一些，并且可以约定一些人作些必要的研究。这样，经过讨论，不仅可以把双方意见中的对的地方和错的地方弄个清楚，而且可以求得对于美国侵华历史过程的正确看法。①

由于范、田二人都主张不公开发表，这两篇文章最后均未刊发。而范、田二人所主张的约集学者进行讨论，迄今未见任何资料，也就难以知晓其情形之究竟。

建国初期政治生态较为健康，学术界在“百家争鸣”方针的导引下气氛活跃，不留情面的学术批评屡见不鲜。这是此次曾、刘学术论争的大背景。透过二人此次论争的个案，窃以为有以下两点值得深思。

其一，学术与政治纠结难分是20世纪50年代学术界的常态。在泛政治化的语境中，学术争鸣中学人很难把握学术与政治的界线，学术批评极易沦为政治层面的上纲上线。曾彦修本属党内带自由主义色彩的知识分子，“一向思想解放”，常直言无忌。他对《美国侵华史》的批评，就其初衷而言可能尚着眼于学术，其中某些看法确实不乏见地，但又在无意识之间即偏离了学术的轨道，而具有政治攻伐的意味。他指责刘著与党的政策、毛泽东的指示背道而驰，其政治杀伤力不言而喻，刘大年撰长文回应辩驳亦为势所必然。还应看到，“美国侵华史”这一专题研究本身即体现了一定的意识形态色彩，其服务于现实政治的意向十分明确，可谓介于科学与政治之间的历史编纂。刘著《美国侵华史》经过修订之后，增加“抗美援朝”的内容，同现实政治关系尤为密切，这无疑也是促使曾彦修从政治角度加以批评的要因。由此可以看出，在政治笼罩一切的环境下，以政治标准衡量学术问题成为学人的集体

① 以上为1956年1月25日田家英致范文澜信中的一段。

无意识，进行真正意义的学术批评难乎其难。

其二，曾彦修的书评，如果去除那些政治批判的偏激言词，又有着一定的学术含量。他指出，刘著《美国侵华史》对近代以来美国侵略中国的历史缺少在翔实资料基础上的历史主义的分析，这种批评应该说是切中肯綮的。刘大年也坦言，《美国侵华史》的根本性缺点在于："某些说明解释不是恰如其分，有的地方便没有能够把美国侵华活动的真实地位和作用讲清楚。因此，这些地方的叙述是没有说服力的或者是不合于历史主义的。"

虽然对曾彦修的批评，刘大年针锋相对提出反驳。但作为严谨的学者，他在这次未曾公开发表的论争中受到极大触动，进而着手修订《美国侵华史》。且拟定了修改要点："《美国侵华史》修改几点：一、不只是美国侵略，加上其他国的侵略；二、美国不只有侵略，中美人民有友谊；三、美国的侵略是渐进的，不是处处是主要的，最初甚至是温和的；四、已经被指出的错误。右边讲的几点是次要问题。主要：一、放在美国资本主义发展中讲；二、放在帝国主义争夺国际环境中讲；三、放在中国历史发展、中国人民反帝斗争中讲。此是关键。""要强调一、背景情况；二、特别是每次斗争中中国人民力量的反映。否则成为中国任由帝国主义支配的历史。历次重大的群众斗争要写出声势。"

在刘大年所存写作卡片中，有一张录有"一八六七年十月十七日，总批奏：美使蒲安臣处事和平，能知中外大体。充中国使臣，出使西洋，试办一年。（穆宗卷二一四，32 页。）说明此时美国侵华尚非露骨，如英法等。这是和他的国内资本主义发展有关的。写入侵华史内。其他同样事件亦应叙述，以改变片面的叙述。改的关键之一，至要。对李（鸿章）、张之洞不要苛责或简单称为走狗，要用毛主席所讲的精神看历史人物，有缺点有优点"。而笔者另外搜得刘大年修改 1954 年版《美国侵华史》的手稿，在原书上修改的笔迹密密麻麻，很多段落重新写过，增添了不少材料，论述更为平允、全面。从这些修改要点及实际修改情况观之，刘大年在一定程度上接受了曾彦修学术方面的批评意见，对原来著作简单化的倾向有所纠正。概言之，修订着眼于增强科学性，力求从历史事实出发立论。但由于 1957 年的反右运动及其后接连不断的政治运动，加之 1959 年郭沫若主编《中国史稿》之第四册（1840—1919）由刘大年具体主持，对《美国侵华史》的修订终于搁置而未竟其功。

（《美国侵华史》，刘大年著，人民出版社1954年修订版；《美国侵华史》，卿汝楫著，生活·读书·新知三联书店第一卷1952年版，第二卷1956年版）

刘大年先生的学术风范①

陈其泰

刘大年先生是我们非常敬仰的史学界前辈。他作为新中国历史学的重要开拓者，以其数十年的心血，为中国史学的发展做出了卓著的贡献。他的学术精神和风范，很值得后人学习和发扬。对我们最有教育意义的，我认为，一是大年先生一生都真诚地信仰和实践马克思主义；二是他在长期的史学研究中善于创造性地解决重大问题。

大年先生对马克思主义有坚定的信仰，当马克思主义处于顺利发展的时候，他是这样；当其处于暂时低落，周围有的人感到困惑、动摇，甚至对之进行贬低或否定的时候，他也仍然不改初衷，仍然坚定地相信马克思主义理论的科学性。1990 年以后，他相继发表了《中国近代化道路与世界的关系》(《求是》，1990 年第 22 期)、《抗日战争与中华民族的统一》(《抗日战争研究》，1992 年第 2 期)、《照唯物论思考》(《抗日战争研究》，1996 年第 2 期)、《当前近代史研究中的几个问题》(原题《方法论问题》，载《近代史研究》，1997 年第 1 期，后收入《刘大年集》，改为今题)、《马克思主义哲学社会科学的历史使命》(1999 年在“中国社会科学院 50 周年学术报告会”上的报告，收入《刘大年集》) 等，都是很有理论深度和鲜明针对性的论文，论述了在近代史领域如何坚持以马克思主义根本原理和方法来指导研究，同时，对于一些可能不正确的观点也进行了态度鲜明而又充分说理的批评。特别是《当前近代史研究中的几个问题》一文，对于近代史领域所面临的一系列问题作了深刻的分析，在学术界产生了广泛的影响。文中提出：“近代历史科学或整个社会科学的方法论必须是一个足以阐明从社会经济基础、人的地位作用到上层建筑的科学思想体系。而且这体系是开放的、非封闭性的。今天我们现有的知识中从哪里去寻找合乎这个要求的方法论呢？”大年先生指出：不论

① 原载《廊坊师范学院学报》(社会科学版) 2010 年第 2 期，第 41—44 页。——编者注

是中国传统的儒学，或是西方传入中国的诸多讲哲学、讲历史方法论的学说，尽管其中在某方面存在合理性或带有先进性，“但是，它们之中，没有哪一家是上面说的几个要素俱全，足以成为一个科学思想体系的。迄今为止，有此一家，那就是马克思主义历史唯物主义”。大年先生总结中国近代社会进程和几十年来学术研究的曲折道路，强调研究近代史必须确立的基本观点是：“中国近代史有一个非常特殊的地方，民族矛盾与阶级矛盾两个矛盾并存；半殖民地半封建社会迅速下沉，与近代工业出现并微弱上升两种趋向并存。由此我们可以这样说，抓住近代中国两个矛盾，社会变动中的两种趋向这个特点，应用历史唯物主义，认识由它们构成的矛盾运动、各种事变、社会势力、人物，他们之间的相互关系及其演变发展过程和结局，这就是研究中国近代史的基本思想方法。”这篇文章的观点和分析，对于澄清当时存在的一些模糊认识，产生了十分积极的作用。

可贵的是，大年先生坚持的是与时俱进的、开放发展的马克思主义观，他站在推进哲学社会科学理论体系创新的高度，关注唯物史观理论如何通过总结新的社会实践经验而显示出其充沛活力。为此，他以充满进取的精神论述：“马克思主义是从解剖他那个时代的资本主义开始，又以研究资本主义的结论为基础，全面建立起现在我们所知道的这个科学思想体系的。马克思如果复生，来到这个世界上，他也一定要全面研究现代资本主义，加上全面研究现代社会主义，极大地丰富、发展自己的伟大学说。这强调说明，今天马克思主义哲学社会科学的历史使命，应当就是全面研究现代资本主义，加上全面研究现代社会主义，来攀登上一个全新的制高点，回答人们期望得到回答的当代社会生活中一些重要的问题。”[①] 由此可见，大年先生将理论创新视为马克思主义保持其科学生命力的保证，所以，他与拘守成说的保守者根本不同。在其晚年，他以极大的热情关注资本主义发达国家的学者或社会人士如何看待马克思主义的言论，因为他认为，马克思的理论体系是从总结、概括资本主义世界的全部社会关系和历史事实而得出的，那么，一个半世纪过去了，这个曾经产生出科学学说的资本主义土壤中，又有哪些新的言论、新的事变，能对其基本原理的正确性或生命力提供新的证据呢？正是这种开放的、

---

① 刘大年：《马克思主义哲学社会科学的历史使命（代前言）》，《刘大年集》，中国社会科学出版社 2000 年版，第 5 页。

力求创新和发展的心态，使他对美国一位学者的观点产生了极大兴趣，并详细地引用在他最后一篇公开发表的讲话《马克思主义哲学社会科学的历史使命》之中。文中介绍说，去年是《共产党宣言》发表150周年，各国学术界、西方媒体讨论热烈。美国主流报纸《华盛顿邮报》去年3月31日刊载的美国事业研究所研究员詹姆斯·格拉斯曼的一篇题目叫《卡尔·马克思的手》的文章，对我们了解资本主义世界现实可以有所帮助。该文说："马克思的革命主张首先是：至今一切社会的历史都是阶级斗争的历史，而目前的、也是最后的阶级斗争是在'两大敌对阵营……（即）资产阶级和无产阶级'之间展开的；第二是：在控制着一切、但最终必将消亡的国家体制之下的集体主义是社会的最好组织形式。"对此两项，詹姆斯·格拉斯曼的文章恰恰举出了颇能证明马克思主义依然保持其生命力的事实。他说："即便是在美国，我们也依旧按照马克思的划分办法把我们自己划归某一阶级。在1996年的一项调查中，45%的美国人自称'劳动阶级'（即无产阶级），45%的人自称是'中产阶级'（即资产阶级）。""在《共产党宣言》中，马克思把'征收高额累进税'——也就是美国今天实行的这种所得税——作为无产阶级取得统治地位、'夺取……资产阶级的全部资本，把一切生产工具集中在国家手里'的第二号药方，这不是偶然的。"大年先生据此分析说，这篇文章首先证明，阶级、阶级分析与美国现实情况相符合，"只要这个现实是客观存在，而非唇舌文字所能推倒的，反过来，它就是对种种马克思主义过时论最强有力的反驳"。大年先生又说："资本主义制度下生产力与生产关系的矛盾，处在经常的剧烈运动演变中。科学技术的迅速革新不可阻挡，资本主义社会出现某些社会主义成分，也就不可阻挡。"① 由于大年先生具有这种超越常人的，开放、发展的心态和开阔的视野，所以他才富有远见地提出"发展马克思主义以回答当代社会生活中一些重要的问题"这一历史使命，并在会上殷切地与大家共勉。

说明大年先生晚年开放、进取心态的又一显著例证，是他撰写的《评近代经学》一文中对美国学者艾尔曼所著《经学、政治和宗族——中华帝国晚期常州今文学派研究》一书的评论。大年先生晚年深入探讨近代经学问题，所以他十分关心国外汉学家的看法。他希望"它山之石，可以攻玉"。新出版

① 刘大年：《马克思主义哲学社会科学的历史使命（代前言）》，《刘大年集》，中国社会科学出版社2000年版，第4—5页。

的艾尔曼教授的这部著作引起了他很大的兴趣。大年先生在文中评论说："著者的出发点是把他认为一向被断裂为两截的'思想史'与'社会史'研究连接起来，给人一种思想与社会结构有机的联系的了解。"并认为，"这是一个接近唯物论的出发点"。但大年先生不作无根据的评价赞扬，不作违心之论，而是以史实作检验，指出艾著的两个核心观点均缺乏可靠的史实支持，即"清代的今文经学起源于庄存与同和珅的政治斗争说"，以及"应当以开端代替终结""庄存与和刘逢禄站在帝国晚期的政治舞台中心""我们必须从研究'康梁'转为研究'庄刘'"。大年先生认为："庄存与身为朝廷大臣，在位时，对和珅的贪渎弄权缄默旁观，而在事后则利用私人著述暗中攻击。堂而皇之的经学著作被变成了含沙射影的伎俩。这不像个以道德文章育人的有道之士的行为。何况讥刺和珅，间接也就是指责乾隆。在当时的文字狱高压下，艾著也认为这是非常危险的。凡此数端者说明，今文经学起源于庄、和矛盾斗争，存在极大疑问。""无凭无据的所谓庄、刘是站在帝国晚期政治舞台的中心人物，就这样从地底下冒出来了。但是我们知道，这都是经不起历史事实反驳的。"[①] 治学必须实事求是，任何创新的观点都必须符合事实的检验，严谨缜密，中肯分析，这正体现了大年先生一贯的风格。

大年先生在其长期的学术研究中，善于集中力量解决重大课题，以推动史学的发展。这里仅举两项显著例证：一是对康熙帝和清朝前期历史地位的论述，二是关于中国近代社会进程"两个基本问题"的理论。

1961 年，大年先生发表了《论康熙》的著名论文，这篇文章因其卓有见识地评价了康熙帝和清朝前期的历史地位，而在史学界获得了很高的赞誉。文章中指出："康熙在国内和对国外的斗争中都为中国历史留下了值得重视的篇页。在国内，康熙统治期间，中国形成了一个疆域辽阔，民族众多，相当坚强统一的封建国家；封建的经济文化在这个条件下，发展到了一个新的顶点。""非常明显，康熙和清代前期的统治，使中国境内以汉族为主体的各民族的团结在它的漫长过程里达到了一个新的境地。""全国政治上的统一，人民生活的相对安定，为社会生产力恢复发展提供了条件。康熙后期到乾隆中叶，封建经济出现了繁荣景象。"康熙帝采取了废止"圈田令"以缓和土地集中的矛盾、兴修水利、奖励垦殖、蠲免赋税、节省开支、提倡节约等项恢

---

① 刘大年：《评近代经学》，《刘大年集》，中国社会科学出版社 2000 年版，第 326、327 页。

复社会经济的重要措施，收到了休养生息的明显成效，至康熙晚年，田亩增加了近143万顷，人丁增加了600万，国库充盈，物资比较丰富，这些都是农业、手工业发展的结果，表明社会经济的繁荣活跃。“对国外，康熙统治期间，中国以一个统一繁盛的国家屹立于亚洲东部，这使正在把触角伸向中国的西方早期殖民势力受到遏制，并且对亚洲邻近国家抵制西方侵略势力也有其影响”。而在此前，明政权统治衰败，无力抵御外患，早期殖民势力得以猖獗一时，在康熙统治下的中国扭转了那种不利的局面。总起来说，文章提出的核心观点是：在当时阶级斗争的推动下，康熙的统治促进了中国封建经济的发展，他的进一步统一全国，抵制西方早期殖民势力的斗争，都是富有进步意义的；康熙统治时期和整个清代前期的历史车轮是向前进的，是应当充分肯定的。①

今天重读这篇名文，我们仍然为大年先生所论证的问题的重要性以及他的敏锐眼光和精辟分析而折服。设若结合1961年论文发表之时的学术环境，我们对这篇文章所论证课题的意义和其理论创新价值，就能够获得更深刻的认识。在此以前，对于康熙及清朝前期的历史地位并没有得到肯定，一些论著观点陈旧，把清政府的统治看作外国对中国的征服，认为清初的统治破坏了社会生产力，阻滞了社会经济的发展，甚至认为清前期对边境用兵、进行巩固统一的战争是残酷地征服，等等，总之，对康熙统治及清朝前期的历史地位采取否定态度，不承认其进步作用。《论康熙》一文把问题突出地提出来，以历史唯物主义为指导，从政治决策、经济状况、民族关系、文化学术，以及对外关系等项，举出大量确凿史实并作深入分析，论证康熙是一代贤主，“在封建帝王里是一个杰出的、了不起的人物”，“对历史前进作了贡献”。② 重新评价康熙，不是孤立地评价一个封建帝王的问题，而是与重新评价清朝前期的历史地位直接相关。很明显，在清朝前期，经济、文化得到一定程度的发展，国内多民族间的联系得到加强，因而清朝前期是全国各民族统一国家发展的一个重要阶段，中国今日的辽阔版图也是在清朝前期最后奠定的。由于大年先生开创性的贡献，加上以后有更多的学者继续作探索，上述看法便成为学术界的共识，这就是《论康熙》一文的重要学术价值之所在。文章的论

---

① 刘大年：《论康熙》，《刘大年史学论文选集》，人民出版社1987年版。

② 同上书，第482页。

证显示出开阔的视野，不仅将政治、经济、文化各领域作综合分析，而且把清朝前期历史置于世界史的背景下考察，认为，“中国作为一个统一繁盛的大国，它的政治动向必然要对亚洲邻近国家产生影响。……康熙的活动，中国的文化风习既然受到邻近国家人民的注意，中国反对西方的斗争必然更有影响。后来事实的发展也是这样的：早期殖民势力在中国遭受打击，延缓了它对若干邻近国家发动进攻的岁月。与中国相隔遥远，关系较少的亚洲国家有的在16、17世纪就沦入了西方殖民地的地位，离中国较近而又关系密切的亚洲国家直到19世纪才受到西方资本主义的侵袭”[①]。大年先生还将康熙与俄国彼得大帝进行比较研究，指出两人在意志坚毅、发奋为雄、显著增强国力等方面很有相同之处，所不同的是，康熙始终没有使中国越过封建国家雷池一步，而彼得却以西欧国家为榜样大大发展了资本主义，使俄国向近代国家推进，这则是两人所处不同的历史环境所决定的。从论题的重要意义、学术视野到研究方法，该文的发表在当时确实令人耳目一新，因此，有的学者称之为“历史研究的一篇范文”。还应特别讲到，文章撰写和发表时，正是史学界因受到“左”倾路线影响，教条化、公式化一度大肆泛滥之际，一味高喊“史学革命”“打倒帝王将相”“打破王朝体系”，不讲占有材料和具体分析，用“贴标签”的方法对待历史研究。对于这股来势凶猛的潮流，正直的、严肃的马克思主义史学家挺身而出，加以抵制，郭沫若、范文澜、翦伯赞等先生相继发表文章或讲话，反对这种貌似革命实则根本取消历史学研究的错误做法。刘大年《论康熙》一文，论述的恰恰是著名的帝王，论述的是清皇朝前期的贡献，无论在选题上、论点上和学风上都同样是对于错误学风的有力抵制，都同样是旗帜鲜明地倡导恢复马克思主义的健康学风。因此，这篇专题研究论文的发表，与同一时期范文澜等先生的言论，都是当代史学发展史上的重要事件，有着特殊的意义。

中国近代史是大年先生长期辛勤耕耘的领域，近代历史进程基本线索的理论当然是他多年深入思考的问题。对此，他先后发表过多篇论文，如：《中国近代史研究中的几个问题》（《历史研究》，1959年第10期）、《中国近代史研究的两条线》（《文汇报》，1996年11月13日）等。尤其是《当前近代史研究中的几个问题》一文中所作的表述，集中地反映了他多年研究的心得

① 刘大年：《论康熙》，《刘大年史学论文选集》，人民出版社1987年版，第466页。

总结。他把整部中国近代史概括为“两个基本问题”：一是民族不独立，要求在外国侵略压迫下解放出来；二是社会生产落后，要求工业化、近代化。两个基本问题息息相关，贯穿始终。他分析说，近代史上发生了连续不断的战争，一类是列强不断发动的侵略战争，另一类是对内的战争。前一类是直接反对外国侵略，争取民族独立；后一类是人民对帝国主义与中国封建势力同盟进行革命，那个同盟的盟主正是帝国主义。所以国内革命战争的根本目的，仍然是为了争取民族独立，“两种战争集中到一点，是强调说明了中国的近代首先存在民族不独立，中国要求在外国侵略压迫下解放出来这个基本问题”。关于近代化，他论述说：“近代化的核心是工业化。从落后的封建社会进到工业化，是与资本主义分不开的。中国封建经济相当发达，走上资本主义，实现近代化，是历史发展的一种趋势。”外国资本主义侵入促使中国封建经济解体，给中国资本主义生产创造了某些条件和可能，例如机器设备输入、技术引进等，但是外国侵略的根本目的是变中国为殖民地，所以二者“紧密地联结在一起，不是各自孤立的。没有民族独立，不能实现近代化；没有近代化，政治、经济、文化永远落后，不能实现真正的民族独立。中国人民百折不回追求民族独立，最终目的仍在追求国家的近代化”。[①] 也就是说，实现近代化是中国人民在近代史上长期奋斗的最终目标。但是不能走先工业化，后取得民族独立的道路，而是必须首先争取民族独立，打开工业化的大门。

关于中国近代历史进程基本线索和分期，学术界在20世纪50年代和80年代，曾先后出现过两次讨论热潮。通过自由讨论，许多学者发表了真知灼见，既有各自观察问题的侧重点，又逐步形成了产生共识的基础，从总体观之是体现了革命性与科学性相统一的要求和趋势。对此，大年先生曾有一段深刻的概括：“中国近代史上的基本问题、主要矛盾斗争，一是民族丧失独立，要求从帝国主义侵略压迫下解放出来，二是社会生产、生活落后，要求实现工业化、近代化。马克思主义的社会科学研究，一开始就是和这两大矛盾斗争、两大潮流直接间接地联系在一起的。其所以产生这种联系、它的要求和目标，用马克思主义一句高度概括性的话来说，那就是科学性与革命性的统一。在实践当中，两者在多大程度上实现统一，显然因人因时而异。但从主流来看，

---

① 刘大年：《当前近代史研究的几个问题》，《刘大年集》，中国社会科学出版社2000年版，第5、6、7页。

它是趋向一致的。它由增强科学性来增强革命性，在推动历史前进潮流中发挥作用。要求科学性与革命性相统一，这是中国马克思主义社会科学研究的力量、作用和最大意义所在。”[①] 大年先生这段话，包含着对自20世纪50年代近代史学界讨论以来发展趋势的概括，是很有意思的。20世纪50年代，伟大的民主革命刚刚结束，学术界讨论近代历史进程基本线索时，更多地重视反帝反封建斗争这条主线，这是完全可以理解的。但与此同时，也有学者开始关注近代中国资本主义的发展，即从近代化这一线索来作分析。范文澜先生即为其代表。他在1957年发表的《中国近代史分期问题》一文中，即已重视将中国资本主义的发展作为推动近代社会前进的重要视角，并对近代资产阶级在不同时期的作用作了积极的估计。他将洋务运动产生的官办和官督商办的非军事工业，称为“封建主义支配下的资本主义工业”，称官商合办为“封建主义和资本主义混合的工业”。商办工业是“正规的资本主义工业”，“到了商办工业较多的时候，民族资产阶级也就形成了”。至1895年以后，沿海各城市开办了一批纱厂、纺织厂、面粉厂，至此表明，“民族资产阶级在这个时期里比较有了些力量”，“从此中国社会里出现了一个新的阶级，政治上也出现了一个新的主张”。故此，范文澜已经得出应将资本主义的发展作为中国近代社会的又一基本线索的结论，他提出：“帝国主义封建主义主要是帝国主义反对中国资本主义的发展，弱小的中国资本主义在重重压迫下用革命的和改良的方法要求发展，这两个过程综合起来，就是中国近代史。”[②] 原先毛泽东同志曾经论述过并为大家所熟悉的中国近代史的总线索是：“帝国主义和中国封建主义相结合，把中国变为半殖民地和殖民地的过程，也就是中国人民反抗帝国主义及其走狗的过程。”[③] 而范文澜所作出的分析和概括，显然是对毛泽东原先论述的重要补充和推进。当时，重视资本主义的发展对近代历史进程作用的还有其他学者，但由于此后“左”倾路线的影响，阻止了这一认识的发展和讨论的深入。到了改革开放时期，学术界解放思想，现实的建设现代化的实践带来直接的启发和推动，资本主义发展和近代化进程这一线索

---

① 刘大年：《马克思主义哲学社会科学的历史使命（代前言）》，《刘大年集》，中国社会科学出版社2000年版，第2页。

② 范文澜：《中国近代史的分期问题》，《中国近代史分期问题讨论集》，三联书店1957版，第74、76、78、96页。

③《毛泽东选集》第2卷，人民出版社1991年版，第632页。

自然地得到更多研究者的关注，于是出现了将“反帝反封建斗争”和“近代化”两条线索加以整合的可能。经过50年代的讨论，至80、90年代的学术争鸣，可以认为，以刘大年先生为代表的“两个基本问题”作为考察近代历史基本线索的看法，论述更加全面，能够涵盖更广泛的内容，因为它不仅坚持了“反帝反封建，争取民族独立”这一历经近一个世纪的社会实践和学术研究的检验证明其正确性的理论，而且吸收了20世纪50年代以来许多学者从政治史领域扩大到经济史、社会史、文化史研究而对“近代化”进程的新认识，故此可以视为是学术界经过长期研究和讨论而取得的重要成果。诚如有的学者所言，刘大年先生的“‘两个基本问题’说——这是在新的认识基础上的整合和重新统一”①。

大年先生创造性地探讨并推进了史学研究的重要课题，还有太平天国革命、戊戌维新运动、辛亥革命、孙中山的思想和事业、抗日战争史等，其成就和研究方法都值得我们认真地总结。总之，发扬刘大年先生以开放、发展的心态对待马克思主义和创造性解决历史研究中重大问题的学术风范，对于推进今天历史学的发展无疑将大有裨益。

（本文为作者于2010年2月2日在中国史学会、中国社会科学院近代史所举办的“刘大年先生逝世十周年追思会”上的发言）

---

①姜涛:《晚清政治史》，曾业英《50年来的中国近代史研究》，上海书店出版社2000年版，第38页。

论刘大年的近代经学研究[①]

黄仁国　姜　涛

2009年是著名史学家刘大年逝世十周年，也是他的《评近代经学》[②]发表十周年。刘大年早年饱读儒家经典，立志拜访名师、做个旧式的能考证训诂名物的经学家。[③]中华民族的伟大抗日战争，使他由埋头苦读的羸弱书生成长为驰骋沙场的英勇战士，并由孔学信徒变成坚定的马克思主义者。抗日战争胜利后，刘大年以治史为主，为我国马克思主义史学的发展做出了重大贡献。《评近代经学》是他的绝笔，凝聚了他对近代经学研究的心血，其落脚点放在“马克思主义与中国传统文化相结合”上。本文以“儒学与马克思主义”为线索，拟在《刘大年与〈评近代经学〉》[④]一文的基础上，结合他的其他论著，尤其是在写作《评近代经学》过程中形成的若干手稿、笔记、卡片，对刘大年的近代经学研究作一简要梳理。

一

刘大年晚年体衰多病。1999年夏天，他为将已撰写多年的《评近代经学》

---

① 原载《历史研究》2010年第2期，第127—142页。——编者注

② 刘大年:《评近代经学》，原载《明清论丛》第1辑，紫禁城出版社1999年版。后据手稿重新校订，收入《刘大年集》，中国社会科学出版社2000年版。2007年，日本汲古书院出版由日本著名历史学家安藤彦太郎等翻译的日译本，改题为《近代中国儒学思想史》。

③ 参见1956年1月25日刘大年写的自传。

④ 姜涛:《刘大年与〈评近代经学〉》,《近代中国与世界(第二届近代中国与世界学术讨论会论文集)》第3卷，社会科学文献出版社2005年版。此文的日译文作为附录收入《近代中国儒学思想史》，日本汲古书院，2007年。

“作个了结”[①]，不顾天气炎热，整日奋笔疾书，使得两腿浮肿，甚至小便失禁，终于因之累倒。后来，刘大年对其亲属的口头遗嘱中说：“经学这个事情做完了，也还是别人没有谈过的，也就没什么心事了。”

经学研究何以成为刘大年晚年必须了却的最后一桩心愿？我们认为可以从以下三个方面寻找答案。

其一，在探索中国特色社会主义道路时，中国的马克思主义者对儒学与马克思主义的关系问题应该有一个明确的态度。

1978 年改革开放以后，在探索中国特色社会主义道路时，传统文化逐渐受到重视，孔子不再是中国大陆政治上受批判的对象。1980 年代后期，在我国港台和海外新儒学的影响下，大陆学术界不断有人提出要靠孔子来救中国，由孔学统一世界，主张在中小学尊孔读经，要求以儒学取代马克思主义作为当今中国的主导意识形态。在 1989 年中国政治风波和东欧剧变的国际国内背景下，儒学与马克思主义的关系问题成为备受关注的重大问题。

面对日益泛起的尊孔崇儒思潮，作为马克思主义史学家的刘大年郑重地表达了自己的批评态度。1989 年 11 月，他在《人民日报》上发表旧体诗《见说四首》，诗前小引说：“亚洲一些国家和地区经济增长，据说得力于奉行孔学。几年前即闻此议论，近日主张者尤多。北京孔子讨论会的论文即有持此说的。到底是孔学可以指导现代化还是要把现代生活拉回到孔学思想里面去，没有本领参加讨论，打油数首存疑……”《见说四首》得到李一氓和冯至等人的赞赏。[②]同年刘大年又发表《马克思主义与中国传统文化》《说历史的选择》等文，集中表明了他对儒学与马克思主义的看法。

《马克思主义与中国传统文化》着重讲了马克思主义与儒学的关系。首先，他认为，“与中国内在根据相结合以后”的“产生于西方”的马克思主义，“成了中国文化的重要组成部分”。在古代，或许可以说，“中国文化的主要部分指两千年来汉文化中的孔子教义、儒家学说”；但是，“三民主义、与中国传

---

① 刘大年在《评近代经学》引言中有如下近似“谶语”的开场白：“王国维在告别他心爱的哲学研究时说：‘余疲于哲学有日矣。’近代经学这个题目，我捡起来，又搁下，反反复复，耗费了不少精力和时间。现在要作个了结。不过没有可能像王国维那样从此开个新的头。”

② 参见李侃《中国史学会琐忆》，中国史学会秘书处编《中国史学会五十年》，海燕出版社 2004 年版，第 635 页；王玉璞、朱薇编《刘大年来往书信选》（下），中央文献出版社 2006 年版，第 540 页。

统文化相结合的马克思主义占着近代中国文化主导的位置”。“只要不割断历史，我们就会承认孔子、孙中山、与中国传统文化结合了的马克思主义，是中国不同历史时代的文化主流”。刘大年批判了台湾一些知名学者提出用“中国文化统一中国”但将“中国的马克思主义思想学说”排除在外的做法，他列举1940年代重庆“一些人试图照儒学文化形象摹写三民主义”受到孙科驳斥的事例说明“把三民主义、中国的马克思主义思想学说，统统排除在中国文化外面”是讲不通的。其次，他认为，两千年封建社会里，小农经济“多少有些缓慢的移动”，作为小农经济的产物，“儒学为了适应不同的时代生活，表面一直保持着它的框架，实际上不得不缓慢而又显著地改变自己的内容和形式”。因而，“在古代中国，统治整个封建社会的孔子教义、儒家思想，从来就不单纯。它一直处在不断演变的过程中”。汉代以后儒学里面“渗加进去了佛、道的内容”；“从孔子讲‘六艺’，到董仲舒调和阴阳家言，讲天人合一，再到朱熹专讲‘四书’，宣扬理性”，“后来的儒家学说与最初的孔学”有很大的不同，甚至可以说“面目全非了”。“中国到了近代，资本主义产生，封建的经济生活发生动摇，反儒学运动也就一个接连一个兴起。五四运动高喊‘打倒孔家店’，最后宣告了儒学统治的结束”。再次，他认为，“重新认识和破除传统的文化，才能产生新的文化”。孔学有其合理的一面。“就历史学来说，西汉今文经学中所包含的‘大一统’、三世进化观和《礼运》大同思想等很有气魄、视野开阔的思想，至今尚没有得到充分的研究。但这不等于我们认为可以搬用孔学体系来认识和处理现实生活”。“孔学保守、封闭带来的危害，近代的中国人、外国人不知讲过多少。严复大声疾呼：中国严重落后，根源在于教化学术乖戾，‘六经五子亦皆责有难辞’。日本人远藤隆吉说，孔子是‘支那祸本’”。因此，“不去用批判态度对待孔学为代表的古代文化”，只能表示“倒转历史车轮”。“崇儒尊孔、新儒学和儒学第三次复兴的声浪，在国外和国内可以感到洋洋乎盈耳。五四运动因为响起了‘打倒孔家店’，而被批判为丢掉了中国文化，以至与义和团、红卫兵共举”。“我们有理由正视它们，没有理由回避它们”。最后，刘大年还对“孔子教义、儒家学说里面”那些“对我们今天仍然有益和应当汲取”的东西谈了自己的看法。他说：“孔学是讲治术、面对现实，而不是脱离现实的；是理性的，而非神学的；是有条件主张变革，承认‘穷则变，变则通’的，是追求对‘道’即社会历史规律认识的……而这一些，都符合我们对中国传统文化自我更新，自我开放，积极接纳时代精神的需要”[①]。

《说历史的选择》则从历史与现实的角度论证“中国走社会主义道路的充分必要性和正确性”以及“马克思主义科学的普遍有效性”。文章批驳了“充斥报纸书刊”的“意识形态领域怀疑、否定马克思主义，怀疑、否定社会主义道路”的“各种令人吃惊议论”；提出“马克思主义的近代史研究，就是要根据事实讲清楚中国走上社会主义道路的来龙去脉”。[②]

在刘大年看来，儒学与马克思主义的争论事关中国现代化道路何去何从，要对此有更具说服力的评论，亟需对近代经学进行系统的梳理。

其二，经学研究是思想文化史研究中不能绕过的重要课题，刘大年对此已有初步探讨。

刘大年认为，私有制时代历史研究的对象是：“社会阶级、阶级斗争，它们相互关系的消长变迁，和以此为枢纽的全部社会关系的客观体系及其活动。”而人们的社会关系“同时表现为经济关系、政治关系和意识形态的关系”，“它们是一个统一的社会关系客观体系”。[③]他强调：“作为观念形态的文化史，是历史的一部分。一切国家、民族，每个时代都有其特定的物质生活、经济结构、社会内部矛盾，也都有反映那种特定物质生活、经济结构、社会内部矛盾的作为观念形态的文化。研究文化史，是为了完整的了解一个时代的历史。”[④]

刘大年将历史看成是一个由“社会经济状况、阶级斗争、意识形态结合在一起的、统一的”整体运动的观点，早在20世纪50年代末、60年代初主持撰写《中国史稿》第四册时即已明确。那部书“不仅讲政治事件，也讲经济基础、意识形态、文化发展”，“为中国近代史搭起了一个新的架子”。该书有专门的文化和思想部分，但相关论述均未及展开，整体上显得“有骨头无肉”。[⑤]

西方资本主义文化的传入，在中西文化的冲撞与磨合中，近代经学有着与古代经学很不相同的地位和作用，它对近代中国政治经济的影响更为显著。

---

① 刘大年：《马克思主义与中国传统文化》，《求是》1989年第7期。

② 刘大年：《说历史的选择》，《求是》1989年第24期。

③《刘大年史学论文选集》，人民出版社1987年版，第90、87、88页。

④ 刘大年未刊手稿：《为什么研究文化史？》，时间不详。

⑤ 姜涛：《马克思主义史学家刘大年》，《史学理论研究》1998年第2期。

因此，《中国史稿》第四册尽管只有十七万言，但对经学却有多处深中肯綮、提纲挈领的阐论。如在讲述“十九世纪中叶的文化和思想”时，即有大段文字回顾康熙至嘉庆期间颇为繁荣的文化景象，强调指出“整理和研究儒家经典”的汉学的特别突出的发展，充分肯定汉学家们对儒家经典和诸子史籍注疏、辨伪、校勘、辑佚等工作方面所取得的成绩，但也批评了他们“埋头于旧纸堆中，不问世事”的脱离实际的风气。而“阐发儒家经典义理”的宋学，在清朝没有什么发展，“但宋学家在政治上特别得到清朝统治者的优宠”。清朝的八股取士制度，以朱熹对四书的注释为命题立意的依据，“宋学成了一般知识分子猎取功名的工具。宋学家空谈义理，不切实际，使知识分子养成了一种崇尚空疏的气习”。书中对康有为、谭嗣同、章炳麟等人的经学思想也多有论述。在讲“辛亥革命时期的资产阶级文化”时，书中写道：“经学方面，康有为在资产阶级革命迅速开展起来以后，仍然没有放弃附会今文经学宣传君主立宪，叫嚷只可保皇，不可革命。革命派古文经学家章炳麟对康有为的主张进行了直接驳斥。他反对康有为附会三世学说来宣传君主立宪，认为孔子并不能预测将来，对经学的任意比附，是对孔子学说的歪曲。章炳麟又根据《春秋》的所谓夷夏之辨，驳斥了宣传满汉不分、反对排满革命的保皇党人的言论，号召人们进行革命斗争，推翻清朝的反动卖国统治。”[①]《中国史稿》第四册的相关论述，集中反映了刘大年对近代经学研究的初步成果，是《评近代经学》的较早源头。

为了克服《中国史稿》第四册“有骨头无肉”的缺憾，1970年代中期，刘大年又主持撰写了《中国近代史稿》。这部史稿中有关经学的内容已大为扩充。《中国史稿》第四册讲龚自珍、魏源时还没有与经学联系起来，但《中国近代史稿》第一册却明确提出了“龚自珍、魏源都研究今文经学，依照《春秋公羊传》的观点解释儒家经典”的论点，并对龚自珍如何利用公羊学议论时政及其影响等进行了分析。[②]而从刘大年在《中国史稿》第四册上留下的批注来看，他不满足于对康有为“二考”的简略介绍，并几处提及《大同书》。[③]

---

① 郭沫若主编：《中国史稿》第四册，人民出版社1962年版，第57、58、126、148、128、237—238页。

② 中国社会科学院近代史研究所：《中国近代史稿》第一册，人民出版社1978年版，第304—306页。

③ 刘大年在《中国史稿》第四册第126、148页的旁注。

遗憾的是，已出版的《中国近代史稿》前三册，只写到1901年义和团运动失败，原计划的第四、五册最终未能出版。这样，近代经学的终结等重要内容也就无法与读者见面了。

放弃《中国近代史稿》第四、五两册的编写后，刘大年集中精力推动马克思主义史学理论的研究、辛亥革命史和孙中山的研究以及抗日战争史的研究，近代经学的研究也因而搁置。

其三，马克思主义的经学研究是我国学术研究中的一个薄弱环节，有待加强。

1979年，刘大年主编了《范文澜历史论文选集》。该书中收录了一组范文澜关于中国经学史、思想史的专题研究，即《中国经学史的演变》《经学讲演录》和《〈唐代佛教〉引言》。刘大年为该书撰写了序言，在序言中多处论及经学问题。如“1940年秋天，毛泽东在写给范文澜的一封信上说：目前大地主大资产阶级的文化反动十分猖獗，思想斗争的第一个任务就是反对这种反动。讲经学史，要对近代一些代表人物进行批判。对廖平、康有为、梁启超、叶德辉、章炳麟、吴虞等人，要分别分析、批判他们错误的反动的东西。越对这些‘近人’有所批判，越能在学术界发生影响”。范文澜是著名的经学家，但刘大年认为：“长期在中国封建文化中兜圈子，使范文澜的学术研究没有能够完全摆脱旧的、封建传统思想的束缚。”[①]显然，在刘大年看来，如何运用马克思主义的立场、观点和方法对中国近代经学进行全面的梳理和研究不仅非常重要，而且还是马克思主义史学工作者的未竟之业。

1991年11月18日，刘大年在给北京大学教授张岱年的信中说：“社会主义的文化无所不包，作为封建文化支柱的经学，尤其不能不引起人们的注意。我们需要研究它，科学地解释它……”[②]12月10日，刘大年首次拟定《评近代经学》的写作提纲。[③]

需要指出的是，刘大年的早年经历不是他研究近代经学的主要原因，却为他晚年撰述《评近代经学》打下了“伏笔”。他虽然接触过新学，也关注时事，并从事过新民主主义革命工作，但没有系统地接受西方近代科学的熏陶，

① 刘大年：《范文澜与历史研究工作》，《刘大年集》，第267、263页。

② 王玉璞、朱薇编：《刘大年来往书信选》(下)，第592页。

③ 刘大年1999年“《近代经学概述》提纲”手稿。

而是受爱国热忱驱使直接无条件地接受了马克思主义的学说。由儒学直接过渡到马克思主义，这在20世纪30年代中后期应该是比较独特的，而这种独特的经历使他具备从儒学与马克思主义的角度对近代经学进行科学研究的条件。当然，《评近代经学》的完稿，从某种程度上说，又是实现了刘大年青年时代的理想，这或许是一种巧合。

二

刘大年撰写《评近代经学》的过程，是其史学思想不断发展和完善的过程。从他撰写过程中发表的一些论文以及为撰写近代经学而准备的卡片、笔记来看，其经学研究与其史学思想、史学理论有着明显的互动。这种互动或许是他“捡起来，又搁下，反反复复，耗费了不少精力和时间”[①]的重要原因。刘大年在撰写《评近代经学》的过程中，有三个方面的准备特别值得关注。

第一，提出中国近代历史的两个基本问题：一是民族丧失独立，二是社会生产落后。

刘大年通过提出中国近代历史上的两个基本问题，找到中国近代与当代的交集，将“老掉牙齿了”的近代经学与“今天中国的现代化”联系起来。他对中国近代历史的两个基本问题的认识正是在思考评价近代经学和研究孙中山、抗日战争历史的过程中成熟的。

刘大年之准备及写作《评近代经学》，大体始于20世纪80年代末90年代初。1990年1月19日，全国人大常委会办公厅研究室编的《调研资料》（四）中有一资料是《国际学术讨论会：关于儒家思想的几点争论》。他在该资料上用红笔画了圈，并旁注“经学”红字。该资料的最后讲道：“儒家思想在今天还有没有生命力，能否成为中国现代化的精神资源？看来，还需要作深入研究，不宜过早地下一个价值判断。”[②]他在旁边画了竖线，并在后半部分画了下划线。

---

① 刘大年：《评近代经学》，《刘大年集》，第323页。以下引自《评近代经学》的不再一一注明。

② 刘大年在《调研资料》（四）上的批注。

《评近代经学》在定稿之前，题目多有变换，提纲不断调整。《中国传统文化问题》《近代经学概述》《近代经学述评》等都是曾经思考过或使用过的题目。以其遗稿《近代经学概述》提纲为例，修改多次，时间跨度也很大，这显示在该遗稿的右旁注中：“（1991年12月10日初拟，1992年1月10日再拟；17日修改。1992年12月19日誊写；1993年6月上旬全稿完。三处注待查，其他齐备。）6月30日记。7月1、2日对今、古文分歧的两个关键地方再作修订：它们是，一、古文是否刘歆伪造，二、孔子是否托古改制。抓住这两个问题，近代经学的全部争论就容易解说清楚了。”“1994年1月上旬起，再次修订，为99年修订前最后一次。”①

刘大年准备及着手写作《评近代经学》的这段时间，正是他对中国近代历史基本问题进行深入思考的时候。

在1989年批驳学术界的尊孔崇儒思想时，刘大年还没有正式提出中国近代历史的两个基本问题。他在《说历史的选择》一文中提出：“在半殖民地半封建社会里的反帝反封建斗争，就是近代中国历史的主线。”②他首次提出近代化问题是1990年8月31日在“近代中国与世界”的国际学术讨论会开幕式上所作的《中国近代化的道路与世界的关系》讲话中，他说：“近代世界的基本特点不是别的，就是工业化，也就是通常所说的近代化。适应世界潮流，走向近代化，是中国社会发展的必然趋势。”③1991年，在《孙中山对中国国情的认识》论文中，他首次将中国近代历史的基本问题概括为两个，文章说：“20世纪初期的中国，最基本的实际情况、最尖锐的社会矛盾，一是民族不独立，要求在外国侵略压迫下解放出来，一是社会生产落后，要求工业化近代化。两个问题内容不一样，又密切联系在一起。”④此后，中国近代历史的两

① 刘大年1999年“《近代经学概述》提纲”手稿。

② 刘大年：《说历史的选择》，《求是》1989年第24期，第23页。

③ 刘大年：《中国近代化的道路与世界的关系》，《刘大年集》，中国社会科学出版社2000年版，第34页。

④ 刘大年：《孙中山对中国国情的认识》，同上书，第50页。

个基本问题就同时出现在他的重要论文和讲话中了。[①]而这时，他对近代经学的研究不仅写出了初稿，而且修订了多次。在《评近代经学》的最后定稿中，则多次强调“两个基本问题”的新说。如：“从鸦片战争以来，中国社会生活中两大主要矛盾或两个基本问题，越来越突出：一是民族丧失独立，中国面临被世界列强瓜分的危险；二是社会生产落后，缺少工业化、近代化。”“严重的问题是，走什么样的路去达到民族独立、国家近代化的目的。”[②]

无独有偶，在刘大年于1990年代初逐渐定型对中国近代两大基本问题的探索的同时，胡绳在论述毛泽东一生所做的两件大事时，也得出类似的结论。毛泽东曾经说，他一生所做的两件大事，一是与蒋介石斗了几十年，把他赶到一群海岛上，抗战八年，把日本人请回老家，终于进了紫禁城；一是“文化大革命”。而这两件事都没有完。胡绳于1994年较为系统地论述了这两件大事并将前一件事解释为，“领导党和人民，推翻了帝国主义、封建主义和官僚资本主义在中国的统治，完成了民主革命的任务”；将后一件事解释为“在以带有中国特色的方法完成了社会主义改造以后，努力探索中国的社会主义建设的道路”。[③]胡绳所阐发的“两件大事”与刘大年所提出的中国近代历史的两个基本问题可谓是殊途同归，这是马克思主义学者在看待中国近现代历史上基本问题上的共性、共识。

正如毛泽东说他一生所做的两件大事都没有完，刘大年认为中国近代历史的基本问题与当代中国仍然有着密切的联系。他在1997年的一篇文章中说道：“现代的中国民族独立了，国家近代化的道路打开了。历史的经验告诉我们，中国的现代化必须坚持改革开放，坚持行之有效的一切对外经济合作，文化交流，坚持接受世界上一切先进的事物。这是毫无疑问的，不可改变的。历史和一切其他事物一样只存在于矛盾运动中，旧的矛盾克服了，新的矛盾又会

---

①1995年6月6日刘大年在“中国近现代史研究的历史观和方法论学术研讨会”上的讲话《马克思主义是史学研究最根本的方法》，同年为《中国抗日战争史丛书》所撰写的总序《中国复兴枢纽——抗日战争的八年》，8月15日《人民日报》上的《民族的胜利，人民的胜利》，以及后来收入《抗日战争时代》和《我亲历的抗日战争与研究》中的《抗日战争与中国近代史基本问题》等。

② 刘大年：《评近代经学》，《刘大年集》，第353、373页。

③胡绳：《毛泽东一生所做的两件大事——纪念毛泽东诞辰一百周年》，《中共党史研究》1994年第1期。

出现，而且有些旧的矛盾也可以在新的形势下存留下来，兴妖作怪。现在摆在我们面前的，仍有继续捍卫民族独立，不受外敌侵犯的问题，仍有保卫国家现代化在有中国特色社会主义道路上继续前进的问题，也就是说与中国近代历史上的两个基本问题有关的斗争今天还在继续，而且这种斗争还会在相当的时间里继续下去。”他强调：“我们切不可以忘记，与中国近代史上两个基本问题有关的斗争今天还在继续这个现实，不要自我麻痹，自我陶醉。”①

显然，刘大年在思考评述近代经学的过程中提出中国近代历史的两个基本问题，是要从近代与当代相联系的角度来说明：在近代已经终结了其统治地位的儒学，不可能再成为新时期中国社会的主流意识形态。

第二，阐释原始孔学及其演变，奠定批判继承儒学的基础。

评价近代经学，首先要解决其研究对象——孔学的核心问题和孔学的历史。孔学的核心问题不解决，评论经学的标准就难以确定，研究很容易陷入矛盾的怪圈；孔学的历史不梳理，不同时代的主流学派就难以确定，无法抓住主要问题。由于身处巨变时代，近代经学的历史虽然不长，但急剧演变，错综复杂，不仅出场的人物众多，而且争论激烈，有些人还参与了多个时段的论战。要准确把握近代经学不同时段的主要代表人物、主要论著和重要观点，必须先在历史长河中考察孔学的核心及其演变。

刘大年对孔学的核心问题进行过反复的思考，这从现存的其遗留的部分卡片中可以看出。如标有明确时间的有：1996年11月12日下午、15日、21日晨写过“孔学的核心问题”；1997年10月11日晚12日晨写过“孔学主旨问题”。此外，还有部分没有标明时间的卡片。

20世纪80年代以来，学术界对孔学核心的认识主要是围绕“仁”“礼”与“和”展开的。刘大年对孔学核心的认识并没有停留在“仁”“礼”“和”的争论之中，综观他在卡片上的记录，始终是围绕着“六艺”进行的，并由此认为《春秋》是孔学的中心。刘大年认为，《论语》不能与六艺并列，六艺是孔子删订的，《论语》则是后人编辑的。从孔子自己的言论看，孔学的核心在《春秋》。他从三个方面对《春秋》的中心地位进行了论证：“第一，(《春秋》)最大的特点是在‘六艺’里面唯一同时(出现)在公穀左‘三传’的。凭此一条足以充分说明它在孔学里的中心地位。第二，它是古史，信史有义

① 刘大年：《方法论问题》，《近代史研究》1997年第1期。

的。从王安石至顾颉（刚）、章太炎，有各种怀疑意见，但没有否定它与六艺其他诸书同时存在的，没有否定它是中国古史、信史并有某种义例的。第三，是凭《春秋》定于一尊的、无此即无一尊的地位。据此三条，足以定其中心地位不可移易，不可代替。”①

刘大年认为，《春秋》所以为孔学核心，还因为它构筑了一个以小农经济为经济基础的完整体系。作为孔学的核心，必须是“大纲大法”的政治纲领，是一个系统。从六经本身看，《诗》《书》《易》《礼》，片断历史文告、卜筮神谶、诗歌、礼制、习俗等，都不是政治纲领。②孔子“述而不作”，除讲历史外，还包括哲学、文学、社会习俗、制度、道德规范等，但那些部分各不相连，没有什么系统，真正组成系统的是《春秋》。通过它所表现的“义”即主义形成系统，这个主义是由血缘、等级制度、君权至上所构成的伦理观念、道德规范、社会准则，其经济基础是小农经济。它集中起来就是：尊王攘夷，两大主义；仁礼并重，两大要求。因此，它基本适合于封建制社会基础，长期定于一尊，成了中国牢固的传统思想、文化的主要部分。③

在确认《春秋》的核心地位后，刘大年认为，原始孔学的中心有四个方面，即：1．独立统一的国家观念；2．道德、制度、刑律并重的社会秩序、人际关系；3．文化为本，夷夏互变；4．朴素的辩证认识论。④这四个方面相互联系，共同支撑孔学思想体系。

与此同时，刘大年从纵向角度对孔学在中国两千年的发展演变历史进行了梳理。关于孔学的历史，刘大年除了在“孔学的核心问题”等卡片上有记录外，还在1996年11月17日晨、18日晨，12月15日，分别专门写过“孔学的历史”。综合其认识，是“三大变，两小变”。

三大变或三大改造是指：（一）孔学第一次大改造——董仲舒的《春秋繁露》。董仲舒今文《春秋》是儒学定于一尊的支柱，没有《春秋繁露》，就没有一尊。这次大变是西汉今古文来自孔学核心的争论，争论的根源要害在《左传》是否传《春秋》。它开始是版本学的争论，即今古文哪个可信。不过，争论的结果并没有推倒孔学的核心，而是强调了《春秋》。经过这次大

---

① 刘大年1996年11月17日晨“关于《春秋》”笔记。

② 刘大年1996年6月21日晨“《春秋》在孔学中的地位”笔记。

③ 刘大年1996年11月15日“孔学核心问题”笔记。

④ 刘大年1996年“六月九日起看经学稿”笔记。

变，董仲舒改变了原始孔学，将神学渗入其中。（二）第二次大改造——程朱理学，核心在于否定《春秋》，破除历史学的地位，另建“天理”这个核心。朱熹推倒孔学核心，自造核心，表现在：1. 以“天理”为核心。2. 重编典籍，把六艺中未有的《论语》《孟子》提到“经”上，以四书压倒六艺了。3. 直接批判《春秋》，认为不能因为出自圣人之手，就有价值。由此程朱、陆王之争支配孔学。朱熹尽管自己编了《紫阳纲目》，但最反对讲历史，这与南宋的偏安有关。南宋偏安，不敢讲“大统”，又要维持现有偏安，只有在道德上打主意，于是反《春秋》立理学，极力贬低历史。程朱理学强调精微的思辨，知识主义，背离了孔学，是中国思想史上的浊流、逆流。经过二大变，古文学克服了神性，却渗入禅学，确立了半神学的理学。（三）第三次大改造——康有为恢复《春秋》地位。康有为近代今文学又回到《春秋》，但却是假古董，重在“托古改制”。康有为的今文学渗入空想社会主义。章太炎反对今文，认为讲孔学诸经重点在《春秋》，即在孔学保存了古代历史，强调历史学在一个国家民族存在上的巨大作用。孔子传播《春秋》就是起了这个作用。康章争今古，但同样强调孔学的主义、观点，孔学因之出现了最后一个高潮。经过三大变，孔学又回到了《春秋》。从董仲舒到程朱到康章，经过了否定之否定。①

两小变即：（一）南北隋唐，不论今古，也不讲核心，六艺并列。（二）清学回归朴学，模糊核心。清学从顾炎武开始，拒绝理学，回到孔子“实学”，变到人事，也不讲今古之争，但更加繁琐，没有真正回到孔学核心，不过比理学进了一步。戴、段、二王是从顾炎武开始的反理学，但没有抓住核心，把孔学的主义变成了考据训诂名物。②

刘大年通过对孔学核心问题的考察，明确了原始孔学的实质，通过对孔学历史的考察，理清了原始孔学在中国漫长的历史进程中的发展演变。

第三，结合中国传统文化探讨马克思主义科学体系的内涵，强调其作为历史研究指导思想和方法论上的意义。

早在改革开放初期，刘大年便围绕着“历史怎么成为科学”写了一组史

---

① 刘大年1996年11月12日下午、15日“孔学核心问题”，21日晨“今文中心在《春秋》”笔记；11月17、18日晨和12月15日“孔学的历史”笔记。

② 刘大年1996年11月12日下午、15日“孔学核心问题”，21日晨“今文中心在《春秋》”笔记。

学理论文章，对历史研究的指导思想问题、历史研究的对象问题、历史前进的动力问题和规律问题等进行了研究探讨，其中比较重要的文章集中在1983年至1987年之间完成。

几年以后，东欧剧变，苏联解体，社会主义阵营大分化、大瓦解，国际共产主义运动跌至历史最低点，“历史终结论”甚嚣尘上。在这种大气候下，在很多人看来，马克思主义已经过时了、不灵了，甚至是连灵不灵都不必讨论了。学术领域，坚持马克思主义的学者往往被贴上“左”和“僵化”等标签。一些马克思主义学者放弃了原先的追求，一些学者有意淡化马克思主义色彩，而坚持马克思主义的学者中也出现了明显的分化。在这场大震荡、大变革、大分化后，究竟如何认识马克思主义的科学体系？史学研究中如何坚持和发展马克思主义？刘大年进行了严肃的思考。

从1994年开始，刘大年发表了一系列文章，如《历史要分析——谈〈胡乔木文集〉第二卷阐述的历史方法论》（1994年）、《马克思主义是史学研究最根本的方法》[①]（1995年）、《照唯物论思考》（1996年）、《方法论问题》（1997年）、《革新派先贤祠中的一员》（1997年）、《历史学的变迁》（1998年）、《马克思主义社会科学研究要回答当代社会重要问题》[②]（1999年）等，对历史研究中如何坚持科学的马克思主义表达了自己的看法。他的认识主要有这么几个方面：1. 马克思主义科学思想体系的核心是指出了人类社会历史运动的前进方向。[③]2. 马克思主义不是神学，而是科学体系。在现实生活中，马克思主义碰到了一些问题，但是，马克思主义的基本观点、立场和方法仍然是颠扑不破的真理。[④]3. 马克思主义科学理论体系以人类社会任何共同生活里的基本事实，即生活资料的谋得方式为出发点。它找到了人类社会存在，历史运动的物质存在、物质基础；它指出了社会生活中经济、政治、

---

① 刘大年：《马克思主义是史学研究最根本的方法》，《高校理论战线》1995年第8期。此文又载沙健孙、龚书铎主编的《走什么路——关于中国近代历史上的若干重大是非问题》，山东人民出版社1997年版。

② 刘大年：《马克思主义社会科学研究要回答当代社会重要问题》，《中国社会科学院通讯》1999年10月26日。该文后来以《马克思主义哲学社会科学的历史使命》为题作为《刘大年集》的代前言。

③ 刘大年：《历史要分析——谈〈胡乔木文集〉第二卷阐述的历史方法论》，《中共党史研究》1994年第1期。

④ 刘大年：《马克思主义是史学研究最根本的方法》，《高校理论战线》1995年第8期。

意识形态几个领域是不可分割的，以及它们的各自的作用和相互关系；它把人们对于在社会生活中多种多样的活动归结为完全可以从物质上量化查考的社会经济结构系统，也就是归结为物质生产体系结构中不同利益人群，即不同阶级从量化上可以考察的状况，以及由此而来的不同地位作用上；它告诉我们，通过客观事物的重复性来认识事物的规律性也是认识历史运动规律的基本途径。[①]4. 马克思主义的历史唯物主义是建筑在对社会整体运动的认识上的。它从社会整体或整个体系的主体部分，即生产力与生产关系的矛盾统一运动出发，去认识、解释社会历史的种种现象，而不同于用思想的意识的活动，用虚幻的超自然的精神力量的活动，最后解释自然和社会的种种现象。5. 唯物论要求严格根据事实讲话；辩证法的核心是承认事物矛盾的普遍性，事物只存在于一定的矛盾运动中，一定形式的矛盾运动规定不同时期历史的本质；一切事物都有本质的和非本质的，有大局、小局，主流、支流，凡事都有个界限；唯物论辩证法的功能，就是引导人们去认识事物的本质，而又分辨出它的界限在哪里。6. 历史科学的研究，归根到底，一要坚持以事实为根据，二要具体问题具体分析。不管主张唯物论或别的方法论，都要遵循而不能排斥这样的要求。[②]7. 研究私有制的历史，阶级分析是基本的分析方法。[③]8. 根据新的认识，不断丰富与推进中国马克思主义历史学的前进是后来者的任务。[④]

刘大年的上述观点集中起来就是：马克思主义科学体系的生命力体系在其核心内容，其基本立场、观点和方法，其出发点上；要勇于坚持马克思主义科学体系，而非马克思主义经典作家的只言片语、个别论断；历史研究以追求历史真实情况为最高准则，历史唯物主义是保持历史研究客观性的最好的方法论。

1999年9月24日，在刘大年生命中的最后一次公开发言中，他特别强调了马克思主义的指导地位和方法论意义。他开门见山地说："我是主张马克思主义对哲学社会科学研究的指导作用的。"并指出："对待马克思主义，要摒

① 刘大年：《方法论问题》，《近代史研究》1997年第1期。

② 刘大年：《照唯物论思考》，《抗日战争时代》，中央文献出版社1996年版，第183、156—157、143页。

③ 刘大年：《方法论问题》，《近代史研究》1997年第1期。

④ 刘大年：《蓢伯赞——革新派先贤祠中的一员》，《刘大年集》，第285页。

弃教条主义，不把自己变成‘古之人！古之人！’同时，要承认科学的指导思想。”①

值得注意的是，刘大年在强调马克思主义科学体系作为历史研究指导思想和方法论上的意义的时候，常常是结合中国传统文化进行探讨的。如前所述，早在 1989 年，他在《马克思主义与中国传统文化》中即提出了“与中国传统相结合了的马克思主义”的说法。在他 1990 年代所写的有关马克思主义史学理论方面的文章中，他多次结合中国传统文化，或批评，或肯定，表明对中国传统文化的扬弃。

在《照唯物论思考》中，他批评朱熹的史学思想说：“哲学家朱熹说，谈论历史，最无意思，只是看人相打。朱熹从唯心观点出发，把整个客观世界的运动看作主观世界的运动，使他对历史的认识非常肤浅。他只看到历史的表面现象，而不知道那些现象是由什么样的客观矛盾、社会底层结构造成的。”他评论《史记》等“长久流传的历史书”说，这些书籍“皆因其史料珍贵，叙事生动引人入胜”，“但是它们终究限于搜集片断事实，写出历史过程的某些方面，而无法对社会历史各个领域，即无法对经济基础、阶级斗争和整个上层建筑领域统一起来去认识”。②

在《当前近代史研究的几个理论问题》中，他明确说“中国传统历史学的方法论，有必须继承发扬的值得珍贵的部分”。他列举说：“孔子传播《春秋》，对‘义’与‘事’两者平列。司马迁在《史记》上提出‘义’与‘法’并重。‘事’是‘义’的根据，‘义’就是观点、主义，‘法’则是具体方法。”他在肯定孔学的“贡献”时，还指出其不足，说：“把社会物质生产、生活排除在认识社会历史之外，这是孔学根本的弱点。照现在的话来说，就是缺少唯物论，没有经济学思想。”文章在谈到“勇敢坚持真理，勇敢追求真理”时，他还提到了清代汉学家，他说：“清代汉学家在考据学上强调‘解蔽’，追求真理就是要求思想认识上‘解蔽’，照现在的话说就是解放思想。”③

---

① 刘大年：《马克思主义哲学社会科学的历史使命（代前言）》，《刘大年集》，第 1、4 页。

② 刘大年：《照唯物论思考》，《抗日战争时代》，第 157、182、183 页。

③ 刘大年：《当前近代史研究的几个理论问题》，《刘大年集》，第 4、28 页。

三

《评近代经学》全文连注释约 7.5 万余字，分引言、正文和结束语三个部分。虽然字数不多，但高度浓缩。从儒学与马克思主义的角度观察，大致可归纳为如下三个方面：

第一，分析近代经学与政治斗争的联系，揭示儒学之为中国传统封建制度服务的实质。

《评近代经学》正文按“鸦片战争前夕”“太平天国农民战争及其以后”“维新运动到资产阶级革命运动兴起”“辛亥革命至五四运动”等四个时期对近代经学的兴起、停滞、学术斗争与政治斗争交织乃至最后走向穷途末路的过程作了较为详尽的评述。

第一时期主要讲了龚自珍和魏源两个代表人物。因为“近代思想解放的最早萌芽只可以从龚、魏讲起”。18 世纪末 19 世纪初，清王朝统治衰落和中国封建制度的危机，在白莲教农民起义和英国输入鸦片日益严重的冲击下，一并暴露出来。龚自珍、魏源思想敏锐，感受深切，在这个特定背景下撰写出了他们的政论和讨论现实问题的著作。龚、魏“一方面在尊崇、宣传孔学，一方面又间接批评孔学，近代思想解放因之出现萌芽”。

第二时期讲了邵懿辰、俞樾、戴望、王闿运四个代表人物。他们的个人经历与经学研究有两个特点：第一，都与反对太平天国的支柱人物、讲求程朱道学、以封建文化的代表者自居的曾国藩有直接联系。第二，他们的讲论严格限于书本，思想停滞。

第三时期是维新运动到资产阶级革命运动兴起时期，正是晚清政府大厦将倾、各种矛盾异常尖锐的时期，中国数千年封建制度行将崩溃，新旧政治力量，纷纷树起孔学的旗帜，为自己的政治斗争造声势，立舆论。

这一时期发生的第一场今、古文学派之争，主要是今文学派以及与他们抱着同样政治观点的人，主张开新，要求变法，提出民权、平等。古文学派以及与他们抱有同样政治观点的人，主张守旧或实际上要求守旧，反对变法，反对民权，反对平等。“经学上‘伪经’与‘改制’与否的争论，不过是现实斗争的一种手段而已”。

这一时期的今文学与古文学的第二场斗争发生在20世纪初资产阶级革命运动兴起时，古文学派挑战，今文学派防守。“古文学与今文学都在引申中带有资产阶级意识形态的成分，但两者立场不同，又都拖着封建主义的尾巴”。这时的古文学派“反映了社会前进运动的要求和趋向，古文学派的一些言论，间接地、或多或少地构成了资产阶级革命宣传的一部分”。

第四时期，今文派与古文派都没有提出新的思想认识，而它们过去在孔丘评价上壁垒分明的界限已趋于泯灭。辛亥革命后，康有为等主张定孔教为国教，曾遭到章太炎激烈反对，这是今文学派和古文学派的最后一场斗争。但事隔不久，古文派与今文派在尊孔问题上就变得完全一致了。章太炎的学术思想越来越倒退，甚至对当年的订孔、反孔表示忏悔，变为主张尊孔读经。古文派与今文派一致宣传尊孔，受到了五四新文化运动的致命冲击。新文化运动把打击的矛头直接指向孔丘，大声宣布“打倒孔家店”。不管康有为、章太炎等人如何宣传尊孔，提倡读经，再也改变不了新的时代潮流的所向。

通过这四个部分的论述，可以看出，近代经学具有明显的政治意图，无论是地主阶级改革派、顽固派、洋务派，还是农民阶级和资产阶级维新派、革命派，都想利用经学实现自己的政治目标，但都没有达到目的。这一客观历史事实无情地宣告：近代经学无论怎么改造，都变不成能够指导中国实现民族独立和近代化两大基本任务的科学真理。在两千年封建社会中通过局部改造即可成为“圣经”的武器，到了近代却屡屡挫北，这表明适应封建社会经济基础的儒学归根结底只能为传统的封建制度服务。

第二，揭露近代经学的虚伪与自卑，将经学研究纳入科学研究的范畴。

近代经学既轰轰烈烈又昙花一现的奇异景观多与其虚伪和自卑有关。经学的固有缺陷由此暴露无遗，加速了近代经学的衰亡。

刘大年对近代经学的虚伪进行了无情的揭露，他在评述康有为的托古改制时指出：托古改制是全部近代今文学的核心内容。但是，康有为的托古改制，不是要对孔学进行严肃的学术研究，而是要服务于他的政治目的。字面上讲的是孔丘和孔丘学说，事实上讲的是中国社会的现实，是说清政权要在政治、经济、思想文化上进行改革，才能统治下去；清政权统治下的中国，需要由封建主义的衰乱世，改为他所设想的资本主义的升平世。《孔子改制考》表面上是一部讲今文经学的书，实际上是一部宣传资产阶级变法维新的动员书。资产阶级的民主、议院以及男女平等都一一出现在书上。它穿起古人的服装，是为了演出现代的戏剧。《孔子改制考》1896年出版，立刻掀起轩然大波，几次遭到禁止、毁版。这正说明了它的现实政治意义所在。

康有为曾受廖平的影响。对于廖平，刘大年分析说："廖平的经学主张变了六次。……越说越离奇。后来著《孔子哲学发微》，认为全世界最后要归孔学所统一。附会荒唐，不知所云。"他在分析廖、康的异同后总结说："康、廖都讲今文经学，又都处在民族危机深重，举世要求救亡图存的时代环境下，但他们所讲论的相同，而所以讲论的则大不相同。这除了个人原因，也暴露了经学那种植根于封建制度的意识形态本身固有的缺陷。它毫无客观依据，是非随人解说。这是一切旧的社会历史学说所共有的不可克服的固有缺陷。"

刘大年对近代经学的自卑的揭露集中体现在对经学与西学问题的评述上。在论述完"维新运动到资产阶级革命运动兴起"时期的第二场争论后，刘大年列了"两次斗争中的经学与西学"一目，专门分析近代经学代表人物在经学与西学问题上的认识。

他认为，今文派与古文派在两次斗争中的重要共同点，就是他们讲经学时往往夹杂一些关于西学的议论，或者讲经学，也兼讲西学，有人即使本身不讲西学，也要把对于西学的态度问题提出来加以解释。甲午战后，年迈的俞樾说他与自己的学生抱着古老的遗经不放，已成了"不通世变的鄙儒"，认识到再也不能阻止他的学生们去讲西学，更不用说去阻止其他人了。"这反映了西方资本主义文化日益增强的冲击，导致中国思想界发生了中学与西学、新学与旧学的激烈斗争。作为中学核心部分的经学，必然要卷进这个斗争的漩涡里面"。

对于运用西学改造孔学的康有为和批判孔学的章太炎，刘大年作了应有的肯定。康、章讲经学，也兼讲西学。康用西学改造孔学、鼓吹变法维新，章用西学批判孔学、宣传反满革命。他们的学问，尽管在不同程度上不中不西或者亦中亦西，但这使他们从旧学派分裂出来，成了新学派。这表明，近代经学要发展、更新，必须汲取西学的有益成分。自我封闭、复古主义只会将经学引向穷途末路。

对于今文派和古文派中拿中学比附西学，即认为西方的一些事物、学说是中国古已有之的经学家，如今文派的皮锡瑞、廖平，古文学派的叶德辉、孙诒让等，刘大年则进行了无情的批评：皮锡瑞断言西学出于中学，又极力抬高中学，贬低西学，"实际是表明西学已经闯进经学殿堂，讲经学的人回避不了要涉及西学”。廖平拿春秋时代比今天的西方，认为春秋时代的状况相当于今天欧洲的状况，孔丘立的法适用于春秋时代的中国，也适用于今天的西方世界。刘大年评价说：“随手抓来些片言只语，信口妄言，是廖平附会西学的特点。”叶德辉从宗教方面捏造根据，证明西学出于中学。刘大年评价说：“叶德辉显然知道中学与西学不好任意比附，所以改为从宗教上立论。但归根到底，还是认为西学出于中学。”关于孙诒让，刘大年则指出“他分不清封建时代与资本主义时代不同历史阶段的区别，分不清两种不同的政治制度，把它们搅混在一起显得不通世变”。

刘大年同意梁启超批评用中学比附西学的人“所爱的仍在孔子，不在真理”的话，并认为这些讲经学的孔教保卫者拿中学比附西学“是在西学冲击面前无能为力的彻底的自卑”。“中学比附西学，把西方当今一些学说、事物指为与中国古代相合，与孔学一致，其实际的意义是，这时中国封建的文化已经丧失了独立的地位，它抵挡不了资本主义文化的侵袭，而要去攀附后者，寻求依据来保护自己的生存地位”。这就将近代经学的虚伪与自卑暴露无遗。

刘大年之所以在这部惜墨如金的著作中安排一定的篇幅讨论“西学东源”说，是认识到这种说法来源已久，并在清初几乎成为官方学说，造成了极大的危害，使清代经学家们完全错过了汲收新知和发展自己的一个机会。他批评经学方法说：“他们强调研究学问要‘实事求是’，何谓‘实事’，除天文算学等少数门类以外，这里只有儒家经典以及与之相关的繁琐无边的考辨资料。自然界的诸般现象被排除在他们的视野外面。进行系统的实验发现，简直无从谈起。”他指出：“‘西学东源’论盛行，说明从孔学体系羁绊下解放出来，是中国传统文化汲收新的方法论、认识论，更新自己的决定性关键。”

如何认识孔子是近代经学研究中种种问题的一个症结。孔学之所以被任意篡改、发挥，与孔子被历代视为圣人，其言论具有权威性有关。他的只言片语都可以作为政治工具任意阐发、到处使用。不破除对孔子的迷信，就无法破除对孔学的迷信，中国文化也就很难从传统束缚中解脱出来。

章太炎在近代中国勇敢地将孔子从神坛上拉下来，将孔子看作是普通人。这一举动受到刘大年的赞赏。刘大年认为，在经学研究上，章太炎有几点明显地超过康有为和他同时所有的人。首先，“头一次用新的眼光评价孔丘，把孔丘由一个完美无缺、至高无上的圣人，降到了一个普通的历史家的地位上。孔丘的形象由完全虚假变得比较接近真实了”。其次，“改变经学研究的性质，经籍由历来阐发、颂扬的教条，变成了客观研究、了解的对象”。再次，“强调指出孔丘和孔学的主要功绩，在于保存民族历史，保存民族文化，它们在长时间里，成了中国民族精神支柱的主要部分”。他说，章太炎讲经学的这些精粹，“体现了古文经学的求实态度，在思想观点上又是迈越古文经学的。如何看待孔子和孔学，人们从这里头一次看到了一个科学性的评说”。

第三，肯定儒学中与马克思主义相通的积极成分，认为建立在近代科学基础之上的马克思主义与中国国情相符合。

在《评近代经学》中，刘大年对原始孔学中的积极成分多有提及，对原始孔学经过改造后焕发光彩的事例作了肯定。兹举数端如下：

1. 原始孔学中的现实精神。

刘大年充分肯定了原始孔学中的现实精神，并认为孔学中“对现实的关注”已经成为中国文化的重要特点。他说：“孔子学说把现实的人和人际关系，作为论述、说教的主体。这是它一个大的长处。”

刘大年在评述龚自珍和魏源的突出贡献时强调指出：龚、魏把前人对今文经学的研究继承下来，在一些主要问题上议论发挥，显出新奇可喜。这就告诉人们，孔学中尚另有天地，可供驰骋。对于在学术上有志追逐的封建知识分子，这是有吸引力的。更重要的是，他们在讲今文经学的同时，注意讨论现实世界的问题，有些话大胆尖锐，骇人听闻。人们对他们讨论现实问题的注目，也就增加了对那些经学议论的注目。他们的经学研究也就由此突出起来了。龚、魏的学术研究，重新体现出了原始孔学现实地和积极地对待社会生活的特点。他们研究经学，同时讨论时务，批评专制，按照一定方式，表现出了原始孔学的现实精神。这是当时为程朱道学、繁琐主义所笼罩的经学考证思想界吹起的一股新风。

在《评近代经学》的结束语中，刘大年进一步总结说：“孔子学说的基本内容，是直接面对社会现实的。这是它的很大长处。”“关心现实的实际意义，是要投身于矛盾中去改造现实。维新运动中的今文派、辛亥革命前的古文派，就是这样。它们一个倡言‘改制’‘开新’，一个高扬‘排满’‘革命’。它们都不是徒托空言，都与一定范围的群众性活动联系在一起。这是近代经学最值得重视的部分。”

2. 原始孔学中的理性主义和汉代人的“实事求是”思想。

在评述龚、魏的学术研究时，刘大年还指出，孔子敬鬼神而远之，注重理性，这是孔子学说又一个长处。龚、魏贬神学，重理性，很大程度返到了原始孔学的理性主义上。缺少这一条，就不能使后人受到启发。

在结束语中，刘大年还对汉代人关于“实事求是”的思想作了说明。他指出：《汉书 · 河间献王传》上提出“修学好古，实事求是”。“实事”与“好古”联系在一起，说明那是对讨论古代文献而言的。但同时，它又是说出了一个如何对待客观事物的普遍原则。简短地说，“实事求是”就是从客观存在的实际出发，进行分析研究，引出事物的固有客观规律性。在哲学上这个提法关系重大。它与中国程朱道学把主观的“理”看作客观实际，欧洲中世纪经院哲学中的“实证论”或“实证主义”哲学把精神看作独立的实体相反，“实事求是”是把客观存在看作第一性的独立于人的主观意识之外的东西。客观事物是人认识的出发点，规律性只能从客观事物的矛盾运动中引出。因此，“实事求是”是讲出了一个唯物论的道理，足当创见。清代朴学重视“实事求是”，前人长期没有努力应用这个原则去研究社会生活、研究自然界的种种，那不是原则本身的问题。

3.《礼运》中的大同思想。

刘大年指出：《礼运》大同、小康说，作为一种看待社会历史变迁的认识，“大同”作为人们羡慕向往的理想世界，出现以后似乎就长期沉沦，二千年间不为人所注意。不论汉学、宋学、今文、古文，都对它保持沉默。但洪秀全将它郑重其事提出来，并特别把“大同”倒过来，由原来指原始社会变为指未来理想世界。“洪秀全在这里确实是实现了一个突破”。在他之后，《礼运》屡次受到人们的推崇、评论。资产阶级改良主义运动领导人康有为、梁启超讲《礼运》，改良运动思想家谭嗣同讲《礼运》，资产阶级革命运动领导人孙中山也讲《礼运》。而且他们都实际上接受洪秀全的办法，也不认为要作什么解释，就是把本来想象的原始共产主义“大同”倒过来，改变成了未来理想的共产主义——“尽管他们只叫‘大同’不叫共产主义”。

洪秀全的《天朝田亩制度》、康有为的《大同书》和孙中山的“节制资本、平均地权”的民生主义，是中国近代历史上著名的三个空想社会主义改造方案。为什么在近代历史上会接二连三地出现空想社会主义方案？刘大年没有分析，其对大同思想也没有展开论述。西方资本主义列强以最野蛮的炮舰政策方式冲击中国的政治、经济和传统文化，中国人比较系统接触到西方资本主义时首先看到的是其狰狞可恶的一面。越是黑暗，就越憧憬光明。中国人选择超越资本主义制度的道路，原因复杂，却不是心血来潮，而是历尽曲折。

作为一种有着积极成分的传统文化，需要在科学的理论指导下批判继承。刘大年在《评近代经学》中既肯定了农民阶级、地主阶级改革派、资产阶级维新派和革命派对经学的改造利用中可喜的一面，也分析批判了其不足的一面。如对于洪秀全，他指出："农民不懂得批判继承古代文化遗产的道理，他们按照自己的理解去破除封建文化。"对于章太炎，他说，"章太炎把中国古典文献与西方政治理论结合起来，从哲学思想理论上加以阐述，带有浓厚的个人色彩；归根结底，它又是在一定程度上表现出了中国旧民主主义革命者向西方社会历史学说寻求斗争武器的共同性"。章太炎是古文学派的代表，尽管他也援引孔学以外的其他古代典籍，但仍以孔学为主，这是他后来思想倒退的根源。

在中国近代历史上，地主阶级改革派、顽固派、洋务派由于坚持封建正统，没有能够摆脱孔学的封建束缚，不可能引导中国实现民族独立和走向近代化；农民阶级找不到解决中国问题的科学理论，其革命也只能以失败告终；资产阶级维新派、革命派在批判改造孔学的过程中由于对内没有能够彻底清除孔学的封建性，对外没有能够吸取科学的理论思想，也只能退出中国的政治舞台；唯有建立在彻底反帝反封建基础上的马克思主义，才真正做到了与中国传统文化相结合，成为适合中国国情的科学理论武器。为此，刘大年在《评近代经学》的结束语中列举了四个方面的理由：

第一，中国先进分子一直指望向西方寻求到救国救民的真理，帝国主义残暴侵略中国的历史和现实，使那种指望破灭了。第二，俄国十月革命，布尔什维克建立起无产阶级领导的政权，马克思主义理论变为现实的社会制度。中国先进分子面前出现了一条新的道路。第三，马克思主义是一个科学思想体系。它关于基础与上层建筑的关系、生产力与生产关系的矛盾与适合、私有制社会里阶级矛盾与阶级斗争、社会制度由低级向高级发展的理论，深刻明晰。中国人依据自己的文化背景、现实生活，接受了这一思想，并把它作为改变半殖民地半封建中国命运的斗争武器。第四，马克思主义与中国传统文化中古典的朴素的唯物辩证法的思想是可以沟通的。马克思主义哲学中互相联系的两个部分，一是唯物论，二是辩证法。中国传统哲学，首先是经学里面，就流传着这两者的科学要素。如汉代人关于"实事求是"的思想和《易传》上的朴素辩证法，很能说明问题。但中国古代的唯物论思想和朴素辩证法，又是带有臆测性和直观性的，需要应用建立在近代科学基础上的马克思主义哲学来加工，使之完善化。

刘大年最后指出："马克思主义与中国传统文化相结合，是中国文化的自我更新，是中国文化现阶段的重要发展。孔子学说统治成为过去，近代经学结束，是历史朝前演进的必然，是合理的和不可避免的。为什么五四运动以后，西方各种牌号的新思想、新学说蜂拥进入中国，又都像昙花一现，转眼过去，唯有马克思主义终于落地生根，开花结果了？这四条就是回答。"

四

要对刘大年的《评近代经学》的价值和影响作一全面评价可能仍然为时尚早，但它受到了学术界的重视却是不争的事实。

《评近代经学》在以新的理论、方法和新的视角来研究清末民初中国学术转型问题上做出了重大贡献。张海鹏指出："刘大年集10年精力，在去世前完成并发表的《评近代经学》一文，是对学术界的重要贡献。作者系统地考察并阐明了古文和今文经学在近代的传播、衰落直至末路的历史过程，指出近代经学的状况、地位和作用迅速演变，反映了中国近代社会的剧烈变动和中国近代历史的基本问题。孔子学说的统治成为过去，近代经学结束，是历史演进的必然，是合理的和不可避免的。"① 李侃则说："大年同志从经学今古文之争，谈到近代今文经学兴起。他不是像旧时经师注经解经，而是把以庄存与、刘逢禄为代表的对今文经学的提倡与近代的思想解放、社会变革和革命联系起来，这是一个创造性的见解。"②

更为可喜的是，《评近代经学》的论述，得到年轻一代学子的充分肯定和

① 张海鹏：《1999年中国近代史学术动态概述》，《近代史研究》2001年第1期。
② 李侃：《悼念大年同志》，《近代史研究》2000年第6期。

认同。[1] 也受到研究唯物史观的学者的重视。[2]

从儒学与马克思主义的学术争论来看，刘大年的主张越来越受到重视和认同。

刘大年撰写《评近代经学》的1990年代，学术界对马克思主义与儒学的关系主要有三种认识，即对立说、并存说和融合说。对立说或者彻底否定、批判儒学，或者主张以儒学来取代马克思主义；并存说认为马克思主义和儒学都是多元文化中的一元，二者并行存在；融合说认为马克思主义与儒学有一致、相通的地方，可以以儒学为主或者以马克思主义为主进行融合。[3] 新世纪以来，尤其是伊拉克战争以后，随着中国的迅速崛起，对立说和并存说渐渐受到冷落，而融合说中以儒学为主融合马克思主义的观点也大不如前。持融合说的学者们大多认为：马克思主义中国化包括两个方面，其一是马克思主义普遍真理与中国的革命、建设、改革的实践相结合，其二是马克思主义基本原理与中国传统文化，尤其是与儒家文化相结合。[4]

刘大年主张以科学的马克思主义为指导将儒学作为一种科学研究的对象来进行考察，探究其对现实有益的成分，这对中国特色社会主义理论体系的建设有着重要启示。有学者认为，“中国特色社会主义道路和理论体系已深入人心”，“当代中国马克思主义已经从理论和实践上找到了一条解决马克思主义与儒学关系问题的正确途径，不论是中国特色社会主义理论还是社会主义核心价值体系，都从包括儒学在内的中国传统文化中吸取了不少思想资源作

① 参见郑大华、贾小叶《中国近代思想史研究现状与发展趋势》，《社会科学管理与评论》2004年第3期；郑大华、贾小叶《20世纪90年代以来中国近代思想史研究的回顾与展望》，《教学与研究》2005年第1期；左玉河《30年来的中国近代思想文化史研究》，《安徽史学》2009年第1期；罗检秋《清末古文家的经世学风及经世之学》，《近代史研究》2001年第6期；刘巍《〈刘向歆父子年谱〉的学术背景与初始反响》，《历史研究》2001年第3期；罗检秋《从清代汉宋关系看今文经学的兴起》，《近代史研究》2004年第1期；夏明方《一部没有“近代”的中国近代史——从“柯文三论”看“中国中心观”的内在逻辑及其困境》，《近代史研究》2007年第1期。

② 瞿林东:《前提和路径——关于中国史学进一步走向世界的思考》，《北京师范大学学报》（社会科学版）2006年第5期。所引内容见《刘大年集》第427页。

③ 阮青:《九十年代关于马克思主义与儒学关系问题的研究》，《孔子研究》1998年第3期。

④ 王杰、冯建辉:《“马克思主义与儒学的关系”研究综述》，《中共中央党校学报》2008年第6期。

为古为今用的支援意识。不过这里有一个重要前提，就是必须坚持以马克思主义为指导。马克思主义与儒学的关系是主导意识与支援意识的关系。马克思主义的一元主导地位越明确、越巩固，就越能以开放的胸襟吸收传统文化和外来文化的精华为我所用，综合创新，与时俱进”。[①]

刘大年先生的身影已渐行渐远。但他尽最后的生命之力所“了结”的《评近代经学》，迄今仍发出智慧的光芒，给后来者以宝贵的启迪，他在治史过程中所体现的历史与现实、学术与政治相联系的特点尤其值得珍视。

① 方克立：《关于马克思主义与儒学关系的三点看法》，《高校理论战线》2008 年第 11 期。

刘大年对抗日战争史研究的贡献[①]

黄仁国

中国史学会会长张海鹏先生曾说，刘大年先生的一生，“始于抗战，终于抗战”。这句话表明了抗日战争在刘大年一生中的地位。

青年时代的刘大年潜心学问，四处求学。抗日战争爆发后，他激于民族大义，于1938年投笔从戎，成为八路军战士。此后，他长期在河北平原从事抗日的宣传教育工作，并亲自参与各种形式的对敌斗争。1943年战场负伤后，他利用在太行山养伤的机会开始关注马克思主义学术研究。抗战胜利后，他转向教育行政管理和历史研究工作，后来成为杰出的马克思主义历史学家。因此，抗日战争使刘大年经历了从书生到战士再到学者的人生转折，也使他晚年逐渐转向抗日战争史研究。

刘大年重视抗日战争史研究始于1982年日本发生的修改历史教科书事件。是年，他在《光明日报》上发表《历史是伟大的教师》，专门论述抗日战争问题；又在中国社会科学院近代史研究所组织一次大型的学术讨论会，专门讨论日本修改教科书问题，受到媒体的广泛关注。从那以后，他一方面充分利用国际国内各种资源，搭建学术研究和交流的各种平台，推动抗日战争史研究的发展和繁荣；一方面亲自撰写编辑有关论著，呼吁和引导抗日战争史的深入研究。

在搭建平台方面，刘大年的主要活动有：首先是参与筹建中国人民抗日战争纪念馆，使抗战纪念馆成为加强抗日战争史研究的一个重要基地。刘大年主要负责筹建及建成后在重大问题、方针政策方面的指导工作，这些工作是在国内抗日战争史研究还处于早春的时候进行的。1987年纪念馆落成后，通过举办学术讨论会等形式，很快在加强抗战史料的收集和研究方面发挥了重要作用。其次是利用中国社会科学院近代史所和中国史学会的平台促进政府和

---

① 原载《光明日报》2010年8月31日第12版。——编者注

民间对抗日战争史研究的重视。1982 年，他在中国社会科学院近代史研究所组织一次大型的讨论会，专门讨论日本修改教科书问题，受到媒体的广泛重视。1985 年，他以中国史学会的名义给有关领导写信，呼吁有关部门引导媒体重视国外舆论界对抗日战争历史的研究及观点。1987 年，他以中国史学会为平台，促成了纪念“七七”事变 50 周年的日中学术讨论会在日本举行。再次，主持筹建中国抗日战争史学会和创办《抗日战争研究》，使抗日战争史研究由我国史学界的一个薄弱环节发展成为一门显学。筹建中国抗日战争史学会并担任该会会长，是刘大年晚年最重要的学术组织工作。该会于 1989 年秋开始筹建，1991 年初正式成立，其间中国的国内和国际环境都非常困难。学会成立后，刘大年担任《抗日战争研究》编委会召集人。1998 年，他担任中国社科院中日历史研究中心专家委员会召集人，该专家委员会实际上起到了中国抗日战争史学会基金会的作用。专门的学会、刊物和基金会的成立，是抗日战争史研究能够克服重重困难并迅速崛起的重要保障。复次，利用各种抗日战争的纪念活动，筹备和组织学术讨论会。刘大年特别重视以学术讨论会为平台，通过学术交流来提升学术研究的水平。1987 年开始，他几乎每年都要组织或参与重大的学术讨论会，通过重大的学术活动引导舆论，发展学术力量。

在搭建平台的过程中，刘大年非常重视政府的作用，他多次写信给当时的国家领导人，或者请求予以经费支持，用于筹建、维持和扩建研究平台；或者请求领导人亲自参与各种纪念活动，营造社会影响。他重视媒体的作用，通过媒体的采访和报导，引导国际和国内社会舆论。他还非常重视利用国外的各种资源，包括海外华人的资源和日本国内进步势力的资源，并通过这些资源促进国内外学术界的抗日战争史研究。

在抗战史研究方面，刘大年先生不仅身先士卒，成绩卓著，而且对学术界有引导、推动之功。1996 年，他的有关抗日战争研究的论文结集为《抗日战争时代》。他还担任《中国抗日战争史丛书》编辑委员会主任，该丛书收书 19 种，他亲自主撰了其中的《中国复兴枢纽——抗日战争的八年》。晚年，为赶写抗日战争回忆录《大路》，讲述自己所经历的“太行风雪平原暑”，他于 1997 年重返太行山调研。他去世前写成的部分书稿后来结集为《我亲历的抗日战争与研究》。在抗日战争史研究方面，刘大年先生的工作至少还有如下特点：一是重视史料工作。由于抗日战争史研究在国内学术界长期没有引起足够的重视，有关史料的缺失和混乱特别突出，刘大年于是首先从抓史料工作开始。他呼吁加强对国内外现有史料的收集、保存和整理，以厘清史实；他还特别强调要趁还有部分抗日战争亲历者健在的时机加紧进行史料抢救和甄别工作。二是重视国际学术合作与交流。刘大年在组织和推动抗日战争史研究的过程中，特别重视通过主持和参加国际学术讨论会来提升抗日战争史研究的科学性。他一生五次访日，结识了大量日本朋友。1987年，他率领中国历史学家代表团赴日与日本学术界就抗日战争的性质问题进行学术交流，并取得认识上的一致。1990年，他主编了《中日学者对谈录——卢沟桥事变50周年中日学术讨论会文集》。在进行国际学术交流时，他多次强调要以尊重客观事实为最高准则。1998年，他最后一次访日时，在谈到中方协助日方开展日中历史研究的几个原则性问题时说："中国抗日战争的基本历史事实是什么，就是日本军国主义发动侵略战争。""我们对于近代中日关系史的研究者和中日历史研究课题的申请者的唯一要求就是——必须尊重历史事实。在这个基础上，用什么历史观、什么方法论研究、解释历史都可以，结论不同也没有关系。"三是主张以马克思主义为指导进行抗日战争史研究。刘大年在进行抗日战争历史研究的同时，也对在历史研究中如何坚持以马克思主义为指导进行了认真思考。《抗日战争时代》的压卷之作《照唯物论思考》集中体现了他这方面的思想。他在抗日战争研究中提出的两个重要观点，即抗日战争是中国复兴的枢纽和肯定国民党与蒋介石在抗日战争中的积极作用，都是照唯物论思考的结果。

刘大年先生是改革开放以来中国抗日战争史研究的主要开拓者。在以他为代表的大量历史学家和学者的共同努力下，中国的抗日战争史研究取得了重大进展，出现了繁荣的局面。

刘大年对马克思主义史学创新问题的思考①

洪认清

刘大年（1915—1999），湖南华容人。20世纪50年代起历任中国科学院党组成员、编译局副局长，中国科学院哲学社会科学部学部委员，《历史研究》副主编，中国社会科学院近代史研究所副所长、所长，第三届至第七届全国人大代表，第四届至第七届全国人大常委会委员，第六、七届全国人大教科文卫委员会委员。刘大年在中国近代史、史学理论等学术领域取得丰硕的研究成果，他既精于细密化史事考证，又长于深度理论思考；其理论探索的一个重点就是思考如何在新的历史条件下推进马克思主义史学创新，构建中国化的马克思主义史学创新体系。

一、以马克思主义引领史学创新的方向

1．科学的历史研究必须以马克思主义为指导。

1983年刘大年撰文论述历史研究的指导思想问题："一切科学研究，总是在某种指导思想下进行的。社会科学是这样，自然科学也是这样。区别只在于研究者是接受某种坏的时髦哲学的支配，还是接受一种建立在通晓思维历史和成就的基础上的理论思维的支配。科学的历史研究必须以马克思主义为指导。"这是因为，从整个马克思主义体系来看，"致广大，尽精微，综罗百代"。② 作为历史研究指导思想的历史唯物主义是一个科学理论体系，"作为一个体系整体——不是指个别的局部的论点，它是科学真理。我们说的坚

① 原载《史学史研究》2010年第3期，第41—47页。——编者注

②《历史研究的指导思想问题》，《刘大年史学论文选集》，人民出版社1987年版，第1、17页。

持真理，就是指坚持这个科学理论体系”[①]。身为近代史专家，刘大年强调：中国近代史研究要以马克思主义为指导。1979 年他在东京大学讲学指出：马克思主义第一次使历史研究真正建立在科学的基础上。我们主张研究中国近代史要以马克思主义为指导，道理就在这里。[②]刘大年在东京大学的讲稿后来编为《赤门谈史录——论辛亥革命的性质》，讲稿的核心思想就是在新的历史时期如何坚持以马克思主义为指导研究中国近代史。

80 年代初开始马克思主义在意识形态领域的指导地位受到新的挑战。刘大年援引纽约《中报》1989 年 7 月 13 日社论：中国“改革开始不久，整个社会科学界，包括大学的文科教学，简直乱成了一锅粥。那时候，整个的社会科学的前沿，也即最时髦的意识形态和理论，无非是谩骂中国的历史，指责中国的现实，丑化整个中华民族。谁用的词汇新鲜，谁骂得痛快，谁就会成为名人，成为‘优秀’的理论家”[③]。史学领域也不例外，正如林甘泉致信刘大年所说：“如今在有些人眼里，马克思主义不但不应说是指导思想，甚至连与西方各色各样历史理论平起平坐的资格都够不上。”[④]在马克思主义史学发展处境艰难的情况下，《刘大年史学论文选集》1987 年由人民出版社出版，在马克思主义学人中引起强烈反响。中华书局原总编李侃致信刘大年：“对您数十年如一日，始终坚持历史唯物主义的立场观点和方法，研究中国近代史，深感钦佩。”[⑤]时任中国社会科学院历史研究所研究员、所长林甘泉对刘大年说：“书中许多篇章，我认为对于今天史学界的思想状况和理论状况来说，很有针对性，也可说有指导意义。中国马克思主义史学在前进道路上诚然有许多曲折和失误，但马克思主义使历史研究真正成为科学，这是真理。”“尊著出版，就坚持马克思主义理论指导这一点来说，就足以使许多同志得到鼓舞。”[⑥]山东大学项观奇教授也致函刘大年，称赞《刘大年史学论文选集》“是一面旗

---

①《当前近代史研究的几个理论问题》，《刘大年集》，中国社会科学出版社 2000 年版，第 26 页。

②刘大年：《中国近代史研究的现实意义与指导思想问题》，《赤门谈史录》，人民出版社 1981 年版，第 6 页。

③ 刘大年：《我亲历的抗日战争与研究》，中央文献出版社 2000 年版，第 215 页。

④《林甘泉来函》，《刘大年来往书信选》（下），中央文献出版社 2006 年版，第 490 页。

⑤《李侃来函》，同上书，第 626 页。

⑥《林甘泉来函》，同上书，第 490 页。

帜，一面红旗，它代表着中国史学界的马克思主义倾向，它在当代中国史学史上必有其光荣地位。我以为你在这个时候拿出这部著作是很合时宜的。因为现下这种观点、这种倾向的著作太少了，并且不占上风。唯其如此，我才喜欢和支持你的大作”[①]。

2. 必须根据新的经验不断地丰富和发展马克思主义已有的原理、结论。

在强调坚持马克思主义指导地位的同时，刘大年又认为必须根据新的经验不断地丰富和发展马克思主义已有的原理、结论。他指出：“我们主张以马克思主义为指导研究社会历史，毫无疑问，必须站在历史永不停息地变革的观点上看待马克思主义，把那种形式的空洞乐观的保守主义思想从根本上抛弃掉。保守主义思想与马克思主义的科学创造精神不相容，就像水火不相容一样。”“马克思主义要保持自己强大的生命力，必须根据新的经验不断地丰富和发展已有的原理、结论。”“旧的原理、结论应当是新的原理、结论的起点，而不是事物认识的终结。”“一旦结论为终结的了，它的生命也就枯竭了。当代历史发展，社会生活中出现的问题，只能靠我们去研究，寻求解答。”[②]刘大年在东京大学谈到中国近代史研究的现状时说：“世界在发展前进，马克思主义也要发展前进。它必须研究新的情况，回答新的问题。”[③]刘大年认为唯物论处在不断丰富和发展的过程中，马克思主义史学创新永无止境，他说：“作为一个科学思想体系，唯物论并没有把历史长河、社会生活中的种种问题说完，也没有人试图去说完，而且永远不会说完。一部世界历史，无处不是检验、充实、阐发历史唯物论和辩证法的场所。”[④]

总之，以发展着的马克思主义为指导从事创新性研究，是刘大年治学的根本宗旨；按他自己的说法，就是“马恩责我开生面”[⑤]。

---

①《项观奇来函及复函》，《刘大年来往书信选》（下），第502页。

②《历史研究的指导思想问题》，《刘大年史学论文选集》，第18、19页。

③ 刘大年：《中国近代史研究的现状》，《赤门谈史录》，第126页。

④《照唯物论思考》，《刘大年集》，第235页。

⑤ 李卫民：《处处有路透长安——姜涛研究员访谈录》，《晋阳学刊》2009年第2期。

二、在继承古今中外优秀成果基础上实现马克思主义史学创新

刘大年指出："照唯物论思考，对待前人和别人的一切科学性成果，是要充分汲收，从而增进自己的认识。"① "对马克思主义理论、对中国传统、对西方非马克思主义著作，都必须正确对待，我们才能前进。"② 也就是说，要吸收古今中外的一切优秀文化成果才能推动马克思主义史学的繁荣和发展。

刘大年论述马克思主义与中国传统文化的关系时认为，把马克思主义史学民族化是创造民族新文化的工作。马克思主义之所以能够应用于研究中国历史，根据在哪里？"马克思主义产生于西方，它一旦与中国内在根据相结合以后，就成了中国文化的重要组成部分。在中国历史学里面，它再也不是'外来异物'，而是与中国文化熔铸为一体了"。"中国马克思主义历史学所做的工作，就是穿起中国民族服装，把一个本来陌生的科学思想认识体系民族化，来发展、创造我们民族新文化的工作"。③

刘大年1980年在庆祝中国史学会重建时发言，指出：中国历史科学要承先启后，大踏步前进，必须全面应用马克思主义来进行最深入、最广泛的研究。中国传统的历史学留下了丰富的遗产，无人表示异议。就在当代，如陈寅恪、陈垣用传统的方法研究历史，各有成就。马克思主义历史学与中国传统的关系也是这样。"老一辈马克思主义历史家能够作出创造，不是由于他们离开了中国文明发展的大道，恰巧相反，是由于他们在不同程度上通晓中国传统，对我们民族的遗产有批判，有继承。例如郭老、范老熟谙、运用遗产的范围更广，他们的开辟作用也就更为显著。所以马克思主义历史学与中国传统，不是平行或对立的两件事。讲马克思主义历史学的承先启后，其中就包涵了汲收遗产的精华"④。

对于西方文化，要和对待任何事物一样，实事求是。刘大年指出，马克思

---

①《照唯物论思考》，《刘大年集》，第202页。

②《致田汝康》，《刘大年来往书信选》（下），第437页。

③《马克思主义与中国传统文化》，《刘大年集》，第240页。

④《承先启后，责无旁贷———祝中国史学会重建》，附录于《赤门谈史录》，第139—140页。

主义诞生于距今一个多世纪以前。世界发生了翻天覆地的变化。社会主义矗立在地球上，资本主义仍然表现出顽强的生命力。马克思主义经典文献上的一些论点过时了，那丝毫也不足为怪。“西方世界的社会历史学说不断翻新”，马克思主义历史学只有凭借马克思主义学说，“并随时汲取世界一切先进的认识成果，来使自己不断获得前进。汲取‘一切先进’的成果，是说我们的认识道途是永远敞开的，永远不会有‘封顶’的日子”①。1986 年 10 月刘大年在致复旦大学教授田汝康的信中说：“西方讲历史哲学的书，不乏精粹之作，如不久前出版的恩斯特 · 卡西尔《人论》、科林伍德《历史的观念》等便是。我希望多读一些，多了解一些。”②刘大年关注西方史学的创新成果。1993 年 7 月致信中国社会科学院历史研究所研究员张书生指出：《剑桥晚清史》可以说是西方讲这个题目的一部有代表性的著作。它上面的某些论点自然不是我们所能够同意的。余绳武的《对〈剑桥晚清史〉部分章节的评论》（《近代史研究》1990 年第 6 期）作过深入分析。“但此书反映了欧美日本研究中国近代历史的成果和动向，有一些新的材料，叙述也比较完整。要了解西方学术界至今如何看待近代中外关系和近代中国历史，展开交流，这是一部必定要注意的书”③。

刘大年指出，要学习老一辈马克思主义史学家的创造精神，联系新的实际，表现出马克思主义史学新的时代特色。1982 年刘大年参加纪念郭沫若诞辰九十周年报告会。他在发言中说，我们怀念郭沫若同志，最重要的是学习他的精神。“第一，我们要学习郭沫若坚持以马克思主义为指导，充满创造精神地研究中国历史”。“第二，我们要学习郭沫若研究历史十分重视联系革命实际，合理地回答现实生活中提出的问题”。“如果郭沫若和老一辈马克思主义历史学家所联系的实际，主要是争取中国民主革命胜利的问题，那么，今天我们所要联系的实际，就主要是加强社会主义前途教育，建设有中国特色的社会主义的问题。我们应当立足于这个实际，满足它的需要，从而开创出中国马克思主义历史学的新局面，表现出新的时代特色”。④

刘大年十分赞赏老一辈马克思主义史学家侯外庐的创新与“决疑”精神。

---

①《马克思主义与中国传统文化》，《刘大年集》，第 244 页。

②《致田汝康》，《刘大年来往书信选》（下），第 437 页。

③《致张书生》，同上书，第 609 页。

④《学习郭沫若》，《刘大年集》，第 245、247、249 页。

他说：侯外庐历史研究的一个重要特点，是创新与“决疑”。中国奴隶制与封建制从何处划分界线，有不同说法，侯外庐的《封建社会史论》“不同意西周封建说或春秋战国之交说，也不赞成魏晋封建论，而自创新解”；提出中国封建制的出现和形成，应在战国中期至秦汉之际。刘大年说：“求新与决疑，对每个学问家的要求都是一样的，而每个人提供的东西又是不一样的。科学研究惟一任务，在于给人们认识世界增添新的知识，疑难解决了，新知识也就增加了。”①

刘大年总结老一辈马克思主义史学家的创新成果，得出结论：郭沫若、范文澜、吕振羽、翦伯赞、侯外庐等“中国马克思主义历史学开创者做了他们所能做的事。根据新的认识，不断丰富与推进中国马克思主义历史学的前进是后来者的任务”②。

同时代马克思主义史学家相互借鉴和学习也是创新马克思主义史学的必要条件。1994 年 10 月林甘泉致信刘大年：“大年同志：白寿彝先生八十五华诞，北师大史学所出了一本纪念文集，约我写文章，并说白先生希望我对史学界的状况发表点意见。我遵嘱写了一篇《走向 21 世纪的中国史学》，因涉及对史学发展的一些看法，现将拙作复印寄呈左右，敬请指正。”“现在马克思主义在史学界很不吃香，衷心希望您能多发表点意见，给中青年史学工作者和我们这一辈人多作些指导。”③ 同时代马克思主义史学家之间相互推重也是发展马克思主义史学的应有之义。白寿彝 1995 年 7 月致函刘大年说“在跨世纪之交的过程中，您将仍然是中国史学界的骄傲”④，高度评价了刘大年的学术成就。刘大年也推崇白寿彝的学术造诣，1999 年 4 月刘大年在临终前数月还抱病参加了白寿彝从事学术活动70周年以及由他主持编写的综合性创新研究成果多卷本《中国通史》全部出版纪念大会。

对于其他历史学派的成果也要注意汲取。刘大年说：“顾颉刚先生代表的‘古史辨’学派，虽实际考辨的是‘古书’，而非‘古史’，但它是中国马克思主义历史学形成以前一个并不反对唯物论的对中国历史学最有贡献学派，乃属毫无疑义。它的成绩我们应当加以发扬。社会主义是尊重文化也重视传统

---

①《侯外庐与马克思主义历史学》，《刘大年集》，第 294、296 页。

②《翦伯赞———革新派先贤祠中的一员》，《近代史研究》1997 年第 4 期。

③《林甘泉来函》，《刘大年来往书信选》（下），第 621 页。

④《白寿彝来函》，同上书，第 627 页。

的。”①

刘大年在著述中注意吸收古今中外一切有价值的材料，如其史学理论文章:《历史研究的指导思想问题》《历史研究的对象问题》《历史前进的动力问题》《历史上的群众与领袖问题》《历史研究的时代使命问题》《历史学理论的建设问题》等，既吸收西方史学理论的长处，又同时借鉴中国传统史学观念的精华，在前辈学者论述的基础上对马克思主义史学理论的一系列问题作出了新的阐释。其史学理论的创新成果也得到国际学术界的肯定。苏联解体后，财政极其困难，1992年，俄罗斯东方文献出版社用俄文出版了刘大年的《历史科学问题》一书，向俄国学术界系统地展示这位中国历史学家的史学理论研究成果，足见刘大年史学理论研究论著的价值。

三、发掘利用新史料，拓展马克思主义史学研究新领域

重视资料工作特别是重视新史料发掘利用，是历史唯物主义对史学工作的基本要求。

关于理论和资料的关系，刘大年说：常常又有一种说法，似乎照马克思主义，历史唯物主义研究历史，就意味着不重视资料工作，发议论，讲空话。我看这至少是极大的误解。“资料是一切研究工作的先决条件，对此不容有怀疑余地。巧妇难为无米之炊，巧匠难以建造无材的屋宇”。“研究历史，而忽视扎实的资料工作，就像某个匠人、建筑师说他可以赤手空拳，平地起高楼那样，不会有人信以为真。古往今来大科学家、大研究家的成就，总是告诉我们资料工作在研究中处于怎样的地位”。我们要利用所有文字和实物的有用资料，“更要自己动手去发掘新的资料。这样才有可能正确说明历史的本质的东西”。“我们还需要不断提高水平，使丰富的资料和科学的观点有机统一在一起。资料应当反映事物的本质，以及资料与观点的统一，这是马克思主义历史研究的基本要求”。“时代不断前进，新的史料不断出现，我们的研究，思想认识，也要跟着扩大、深入、前进”。②

---

①《致张岱年及复函》,《刘大年来往书信选》（下），第592页。

② 刘大年:《中国近代史研究的现实意义与指导思想问题》,《赤门谈史录》，第12、13、15、16页。

刘大年指出，要密切联系实际开辟新的学术领域。五四以后逐渐形成的马克思主义的社会科学研究者群体，特点显著，一个重要特点是“创造性研究，直接间接联系现实，是他们著作的特色。他们就这样给文史哲经等领域开了一种生面，把中国传统文化、现实生活的不同方面与马克思主义结合到了一起”[①]。刘大年的学术研究体现了马克思主义史学家紧密联系实际开展创造性研究的特点。1982年，日本文部省规定修改中学历史教科书，公然否认日本对中国的侵略，刘大年开始把研究重心转向抗日战争史研究。1987年，刘大年在《近代史研究》第5期发表深入思考抗战史问题的《抗日战争与中国历史》一文。1989年日本当局在侵华战争性质问题上倒退，刘大年在几年里撰写了多篇有关抗日战争史的论文。1996年，他将这些论文结集出版，题名《抗日战争时代》。2000年中央文献出版社又出版了刘大年的《我亲历的抗日战争与研究》。他组织并主持编写的《中国复兴枢纽——抗日战争的八年》，代表了当时抗日战争史研究的综合性研究的最新成果，该书在抗战胜利50周年时由北京出版社出版。

1983年刘大年提出要从社会主义的现实需要出发，研究古今中外的历史。“研究历史不能与现实无关，要有时代目的，反映时代要求，回答现实生活中提出的问题”。他列举了从现实的需要出发亟待拓展的新学术领域：1. 中华人民共和国史。中华人民共和国走过了自己的34年，这段历史应当提上日程，认真开始研究。2. 中国从古迄今的社会发展史，是一个急需全面展开研究的重要领域。3. 中国经济史很需要用更多的力量来研究。“加固和扩展中国历史学唯物主义的基础，认识中国历史进入社会主义的物质发展过程，认识历史发展规律的客观性质，都有赖于经济史研究取得最好的成就”。4. 中国文化史，是需要用马克思主义展开系统研究的又一个方面。5. 世界共产主义运动的历史需要研究。世界发达资本主义国家的历史需要研究。6. 马克思主义历史学理论的研究，是历史学本身的基本建设，也是历史学论述社会主义前途的重要部分。“马克思主义历史学理论不等于历史唯物主义。辩证唯物主义与历史唯物主义，是马克思主义历史学理论的基础，但是不能代替后者”。“历史唯物主义奠定了历史科学的基础，许多重大的理论问题，都还需要深入研究，并把它们有机地统一起来”。研究所有这些问题，最重要的自然不是从

①《马克思主义哲学社会科学的历史使命（代前言）》，《刘大年集》，第2页。

马克思主义经典著作上寻章摘句，是要和历史的实际、和现实生活密切联系起来。理论取材是历史的，它面向的问题是现实的。国内外生活中有不少新的观点、看法，不少新的情况。“历史学理论的研究应当重视这些问题。最新的观点和材料，可以丰富理论的内容”。① 在以上新的学术领域中，刘大年特别重视中国近代经济史的研究，1981 年撰文《中国近代经济史研究从何处突破》，提出可以考虑从研究最为薄弱，最为繁难又内容最为重要的中国近代经济史方面寻找突破口。

四、希望中央领导同志关注马克思主义史学开创新局面的问题

1983 年 3 月 12 日，刘大年致信时任中共中央总书记的胡耀邦：“干部的政治水平，文化知识包括的内容很多、范围很广，有比较多的历史知识，肯定是其中重要的一项。长期以来革命建设正反两个方面的经验证明，干部，特别是各级负责干部，他们的理论、政策水平的高低，领导能力的强弱，与他们的文化知识水平密切相关；在一定程度上也可以说与他们历史知识的多寡有关。”“希望中央领导同志对历史学研究、历史知识的普及和史学工作者的提高能给予更多的关心和指导。历史学就其群众性和社会效果来说，虽然不如文艺那么广泛巨大，但它确实是马克思主义理论教育、社会主义思想建设中所不可缺少、不容忽视的一部分。”②

1983 年 3 月 12 日，刘大年致信中共中央政治局委员胡乔木，希望胡乔木出席中国史学会首届年会暨中国史学会第三次代表大会，“最好能多讲讲关于马克思主义历史学开创新局面的思想理论问题”③。1990 年 10 月，刘大年与北京市政协主席白介夫共同写信给李鹏，提出成立一个民间的抗日战争史研究学会来推动抗日战争研究的事，计划：其一，开一个“九一八”六十周年国际学术讨论会：其二，出一个刊物，发表成果，推动研究。想提请李鹏

---

①《历史研究的时代使命问题》，《刘大年史学论文选集》，第 154、163、165、168、169、172、173、177 页。

②《致胡耀邦》，《刘大年来往书信选》（上），第 332—334 页。

③《致胡乔木、邓力群》，同上书，第 336 页。

总理批准，由财政部拨人民币七十万元，给予补助。他们在信中指出："抗日战争的研究不仅有重要的学术意义，更有重大的现实意义。"抗日战争史的研究希望能得到政府的支持。[①] 后来李鹏总理批准了对抗日战争史学会的资助。"九一八"六十周年国际学术讨论会顺利召开，《抗日战争研究》刊物得以在一九九一年九月间创刊。

1995 年是抗日战争胜利五十周年，这年 5 月刘大年致信江泽民，建议江泽民在 8 月 15 日当天，到卢沟桥和抗战纪念馆去视察，"哪怕 10 分钟也好"。"泽民同志以国家领导人身份视察抗战纪念馆和卢沟桥，将提醒全国人民记住抗战历史和抗战胜利的意义，这些作法，对推动国内进一步团结安定，收拢人心，推动青年一代的爱国主义教育，将起到十分积极的作用"。[②]1995 年 8 月 15 日，江泽民参观中国人民抗日战争纪念馆和卢沟桥，极大地推动了抗日战争史教育和抗日战争史研究热潮的兴起。

五、寄语青年学子把中国马克思主义历史科学发扬光大

刘大年一向注重对青年马克思主义才俊的奖掖和扶植，鼓励他们勇于和善于推进马克思主义史学创新，把马克思主义史学发扬光大。

1982 年 6 月，刘大年致信华东师大青年史学社各位同志："祝贺你们完成学业，走上新的战斗岗位。我们伟大祖国四个现代化的历史，要你们这一代来谱写，中国马克思主义历史科学也要你们来加以发扬光大。中国前人有句话，叫做人皆可以为尧舜。希望你们大器自相期许，为伟大的社会主义事业，为马克思主义历史科学奋发努力，作出最好的贡献，并如群星璀璨。"[③]

1987 年，刘大年致信时为河南大学历史系硕士研究生的郭双林："我希望凡作为学生的人，都不要为常规所拘限。马克思主义和马克思主义历史学处在新的发展阶段。有志青年应以开辟新局，担当大任自相期许。这当然是说立足于科学去真正发展科学，不是指随便的什么'突破'之类。"[④]

---

①《致胡乔木、李鹏》，《刘大年来往书信选》（下），第 564 页。

②《致江泽民》，同上书，第 622—623 页。

③《致华东师大青年史学社》，《刘大年来往书信选》（上），第 325 页。

④《郭双林来函及复函》，《刘大年来往书信选》（下），第 456 页。

刘大年1990年复函甘肃农业大学农机系学生冯乐权指出：要提高全面地、科学地、历史地看待问题解决问题的能力，“关键在于自己下工夫，多读马克思主义理论书，并联系实际加以思考”。“客观真理不会随着人们的认识改变而改变，但会随着人们的认识丰富而丰富，而发挥出新的力量。知识常新，真理也就常新”。[①]

刘大年在指导时为中国社会科学院研究生院近代史系博士研究生的姜涛和李长莉时，注重培养其创新的思维和能力。1987年11月他致信李长莉：“照我想，你的目标，是力争写出一部真正有科学性、创造性的优秀博士论文。‘博士’当然要及格，但不应仅仅止于此。你是可以做到的，问题是材料与理论，两者的准备都要比较充分，不可畸形。”[②]1988年3月又致信姜涛：“你的论文则应是从历史学的角度研究近代中国人口。这是当初选题时就说过的。困难当然很大，但正因为困难，没有人作过系统研究，才需要我们去探索，提供新的知识。中国近代史研究很需要这方面的知识。”[③]

综上所述，刘大年就如何推进马克思主义史学创新问题进行了艰辛探索，积累宝贵的经验：他强调科学的历史研究必须坚持以马克思主义为指导，同时又主张根据新的经验不断地丰富和发展马克思主义已有的原理、结论；提出要继承古今中外的一切优秀文化成果促进马克思主义史学的繁荣和发展；主张充分挖掘利用新史料，密切联系实际开辟新的史学学术领域；建议中央领导同志关注开创马克思主义史学新局面的问题；鼓励青年学生以创新的姿态将中国马克思主义史学发扬光大。刘大年的这一系列理论和实践探索，意义深远，对于今天实施马克思主义理论研究和建设工程，正确处理坚持马克思主义指导地位与推进史学创新的关系，建立中国化的马克思主义史学的话语体系、学科体系、教材体系，构建马克思主义史学全方位创新格局，具有重要的借鉴和启迪意义。

---

①《冯乐权来函及复函》，《刘大年来往书信选》（下），第557页。

②《致李长莉》，同上书，第472页。

③《致姜涛及复函》，同上书，第478页。

试论刘大年的中国近代史研究[①]

张海鹏　赵庆云

刘大年（1915—1999）是著名马克思主义史家，也是中国近代史学科的拓荒者。他旧学功底深厚，且精研马克思主义理论，与范文澜、胡绳等学人一道，以唯物史观为指导，在近代史园地筚路蓝缕开拓耕耘，孜孜不倦，老而弥笃，著述丰厚，成就斐然。他的研究理论与方法，以及诸多富有创见的学术观点，深刻地影响了中国大陆学界的近代史研究。

一、突出时代主题

某种意义上来说，刘大年与范文澜颇有相似之处：都曾以“追踪乾嘉诸老”为职志，是民族危亡促使其转变为革命者；都曾历经民族战争血与火的磨炼，有过出生入死的革命经历。刘大年85岁时曾赋诗《题小照》：“早岁从戎荷短戟，中年乙部伐雄王。凡人亦许不知老，敢笑多愁伦勃朗。”[②]可以看作他人生的写照。由投笔从戎至卸甲治学，是他一生的两大转折；战士与学者两种角色，在他身上得到了完整统一。

刘大年早年更多接受的是旧式传统教育，一度将“国学”视为安身立命之本。中国革命的伟大实践，促使他踏入近代史研究领域。马克思主义史学本具有极强的实践性，其活力源泉在于介入现实，并体现时代精神。诚如翦伯赞所言：“不是为了说明历史而研究历史，反之，是为了改变历史而研究历

---

① 原载《历史研究》2011年第3期，第145—165页；卜宪群、王建朗、张顺洪主编《马克思主义史学理论研究》（第2辑·2012），中国社会科学出版社2013年版；张海鹏著《中国近代史基本问题研究》，中国社会科学出版社2013年版，第303—341页。——编者注

② 刘大年手稿，作于1999年8月，刘潞提供。

史。”[①] 因而刘大年的近代史研究，从课题选择到表达的内容形式，都体现出相当强烈的使命感和深切的现实关怀。其主要著述，无不高度呼应时代主题，服务于建立现代民族国家的革命事业。中国近代史本为新兴学科，存在诸多空白。刘大年以其对现实的敏锐感知，对时代精神的准确把握，在美国侵华史、台湾史、抗日战争史等分支领域均有前驱先路的开拓之功。

刘大年由驰骋沙场到潜心史学，转折即在于《美国侵华简史》的问世。这本著作虽然仅是篇幅不大的小册子，却有着非同一般的意义：它不仅是刘大年近代史研究的起点，奠定了他在中国近代史学界的地位；且由此开拓了中国近代史一个新的专题研究领域。

涉足中国近代史研究，刘大年自己坦言“当时也是一种革命斗争的需要”[②]。作为一个扛枪的正规八路军战士，刘大年在冀南抗战前线数度出生入死。1943 年冀南遭受严重夏荒，时为冀南党委领导的王任重决定让刘大年去接受轮训。是年 7 月，刘大年上太行途中遭遇日军，跳崖引起肺部破裂大出血。[③] 养伤期间，他坚持读书、看报，并着重阅读了范文澜的《汉奸刽子手曾国藩的一生》，从而产生研究中国近代史的念头。1946 年，刘大年调任北方大学教务处副处长、工学院副主任，与时任北方大学校长的范文澜结识。1947 年，中共与美国走向对抗已然不可避免，此前长期从事宣传工作而锻炼出来的政治敏感性，使刘大年意识到美国侵华史所具有的政治意义与学术意义。他向范文澜表露研究美国侵华史的意向。恰在此时，范接到中央宣传部的一个电报，要他聚集人才，继续进行历史研究[④]，范氏历来重视帝国主义侵华史研究，所著《中国近代史》上编第一分册即振笔直书近代以来列强侵华史实，因而对刘大年的研究计划“热心支持”[⑤]。

此前，中国史学界对英、日侵华史已经有较多研究，而对美国侵华历史的研究几乎尚为空白。既有著述在论及中美关系时，往往正面肯定美国近代以来对中国的友好与援助，对美国侵华史实多有粉饰。这自然与美国侵略手

---

① 翦伯赞：《历史哲学教程》，东北新华书店辽东分店，1948 年，第 4 页。

② 刘大年 1980 年在日本东京大学交流会上的自我介绍记录稿。

③ 详见刘大年《我亲历的抗日战争与研究》，中央文献出版社 2000 年版，第 75—87、92 页。

④ 刘大年：《史料和历史科学·序》，荣孟源《史料和历史科学》，人民出版社 1987 年版，第 3 页。

⑤ 张振鹍：《回忆范老与帝国主义侵华史研究》，《近代史研究》1994 年第 1 期。

段的隐蔽性有莫大的关系。且不可否认，太平洋战争后，美国成为中国抗日的最重要盟国，为中国的抗日战争做出很大贡献。当时中国知识界从国家利益角度感受到了这一点，是可以理解的；但在社会上，却弥漫着亲美、崇美、恐美的气氛，从学术上就不可能出现“美国侵华史”这样的专题领域。

资料收集大体齐备后，刘大年全力以赴投入写作，1947 年秋即完成《美国侵华简史》(以下称《简史》)初稿。这在当时无疑是引人瞩目的成果。《简史》初稿完成后，历经周扬、陈伯达、田家英等人审阅，获得鼓励与肯定。田家英还特地与主管档案人员联系，让刘大年阅读当时尚属机密的赫尔利在延安与毛泽东的谈话记录。[①]《简史》最初的版本是 1949 年 8 月华北大学内部发行本，可能主要用于授课，流行范围有限[②]；其次是由北京新华书店于 1949 年 11 月初版（10000 册）、1950 年 3 月再版（10000 册）的新华时事丛刊本，内容与华北大学自印本相同，“只是为眉目清醒计，加上一些小标题”[③]。

《简史》的传播及其影响与当时的政治形势密切关联。新华社从 1949 年 8 月 14 日至 9 月 16 日间连续发表《丢掉幻想，准备斗争》等六篇评论，揭露美国对华政策的帝国主义本质。主持《人民日报》工作的胡乔木从一位编辑手中看到华北大学自印的《简史》，决定从 8 月 26 日至 10 月 6 日在《人民日报》连载。由于高度契合了现实政治宣传的需要，《简史》迅即风行全国，新华时事丛刊本《简史》共印行 2 万册，远远供不应求，各地只得纷纷翻印。截至 1951 年 1 月北京六版和其他地区 1950 年十二月出版数字的统计，全国范围累计印数达 238800 册[④]，可以想见它在反美宣传中所起的重要作用。

《美国侵华简史》是一本仅 90 页，不到 8 万字的小册子。作者站在爱国主义立场，扼要叙述了美国侵华的历史过程，揭发了美国“帮助”中国的假面具，文笔犀利，富于感染力。作者开宗明义说明：“美国在世界资本主义国家中，是比较后起的一个国家。它又是一个资源丰富得天独厚的国家，首先着重在国内的经营，然后才加强其对海外的扩张。这两个因素，规定了美国

---

① 刘大年：《田家英与学术界》，《毛泽东和他的秘书田家英》，中央文献出版社 1989 年版，第 156—157 页。

② 华北大学史地系当时开设有“美国侵华史”课程。据《华北三年以来的大学教育》，《人民日报》1948 年 12 月 31 日，第 4 版。

③ 李光霖：《评刘大年著美国侵华史》，《新建设》1950 年第 3 卷第 5 期，第 67 页。

④ 王大白：《评六种美帝侵华史》，《人民日报》1951 年 3 月 25 日，第 6 版。

侵略中国的过程。”[①] 根据这个过程，全书分为四章：追随或通过别国向中国侵略（1840—1905 年）；逐渐走上独立侵略中国（1905—1917 年）；争夺中国霸权（1917—1945 年）；进行独占中国（1945 年以后）。这种结构模式为美国侵华史的研究奠定了一个初步框架。

诚然，以今天的眼光观之，《简史》无疑受到当时的政治氛围的影响，带有明显的时代烙印，其中一些论断夹杂着革命情感替代理性分析的因素。虽然存在诸多局限，但《简史》毕竟“是从革命根据地走出来的学者在观察、研究中美关系时写的第一本书”[②]。从政治意义上来说，它揭露美帝国主义侵略中国的历史渊源，因具有一定学术底蕴而起到了一般政治宣传品无法比拟的作用；就学术价值而论，它意味着马克思主义中国近代史研究一个新的专题领域的开创，在当时产生了相当大的政治影响与学术影响。不少报刊发表对《简史》的书评，《简史》带动了一批新的美国侵华史书的出版[③]，其中，有的竟是《简史》的抄袭或缩写。宋云彬著《高中本国近代史》中特别指出：“课本对于美国侵华史实叙述得很不够，希望教师根据刘大年的《美国侵华史》，于授课时，随时加以补充。”[④] 刘著《美国侵华简史》的影响由此可窥一斑。

新中国成立初人们迫切需要一部材料丰富、论证有力的美国侵华史著作，政治形势的发展无疑为美国侵华史研究的进一步深入提供了强大驱动力，刘大年新中国成立后第一件事就是对《简史》加以丰富扩充。此时撰著条件较新中国成立前大为改善。至 1951 年 4 月，刘大年在近代史所同人沈自敏、丁名楠协助下，将《简史》修订成近 17 万字的《美国侵华史》，是年 8 月由人

① 刘大年：《美国侵华简史》，新华书店，1949 年，第 3 页。

② 张海鹏：《战士型的学者，学者型的战士——记刘大年的学术生涯》，《刘大年集》，中国社会科学出版社 2000 年版，第 475 页。胡华此前曾撰有《美帝国主义侵华史略》（冀中新华出版社，1947 年），但难称学术著作。

③ 截至 1951 年 2 月，又有 7 部美国侵华史著作相继问世：1. 钦本立著《美帝经济侵华史》（世界知识社 1950 年初版，1951 年修订四版）；2. 汪敏之著《美国侵华小史》（三联书店 1950 年初版）；3. 北京师范大学工会历史系小组编著《美帝侵略中国史话》（光明日报 1950 年初版）；4. 王春著《美国侵华史话》（工人出版社 1951 年初版）；5. 施瑛编著《美帝侵华演义》（通联书店 1951 年初版）；6. 宣谛之著《美帝侵华一百年》（世界知识社 1950 年版）；7. 谢牧编著《美帝侵华政策的百年总结》（潮锋出版社 1951 年初版）。这些著作的史料和观点无不以刘著《简史》为依据。

④ 宋云彬：《高中本国近代史》，人民教育出版社 1951 年版，第 95 页。

民出版社出版。此书“对于揭露美国的侵略面貌，澄清当时存在的一些糊涂观念，发扬爱国主义，进行爱国主义教育，起了很大的作用”[①]。在当时就颇获好评，贾逸君认为：“这本书是在许多美帝侵华史著作中最好的一本。”[②]

《美国侵华史》在《简史》基础上，吸收李光霖、王大白等人的批评意见，不仅篇幅大为扩充，材料更加丰富，而且史实进一步得以订正，体例更为完善。《简史》的论述截至1948年，《美国侵华史》则将抗美援朝运动的现实亦囊括其中，已可谓一部颇具规模的学术专著。就在北京初版的同年，苏联外国作品出版局印行了《美国侵华史》的俄文译本，奥夫钦尼科夫在《真理报》发表书评《叙述美国侵略中国的几本书》，予刘著《美国侵华史》以高度评价。[③]在当时全面学习苏联的政治氛围中，苏联学者的揄扬和推介无疑扩大了《美国侵华史》的影响。朝鲜、捷克斯洛伐克和民主德国相继出版译本。

毋庸讳言，由于属草创时期的著作，加之现实形势的迫切要求，使作者难以从容精雕细琢，种种缺陷在所难免。当时学界对此亦有直截了当的批评。[④]刘大年对这些批评虚心接受，表示此书很不完善，“不仅材料贫乏，并且某些史实也有错误，显然远远不能满足读者起码的要求”[⑤]，如果严格要求则“是一部陋书”，希望读者能够“严格提出批评”，以期“能集中更多的意见写出一部比较合用的美国侵华史”[⑥]。

在对刘著《美国侵华史》的评论文章中，时为人民出版社副社长的曾彦修的书评最为尖锐。此文曾寄往《历史研究》编辑部，原稿已无法找到，内容只能大略从刘大年的回应文章《关于曾彦修同志对〈美国侵华史〉的评论》中窥知。

曾彦修的书评，如果去除那些政治批判的偏激言词，亦有一定的学术含蕴。曾氏指出，刘著《美国侵华史》对近代以来美国侵略中国的历史缺少在

---

① 戴逸：《刘大年同志与中国历史研究》，《近代史研究》1995年第5期。

② 贾逸君：《中学本国近代史教学参考资料和书目简介》，《历史教学》1952年3月号。

③《奥夫钦尼科夫在苏联〈真理报〉上撰文评介胡绳等关于美国侵华史的三部著作》，《人民日报》1952年5月22日，第3版。

④ 参见王大白《评六种美国侵华史》，《人民日报》1951年3月25日，第6版；李光霖《评刘大年著美国侵华史》，《新建设》1950年第3卷第5期；季用《几种美帝侵华史和补充材料》，《大公报》1950年11月16日，第6版。

⑤ 刘大年：《美国侵华史·修改说明》，人民出版社1951年8月版，第1页。

⑥ 刘大年：《答复李光霖先生》，《新建设》1950年第3卷第5期。

翔实资料基础上的历史主义的分析，这种批评应该说是切中肯綮的。刘大年也坦言，《美国侵华史》的根本性缺点在于“某些说明解释不是恰如其分，有的地方便没有能够把美国侵华活动的真实地位和作用讲清楚。因此，这些地方的叙述是没有说服力的或者是不合于历史主义的”①。

作为一个严肃学者，这次论争对刘大年触动很大，他进而着手对《美国侵华史》加以修改，且拟定了修改要点：“一、不只是美国侵略，加上其他国的侵略；二、美国不只有侵略，中美人民有友谊；三、美国的侵略是渐进的，不是处处是主要的，最初甚至是温和的；四、已经被指出的错误。”②

在刘大年所存写作卡片中，有一张录有“一八六七年十月十七日，总批奏：美使蒲安臣处事和平，能知中外大体。充中国使臣，出使西洋，试办一年。……说明此时美国侵华尚非露骨，如英法等。这是和他的国内资本主义发展有关的。写入侵华史内。其他同样事件亦应叙述，以改变片面的叙述。改的关键之一，至要。对李（鸿章）、张之洞不要苛责或简单称为走狗，要用毛主席所讲的精神看历史人物，有缺点有优点”③。另一张卡片载：“要有一段相当字数讲日美关系的历史特殊性”，“全部叙述要联系当时形势，眼光要开阔，不要死限于历史，要有现在的评论，是一本现在的书”。另外搜得刘大年修改 1954 年版《美国侵华史》的手稿，在原书上修改的笔迹密密麻麻，很多段落重新写过，论述更为平允、全面。从这些修改要点及实际修改情况看，刘大年在一定程度上接受了曾彦修学术方面的批评意见，对原来著作简单化的倾向有所纠正。但由于 1957 年的反右运动及其后接连不断的政治运动，《美国侵华史》的修订终于搁置，未竟其功。

刘大年还是台湾史研究的拓荒者。他与丁名楠、余绳武合著的《台湾历史概述》1956 年由北京三联书店出版，这是新中国台湾史研究的滥觞。是著在严谨的历史论述中，为反对美国控制台湾、分裂中国提供历史学支持。

研究台湾史可以说是美国侵华史研究的接续。1951 年刘大年发表《1874 年美国与日本合作进攻台湾的经过》，论证日美勾结侵略台湾，指出参加侵略的有美国“军事指挥人员”、美国“军舰和装运军队的商船”、大批美国“军

① 刘大年：《关于曾彦修同志对〈美国侵华史〉的评论》，未刊。

② 刘大年手稿，刘潞提供。

③ 同上。

火”，“可能还有一批美国雇佣兵”。[①]1955年发表《台湾一千七百年的历史》，论证台湾自古以来即为中国领土。《台湾历史概述》则是在美国的对台野心日益膨胀的历史背景下产生的历史著作。

《台湾历史概述》的论述平实而有分寸，力求所论持之有故。作者以唯物史观为指导，强调阶级分析法，但却未做僵化理解与运用。如此书对台湾巡抚刘铭传经略台湾的功绩不乏肯定之词：“刘铭传在台湾的各种建设中，起了积极的作用，他所兴办的有些建设项目，在全国且属创举。”“拿台湾与内地作一比较，可以看出它现在不仅在国防上是一个重要的省份，在经济、文化上也是一个先进的省份。”[②] 这种评论，体现了实事求是的治史精神。

《台湾历史概述》篇幅仅5万余字，却开台湾史研究之先声。该书出版高度契合了现实政治主题，兼具学术性与通俗性，在当时产生了较大反响[③]，后被授予中国科学院学术奖金，且于1962、1978年两次再版。紧随此书之后，不少大陆学者为配合台湾问题上的斗争，纷纷进行台湾史研究。[④]

“中年乙部伐雄王”。无论是《美国侵华史》，还是《台湾历史概述》，都是刘大年中年之作。这两本书的主旨，都是从学术上探讨美国侵略中国的历史，在政治上起到了谴责美帝国主义的作用。

目前抗日战争史已经成为中国近代史学科中一个相当繁荣的分支领域。事实上在20世纪80年代之初，抗日战争史仅为中共党史、中国革命史的一个组成部分，并未获得相对独立的学术地位。而这个变化，与刘大年对抗日战争史研究的开拓与推动密不可分。

刘大年年近古稀之时转而对抗日战争史研究投入极大的精力，自有其深刻的动因。其一，刘大年成长于抗日战争的洪流之中，对那段峥嵘岁月具有深厚感情。无论是荷戟从戎参与抗日战争，还是晚年以学者的冷静与理性重新审视、研究抗日战争史，爱国情怀始终是其根本的出发点和归宿。其二，深切的现实关怀。1982年日本文部省下令修改历史教科书，对这一军国主义复

① 刘大年：《1874年美国和日本合作进攻台湾的经过》，《新建设》1951年第5卷第3期。

②《台湾历史概述》，三联书店1956年版，第51页。

③ 林增平、林言椒主编：高等学校文科教学参考书《中国近代史研究入门》，河南人民出版社1990年版，第185—186页。

④ 钟安西、赵一顺：《台湾史研究的历史脉络》，《中国社会科学院院报》2005年3月22日，第2版。

活的征兆，国人缺乏应有的警觉，是他倾注心力于抗日战争史研究的直接动因。[①]他希望通过抗日战争研究，还原那段悲壮的历史。1987年，刘大年在《近代史研究》第5期发表《抗日战争与中国历史》一文，从整体上奠定了抗日战争研究的框架。1989年2月20日，他作为全国人大常委在七届全国人大常委会第六次会议上，就日本当局在侵华战争性质问题上的倒退作了义正辞严的发言，曾吸引国内外视听。日本报纸迅速转载这个发言，苏联、法国、美国报纸、通讯社纷纷发表评论，谴责日本当局的行径。此后他陆续撰写多篇有关抗日战争的论文，分别收入《刘大年史学论文选集》和《抗日战争时代》两书，最后集中收入《我亲历的抗日战争与研究》下编“抗战研究”。刘大年的抗日战争史研究，对抗日战争时期纷繁复杂的历史进行高屋建瓴的宏观把握，对学界的抗战史研究有着引导性作用。刘大年认为：“抗日战争的历史和整部中国历史一样必须成为科学的客观研究的对象。我们必须把抗日战争的研究建立在坚实的科学基础上，提高它的科学性。……对于叙述历史，我们主张客观的历史是怎么样，写出来的历史也必须是怎么样。”这就要求，在研究抗日战争历史时，一是必须以事实为根据，二是必须具体问题具体分析。他认为：只有“照唯物论思考，从社会物质生活矛盾出发，减少精神束缚”，才能还原历史真实。[②]毋庸讳言，抗日战争与现实生活联系异常切近，研究者的政治立场倾向与历史研究极易纠结在一起，国际国内学界对抗战历史的认识存在着相当的分歧。胡乔木坦言：“对这段历史的认识还有许多不够深刻的地方。”[③]刘大年对史学“求真”的大力张扬，所针对的正是既有抗战史研究存在的种种不足：在人物评论中看重人物的自我表白甚于客观事实，在事实评述中偏于局部而失于全局。或顾虑降低共产党的地位、作用，或顾虑降低国民党的地位、作用，如此一来，自然影响学术研究的客观真实。其中正面战场与敌后战场的作用、国民党和共产党的领导作用两问题争议尤大。

在对抗日战争一些关键问题的总体认识上，刘大年提出了不少具有突破性、影响深远的观点。

---

①针对教科书事件，刘大年迅速在近代史所召开讨论会，并第一个发言；他还要求张振鹍、邹念之着手翻译部分日文资料，为驳斥谬说作准备。据采访张振鹍、王玉璞记录。

②刘大年：《照唯物论思考》，《抗日战争研究》1996年第2期。

③胡乔木：《致中国抗日战争史学会成立大会的信——代发刊辞》，《抗日战争研究》1991年第1期。

1995年他为《中国抗日战争史丛书》所写的“总序”中提出：“抗日战争爆发前，国家权力基本上掌握在蒋介石、国民党及其各派系手里。有蒋介石、国民党的参加，才有了全民族的抗战。否则全民族的抗战就无从实现，一时实现了也无法坚持下去。抗战期间蒋介石虽然没有放弃反共，也没有放弃抗战。从民族战争的角度看，蒋介石、国民党在抗战中的重要地位和作用，应该得到客观、全面的理解。”对于“蒋介石、国民党参加抗战”的意义和作用作如此评价，在大陆学术界可谓前所未有。①

在1991年提交沈阳纪念“九一八”事变六十周年国际学术讨论会的论文中，刘大年更明确提出：蒋介石“消极抗日也还是抗日。退出抗日阵线是他的阶级利益所不许可的。他主观上希望抗日、反共两个第一，然而实际行动上办不到。结果他实行的还是抗日第一、反共第二”。这种新颖的观点当时令与会者有“石破天惊”之感。②

此前，台湾学者极力贬低中共敌后战场，大陆学界亦对正面战场之作用极力淡化。1995年，刘大年在纪念抗日战争胜利五十周年学术讨论会开幕式上所作报告中指出，“抗日战争的特异之处是蒋介石政权控制的正面战场与共产党领导的敌后解放区战场两个战场并存。它们互相依托，组合起来与敌人角胜”。“两个战场的存在来自于国共合作，来自于抗日民族统一战线”。“两个战场的存在和运动、变化，是决定抗日战争面貌和结局的关键。日军由胜利推进转向失败，国民党和共产党的力量朝相反的方向行走，这两个过程、两种演变的实现，是从两个战场上开始和完成的”。因此两个战场的地位和作用均不应看轻。③

抗日战争的领导权问题有一定敏感性。刘大年1996年发表《照唯物论思考》一文，专设“关于国民党、共产党两个领导中心并存”一节④，对领导权问题作了深刻辩证的分析。他指出，国民党与共产党在抗日战争中的领导权，是由抗战前两个敌对政治实体的关系嬗变而来的。它们所处的地位不同，能

---

①据张振鹍先生回忆，此“总序”写成后，有关领导机关曾要求刘大年将这段话删掉，他坚决拒绝。据张振鹍《刘大年与抗日战争研究》，未刊稿。

②张振鹍：《刘大年与抗日战争研究》，未刊稿。

③刘大年：《抗日战争的几个问题》，《光明日报》1995年9月11日，第5版。

④刘大年非常珍视此文。他曾将此文请胡绳看过，胡绳在“关于国民党、共产党两个领导中心并存”一节批注“有深意存焉”。据张振鹍《刘大年与抗日战争研究》，未刊稿。

够起作用的方面不一样，也不表现为某种平衡，而又都是不可缺少的。在抗日战争这个整体大局中，国民党、共产党都起着领导作用。这个作用，都是全局性的，不是局部的、暂时的。双方这种都是全局性的领导作用，不是由于它们存在某种形式的共同领导或与之相反的分开领导来实现的，它们的领导作用是在又统一、又矛盾的斗争中实现的。在这个又统一、又斗争的过程中，国共力量的消长发生着变化，总的趋势，是人民的力量、共产党的力量逐渐增强，并且历史性地改变了国内政治力量的对比。

刘大年这些观点，置诸当时的认知背景下，就可以明确看到，较之以前一些简单说法，显然更具科学性，也更加符合历史的真实；即便今天看来，仍会感到寓意深远。这是一个八路军老战士、一个马克思主义历史学家在他晚年的学术生涯中所达到的一个新境界。其论述中心是蒋介石、国民党、国民政府对抗战的态度及其在抗战中的地位、作用问题，而这在相当长时间内具有政治敏感性，被研究者刻意回避。刘大年以其“非则言非，是则言是”的历史学家的“求真”精神，突入敏感区，在抗战史研究中大力弘扬摒弃成见、实事求是的学风，为抗日战争研究奠定学术基础。

刘大年 1990 年开始呼吁：要编写一部全面系统的抗日战争史，“要充分汲收中国、日本和世界各地研究这段历史的成果，在科学上具有权威性代表性”[①]。他主持撰著的《中国复兴枢纽》以“求真”为旨归，抱定“我们这一辈人有责任搞一本科学的抗日战争史”[②]之信念，“八年间的基本事实力求都有记载，力求做到信而有征”[③]。此书无论是史料的比对，语言的推敲，还是史论的提炼，都达到了相当的高度。

在胡乔木、刘大年的大力推动下，中国抗日战争史学会于 1991 年 1 月 23 日成立，《抗日战争研究》亦于是年 9 月创刊，引起国内国际的广泛关注。海外华人多视之为莫大之盛举。美籍华裔史家唐德刚 1992 年春节来函：“抗日战争史学会在先生领导下，必成将来世界史中之显学。”[④]

中国抗日战争史学会成立后，连续主办了三次大型国际学术讨论会，刘

---

① 刘大年：《编写一部全面系统的抗日战争史》，《人民日报》1990 年 3 月 5 日，第 6 版。

② 2010 年 1 月 15 日采访张振鹍先生记录。

③ 刘大年、白介夫主编：《中国复兴枢纽：抗日战争的八年》，北京出版社 1997 年版，第 10 页。

④《唐德刚来函》，《刘大年来往书信选》（下），中央文献出版社 2006 年版，第 601 页。

大年担任这三次国际学术讨论会组织委员会主席。国际学术讨论会的成功召开，进一步推动了抗日战争史研究的繁荣发展。抗战史研究状况自此有了根本改观："发表的论文、出版的著作、研究者的队伍，都达到空前的规模；研究的水平和质量大大提高。"[①]

二、为建设中国近代史学科体系而探讨

中国近代历史，千头万绪，研究中国近代史，究竟研究什么？刘大年认为，首先要研究中国近代历史上最基本的东西，这就是构成近代中国历史的最基本的内容。他认为，按照毛泽东的归纳，帝国主义侵略中国，反对中国独立，反对中国发展资本主义的历史，就是中国的近代史。又说，帝国主义与中国封建主义相结合，把中国变为半殖民地和殖民地的过程，就是中国人民反抗帝国主义及其走狗的过程。刘大年发表的文章，具体涉及太平天国、义和团、戊戌变法、辛亥革命、孙中山、抗日战争等问题。这些研究，把马克思主义、历史唯物主义的基本观点与近代中国的历史进程结合起来，探讨中国近代史的基本问题，探讨近代中国历史上的阶级、阶级关系和阶级斗争，已然涉及了对中国近代史学科体系的系统探讨。

建构科学的中国近代史学科体系，首先必须提到历史分期，以及依据什么理论进行分期。刘大年认为："自鸦片战争起到中华人民共和国成立以前的110年，都是半殖民地半封建社会、都是中国的近代。"[②]1961年再次撰文提出："这里说的近代，是指从鸦片战争到1949年中华人民共和国成立的我国民主革命时期。"[③]1964年在向外国历史学家介绍中国历史科学时进一步明确指出："五四前后既然社会制度相同，革命任务、革命性质相同，我们就只能把它看作是同一个历史时代"；"中华人民共和国成立以后，历史前进到了一个崭新的时代。十几年前的'现代'，已经很快为今天的'现代'所代替。

---

① 张海鹏:《刘大年与抗日战争史研究》,《东厂论史录：中国近代史研究的评论与思考》，广东人民出版社2005年版，第173页。

② 刘大年:《中国近代史研究中的几个问题》,《刘大年史学论文选集》，人民出版社1987年版，第247页。

③ 刘大年：《我们要熟悉中国近代史》,《人民日报》1961年2月21日，第7版。

时至今日，我们再用‘近代’去概括鸦片战争至五四运动的历史，用‘现代’概括五四直至中华人民共和国以后的历史，显然是非常不合理了”。[①]并撰文强调“中国近代史一般是指整个中国旧民主主义和新民主主义革命时期的历史”[②]。1964 年他在中共中央高级党校讲授中国近代史时，对 1949 年下限说作了详细分析。[③]

刘大年认为，考察中国近代史分期的标志不外乎三个方面：从阶级斗争来划分；从近代社会的主要矛盾变化来划分；从外国侵入后社会经济的发展变化来划分。而这三者应当是统一的，不是互相排斥或彼此平列的关系。“一定的社会经济产生相应的社会力量。阶级斗争、阶级关系的演变，归根结底是由社会经济变革所引起的。从来也没有与社会经济相隔绝的政治运动、阶级斗争”；而中国近代史上的主要矛盾的阶段性，“当然就是阶级斗争、革命运动的高潮低落、外国侵略和国内斗争为主为次的转换、革命动力从农民战争到资产阶级革命的发展，在反侵略斗争中地主阶级的不同态度等等变化的阶段性”。[④]

在对中国近代史的总体把握上，刘大年的主张似乎与胡绳相近，若细加考察，不难发现二者差异之所在。实际上，刘大年的分期构想可谓吸收了分期讨论中各家之言，并融入了自己的判断和思考。

首先，他将清政府组织的中日、中法战争与义和团运动并列为民族战争，强调这一时期中外民族矛盾的主体地位。从刘大年的理论分析看来，他基本上肯定了清政府与列强的民族战争中具有的积极的、正义的一面。

其次，他在坚持以反帝反封建作为近代史演进脉络主线的同时，将近代以来的经济变动，尤其是资本主义发展历程也置于相当重要的地位。他在范文澜《中国近代史的分期问题》的文章打印稿上批注有：“全文中看不出社会生活的变化。总起来是没有社会经济。一、不能说明生产力的发展。……以矛盾的阶段作为分期阶段，不能说明生产力发展的阶段。”[⑤]有鉴于此，他特别重视对社会经济生活的分析，指出：中国出现资本主义后，才有早期的资

---

① 刘大年：《回答日本历史学者的问题》，《刘大年史学论文选集》，第 495、494—495 页。

② 刘大年：《中国近代史上的人民群众》，同上书，第 248 页。

③ 参见刘大年《中国近代史讲稿》，中共中央高级党校历史教研室 1964 年 5 月编印。

④ 刘大年：《中国近代史研究中的几个问题》，《历史研究》1959 年第 10 期。

⑤ 刘大年手稿，刘潞提供。

产阶级和工人阶级，从而为新的社会运动奠定基础。这实质上强调了资本主义的发展推动中国由封建社会向近代工业社会转型，已经涉及中国的近代化历程问题。

实际上，刘大年对资本主义、资产阶级研究的重视由来已久。1953年1月，近代史研究所设立经济史组，刘大年任组长，并将近代资产阶级作为研究中心内容。①这在当时无疑具有开创意义。1955年他起草的《社会科学学部报告》就着重提出："关于中国资本主义的发生与发展的历史，中国资产阶级领导中国革命的思想、策略及其历史作用"，"应作为专题深入地研究"。②1950—1960年代，他与严中平、巫宝三、汪敬虞、孙冶方等经济史或经济学的研究者书信往还，曾提议"写资本家千人传"③。1954年3、4月间，刘大年在办理顾颉刚调动之事时，曾在武汉逗留一周，专门听当时武汉军区副政委原新四军政治部副主任郑位三讲武汉的资本家、近代工业情况。郑位三对武汉地区工商业情况很熟悉，他希望近代史所有人去研究武汉的工商业，于是致信范文澜。由于只是口述，武汉工商业的情况后来没有整理，但刘大年对此事一直念念不忘。④1958年刘大年撰文明确指出："中日战争后的再一次割地狂潮，使中国面临着瓜分危险，而民族工业又正显露其活力。挽救民族危亡，发展资本主义，成了社会生活提出的两个最根本、最迫切的问题。"⑤1964年4月3日成立"近代中国社会历史调查工作委员会"，杨东莼为主任，刘大年、黎澍为副主任，主要根据刘大年的建议，进行"民族资产阶级调查""买办阶级调查""江浙财阀调查""商会调查"。⑥1981年刘大年率先提出中国近代

---

①按照当时的分工，钱宏负责"中国资产阶级的发生""中国资产阶级与小资产阶级的关系"，董其昉负责"中国资产阶级的构成"，樊百川负责"中国资产阶级与农民阶级"，张玮瑛负责"中国资产阶级在工业方面的活动"，谢琏造负责"中国资产阶级与帝国主义和垄断资本主义的关系"，李瑚负责"中国资产阶级在商业银行、运输方面的活动"。据李瑚《本所十年大事简记》（手写稿），第7—8页。

②《社会科学学部报告》，刘大年起草（1955年5月21日改写稿），刘潞提供。

③《米暂沉来函》，《刘大年来往书信选》（上），中央文献出版社2006年版，第251页。

④转引自黄仁国《非则言非，是则言是的实事求是精神》，《史学史研究》2007年第2期。

⑤刘大年：《戊戌变法六十年》，《人民日报》1958年9月29日，第7版。

⑥近代史所档案：《关于开展近代社会调查的资料》《1964年全国近代现代史工作会议资料》。

史研究应从经济史突破，拉开了近代史研究内容拓展的序幕。[①] 这决非心血来潮，而是他长期积累深思熟虑的结果。

学科体系的成熟，其标志即为反映这一体系、具有典范意义的权威著作的产生。“三次革命高潮”体系作为20世纪50年代分期讨论的主要成果，对于此后中国近代史研究及中国近代史著作的编纂都有极为重要的指导意义。刘大年主持编纂的《中国史稿》第四册及《中国近代史稿》体现了“三次革命高潮体系”的基本精神，同时力图克服其片面性，并有所完善和补充，为中国近代通史体系做出了可贵的探索。平心而论，从学科体系建设的角度看，《中国史稿》第四册的框架比胡绳的《中国近代史提纲》所勾画的框架更为全面。

中国科学院近代史研究所成立后，在深入专题研究的基础上编纂一部《中国近代史》就成为全所上下数十年孜孜以求的目标。范文澜、刘大年最初擘画的实际上是一部完整的多卷本《中国近代史》。刘大年在1957年1月5日全所大会报告中说：“我们要从更多的材料，把近代史中若干问题，弄得更清楚、更深入。……今天开始写的近代史，为了期望把它写好，就是经过十年的时间也无不可。”[②]1957年9月，为写好多卷本的《中国近代史》，近代史研究所把原来的三个组打乱，重新组建近代史组全力以赴进行，由刘大年任组长主持其事。但1959年郭沫若主编的《中国史稿》第四册（1840—1919）分配由近代史所承担，刘大年主持，多卷本《中国近代史》的撰著计划不得不暂时搁置。当时近代史所人员将多卷本《中国近代史》称为“大书”，而将《中国史稿》第四册称为“小书”，以示区分。近代史研究所的主要研究力量都参与编写《中国史稿》第四册。[③] 历时近两年，《中国史稿》第四册于1962年10月由人民出版社出版。

1971年4月，刘大年与郭沫若讨论《中国史稿》继续写作问题。之后，《中国史稿》第四分册的修改及范文澜著《中国近代史》下册的编写工作均由刘大年负责。刘大年约集丁名楠、钱宏、余绳武、樊百川、张振鹍、龙盛运、刘仁达、金宗英等研究人员，开始从事《中国史稿》近代史部分的扩大编撰

---

① 刘大年：《中国近代史研究从何处突破？》，《光明日报》1981年2月17日，第4版。

② 金毓黻：《静晤室日记》第10卷，辽沈书社1993年版，第7370页。

③《编辑工作说明》，郭沫若主编《中国史稿》第4册，人民出版社1962年版。

工作。与此同时，刘大年还着手主持范文澜著《中国近代史》下册的编写。1976年，刘大年在郭沫若召集的《中国史稿》编写工作会议上提出，《中国史稿》中国近代史部分分量比较大，希望能够独立出版，得到郭的同意，此后，《中国史稿》近代部分被称为《中国近代史稿》，计划共出5册。1978年8月，《中国近代史稿》第一册由人民出版社出版。1984年6月，《中国近代史稿》第二、三册出版，但仍只写到1901年。范文澜、刘大年及近代史所同人为之努力数十年的中国近代通史著作终未竟全功。

刘大年为编纂《中国史稿》第四册及《中国近代史稿》一至三册，从宏观理论体系的提出、指导思想的确立、结构框架的设计，到对初稿逐字逐句的修改以至重写，倾注了相当多的心血。《中国史稿》第四册的基本理论体系体现了刘大年1959年发表的《中国近代史研究中的几个问题》一文的观点，且与1954—1957年中国近代史分期问题的讨论密切相关。这一框架基本按照“三次革命高潮”分期，同范文澜的分期观点有相当的差异。[①]

事实上，刘大年在《中国史稿》第四册的理论架构上融入了自己独到的探索、思考，对“三次革命高潮”体系又有所发展与完善。他对以往包括范文澜著《中国近代史》在内的中国近代通史体例著作偏重政治、忽略社会经济文化的缺陷有着明晰的体认，因而《中国史稿》第四册力图克服片面性，根据历史演变的时间顺序讲述事件：不只讲政治事件，也讲经济基础的变迁、社会文化思潮的流变；不只讲汉族地区的历史，也讲国内各民族斗争、边疆沿革。

尤为值得注意的是，对阶级分析法的辩证运用，使此书尽可能避免了以阶级阵营分敌我、论是非的简单化趋向。刘大年认为，“统治阶级、地主阶级里面有很多派别和集团，有区别，不尽相同。……说清楚这些问题才深刻，不要回避它”。“对清政府要给以恰如其分的估价，不要重复辛亥革命时期革命派的论调，因为他们要推翻它，把它说得很坏。……清朝在中国历史上曾经起过积极作用”。[②]“中国近代的革命运动与反动统治表现了历史运动两个方向的对立，并非表现历史分成了对立的两块，彼此无关。两个对立方向是同

---

①范文澜认为没有必要统一于一种说法，对刘大年的做法表示支持。参见刘大年《范文澜历史论文选集·序》，中国社会科学出版社1979年版，第15页。

②近代史所档案:《内部简讯》第2期，1961年3月1日，中国社会科学院近代史研究所藏。

一历史过程的两面。没有反对革命的一面，就没有革命的一面。我们不能只讲革命的一面，不讲反革命的一面”[①]。因而此书并未忽视统治阶级的活动，对于“反革命”一方的历史亦给予了相当的叙述比重；对统治者维护国家民族利益的举措给予了客观中允的评价。

与此同时，此书力求避免人物的标签化、脸谱化，而强调揭示其发展变化过程。刘大年强调：“就是同一个人，前后也可能有变化，也要具体分析”；“不得志的中小官吏一般倾向于反侵略，但是一旦有了职权以后又发生变化；翁同龢在中日战争中主战，但他比李鸿章更亲俄”；“人物不要讲得很死，如恭亲王前后就有不同”。[②]这些意见体现了历史主义精神，在1960年代显得难能可贵。

《中国史稿》第四册体现了刘大年的史学思想：其一，历史运动是一个整体运动，社会生产、经济生活是这个整体的核心与基础。《中国史稿》第四册注重综合政治、经济、文化各个领域的状况，着力于发掘政治事件的经济根源，显示出对历史唯物论的深刻体会；其二，历史运动的动力来自于社会内部的矛盾对抗，在着力状写阶级斗争的同时，必须对社会结构的变化作深刻的探索；其三，写中国历史必须注意到中国的特殊性，而不能生搬硬套马克思主义理论。《中国史稿》第四册的这些认识及编纂方法，是对新中国成立以来中国近代史学科研究成果的概括和升华，“给中国近代史搭起了一个新的架子，有些地方做出了可喜的概括”，实际上为中国近代通史的编纂奠定了一个具有一定科学性的初步框架。

《中国史稿》第四册力求反映近代史的全貌。书中从整体分析政治与军事、经济、文化、边疆少数民族四部分所占分量，可列表如下：

	共计	政治、军事	经济	思想文化	边疆少数民族
页数	240	165	35	24	16
比例 %	100	68.7	14.6	10	6.7

可以看出，政治史、革命史为主干，同时将经济、思想文化、边疆少数民族

① 刘大年：《田家英与学术界》，董边等编《毛泽东和他的秘书田家英》，中央文献出版社1989年版，第159页。

② 近代史所档案：《内部简讯》第2期，1961年3月1日。

纽结其中，均有比较充分的反映，《中国史稿》第四册所构建的理论体系容纳历史内容的全面与均衡，在20世纪60年代实为难能可贵。而且，对于统治层的活动如洋务运动、清末新政、预备立宪等均给予了一定的位置。对于两次鸦片战争、中日战争、中法战争这些由清政府主导的涉外民族战争，刘大年有较为公允的评价。刘大年在编写会议上强调：写这几次中外民族战争时，“不要使阶级矛盾超过民族矛盾。现在讲分期问题的，常把这两次战争放在很不重要的地位，这是不对的。在我们的书中，要把这几次战争突出来摆在适当的地位上”①。就这个框架看来，虽然蕴含着“三次革命高潮”的基本精神，却明显体现了突破“革命史”框架的意图。

刘大年的这一构想颇有新意，他曾对一位国外来访的学者讲，他主持编著的著作将包括该历史时期的基础和上层建筑，与当时通行的着重谈政治事件的史书有别。②20世纪60年代《中国史稿》作为指定的高校教材，印数很多，影响亦相当大。丁守和回忆，“田家英要我参加第5册（按：即《中国史稿》第5册）的写作，就曾提到要参考此书”③。林言椒认为，“60年代影响最大的，我看恐怕就是郭沫若主编、实际上是刘大年写的《中国史稿》第四册和翦伯赞的《中国史纲要》第四册。尽管当时同类书已出了不少，但这两部书章节清晰，立论严谨，简明扼要，适于作为大学教材使用，而且对于边疆和少数民族问题也都涉及到了，这是我们过去重视不够的”④。实际上，此后我国高等学校历史系编写或者使用的中国近代史教材，大体参照过这个框架。这个体系已经具有相当的前瞻性，与以前的近代史体系相比，已然有了重大的进步。《中国近代史稿》与《中国史稿》第四册相较，基本框架及基本观点都没有大的区别，但史实大为丰富，克服了原书“有骨头无血肉”的缺憾。且每一时期均有总评。这两部书对中国近代通史体系做出了较为成功的探索。即以今天的眼光看来，其积极意义仍不可抹煞。

---

① 近代史所档案：《内部简讯》第2期，1961年3月1日。

② 王庆成：《忆刘大年同志对近代史学科建设的贡献》，《近代史研究》2000年第6期。

③ 丁守和：《怀念刘大年同志》，《近代史研究》2000年第6期。

④《学习祖国历史，建设精神文明》，《读书》1982年第11期。

三、以马克思主义为指导的史学理论研究

新时期以来，史学思潮风云变幻，马克思主义指导地位受到挑战。马克思主义史家面临着两大任务：其一，肃清附加于马克思主义名号之下的种种谬说，恢复马克思主义的本来面貌；其二，纠正淡化马克思主义理论乃至摆脱唯物史观指导的倾向，在坚持其固有内涵的基础上不断丰富、发展马克思主义。刘大年认为，中国近代史研究的突破必须着眼于理论的创新，“新资料有限，而新眼光新认识提高无穷。我们在资料上应当达到超越前人，因为新出的资料多了，前人未见的我们也见到了。但是做到了这一步顶多也不过同前人一样。要使学术水准提高，就必须掌握创造性运用马克思主义。资料与理论谁也不可缺少。要前进还要在理论上努力”①。事实上，刘大年不为种种潮流所左右，始终不渝地坚持唯物史观，并为之做出了新的探索。

有鉴于“文革”期间理论的混乱，刘大年在“文革”后撰写了很多关于历史理论的文章，对历史唯物主义在史学研究中的运用，以及历史学自身的理论，多所阐发，一些文章引发了热烈争鸣。这些文章大多收入1987年出版的《刘大年史学论文选集》，且排在文集首位，所占篇幅也较多。这些史学理论文章鼓舞了很多史家。林甘泉认为：“书（按：指《刘大年史学论文选集》）中许多篇章，我认为对于今天史学界的思想状况和理论状况来说，很有针对性，也可以说有指导意义。……就坚持马克思主义理论指导这一点来说，就足以使许多同志得到鼓舞。”② 项观奇亦对刘大年的战斗精神深表钦佩，认为他在坚持着一种倾向，是一个有力的代表。③ 戴逸曾说：“我感觉到，他在这方面下的功夫是很大的，阐发的一些理论相当透彻，并且有明确的针对性，表现了他在理论方面的成熟，也表现了一位历史学家的远见卓识。”④

中国和世界的历史学各有其科学成分。但是历史学是否以及怎样成为一门科学，至今不无争议。历史唯物主义给历史学奠定了科学基础，但它并不

---

① 刘大年手稿，刘潞提供。

②《林甘泉来函》，《刘大年来往书信选》（下），第490页。

③《项观奇来函》，同上书，第474页。

④ 戴逸：《刘大年同志与中国历史研究》，《近代史研究》1995年第5期。

能代替历史学理论。刘大年的史学理论探索即由此而生发，并对历史学理论的一系列关键问题都有明确看法。刘大年关于马克思主义历史学理论的基本观点和思想概括如下。

（一）关于历史研究的指导思想。新时期以来，在各种现代科学的渗透之下，在种种新思潮的冲击之下，唯物史观的指导地位受到质疑。刘大年认为，历史研究离不开一定的指导思想。所谓“无偏无党，浩然中立”，不过是表明他拒绝某种思想，而选择另外的思想。历史学要想成为科学，不能脱离马克思主义的哲学指导。在他看来，历史唯物主义作为一个科学理论体系，是以人类社会生活里的基本事实，即以生活资料的谋得方式为出发点，从人的思想活动来说明历史是漂浮无根的。

（二）关于历史研究的对象。在1985年发表的《论历史研究的对象》这一长文中，刘大年强调：“与一定的生产力相联系的、以生产关系为中心的社会关系、社会联系及其运动变迁，这就是历史研究的对象。”换言之，阶级和阶级矛盾是阶级社会历史的“枢纽”。此文对于“人事”说、社会说、结构说、文化说、综合说、规律说等种种关于历史研究对象的主张均作了具体分析，旁征博引，体现出对于西方史学理论相当程度的了解。刘大年这一论述更重要的是针对“凡过去的一切都是研究对象”的观点，他明确指出：“‘一切’都成为研究对象了，实际就取消历史科学研究的对象了。”[①]

（三）历史前进的动力问题。刘大年认为，在私有制社会，生产力是历史前进的最终动力，阶级斗争则是直接动力。二者不是互相排斥的关系，而是紧密联系，又各立门户。生产力与生产关系的矛盾运动，生产方式的变化和发展，决定整个社会的变化和发展。在私有制历史上，这种变化和发展，是通过阶级矛盾与对抗来实现的。因此，说阶级斗争推动历史前进，是对问题的直接回答。这种观点不同于“历史是由个人创造的”那种空洞的观点，而是指出了个人活动是由一定社会关系、环境决定的，它会使人认识到社会历史过程，最终也是自然历史过程。[②]他对于“合力论”明确表示不能认同，1987

---

① 刘大年：《历史研究的对象问题》，《历史研究》1985年第3期。

② 参见刘大年《关于历史前进的动力问题——在太平天国学术讨论会上的发言》（《近代史研究》1979年第1期）、《异化与历史动力问题》（《哲学研究》1984年第4期）。

年发表《说“合力”》，引起热烈争鸣。①

（四）历史发展的规律问题。刘大年认为，历史学之所以成为一门科学，就在于它有规律可循。所谓规律，要从事物的重复性表现出来，重复性及其演变所在，就是规律所在。论及现象背后的本质，无不处在重复中。中国近代史中的帝国主义、封建阶级、人民大众的状况，每一次重大事变、社会变动的过程，就是它们间的斗争、它们的性格、相互关系重复表演与发展的过程。历史运动方向并不随着权力人物的意志愿望改变，人们的意志只有在与重复性所表现出来的客观规律相适合才能起作用。中国近代史著作，必须揭示这种运动规律。②

（五）研究历史必须实践性与科学性统一。刘大年在 1997 年接受采访时强调：“现实生活中，革命性与科学性往往不统一。因此，掌握马克思主义不是一句话就能说得清的。”“历史研究一定要强调联系现实，科学研究要建立在充实的史料根据上，这样才能发挥史料的作用，也是联系现实最基本的一种途径。历史类比、影射根本不是历史。……讲历史，总要回到现实之中。一个是不能不联系现实，一个是不能勉强联系现实，牵强附会。”马克思主义史学必须与现实联系，但不宜提历史研究为政治服务，“要还历史以真实面目。脱离现实，违反历史，只能让人们造成混乱”。他还坦言：马克思主义“尽管个别理论过时了”，但整个体系是科学体系。以之作为历史研究的指导，才能有真正意义的历史科学。③

刘大年的史学理论亦为国外学者所关注。1992 年，俄罗斯东方文献出版社用俄文出版了刘大年《历史科学问题》一书，向俄国学术界系统展现其史学理论研究成果。在对唯物史观加以阐述、对史学理论加以探索的同时，刘大年积极倡导学界的史学理论研究。在 1983 年发表《当前历史研究的时代使命问题》一文中，他认为“马克思主义历史学理论的研究，是历史学本身的基本建设，也是历史学论述社会主义前途的重要部分”，并明确指出：“马克

---

① 商榷文章主要有郑宏卫《历史的动力与合力：兼评刘大年的〈说“合力”〉》，《学术研究》1988 年第 3 期；吴廷嘉《“合力”辨：兼与刘大年同志商榷》，《历史研究》1988 年第 3 期；刘尊武《论恩格斯的历史“合力”思想及其意义：兼与刘大年同志商榷》，《江西大学学报》1988 年第 3 期。

② 刘大年、刘潞：《面向新世纪——漫谈历史规律问题》，《史学史研究》2003 年第 3 期。

③1997 年 9 月 1 日采访刘大年录音记录：《历史学研究中的几个问题》。

思主义历史学理论不等于历史唯物主义。辩证唯物主义与历史唯物主义，是马克思主义历史学理论的基础，但是不能代替后者，正像马克思主义哲学不能代替任何一门自然科学的理论和方法论一样。”[①]1985年发表《论历史学理论研究》，围绕生产力与生产关系、经济基础与上层建筑对历史本体论加以探讨，进一步倡导历史学具体的理论研究。[②]

据张椿年回忆：《史学理论研究》这本刊物，从酝酿到问世都得到了刘大年的支持。当时中国社科院一些学者向刘大年请教，计划办一个专门的史学理论刊物，刘大年完全赞同。[③]1986年5月6日在安徽举行的全国历史学理论讨论会上，他提出推进历史学理论发展的三条建议：制定长远规划，切实办好史学理论讨论会；重点翻译介绍一批国外史学理论书籍；出版一个专门的马克思主义旗帜鲜明的史学理论刊物。[④]经刘大年登高一呼，出版一个史学理论刊物就有了更为广泛的群众基础。在筹备过程中，刘大年多次了解筹备进展情况。海外学者对于中国马克思主义史学的研究及评价，亦引起刘大年极大的关注。他与德国学者罗梅君有联系，对罗所著《政治与科学之间的历史编纂》这一研究马克思主义史学的著作甚感兴趣，并托项观奇寄来一本。[⑤]概而言之，刘大年对史学理论的重视和贡献在老一代史家中是相当突出的。

有学者认为：“‘文革’后史学界唯物史观派的内部冲突基本上是在黎澍与刘大年之间展开的。”[⑥]将新时期以来的刘大年、黎澍两人学术观点的分歧描述为非此即彼的根本对立，似有简单化之嫌。无须讳言，刘、黎二人学术思想上存在某种分歧，如果不加分析片面强调这种分歧，二者似乎壁垒分明，势难两立。如此把握80年代以来中国史学界的思潮，好像简单明了，却不甚准确。

对于黎澍关于“历史创造者”的基本观点，刘大年有不同看法。回溯新中国建立以来的学术史，关于“历史创造者”问题实质上有过三次论争：1.

---

① 刘大年：《当前历史研究的时代使命问题》，《近代史研究》1983年第3期。

② 刘大年：《论历史学理论研究》，《近代史研究》1985年第4期。

③ 张椿年：《中国史学界的骄傲》，《近代史研究》1995年第4期。

④ 刘大年：《“欲登高，必自卑”》，《史学理论》1987年第1期。

⑤ 据刘大年所藏未刊书信，刘潞提供。

⑥ 王学典：《80年代的“新启蒙”与黎澍》，《20世纪中国史学评论》，山东人民出版社2002年版，第382页。

1960 年代初围绕“历史主义”而展开论争，其实质是如何看待封建社会历史的创造者；2. 十一届三中全会后围绕“历史动力”问题而展开论争，“农民战争是封建历史发展的真正动力”受到质疑；3. 黎澍撰文对“人民群众是历史的创造者”这个更一般的命题提出质疑，引发论争。三次论争的焦点在于：剥削者、压迫者作为一个阶级是否参与了历史的创造及其在历史创造中所处的地位。刘大年在 20 世纪 60 年代的论争中无疑站在以范文澜、翦伯赞为代表的“历史主义”阵营，所撰《论康熙》一文鲜明地表述了他在此问题上的立场；在“历史动力”问题论争中曾撰写《关于历史前进的动力问题》[①]，强调阶级斗争在变革历史进程中的作用。而对于“历史创造者”问题，他实际上写过两篇相关文章：1964 年作《中国近代史上的人民群众》，强调“历史前进的方向是由人民群众决定的，不是由反动统治者决定的”[②]。1983 年发表《历史上的群众与领袖问题》，明确表示“人民创造自己的历史，就包括那些起了推动历史前进作用的英雄人物们的创造”[③]。

刘大年没有直接参与针对“历史创造者”问题的论争，但这一论争无疑对他有相当大的触动，且引发了他的理论思考。胡思庸撰写《历史的创造与历史的动力》与黎澍商榷，并致信刘大年，刘在回信中表达了自己的看法：“马克思主义的社会科学研究，在追求革命真知。既求知，就不能墨守旧闻，食古不化。反之，也不能赶时髦，看风色行情著文立说。”[④] 显而易见对黎澍观点持保留态度。

黎澍去世后，刘大年借怀念黎澍之机，公开表明了他的观点：

第一，历史是人或人们创造的，这不能算作对问题的回答。因为一般谈历史，本来说的是人类社会的历史。古今中外从来没有人说它不是由人自己创造的。物以类聚，人以群分，问题在于他们究竟怎样创造了自己的历史。第二，现在争论的双方，都并非无懈可击。反驳文章指出了黎文若干弱点，但限于如何解释马克思主义著作等具体问题，没有能够对其核心部分展开相反论证。所以这种驳难，并不足以使对立面相形见绌，或者失去存在的理由。第三，人民群众是否历史的创造者，这样来进行争论，答案就只能直接归结为是

① 刘大年：《关于历史前进的动力问题》，《近代史研究》1979 年第 1 期。

② 刘大年：《中国近代史上的人民群众》，《历史研究》1964 年第 1 期。

③ 刘大年：《历史上的群众与领袖问题》，《刘大年史学论文选集》，第 137 页。

④《胡思庸来函及复函》，《刘大年来往书信选》（下），第 432 页。

或否，机械而单一。其实事实比这远为复杂。把问题改换为人民群众如何或怎样创造了历史，讨论就会掘进一层，增加深度和广度。“如何”或“怎样”的问题解决了，“是否”问题也就切实解决了。第四，不少研究者不赞成黎文论点，而又不能有力地驳倒它，说明了这样一个事实：以前大家讲人民群众是历史创造者，是把它看成一个科学定论的。至于为什么，却很少认真思考。论证当然也有，现在看来，那些论证或者片面，或者不深入充分。相反的意见一经提出，始而愕然，继而僵持不下。僵局不会长久保持，分歧将推动各种不同观点的研究，彼此竞赛，最后的结果无论哪一方被肯定，哪一方被否定，或是出现第三种结论，都是科学上的前进。这个事实，正好指出了黎文新观点的意义。①

此后，在1994年发表的《光大范文澜的科学业绩》一文中，刘大年再次重申了自己的观点。②从刘大年的已刊、未刊文字来看，他对于“历史创造者”问题有其独到思考。他对于黎澍以“人们自己创造自己的历史”代替“人民群众是历史的创造者”表示异议，认为由这个角度切入思考并不能从学理上解决问题，而应该转换考察的角度，进而提出从“人民群众怎样创造历史”的角度来思考。

这里有三点值得注意：其一，刘大年没有直接参与论战，关键在于他对于黎澍引发论战的深层用意是了然于胸的：过去以僵化、教条的态度对待“人民群众是历史的创造者”这一命题，在“文革”中更将这种僵化推到极致，导致非历史主义思潮恶性膨胀，将“劳动群众”作为历史的唯一创造者，将剥削阶级的历史作用完全抹煞，而对下层人民的自发斗争片面拔高。黎澍通过强调“杰出人物也是历史的创造者”而拨乱反正，所针对的正是这个“唯一”，无疑有益于克服以往史学研究的片面性与教条主义。正是在这个意义上，刘大年与黎澍心意相通，甚至表示钦佩之意：“勇于探索，不断革新自己的看法，是黎澍对学术研究的一个特点。……舍弃陈说——不管是多么权威的陈说，探求新知，是科学研究本来的品格。凡是追求科学真理者总要保持这种品格。黎澍为此锲而不舍，直到最后。‘烈士暮年，壮心不已’，那是一

---

① 刘大年：《怀念黎澍同志》，《近代史研究》1989年第2期。

② 刘大年：《光大范文澜的科学业绩》，《近代史研究》1994年第1期。

种难得的气概。”[①]

其二，黎澍提出这一命题，诚如王学典所言，不是或不完全是一个学术命题，而基本上是一个意识形态命题[②]，其“社会”意义远大于“学术”意义。他提出以“人们自己创造自己的历史”代替“人民群众是历史的创造者”，亦值得商榷。因为人们提出某种理论命题，归根结底在于它具有某种解释功能，历史创造者问题之价值，恰在于对不同的人们在历史发展中的地位出发来对他们做出价值评判。其实，如果不作僵化理解，“人民群众是历史的创造者”本为马克思主义唯物史观的题中应有之义。中国的马克思主义者很早就对此有所体会，如革命先驱李大钊曾写道：“民众的势力，是现代社会上一切构造的唯一基础。”“社会发展是联合以图进步的人民造成。”[③]实际上，唯物史观派的史学，其最大贡献便是将关注的焦点转向下层人民群众的生活，着力描述群众的经济、社会生活及其反抗斗争，使史学真正在实践层面摆脱精英史学的窠臼。

其三，刘大年提出转换思考的角度，由此生发了一个重要的史学思想。在1988年致姜涛函中，刘大年再次提到“历史创造者”问题：“不久前学术界讨论人民群众是否创造历史问题，不同意见相持不下。我想如果不把‘题珠’或‘题眼’放在‘是否’上，而改为放在‘如何’或‘怎样’上，问题可能容易说清楚一些。道理很明显，‘如何’‘怎样’的问题解决了，‘是否’问题也就真正解决了。”在指导姜涛的博士论文时强调，讲人口变化是否影响历史运动还远远不够，更应着重论述人口变化如何或怎样影响历史运动。“‘是否’影响自然应当讲，但重点应摆在‘如何’或‘怎样’上。只有在这方面根据确凿事实讲出一些道理，论文才有意思。这应该是文章的精魄所在，也是表现全文思想性、理论性的部分”。[④]

刘大年这一史学思想实有深意存焉。在他看来，历史现象极为复杂，很难以简单的两极予以界定，非此即彼、二元对立的思维模式必然导致认识的简单武断，亦此亦彼可能才是历史认识的常态。历史认知问题，如果单纯从“是否”的角度进行争论，非“是”即“否”，并不能展现问题的复杂性。“是

---

① 刘大年：《怀念黎澍同志》，《近代史研究》1989 年第 2 期。

② 王学典：《80 年代的“新启蒙”与黎澍》，《20 世纪中国史学评论》，第 400 页。

③《李大钊选集》，人民出版社 1978 年版，第 223 页。

④《致姜涛及复函》，《刘大年来往书信选》（下），第 478—479 页。

否”之争往往涉及纯粹理论思辨的宏观问题，而史学究其实质仍是一门以实证为主的学问，它主要通过感性事实本身来说明世界，同哲学这样的思维科学有着严格的区别。“事实胜于雄辩”可能才是史学的本质特征。将历史中人与事的真实面相加以具体描绘刻画，即着眼于“如何”“怎样”，更有说服力，反过来可以为“是否”之争提供具体研究的支持。

1999年9月24日，刘大年去世前仅两个月，他在“新中国社会科学五十周年学术报告会”上，作了《与同志们交流》的报告，语重心长地提醒中国社会科学院年轻一代的学者，要注重马克思主义理论对社会科学研究的指导作用。这篇演讲收在《刘大年集》里，用作代前言，编者将题目改作《马克思主义哲学社会科学的历史使命》。这是他最后一次对公众讲话，可以说，这篇演讲是刘大年赠给中国社会科学院青年学者们的临终遗言。

四、与时俱进的创新精神

刘大年的学术研究，注意追踪中国近代史研究的前进步伐，具有与时俱进的创新精神。他晚年曾有“马恩责我开生面”诗句，此句化自王夫之自题画像的堂联“六经责我开生面，七尺从天乞活埋”。[①] 王夫之此联表明了他凛然大义的崇高气节以及对中华传统文化继往开来的历史责任感；“马恩责我开生面”则真切体现了刘大年在新的时代背景下，继承、发展马克思主义史学的使命感。

刘大年的中国近代史研究，在研究课题的选择、研究方法和学术观点的运用上，坚持开放进取，博采众家之长而能融会贯通。在他的论文中，经常引证国外某些著名学者的思想理论，描述国外研究的状况。《国外中国史研究》等反映国际学术动态性的刊物，是他常读不辍的书籍。他随时阅读国外报道，为了论证或便于自己阐述某种观点，经常引用国外著名政治家、学者或者重要报章社论的最新见解，以及经济发展数字。他一再指出，对于西方史学理论的探索“应当受到鼓励”[②]，“要了解、熟悉国外不同流派的学说、

① 刘大年1983年9月26日曾作《遣怀》诗云：“船山学术旧难跻，借尔高言觅径蹊。不拟孤山闲放鹤，鹁鸪恰恰向人啼！”表达对王夫之的钦慕之情。见刘大年手稿，刘潞提供。

② 刘大年：《历史研究的指导思想问题》，《刘大年史学论文选集》，第3页。

观点”[①]，“国外历史学凡属好的传统，不管来自何方，我们同样也要知道和加以研究”[②]。1986年他在致田汝康的信中特别提及：“西方讲历史哲学的书，不乏精粹之作，如不久前出版的恩斯特·卡西尔《人论》、科林伍德《历史的观念》等便是。我希望多读一些，多了解一些。对马克思主义理论、对中国传统、对西方非马克思主义著作，都必须正确看待，我们才能前进。”[③]1988年，在中国史学会第四次代表大会上，他提交的发言《鄙弃抱残守缺，勇敢坚持真理》，表明的就是他对学术思潮的基本态度。

“二战”以后，科学技术迅猛发展，西方史学界兴起“技术中心论”“技术决定论”，主张利用最新自然科学技术来研究历史。这种理论在20世纪80年代初的中国史学界得到了一定回应，一些学者倡议将系统论、控制论、信息论等引进史学研究，并期望以之为主导，克服“史学危机”。刘大年密切关注西方史学动态，敏锐地注意到这股潮流。在1983年发表的《关于历史研究的指导思想问题》一文中，刘大年对“技术决定论”提出旗帜鲜明的批评[④]，但这并不意味着排斥自然科学方法。他认为，“自然科学的一切成就我们必须充分注意，一切科学的方法我们都应当采用”。在他看来，如果限于将自然科学的方法作为研究手段在历史研究中加以运用，那将促进学术健康发展，有其积极意义。

重视经济史本是马克思主义史学题中应有之义，但在政治主导的年代，新中国史学界总体偏重重大的事件、战争、人物的活动，对于经济史研究有所忽视，经济史研究依然是近代史研究中的薄弱环节。刘大年在1981年即明确提出，中国近代史研究应该从加强近代经济史研究加以突破。这在后来被证明是极有远见的呼吁，打破了近代史研究多年的沉闷局面。这固然首先得益于他对历史唯物主义的深刻体认，但也可以看到西方年鉴学派、结构主义史学思想的影响。[⑤]

十一届三中全会后，思想解放大潮冲击着几乎所有领域。中国近代史研

---

① 刘大年：《“欲登高，必自卑”》，《史学理论》1987年第1期。

② 刘大年：《历史学理论的建设问题》，《刘大年史学论文选集》，第201页。

③ 刘大年：《致田汝康》，《刘大年来往书信选》（下），第437页。

④ 刘大年：《历史研究的指导思想问题》，《刘大年史学论文选集》，第22页。原载《世界历史》1983年第4期，原标题为《关于历史研究的指导思想问题》。

⑤ 参见刘大年《中国近代史研究从何处突破？》，《光明日报》1981年2月17日，第4版。

究领域，胡绳以“三次革命高潮”为标帜的理论体系受到李时岳“四个阶梯论”强有力的挑战。刘大年接受国内有关近代化问题的研究成果，引进近代化视角，对既有的“革命体系”做出了与时俱进的调适、改造，大大增强了其解释力。

刘大年对《从鸦片战争到五四运动》的评论文字公开发表者仅有《评戊戌变法》一文。[①] 书信中提及，誉之为“历史学方面第一流科学著述，不止是中国近代史的杰作”[②]。而在《从鸦片战争到五四运动》书本上的批注，则不乏观点相左之处。例如，对于胡著论述中法战争的一节，刘大年批道：“如此看来，似乎清政府主要只有投降的一面，而且投降得顺利没有什么阻碍。这不能说明为什么徐、唐、岑（按：即徐延旭、唐炯、岑毓英）等出关布防，而且战争还是打起来了。事实上存在两种势力的斗争，有民族矛盾。”[③] 对于胡著关于慈禧反对维新的原因分析，刘大年认为将之完全归结为光绪与慈禧的权力斗争“未免缩小了这场斗争的‘救亡图存’的社会意义”，“权力斗争是亡国危机使之激化”。刘大年对胡著批注甚多，无法一一列举。就基本观点分歧而论，主要在于：刘大年认为胡著弱化了中外民族矛盾而突出了阶级矛盾，对封建统治者与列强的矛盾淡化处理是其偏失，在阶级分析中对封建统治者内部的矛盾分析亦显不够。这一评析应该说是相当中肯的。

对于李时岳提出的“四个阶梯论”，刘大年提出“不可以把辛亥革命同洋务运动放在一条历史轨道上去评价”[④]。而对于李时岳的“两个趋向论”，刘大年进行了自己的思考。1996 年，他在郭世佑《纪念李时岳》一文旁边注：“有没有主导的占统治地位的趋势。第一，两种趋势是否同等，有无不相称的，对称是否尊重历史？第二，近代社会的本质是什么，基本矛盾是什么，如果对称，当做何表述。”[⑤] 此后他对此又有所阐发：“中国近代历史上存在着一个特殊的矛盾现象：在民族遭受压迫和民族工业出现上存在着虽不相等却是明显的两个走向、两条路线。一条是急剧的下降线，半殖民地半封建统治秩序不断加深，中国最后被推到了接近亡国的险境。一条是曲折而微弱的上

---

① 参见刘大年《评戊戌变法》，《近代史研究》1982 年第 4 期。

② 刘大年：《致谢文孙》，《刘大年来往书信选》（上），第 322 页。

③ 刘大年未刊稿，刘潞提供。

④ 刘大年：《孙中山——伟大的爱国主义者与民主主义者》，《近代史研究》1981 年第 3 期。

⑤ 刘大年手稿，刘潞提供。

升线，上一个世纪六七十年代中国近代工业出现，本世纪初短暂地显现出一个小小的浪潮，尽管也只限于轻工业。这个浪潮在第一次世界大战结束，帝国主义再次加紧控制以后成为过去，但是直到日本发动全面侵华战争，民族工业也仍多少保持增长倾向。民族工业是新生事物，给中国前景带来了光明。也就是伴随着它，中国出现了新的社会力量，出现了民族资产阶级、工人阶级、近代知识分子。”① “帝国主义与封建势力相结合，把中国推进了黑暗深渊，民族工业、新的社会力量出现，给中国前景带来了光明。”②

在这里，刘大年实际上明确将近代民族资产阶级的发生发展作为挽救“沉沦”的上升力量。当然这并不意味着抹煞近代人民群众的反帝反封建斗争作为上升力量和进步主线的意义。③不难看出，刘大年已然纠正以往过于强调阶级斗争的偏失，对于发展生产力的重要性多有强调，对于阶级斗争与生产力的发展之关系有了更为深刻的辩证认识。④这段文字中，近代化被赋予了与革命相提并论的意义，实际上包含了刘大年晚年“两个基本问题论”的意蕴。

刘大年对中国近代史主题的阐述，最早可追溯至1958年，他撰文提出：在半殖民地半封建的中国，“挽救民族危亡，发展资本主义，成了社会生活提出的两个最根本、最迫切的问题”⑤。他在20世纪50年代对近代经济史、近代资本主义发展史的强调，虽然未曾标示“近代化”概念，实际上已然涉及近代化历程的问题。1985年发表的《论历史研究的对象》指出：“帝国主义侵略下，面临被瓜分、灭亡的半殖民地的中国，人民为了生存下去，一要推翻帝国主义及其代理人封建阶级的统治，二要发展资本主义，求得民族、国家的前进，二者缺一不可。”“二者也许可以作些折中调和，但也必有主有次，不会半斤八两。”⑥1990年，刘大年在“近代中国与世界”国际学术讨论会上

---

① 刘大年：《中国近代史的两条线》，《刘大年集》，第31页。

② 刘大年：《方法论问题》，《近代史研究》1997年第1期。

③ 林华国认为，承认“两种趋向论”，必定意味着淡化乃至抹煞反帝反封建斗争的意义。窃以为值得商榷。参见林华国《中国近代史研究中两种历史观的论争》，《近代历史纵横谈》，北京大学出版社2005年版，第22—23页。

④ 刘大年认为，“毛泽东思想理论中最大的缺陷是缺少生产、发展生产的理论。许多地方都是强调生产关系，强调分配，而主要是强调平均主义。在这个关键问题上缺少马克思主义，缺少唯物，表现了中国传统文化的极大弱点”。参见刘大年手稿。

⑤ 刘大年：《戊戌变法六十年》，《人民日报》1958年9月29日，第7版。

⑥ 刘大年：《历史研究的对象问题》，《刘大年史学论文选集》，第96页。

作题为《中国近代化的道路与世界的关系》的报告，明确阐述了近代化问题："近代世界的基本特点不是别的，就是工业化，也就是通常所说的近代化。适应世界潮流，走向近代化，是中国社会发展的必然趋势"；"中国是否有能力自立于世界民族之林，如何自立于世界民族之林，其核心，就是中国社会能否走向近代化，在当今世界上自荣自立的问题"，"中国民族独立，民主革命完成之日，也就是中国近代化扫清了前进道路上的障碍，独立自主迈开第一步之时"。[①]此文实际指出了研究中国近代化问题的基本原则：近代中国走向以工业化为特点的近代化是历史必然趋势，但因中国的国情，走资本主义道路以实现近代化行不通。民族民主革命以获取独立是近代化的必要前提。

此后，刘大年继续思考并阐释近代史的两个主题及其相互关系。1991 年他明确归纳："20 世纪初期的中国，最基本的实际情况、最尖锐的社会矛盾，一是民族不独立，要求在外国侵略压迫下解放出来，一是社会生产落后，要求工业化、近代化。两个问题内容不一样，又密切联系在一起。"[②]1995 年 8 月 15 日发表的《民族的胜利，人民的胜利》一文，其中明确提出："中国近代历史上有两个基本问题：第一，民族不独立；第二，社会未能工业化、近代化。前者是外国侵略者造成的，后者是封建统治者造成的。"[③]在《抗日战争与中国近代史基本问题》一文中，刘大年对此做了进一步阐述："民族独立与近代化，不是各自孤立的，它们紧密地联结在一起。没有民族独立，不能实现近代化；没有近代化，政治、经济、文化永远落后，不能实现真正的民族独立。中国人民百折不回追求民族独立，最终目的仍在追求国家的近代化。"[④]1996 年发表《中国近代历史运动的主题》指出："110 年的历史运动是什么？我以为基本的运动是民族运动。中国近代民族运动的内容有两项，一是要求民族独立，二是要求中国近代化。"[⑤]1996 年 11 月，刘大年在"孙中山与中国近代化"国际学术讨论会上致开幕词，对"民族独立"与"近代化"的关系做了辩证分析：近代化与民族独立"两个问题内容不一样，不能互相代替，但

---

① 刘大年：《中国近代化的道路与世界的关系》，《瞭望》1990 年第 22 期。

② 刘大年：《孙中山对中国国情的认识》，《真理的追求》1991 年第 10 期。

③ 刘大年：《民族的胜利，人民的胜利》，《人民日报》1995 年 8 月 15 日，第 9 版。

④ 刘大年：《抗日战争与中国近代史基本问题》，《我亲历的抗日战争与研究》，第 354—355 页。

⑤ 刘大年：《中国近代历史运动的主题》，《近代史研究》1996 年第 6 期。

又息息相关，不能分离”；民族资产阶级、工人阶级、近代知识分子“这些新的社会力量，各自凭着自己的作用，再加上占人口最大多数的农民群众，才构成了争取民族独立和打开中国近代化前进的最后支柱。这些新的社会力量，一般说，和民族工业的出现与存在直接间接或多或少是相联系的”。[①] 在这个角度看，考察近代化的进程无疑极有意义，革命与近代化这两个审视中国近代史的视角在此得以整合。

在 1997 年发表的《方法论问题》中，刘大年进一步阐述了两大基本问题之相互关系：“民族独立与近代化，是两件事，不能互相替代。民族独立不能替代近代化，近代化也不能替代民族独立。它们紧密地联结在一起，不是各自孤立的。没有民族独立，不能实现近代化；没有近代化，政治、经济、文化永远落后，不能实现真正的民族独立。中国人民百折不回追求民族独立，最终目的仍在追求国家的近代化。”但是，“人们无法来实现两任务同时并举，或者毕其功于一役”，因而“中国的近代化要从解决民族独立问题来突破难关”。[②]

在刘大年生前定稿的最后一部学术著作《评近代经学》中，再次强调“中国近代社会的基本问题、主要矛盾斗争，一是民族丧失独立，要求从帝国主义侵略压迫下解放出来；二是社会生产落后，要求实现工业化、现代化”。刘大年在晚年以极大精力撰述《评近代经学》，绝非突发“思古之幽情”，亦非偿还青春之宿愿，而是从近代经学切入研究近代社会历史，重新思考、清理传统与现代化的关系这一宏大命题。他指出：“一般地说，不彻底清理与批判古老的、主要是反映停滞社会生活的传统，便无所谓发展创新，更谈不到现代化。今天中国的现代化不是在脱离传统文化与周边环境条件绝缘的状态中进行的，它必定要碰到辩论传统文化的根基与彻底清理、批判其中阻碍发展更新的废弃物的问题。”[③] 不难看出，《评近代经学》包含着对国家民族前途命运的探索，而近代化与民族独立仍然是论述的核心问题。

刘大年对“两个基本问题”的论述，相对于此前认为近代中国只有一个民族独立问题的观点，是一个很大的进步与转变。有学者指出，“两个基本

① 刘大年：《关于研究孙中山与中国近代化问题》，《文汇报》1996 年 11 月 13 日，第 10 版。
② 刘大年：《方法论问题》，《近代史研究》1997 年第 1 期。
③ 刘大年：《评近代经学》，《刘大年集》，第 324 页。

问题”的言说体系，对于近代史上“民族独立”与“现代化”这两大任务，“虽分了时间上的先后，却全然未作主次的分野”，这是“前辈大家的一种智慧”。①“两个基本问题”论同胡绳晚年对近代史主题的归纳相当接近，若细绎其微妙差异，则刘大年没有如胡绳那样强调近代中国不同阶级对于近代化追求的本质区别。在其论述中，洋务派的近代化举措、民族资本主义的发生发展，在促使“新的社会力量”产生这一意义上，都应肯定其价值。所以，19世纪六七十年代洋务运动中中国近代工业的出现，被纳入了“曲折而微弱的上升线”。“两个基本问题”论被学界普遍认为是对于中国近代史主题的辩证、完整的表述，体现了刘大年对于“革命”与“近代化”两种中国近代史解释视角在新的认识基础上的整合，确切地说，体现了他引入近代化视角以调整、完善其理论体系的努力。由于论述精辟，涵盖全面，加之刘大年在学术界的崇高地位，“两个基本问题论”已然深刻影响了、并将继续影响着中国近代史学界的学术研究。

五、结语

作为中国近代史研究领域的拓荒者，刘大年的名字与中国近代史学科体系建设紧密相联。在中国近代史的研究实践中，刘大年力图将中国作为研究、叙述的主体，通过将马克思主义普遍原理与中国历史实际相结合，进而构建立足于中国语境的中国近代史研究体系。诚然，新中国成立后的一段时间，因政治原因，国内近代史学界缺乏与国际学术的交流，某种程度陷入故步自封之境。新时期以来，刘大年亦展现了其开放的气度，他倡导、支持西方史学理论研究，追踪近代史的研究前沿，吸收先进学术成果，大力弘扬实事求是的学风；他反对亦步亦趋地追随西方思潮，而努力追求立足于中国独特的问题意识与西方学界进行平等的交流与对话。可堪欣慰的是，他同其他前辈学人一起创建的学统并未中断，在西潮汹涌的今天，相当多的学者仍然以扎实的研究工作为中国近代史学科体系的完善与发展添砖加瓦。

---

① 徐秀丽:《中国近代史研究中的“革命史范式”与“现代化范式”》,《中国社会科学院院报》2006年5月30日，第7版。

如果说他兼具战士与学者的双重品质的话，那么新中国成立前作为与主流近代史解释体系针锋相对的挑战者，他更多地显示了战士的一面；新中国成立初期百端待举，他为推进学科体系完善与发展而不懈努力，这时主要体现的是作为建设者的一面；随着“左”倾政治日益挤压学术研究的空间，甚而危及史学本身的存在，他也有过迷惘，但很快拨开雾障，以隐忍坚韧的方式进行抵制，战士的一面再度凸显；新时期以来，随着拨乱反正、思想解放方针的确立，学科的建设与发展成为首要任务，他又着重展现了学者的一面。战士与学者两种角色意识虽在不同时期展现的程度有别，却并非根本矛盾、对立的关系，而在他身上得到了较为和谐的统一。从根本上来说，对他最为准确的定位应该是爱国主义者、民族主义者、共产主义者，也是中国近代史研究园地创榛辟莽的开拓者。

同时应该看到，刘大年对马克思主义怀着终生不渝的信仰，马克思主义唯物史观始终是他所铺设的近代中国历史画卷的底色。在经历“文革”、经历苏东剧变之后，他对马克思主义的信仰反而更为坚定。这种执着源于以一种大历史的眼光，对近代以来中国与世界的关系的深刻洞察。通过透析近代中国与世界的复杂关系，他坚定地相信中国经由革命斗争获取独立、走向现代化这一历史选择的正确性。

如今，中国近代史研究无论从深度还是广度都有了相当可观的掘进。但是，刘大年与同时代学人运用唯物史观基本理论研究中国近代史，对近代中国的基本认识具有超越时代的意义，其方法与路向值得后来者继承、弘扬。

刘大年治学特点试析[①]

黄仁国

刘大年（1915—1999）是我国杰出的马克思主义史学家，毕生服膺马克思主义，从1949年出版《美国侵华简史》到1999年发表绝笔《评近代经学》，始终以马克思主义为指导进行历史研究，对马克思主义科学真理充满信心。他发表了大量的史学研究论著，是历史学中马克思主义中国化、时代化的杰出代表。改革开放前，他就是与马克思主义史学大师郭沫若、范文澜、吕振羽、翦伯赞、侯外庐齐名的历史学家[②]；改革开放后，他仍是我国马克思主义史学家的主要代表。

刘大年的史学研究成果在国内外都有着重大的影响。他的很多文章都有着不同凡响的气势。1995年，有学者在回忆1978年初次读到《论康熙》时说："尽管文章是1961年发表的，到我报考研究生时已有17年之久，但仍给我以耳目一新的感觉，并促使我一气将其读完。在这篇文章中，我首次领略到一种气势，一种只能出于历史大家笔端的宏大历史感。它使我想起了唐代大诗人李白的著名诗句——'黄河落天走东海，万里写入胸怀间'。《论康熙》的语言是平实的，但它自有一股震撼人心、气吞山河的力量。"[③]为什么平实的语言能够表达出如此震撼的力量？这种力量从何而来？他的论著的背后蕴含着什么样的价值取向？他的治学的主要特点是什么？对我们有什么启发？

一

1999年11月22日下午，躺在协和医院病床上的刘大年对守护的儿女作

① 原载《史学史研究》2012年第3期，第16—26页。——编者注

② 朱佳木：《坚持和发展唯物史观与构建社会主义和谐社会》，《历史研究》2007年1期。

③ 姜涛：《受业的收益》，《近代史研究》1995年5期。

口头遗嘱说："一辈子做了个爱国的中国人。感到最自豪的是当过一年零半个月的正规八路军战士，以后就不是正规的，在地方上，县团级。在国家民族危亡的时候不是个旁观者。"[①] 大约 1997 年，刘大年曾对采访者自我评价说："我的过去，第一，是革命的一个参加者。抗日战争发生，受爱国思想支配走上前线，是无数知识分子走过的共同道路。这没有什么可说的。第二，我是一个马克思主义的学习者、宣传者，通过研究历史宣传马克思主义科学，是职业上的分工。革命工作与学术研究是统一的，但也可以找到区别。恩格斯说，他和马克思是在书斋里战斗的。我常常想到恩格斯那句话与自己面前的现实怎样联系？"[②]

从刘大年对家人和采访者的自我评价可以看出，"一辈子做了个爱国的中国人"是他最引以为豪的事情。民族精神是他生命和学术的主线。这根主线的形成，与他的学习经历和工作经历有着密切的联系，是主客观相结合的结果。少年时代的刘大年生活在湖南华容，所能接触和学习的主要是传统文化。抗日战争爆发后，他走上了"书生报国"[③] 的道路，在抗大坚定了马克思主义信念。冀南抗日根据地的长期斗争，作为"山川路上人"[④]，他对抗日战争历史有着刻骨铭心的亲身体验。解放战争时期，美国援蒋反共政策使解放区人民深恶痛绝，他以民族自信和文化自觉笔伐美帝侵华，正式开始了历史研究工作。此后，他始终密切关注国际关系的风云变幻，致力于在史学领域宣传反对侵略、维护统一、竖起中华民族脊梁、坚定地走中国特色的发展道路等有关民族解放、民族振兴伟大事业的思想，为中华民族屹立于世界民族之林和中国社会主义事业提供历史的启示和借鉴。简言之，传统文化与马克思主义理论、历史与现实、中国和世界的关系，形成一种合力，塑造了他的民族精神——一种理性的、科学的民族精神。

关于民族精神与历史研究的关系，刘大年有过一些表述。1983 年 3 月 12 日，为筹备中国史学会首届学术年会，刘大年写信给胡耀邦说："我们祖国的历史，不论是光荣史还是受侵略、受压迫的苦难史，都是培养人民爱国思

---

① 刘大年女儿刘潞提供"1999 年 11 月 22 日协和医院谈话"打印稿复印件。

② 转引自姜涛《马克思主义史学家刘大年》，《史学理论研究》1998 年第 2 期。

③《东征口号》，见《刘大年诗钞》（未刊稿），第 5 页。

④"列国春秋重见闻，膏肓难变假成真。太行风雪平原暑，我是山川路上人。"见刘大年《抗日战争时代》，中央文献出版社 1996 年版，第 194 页。

想的源泉之一。研究、讲授历史，提高人们的爱国主义觉悟，增强民族自尊心和自信心，这是历史工作者义不容辞的光荣职责。我们自己应当在这方面作出最大的努力。”[①]1996年5月9日晚，他在给《抗日战争时代》写的“题记”中说：“中国外国的事实充分证明爱国思想是文明社会的通则。”“在今天我们的生活中，爱国主义的价值观念不可能被贬低，也不应当‘淡化’‘中性化’。”“研究抗日战争，从根本上说，保持客观性与怀抱爱国主义，绝无矛盾，只有天然一致。”[②]同年11月21日晨，他在思考“孔学核心问题”时在稿子上写道：“为人要有大局，为学更应有大局——国家的大局、民族的大局。坚持真理与大局一致。”显然，在刘大年看来，爱国主义是民族精神的核心内容，国家发展和民族强盛是民族精神中的大局，弘扬民族精神是史学工作者的光荣职责，坚持民族精神与保持历史研究的科学性要“天然一致”。这种认识是他的论著能够在国内外引起很大反响并且保持长期生命力的重要原因。

民族精神是刘大年能够有效地推进国际学术交流的一个重要特质。这在中日学术交流中表现突出。新中国建立后，刘大年长期以历史学家的身份为中日两国人民的友好事业奔波。中国社会科学院成立后，他第一个出国讲学，选择的国家就是日本。但是，1982年6月，日本发生修改历史教科书事件。针对这一事件，刘大年采取了一系列积极的应对措施。首先，在近代史所组织了一次大型的讨论会，专门讨论日本修改教科书问题，明确要求近代史所有关人员密切关注教科书事件的事态发展，做好资料积累的准备工作。[③]其次，他撰写《历史是伟大的教师》，发表在《光明日报》上，谴责日本文部省修改历史教科书的行径。第三，他开始参与筹建卢沟桥抗日战争纪念馆，就有关建馆方针、史料征集、展品陈列等问题发表指导性意见。第四，他团结日本进步的历史学家，促成1987年7月在日本京都和东京召开纪念“七七”事变50周年的以“近代史上的日中关系”为主题的日中学术讨论会，并率领中国历史学家代表团赴日，努力和日本几派历史学家达成了对抗日战争的正确共识，即日本横滨市立大学名誉教授远山茂树在闭幕词里所说的：“通过这两个

---

①《刘大年致胡耀邦的信》，载中国史学会秘书处编《中国史学会五十年》，海燕出版社2004年版，第68页。

② 刘大年：《抗日战争时代》，中央文献出版社1996年版，《题记》第3页。

③ 转引自朱薇2003年11月14日对张振鹍的访谈以及同年11月5日对王玉璞的访谈。

会议，我们阐明了以1937年7月7日卢沟桥事变为开端的日中两国全面战争的历史意义。它的历史意义的核心，是日本的侵略战争同中国人民的民族独立战争的冲突，其结局以日本帝国主义的彻底失败而告终。对此，是不能有丝毫含混的。”[①]这些措施有力地推动了抗日战争历史的研究，为后来的中国抗日战争史学会的成立奠定了基础。

民族精神使刘大年能够迅速抓住问题的要害，在维护国家民族利益的时候义正辞严。1989年2月14—18日，日本首相竹下登和内阁法制局长在回答在野党质询中，接二连三，为裕仁天皇开脱战争责任，为日本侵略中国的战争辩解。为给为侵略战争辩解的日本政要以有力反击，在当月举行的七届人大常委六次会议上，刘大年打破会议的正常进程，手持日本出版的《日中战争与日中关系》一书，慷慨激昂地批判日本当局对战争责任的翻案。他的讲话在常委会上引起了强烈反响。当时的会场情况在其发言稿上曾有铅笔记录，大意是有二十多人联名致主席，提议由《人民日报》全文发表讲话内容，争论达一小时之久。[②]2月21日，《人民日报》头版以《日本当局为什么在侵华性质问题上倒退？》为题发表了他的发言。这次发言在国内外引起很大反响，众多媒体纷纷发表评议。国内的反响是一致支持刘大年反驳日本当局对侵略战争的无理辩解，《中国青年报》和《人民中国》的记者先后对他进行了采访。国外的反响虽然立论的角度不同，但无论是日本国内，还是法、苏、美等国，都像同一个声音似的，认为“战争是以日本入侵中国为开端的”这种说法难以推翻，一致谴责日本当局的无理行为。3月16日，日本神户学院大学教授中村哲夫在给刘大年的信中说：“最近我看《人民日报》知道了您在人大常委会席上的发言。日本天皇病了以后，政治环境不好，所以很多日本知识人也同意您的发言。”[③]这次发言所引起的积极反响是刘大年后来所说“保持客观性与怀抱爱国主义，绝无矛盾，只有天然一致”的一个非常生动的实例。

作为其学术研究的一根主线，民族精神几乎贯穿在刘大年的所有历史研究中。1996年7月，他在一次中国近代史研究学术座谈会上发言说：“110年的历史运动是什么？我以为基本的运动是民族运动。……整个民族运动的过

① 远山茂树:《纪念卢沟桥事变50周年日中学术讨论会闭幕词》，见刘大年、郑慧主编《中日学者对谈录》，北京出版社1990年版，第351页。

② 刘大年1989年在人大常委会发言稿上的铅笔记录照片，拍摄于刘潞家。

③ 王玉璞、朱薇：《刘大年来往书信选》（下），中央文献出版社2006年版，第450页。

程，也就是中国要求改变社会落后，实现近代化的过程。”[①] 他后来在论述中国近代史上两个基本问题时进一步说：“中国近代110年的历史基本问题是两个。一是民族不独立，要求在外国侵略压迫下解放出来；二是社会生产落后，要求工业化、近代化。这两个问题内容不一样，又息息相关，不能分离。”“民族独立与近代化，是两件事，不能互相代替。民族独立不能代替近代化，近代化也不能代替民族独立。它们紧密地联结在一起，不是各自孤立的。没有民族独立，不能实现近代化；没有近代化，政治、经济、文化永远落后，不能实现真正的民族独立。中国人民百折不回追求民族独立，最终目的仍在追求国家的近代化。”[②] 将民族独立与近代化（即国家富强）看作是中国近代历史上两个基本问题，就意味着研究中国近代史主要是为了从中国与世界的关系演变中探讨中华民族伟大复兴的艰苦历程。

二

东汉王充在《论衡·谢短篇》中批评儒生不知古今时说道：“夫知古不知今，谓之陆沉”；“夫知今不知古，谓之盲瞽”。刘大年对此印象非常深刻，在不同的时期都借用王充的话来勉励史学工作者关注现实，明确历史研究特别是近代史研究要反对陆沉、关注现实。

1963年他在《近代史研究诸问题》中说：“占有资料、考证史实，都是讲过去的东西。研究近代史，还需要花更多功夫来熟悉当代历史，熟悉现实生活。前人有两句话：‘知今不知古，是为盲瞽。知古不知今，是为陆沉。’盲瞽不是马克思主义者，陆沉尤其不是马克思主义者。……研究近代历史，要求我们温故知新，博古通今。对于现实生活、现实斗争，我们不能是一个旁观者，必须是一个积极参加者。我们要从实际斗争吸取思想，感受时代脉搏，辨别工作方向。”[③]1979年他赴日讲学，讲到“中国近代史研究的现实意义”时，开场就说：“中国有句成语‘知今不知古，谓之盲瞽；知古不知今，谓之陆沉’。盲瞽不行，陆沉，闭目塞听，不识世务，更加危险。我们重视近代史

① 刘大年：《中国近代历史运动的主题》，《近代史研究》1996年第6期。

②《刘大年集》，中国社会科学出版社2000年版，第5、7页。

③ 刘大年：《中国近代史问题》，人民出版社1978年版，第43页。

研究，就有反对‘陆沉’的意思在里面。”①1997年，他在《近代史研究》刊行百期纪念活动中为该刊题祝辞说：“民族生存，要知古今。不能盲瞽，尤惧陆沉。”②

关注现实既是传统文化中直面现实精神的体现，又与马克思主义的实践性和科学性相统一的本质要求相通。刘大年长期从事新中国学术领导和组织工作，身兼多职，经常需要处理大量的行政事务和其他很多琐碎的事务，经常到不同的地方与国内外多种类型的人打交道，开会、作报告、交流思想认识，等等，很少有较长的时间坐在书房里一心一意做学问。他的头一本书《美国侵华简史》，主要是利用养伤的时间完成的；他的绝笔《评近代经学》，是在从人大常委的位置退下以后才挤出时间写的。各种各样的社会活动、行政工作，使他必须了解国内外形势变化、熟悉党的方针政策、洞察国内外社会现实。每次出国访问，他都处处留心，坚持做出访笔记。他五十余年坚持自订《人民日报》等报刊杂志，从中了解国内外大事。1999年底，他已病危昏迷在床，但清醒后第一句话竟是向在《人民日报》工作的大儿子询问俄罗斯总统叶利钦是否来华访问之事。③与一般书斋型学者相比，他特别关注现实。他经常提及“述往事，思来者”，“欲知来，鉴诸往”，“通古今之变”等语句，认为一个优秀的历史研究者，必须花必要的时间去了解社会现实，认真思考现实问题，从现实问题中找到历史研究的突破点。

刘大年的著述，时间跨度达半个多世纪。由于他养成了关注现实的习惯，坚持历史研究必须是实践性与科学性相统一，他的作品视野都非常开阔。他很少人云亦云，而是把现实中似乎很平常的问题置于历史发展的长河中，放在广阔的社会背景下来考察，并由此揭示其蕴藏的深层内涵，得出与众不同的结论。除了“文革”期间搁笔十年外，他在不同的年代都有产生重大社会影响的论著发表，为史学领域的马克思主义中国化、时代化做出了重大贡献。50年代的《美国侵华史》不仅在国内产生重大社会影响，还被翻译成多种文字介绍到多个国家；60年代的《论康熙》，在当时就引起国内外学术界的广泛注意，至今也仍为治清史的学者所珍视；80年代的辛亥革命研究成果《赤

① 刘大年：《赤门谈史录》，人民出版社1981年版，第1页。

②《近代史研究》1997年第4期，第3页。

③ 刘潞：《马克思主义的执著追求者》，《近代史研究》2000年第6期。

门谈史录》，在日本引起很大反响，后来又被翻译成俄文；90年代的抗日战争研究，其影响超出周边国家，受到美欧等国学界和社会的广泛关注；他的绝笔《评近代经学》在他去世后还被翻译成日文。他的学术影响，一直就是国际性的，这与他始终将中国与世界联系起来关注和思考现实问题有关。正如有学者评价说："刘大年不是一个只坐在书斋里，钻进象牙之塔里做学问的学者。他像在前线作战的战士总是依据战线的实际而又迫切的需要，选取最重要的突破口那样，依据中国社会现实的急切需要以及从中国与世界关系发展的大局出发，提出课题，展开研究。"①

作为新中国史学工作的组织者，刘大年熟悉史学界的研究状况。五六十年代，他多次代表新中国史学界向国外学者介绍新中国史学研究的现状，向国内史学工作者指明研究努力的方向。他不仅个人的研究直面现实，而且引领史学界将历史研究与现实实际联系起来。1981年初，他在《光明日报》发表《中国近代史研究从何处突破?》一文，提出可以考虑从近代史研究中最薄弱、最繁难，而又最重要的内容方面来寻找突破的关键，即狠抓中国近代经济史研究。他号召重视基础的研究，对于尊重唯物论、转变学风起了良好的作用，也为近代政治史与经济史、文化史等研究的结合指出了方向。他在组织辛亥革命史和孙中山研究、抗日战争史研究的学术活动时，往往是在总结现有研究的基础上，又根据时代的发展变化提出新的研究思路，直接推动了这些领域的学术创新。特别是抗日战争史研究，由于他的引领，很快成为显学，并不断取得新的成果。

关注现实有利于更好地发挥史学的社会功能，增强选题的现实意义。有学者评价刘大年说："大年同志研究历史，并不是为学问而学问，而是把它看作是改造社会、服务人民、资政育人的一种手段、一种工具。"②这种价值取向使他的论著往往具有浓厚的现实意义，不仅在当时就能够引起强烈反响，起到服务社会、引领潮流的作用，而且能够经受住时间的考验，起到推动学术研究不断向纵深发展的作用。

---

①张海鹏:《战士型的学者，学者型的战士——记刘大年的学术生涯》，载《刘大年集》，中国社会科学出版社2000年版，第474页。

②李文海:《〈刘大年传〉序二》，载周秋光、黄仁国著《刘大年传》，岳麓书社2009年版，《序》，第5页。

三

1998 年底，为祝贺《百年潮》改为月刊，刘大年写诗一首，最后两句是："爱巢翡翠，望掣海鲸，鹿本非马，渭岂容泾。写实要实，写真要真，此事难全，端在力争。"[①] 赞赏《百年潮》杂志求实求真的办刊方针。

求实求真是史学研究的基本要求，但做起来并不容易。1949 年《美国侵华简史》出版后，刘大年进行过多次修订。在 1951 年《美国侵华史》修订版的"修改说明"中，刘大年坦承"那本小册子（指《简史》），不仅材料贫乏，并且某些史实也有错误"；感谢"热心的读者"对《简史》"提出了正确的批评和改进意见"；指出修订本"仍然不免还有缺点或错误，希望各位读者继续给予批评和指教"；还对引文的处理作了如实的说明。[②] 此后，《美国侵华史》继续引起争论，刘大年也本着"增强科学性""力求从历史事实出发立论"[③] 进一步修订。虽然受政治环境、资料条件等因素的影响，修订本仍有不尽如人意之处，但修订的过程更加坚定了刘大年求实求真的学术追求。

1978 年，为了弘扬马克思主义的优良学风，刘大年着手编辑范文澜史学论文集，并为《范文澜历史论文选集》写了长篇序言，在序言的末尾把"范文澜的科学成就的获得"的"最根本的一条"原因归结为"以客观存在为准绳"[④]。这体现了刘大年决定弘扬范文澜将马克思主义精髓"实事求是"运用到具体的历史研究中的优秀学风。这年底，他在近代史所提出创办《近代史研究》杂志，发表研究成果，开展学术讨论，力主推进实事求是的学风。1980 年，他得悉北洋政府和国民党政府时期外交界的领袖人物顾维钧的口述回忆录完稿后可以出售，当即组织申请外汇购买，并提出要翻译出版，还特别邀请顾维钧的女儿女婿到北京磋商，明确表示"要全文翻译，全文出版"，"一字不删，一字不改"[⑤]。该回忆录的英文打字稿有 11000 页，顾维钧的女儿听

---

① 刘大年：《寄〈百年潮〉》，《文汇报》1998 年 12 月 23 日，第 8 版。

② 刘大年：《美国侵华史》，人民出版社 1951 年版，"修改说明"，第 1、2 页。

③ 赵庆云：《曾彦修、刘大年关于〈美国侵华史〉的一次论争》，《读书》2009 年第 10 期，第 79 页。

④《刘大年集》，第 269 页。

⑤ 引自王玉璞未刊稿《〈顾维钧回忆录〉出版始末》。

后非常吃惊。在当时的政治环境、经济条件、学术氛围下，他能够做出这样的决定，彰显了追求历史事实的勇气、决心和信心。后来的事实证明，按这一方针翻译出版的《顾维钧回忆录》，在大陆和台湾的学术界、舆论界都产生了非常好的影响，确实起到了推动新时期史学发展的示范作用。

求实求真的治学态度，使刘大年能够在一定程度上突破时代的局限，得出合乎实际的科学结论。1961 年他撰写《论康熙》时，国内学术界正在高喊“史学革命”，主张打倒帝王将相，刘大年客观评价康熙皇帝的功过是非，被批评为“反潮流”。1987 年上半年，国内抗日战争研究在政治上还有许多禁区和限制，学术上则是纳入到中国共产党党史或中国革命史、民国史等领域，没有形成独立学科；当时中日关系、两岸关系的现实走向都对抗日战争史研究产生这样那样的影响。在这种形势下，刘大年写成《抗日战争与中国历史》一文，明确肯定国民党在抗日战争中起了作用，认为“蒋介石国民党政权从宣布抗日的时候起，取得了全国的承认、拥护”，“它这时”“在国内来说是爱国的和带着革命性的，在国际上说是站在反法西斯阵线一边的”，并指出这“一面作用、一重性格”“符合抗日需要和民族利益”；对蒋政权在抗战初期的表现，作了大陆方面当时所作的合乎实际的很高的评价，指出“武汉失守以前，它抗战是积极的。尽管那是不肯动员人民参加的片面抗战，也比不抵抗主义进步，是在为保卫祖国而战”。[①] 文章先在 1987 年 6 月中国史学会和北京史学会联合召开的“纪念中国人民抗日战争爆发 50 周年学术讨论会”上宣读，接着又在同年赴日本参加纪念卢沟桥事变 50 周年的中日学者学术讨论会上宣读，产生了很大的学术影响和社会影响。

刘大年不仅自己在史学研究中坚持求实求真的学风，而且反复要求自己的学生要独立思考，解放思想，实事求是，不能迷信导师。1988 年 3 月 12 日，他给当时的博士生姜涛写信，嘱咐姜涛和李长莉在学术问题上要坚持独立思考，信中说：“对于我写的什么，你们可以同意，更可以尖锐反驳。学术讨论中，得力的反驳推进科学，泛泛的赞同未必能增进新的价值。所谓得力的反驳，指有理有据，哪怕一枝一节，只要能收到辨讹纠谬之效。至于自己还根本没有弄懂的东西，就大发议论，反驳别人，当然不在此数。学术问题

① 《刘大年史学论文选集》，人民出版社 1987 年版，第 422、423 页。

一是一，二是二，不管是对于谁人。”[①] 同月 20 日，又给博士生杜语写信说：“你必须根据自己掌握的事实，加以分析，独立判断，讲自己的见解。对于我说的那一些，有几分可取就取几分；了无可取，就彻底干净抛弃之，毫不犹豫。在这里，来不得半点虚假、客气，千万千万。”“科学研究要解除思想束缚，坚持科学态度。谁有研究，谁就有发言权。问题是这种发言权，是要建立在踏实的科学研究基础上，而不是信守抓来一点什么，就自以为实现了所谓突破之类。当然，别人讲的对自己有启发的意见，必须充分注意，充分汲收。”[②] 刘大年认为，实事求是是历史研究的基本准则，不管持什么历史观和方法论，都不能违反实事求是的原则。他在 1996 年发表的《照唯物论思考》中说：“历史研究中有不同的思想方法论，持不同方法论的研究者，也完全可以在一些方面，在各种具体问题上得出客观实在的认识。”“历史科学的研究，归根到底，一要坚持以事实为根据，二要具体问题具体分析。这样的要求是客观的，原则上带有共性的。不管你主张唯物论或别的方法论，都要遵循而不能排斥这样的要求。”[③]1998 年，他作为中国社科院中日历史研究中心专家委员会代表团团长最后一次访日时，对日中友好会馆负责人和历史研究评议会的人说：“要尊重历史事实。中日历史研究课题的所有申请者以及所有从事近代中日关系史研究的学者，都要遵守历史研究的基本准则。这个基本准则就是实事求是，就是尊重历史事实。”“中日战争的基本历史事实是什么，就是日本军国主义发动侵略战争。”“在这个基础上，用什么历史观、什么方法论研究、解释历史都可以，结论不同也没有关系。这样做是符合逻辑的、是明智的。”[④]

四

刘大年进入抗大前并没有系统地学习过马克思主义理论。1938 年初，他第一次读到《唯物主义与伦理哲学》，虽然觉得“内容太新鲜了”，但“硬着

① 王玉璞、朱薇：《刘大年来往书信选》（下），第 479—480 页。

② 同上书，第 485 页。

③《刘大年集》，第 202 页。

④《中国社会科学院中日历史研究中心专家委员会代表团访日纪要》复印件。

头皮往下看，仍然稀里糊涂”。[①] 他是抱着对马克思主义朦胧向往的复杂心情奔赴延安的。到达陕北，读到《共产党宣言》《社会主义从空想到科学的发展》等马恩著作，艾思奇的《大众哲学》，以及当时能够找到的政治经济学、外国历史书等之后，头脑里才“打开了一个新的天地”，“仿佛大梦初醒，盲目崇拜孔学的观念，不知不觉烟消云散了”。[②] 抗大的新气象，特别是其精神风貌和将马克思主义科学真理与中国具体实际相结合的优良学风，在这个转变过程中起到了关键的作用；而他熟谙中国传统文化的特质，又使他常常将马克思主义理论与中国优秀传统文化结合起来进行学习，从而思考马克思主义中国化的有效途径。他很快就树立了马克思主义信念，而且随着学习的深入和实际工作的拓展，这一信念更为坚定。他围绕着马克思主义中国化和时代化这一主题，如饥似渴地学习马克思主义理论和其他国内外优秀文化成果，特别是哲学和历史书籍。即便是在游击平原的战争环境，在身体极为痛楚的养伤期间，在身心受到严重摧残的挨批斗时期，只要有时间且条件许可，他都坚持看书学习，做读书笔记、批注。他对马克思主义的信念，是建立在长期的学习思考和工作实践上的。

1980 年 8 月，他在给河北某高校教师回信时说：“我做的工作很少。马克思主义知识只有那么一点点，不过是对这门无产阶级革命的科学确信不疑，肯定要终生受其鼓舞而已。我们都是‘平庸无奇’的人。但平庸的人，积以时日，刻苦努力，未必不可以做出‘天才’方可以达到的某些工作。……坚持下去，必有成就。”[③] 表达了锲而不舍地坚持马克思主义的决心和信心。

改革开放初期，随着各种思潮不断涌入中国大陆，史学界也受到了很大的影响，一些以前坚持以马克思主义为指导进行历史研究的学者开始淡化甚至反对马克思主义的指导地位。针对这种现象，刘大年在中国史学会的多次会议上发表讲话，旗帜鲜明地强调“历史研究要以马克思主义为指导”。1983 年，他为当年 4 月举行的中国史学会首届学术年会撰写长篇学术论文《中国

① 刘大年：《我亲历的抗日战争与研究》，中央文献出版社 2000 年版，第 13、14 页。

② 同上书，第 41、42 页。

③ 王玉璞、朱薇：《刘大年来往书信选》（上），第 304 页。

马克思主义历史学与中国社会主义》[①]，剖析马克思主义“过时”论的种种说法，用历史唯物主义和剩余价值学说分析资本主义的现实，指出“马克思主义又要发展，又要保持自己固有的革命本质”，坚信“全世界阶级消灭以前，马克思主义将保持旺盛的生命力”；呼吁“从社会主义的现实需要出发，研究古今中外的历史”，“重视理论思维”。

1983 年 9 月，刘大年在夫人去世后写了一首题为《遣怀》的诗：“船山学问旧难跻，借尔高言觅径蹊。不拟孤山闲放鹤，鹁鸪恰恰向人啼。”[②] 表达了自己虽年近古稀，还要继续探索的志向。同时，又写了一张纸签：“大道以歧路亡羊”，与诗笺一起压在书桌的玻璃板下，直到 1999 年去世。纸签上的话出自《列子 · 说符第八》：“大道以多歧亡羊，学者以多方丧生。学非本不同，非本不一，而末异若是。唯归同反一，为亡得丧。”[③] 刘大年将此作为座右铭，可见他对当时学术界淡化马克思主义指导地位的现实深感忧虑，也表明他要继续矢志不移地坚持以马克思主义为指导进行历史研究。

1990 年 8 月 27 日，刘大年在北戴河接待日本进步的历史学家井上清时，曾说：“我的研究计划里要写一部中国近代史，已经出了三册，还应该再写两本，我把它放下了。我感到这些书别人也可以写。最近十年来，我写的文章主要是讲要坚持马克思主义。有的朋友对我讲，一部书写不完很可惜。我认为，如果在宣传马克思主义方面做得少更可惜。我宁可不写那部书，还是要写我认识到的、应该讲的那些马克思主义的道理。总结到一条，中国还是要走社会主义道路。”他还强调说：“马克思主义是科学，不是宗教。如果有人一定要把马克思主义比作宗教，那我就像个和尚，一辈子就念这一本经了。”[④]

苏东剧变后，刘大年继续利用各种场合宣讲“马克思主义是史学研究最根本的方法”，撰写了一系列论文，鼓励广大史学工作者发扬光大郭、范、翦、吕、侯“五老”的光辉业绩，将马克思主义历史学推向更高的境地。1999 年 9 月 24 日，中国社会科学院举办“新中国社会科学五十年学术报告会”，这

①这篇论文后来分成《当前历史研究的时代使命问题》和《关于历史研究的指导思想问题——评马克思主义“过时”论》两篇文章，分别发表在当年《近代史研究》第 3 期和《世界历史》第 4 期。

② 刘大年未刊诗稿。

③ 管曙光主编：《诸子集成》（第一部下），长春出版社 1999 年版，第 425 页。

④ 王玉璞整理的《接待井上清简报》，刘潞提供。

时刘大年的身体已经非常虚弱，但他还是坚持到会作报告，阐述马克思主义哲学社会科学的历史使命问题。他在发言中开宗明义地说：“我是主张马克思主义对哲学社会科学研究的指导作用的。”[①]他用最新的材料来展示马克思主义的生命力，重点讲了马克思主义为什么还能够成为社会科学研究的指导思想的问题。这是他最后一次会议发言。一个接近生命终点的人，“用枯瘦的双手举着他认真准备的发言稿，戴着老花镜，一板一眼地念着”，让听众感叹：“没想到大年先生的思想还真新鲜！”[②]这就是长期坚持马克思主义的力量！

五

以马克思主义为指导进行历史研究，不是一蹴而就的事情。在旧中国，除少数马克思主义史学家外，大多数史学家并不是以马克思主义为指导进行历史研究。新中国成立后，如何在史学领域清除封建思想、殖民思想，是学术领导和组织者肩负的一个重要使命。其间，如何正确处理学术与政治的关系，走过一些弯路，简单化、教条化、公式化等倾向一度非常盛行，甚至将学术争论演变为政治斗争的情况也时有发生。改革开放后，史学界对如何坚持和发展马克思主义史学进行了反思，学术氛围明显改善，但矫枉过正、崇洋媚外甚至复古倒退的现象也不少见。如何与时俱进地坚持和发展马克思主义史学，在任何时候都会有不同的困难和问题。

刘大年的史学生涯中，留下过些许“遗憾”。1954年后，《美国侵华史》没有再继续进行修订，使之达到一个更高的学术境界。“文革”前，他支持撰写“资本家千人传”，拟定了撰写提纲，拟依托“各地政协普遍发动”[③]，他本人也搜集了大量的买办阶级的资料，但计划最终搁浅，他留下的大量买办阶级的研究卡片也没有整理成文。他主持撰写的《中国近代史稿》，只出了前三册，后两册主动放弃。1984年12月，他拟定了马克思主义史学理论研究“十论书”，其中的“论主体”“论历史发展阶段”“论历史科学与世界观”三论只留下资料卡片，没有成文，“论规律”也是分散在其他诸论之中。但对于

① 刘大年：《马克思主义哲学社会科学的历史使命（代前言）》，《刘大年集》，第1页。

② 刘潞：《马克思主义的执著追求者》，《近代史研究》2000年第6期。

③ 王玉璞、朱薇：《刘大年来往书信选》（上），第251页。

这些“遗憾”，他似乎并不在意。1999 年 11 月 22 日，他给子女的口头遗嘱中说：“经学这个事情做完了，也还是别人没有谈过的，也就没什么心事了。”

晚年刘大年为什么如此重视近代经学问题？为什么要耗尽生命之力撰写《评近代经学》，以致为了赶时间，“整日奋笔疾书，写得两腿浮肿，甚至小便失禁”[①]？这是因为“崇儒反马”问题是他晚年觉得最有必要进行反驳的问题。

80 年代后期，我国学术界受世界社会主义运动进入低潮的大气候及境外思潮影响，出现“崇儒反马”思潮。刘大年非常担忧，写了《马克思主义与中国传统文化》《说历史的选择》等论文强调中国必须坚持社会主义道路，写了诗歌《见说四首》批评孔学。为了更深入地探讨近代中国先进分子选择“应用马克思主义，走社会主义的道路救中国”[②]是否正确，刘大年选择了一个难度非常大的近代经学问题，从文化史的角度论述儒学与马克思主义的关系问题，警示世人：儒学已经不可能成为解决中国问题的主流意识形态，只有马克思主义才是中国人民的正确选择。在当时学术界对儒学与马克思主义关系的认识还存有诸多激烈争论的时候，刘大年认为，儒学与马克思主义有相通的地方，儒学中的合理成分（如现实精神和理性原则等）已成为中国化马克思主义的一部分。这种认识现在已经被学术界所普遍接受，但在当时并不是主流。刘大年耗尽晚年最宝贵的十年全面评述近代经学，体现了对待马克思主义的“鄙弃抱残守缺，勇敢坚持真理”的与时俱进精神。

刘大年的这种与时俱进精神在 1988 年就有清晰的表述。当年 7 月，他在中国史学会第四次代表大会上发表《鄙弃抱残守缺，勇敢坚持真理》的讲话。针对当时存在的“历史研究要以马克思主义为指导这种主张的有效性到底如何”的问题，他提出“鄙弃抱残守缺，勇敢坚持真理”的看法。他说：“抱残守缺与科学无缘，直接违反马克思主义。鄙弃抱残守缺，要求我们加强把马克思主义作为研究对象的观念，不止研究、分析它的个别论点，也研究、分析它的重要观点和原理。……马克思主义著作上即使很重要的论点，也并非铁板钉钉，不再松动了。……我们的研究一要毫无顾惜地放弃确实过时了的论点，二要用新的基本事实检验马克思主义创始人著作的结论，把它们只作

---

① 刘潞：《马克思主义的执著追求者》，《近代史研究》2000 年第 6 期。

②《刘大年集》，第 427 页。

为出发点，而不是作为终结点。”“与此同时，也要求我们加强勇于依据事实，明辨学术是非，捍卫真理的观念。……勇敢捍卫真理，辨明真理和伪理，只有依靠深入的科学研究和依靠充分发扬学术民主。”“一切科学都要前进。凡复古主义、保守主义，到头来无不归于没落、消失；凡有生命力的东西总要伴随人们的生产实践和社会实践的发展而发展。”①

90年代以后，刘大年仍然多次强调“抱残守缺，只会停止不前；而抛弃马克思主义科学真理，又只会是引起倒退”。呼吁“勇敢坚持真理，勇敢追求真理”。他指出：“马克思主义历史唯物主义是一个科学理论体系，作为一个体系整体——不是指个别的局部的论点，它是科学真理。我们说的坚持真理，就是指坚持这个科学理论体系。”“科学研究的任务是一要坚持真理，二要追求真理。而且原则上应该说坚持真理是为了追求真理。”“客观世界的运动没有完结，人对它的认识就不会完结，就存在追求真理的问题。”“追求真理，不是为了怀疑科学，而是为了认识新的真理，推进科学。追求与坚持真理，两者相区别，又直接相联。坚持是追求的前提，没有坚持，就谈不上追求，追求是坚持的继续，不追求，就会停滞下来，最终落后下去。”②

刘大年晚年还特别关注马克思主义史学的继承与发展问题。他借纪念马克思主义史学家郭沫若、范文澜、翦伯赞、吕振羽、侯外庐的机会，多次撰写文章，鼓励史学工作者继承发扬新中国第一代马克思主义史学家的科学精神，将马克思主义史学研究推向新的高峰。他说：“中国的马克思主义历史学开创者做了他们所能做的事。根据新的认识，不断丰富与推进中国马克思主义历史学的前进是后来者的任务。”③他相信：“社会历史是从低级到高级发展的，中国马克思主义历史学也是从低级到高级发展变迁的。”④在他一生最后一次会议发言中，他说：“老一辈马克思主义研究者已经完成他们的任务。谁来继承他们开拓的更新科学文化知识与善于解说国家前途命运相统一的传统，并加以发扬光大之，那当然就是今天我们现在年力旺盛的、特别是八九点钟太阳的青年学子；是今天成熟的爱国者；是今天那些顽强执着、不怕艰

① 刘大年：《鄙弃抱残守缺，勇敢坚持真理——在史学界第四次代表大会上的讲话》，《世界历史》1988年第6期。

②《刘大年集》，第26、27、28页。

③ 同上书，第285页。

④ 刘大年：《历史学的变迁》，《北京大学学报》（哲学社会科学版）1998年第4期。

难辛苦、勇于追求真理、勇于创造的人。”①

六

综上所述，刘大年的史学研究特点中，民族精神是主线，关注现实是出发点，求实求真是基本要求，马克思主义是指导思想，与时俱进是对待马克思主义的科学态度。这五个特点相互联系，不可分割，共同构成一个整体，使刘大年的史学成果能够引起不同凡响的社会影响。如果将它们单列起来简单地理解，就很难体会刘大年所取得的史学成就。

首先，刘大年的民族精神与关注现实、求实求真紧密相连。他认为，在改革开放时代，深入研究中国近代史上的民族精神具有非常重要的现实意义。1994年，他在《抗日战争的历史意义与民族精神》中说：“我们从事社会主义现代化建设，要与世界广泛交往，要办外交，要做生意，要让外国人到中国来投资，要进行思想、文化、学术交流，要认识、了解世界多种多样的事物，并对那些事物有所评价。……但不论进行哪种交往、交流、评价，我们都要有自己的民族精神，不可缺少民族精神。”②1997年，他在《方法论问题》中又说：“现代的中国民族独立了，国家近代化的道路打开了。”但是，我们“不要自我麻痹，自我陶醉”。“现在摆在我们面前的，仍有继续捍卫民族独立，不受外敌侵犯的问题，仍有保卫国家现代化在中国特色社会主义道路上继续前进的问题，也就是说与中国近代史上的两个基本问题有关的斗争今天还在继续，而且这种斗争还会在相当的时间里继续下去。”③从这些言论中，可以强烈地感受到刘大年那种历史学家特有的忧国忧民的情怀：既要把历史与现实区别开来，又要注意二者之间的相互联系。

其次，关注现实和求实求真是刘大年与时俱进地坚持马克思主义的基础。刘大年之所以矢志不移地坚持以马克思主义为指导进行历史研究，一是基于对广阔现实的深入思考，二是源自对客观历史的认真反思。他在谈及马克思主义理论与现实的关系时说：“马克思主义深刻思想的源泉来自社会实践。我

---

① 刘大年：《马克思主义哲学社会科学的历史使命（代前言）》，《刘大年集》，第3页。

② 刘大年：《我亲历的抗日战争与研究》，第294—295页。

③ 刘大年：《方法论问题》，《近代史研究》1997年第1期。

们要抛弃宗派主义、教条主义，我们要联系实际，敢于和善于坚持马克思主义思想体系。”[①]改革开放以来，他讲坚持马克思主义指导思想的重要论文都要谈及社会现实，特别是发达资本主义国家的社会现实，而且引用的都是最新的资料，用新材料来说明马克思主义的科学性。他还常常引用西方主流媒体的最新重要观点来印证马克思主义科学真理的生命力。他以自己毕生治学体验勉励哲学社会科学工作者说：“今天马克思主义哲学社会科学的历史使命，应当就是全面研究现代资本主义，加上全面研究现代社会主义，来攀登一个全新的制高点，回答人们期望得到回答的当代社会生活中一些重要的问题。”[②]

第三，照唯物论思考是保持研究客观性、科学性的最有效途径。中国近代历史的时间跨度不长，但社会变迁急剧，国际国内各种力量都在这个历史大舞台上有过错综复杂的表演。如何透过纷繁复杂的历史表象揭示近代中国社会变迁的历史规律，并以此指引中国的未来发展，需要有一个科学的理论体系来指导。中国人民在中国共产党的领导下，高举马克思主义理论大旗，取得了中国新民主主义革命和中国特色社会主义建设的伟大胜利，中国由一个贫穷落后、饱受外敌欺凌的国家快速崛起为国富民强、充满自信的世界强国，这一伟大奇迹的出现本身就以无可辩驳的事实实证了马克思主义理论体系的科学性。坚持以唯物论辩证法为指导研究中国近代历史，有利于正确评判近代历史上的大是大非，使史学研究真正起到资政育人的作用。

第四，民族精神、关注现实使刘大年的文章充满感情，而求实求真、锲而不舍和与时俱进则使刘大年的文章严谨缜密，鞭辟入里。他的论著能够以情感人，以理服人，以史明人，正是因为兼备了这五个方面的特点。由于他长期坚守这些特点，所以他对现实问题有着非常敏锐的洞察力，对历史问题能够论析透辟，并从史实中得出深刻的见解，体现出史学大师的史识、史才和史德，而他的文章也因之常常让人觉得气势磅礴、振聋发聩。

最后，需要指出的是，刘大年的史学研究有一个发展演变的过程。刚开始的时候，他不可能把这五个方面都兼顾得非常好，但确实是尽力而为。而且，作为史学工作的领导者和组织者，有时受政治因素的极端压力很难坚守

---

① 刘大年：《历史学的变迁》，《北京大学学报》（哲学社会科学版）1998 年第 4 期。

② 刘大年：《马克思主义哲学社会科学的历史使命（代前言）》，《刘大年集》，第 5 页。

对这五个方面的追求，但这种情况对他来说只在极个别的时候发生过，事后他也坦承其错误。总体上看，他的史学研究保持了一个上升的趋势，1961 年的《论康熙》是一个高点，表明他在主撰《中国史稿》第四册的过程中，史学研究已经进入了成熟的阶段。此后，仍然继续发展，到 1999 年《评近代经学》又达到一个新的高峰。如果从编纂冀南抗战史料算起，刘大年治史的时间长达 60 年，即便从撰写《美国侵华简史》算起，也有 50 余年，能够在那么长的时间追求、形成、坚守这五个方面的特点，而且越往后越鲜明，确实令人景仰。这就是刘大年的风格。